시와 철학의 융합교육론

Convergence Education Theory of Poetry and Philosophy

시와 철학의 융합교육론

Convergence Education Theory of Poetry and Philosophy

오정훈 지음

　시 감상과 교육을 진행해 가면서 교사의 직접적인 안내 없이도 낯선 작품에 대해 학생들이 흔쾌히 작품을 즐기고 내면화할 줄 아는 힘을 길렀으면 하는 바람이 가득했다. 수용미학이니 구성주의니 하는 이론적 접근만으로는 학생들의 갈증을 해소해 줄 수 없다고 판단했다. 특히 최근의 시적 경향이 해체적이고 실험적 성향의 작품들이 양산되는 탓에 학생들은 작품 감상을 위한 최소한의 의지도 단념할 수밖에 없어 보인다. 문학의 예술성을 충분히 체감하고 이를 자기 삶의 에너지로 환원할 수 있는 자생력이 학생들에게 절실하다고 본다. 이에 대한 자구책으로 철학을 통한 근거의 마련이라는 대안을 택하게 되었고, 그동안 『배달말』(66집), 『학습자중심교과교육연구』(17집 15호, 18집 15호, 18집 21호, 21집 2호), 『청람어문교육』(70집, 80집), 『현대교육연구』(30집 1호, 33집 2호), 『문학교육학』(55집), 『국어교육학연구』(54집 2호)에 발표한 논문을 재구성해 책으로 엮어 보았다. 설익은 글이지만 문학교육과 연구의 시발점이 되었으면 한다. 무엇보다 출판을 허락해 주신 존경하는 경진출판 양정섭 대표님을 비롯해 관계자분들께 진심으로 감사의 마음을 전한다.

2022년 11월

청년들의 꿈이 영글어가는 가좌벌에서, 오정훈

차례

제2부 실존철학과 시학의 융합교육

제3부 언어철학과 시학의 융합교육

제 **1** 부

해체철학과 시학의 융합교육

제1장 '비현전성'을 고려한 황지우 시 읽기 방법

1. '비현전성'의 시 교육적 수용

서양이 맹신해 왔던 형이상학적 사고는 관념적 현전성을 지향한다. 플라톤 이래로 이항대립의 틀 속에서 음성중심주의를 표방했던 서양 철학자들은 음성을 통해 진리의 '현전성'을 주창해 왔던 것이다. 추상과 구체, 정신과 몸, 신과 인간의 대립 구조를 자명한 진실로 옹호하고 음성언어를 통해 관념의 절대적 가치를 인정하고자 했다. 하지만 데리다는 이러한 전통을 '의식의 자명성'(이성원, 2002: 54)으로 규정하고 이를 해체하고자 한다. 그에 따르면 서양 철학이 표방하는 관념의 현전성은 실체를 명확히 확인할 수 없을 뿐만 아니라 부동의 절대적 진리는 맹목적 믿음에 해당한다고 보고, '현전(現前)의 형이상학'(고지현 외, 2012: 127~129)을 부정한다.

엄격하면서도 불변의 속성을 내포한 관념적 존재의 명확한 실체는 데리다가 보기에 '백색신화(la mythologie blanche)'에 불과한 것으로, 현대적 관점에서 보기에 '비현전적(非現前的)'일 뿐이다. 서양 철학이 시종일관 강조해 왔던 음성 언어와 초월적 기의에 대한 맹목성을 해체하기 위해 데리다는 기표로서의 문자를 '에크리튀르(écriture)'(김상환, 1998: 166)로 명명하고 이를 부각시키고자 한다. 데리다의 에크리튀르는 기표에 초점을 둔 것으로, 기표와 기의의 통일성과 일관성을 강조하고자 했던 서양 철학의 의미 현전성에 대한 해체를 시도했다. 데리다는 음성 중심적 관념적 의미의 현전성을 해체하기 위해 '비현전의 원리'(한국프랑스철학회, 2015: 398)를 다양한 용어의 변주를 통해 입증해 나가고자 하였다.

데리다는 『글쓰기와 차이』라는 글에서 '차연(différance)'이라는 용어에 대한 설명을 통해 비현전성을 명확히 하고자 한다. 그는 여기에서 "시의 진정한 문학성은 자유로운 파롤에의 도달 가능성이다. 시어가 그 기능들로부터 해방되고 기호로서 죽을 때 자유로운 파롤에 도달할 수 있으며 이때 글은 언어로서 태어난다."(Jacques Derrida, 남수인 옮김, 2001: 25)고 규정한다. 이를 통해 그는 시어라는 기호를 사용해 고정불변의 단일한 의미를 형성하는 것이 문학의 속성이 아님을 역설하고자 한다. 틀에 박힌 기호의 사용과 관념적 의미의 현전성을 거부함으로써 개인의 자유로운 언어 사용과 의미론적 발산을 강조하고 있다.

또한 "작가는 기호들을 무한정 증가시킬 의도만을 가지고 있고 자기 자신의 의미를 부재(不在)시키는 '차연'으로서만 글쓰기를 실천한다."(2001: 165)고 부연한다. 데리다가 목격하고 있는 문학은 전통적인 형이상학 중심의 의미 현전성에서 벗어나 있는 것이다. 특정한 의미를 고집하지 않고 기호로서의 시어를 양산해 나가면서 절대적 의미를 지연시키고, 의미론적 중층성과 다양화를 지향함으로써 의미의 차이를 모색해 나가는 과정으로 볼 수 있다. 그의 입장에서 기호는 사물이나 대상 혹은 의미를 직접적으로 표상하는 것이 아니라 대신(유현주, 2010: 260)할 뿐이다. 즉 현존을 우회적으로 드러내는 역할만을 하는 것이다. 이로써 기호라는 기표는 불확정적 의미를 현전할 수 없기에 차이와 지연을 시키는 '차연'으로서 작용할 뿐인 것이다.

하지만 데리다가 절대적이고 고정적 의미의 출현인 현전성을 부정한다고 해서 문학 작품에서의 의미를 전면적으로 부정하는 것은 아니다. 그의 입장에서 보면 텍스트는 "현전한 적이 없는 의미의 저장이거니와 그 현전하는 시니피에는 언제나 뒤늦게 사후적으로 추가적으로 재구성"(2001: 335)되는 것이다. 그가 해체하고자 하는 것은 불변적 의미가 단선적으로 전달될 수 있다는 서양 형이상학의 오만함이며, 절대적 의미가 현전할 수 있다는 입장을 넘어 의미의 가변성과 재구성적 가능성에 대한 옹호라 할 수 있다. 절대적이고 객관적 실체로 현전할 수 있다는 관념적 의미 대신에 데리다가 시도해 보고자 하는 것은 "기원 또는 진리를 해독하고자 모색하는 기호의 질서를 벗어나는 해석"이며, "더 이상 기원 쪽을 바라보지 않으려는 언어 게임"(2001: 459)이라 할 수 있다.

기원과 진리가 엄연히 존재한다는 의미론적 현전성을 강조했던 서양의 형이상학에 입각한 기존의 기호 사용의 질서를 거부하고, 데리다가 '차이의 게임'(유현주, 2010: 261)이라 명명했던 '차연'에 충실한 기호의 개성적 활용과 해석의 발산성을 강조하는 것만이 그에게 유의미할 뿐이다. 존재의 진리를 넘어서기 위해서는 기호들의 상호관계 속에서 새롭게 구성되는 의미의 변주 가능성을 용인하는 언어유희에 주목할 필요성을 부각시키고자 한 것이다. 차이와 유보로서의 차연이 언어게임의 다른 이름임은 분명하다. 이러한 언어게임의 가능성을 허용한다면 문학 작품에서의 의미는 비현전으로서 의미의 유동성(이조원, 2009: 338)과 과정만 남게 된다.

한편 데리다는 『그라마톨로지에 대하여』라는 글에서 차연 개념을 '대리보충(supplément)'이라는 용어로 대신하면서 그 의미역을 확장시켜 나간다. 그는 대리보충을 "첨가되는 것이고 잉여물이며 다른 충만함을 풍요롭게 해주는 충만함"으로 규정하면서 "그것이 무언가를 메운다면, 빈 공간을 메우는 것과 같다. 그것이 무언가를 대리 표상하고 이미지가 된다면, 어떤 현전이 이전에 결여하기 때문이다."(Jacques Derrida, 김웅권 옮김, 2004: 25)라고 함으로써 텍스트가 갖는 결여성과 가변성을 지적하고자 한다. 텍스트는 그 자체가 빈 공간으로서 존재하는 불완전하고 결여된 기호의 총체이기에 하나의 고정적 의미만을 표상할 수 없다는 것이다. 따라서 또 다른 기호의 첨가를 통해 부족한 의미를 지속적으로 보충해 갈 수밖에 없다는 것이다. 아울러 이러한 의미의 보완을 통해 기존의 텍스트는 "하나의 의미에서 다른 하나의 의미로 굴절"되어 가면서 변화해 간다고 보고 있다.

서양의 형이상학적 관점에서 보면 하나의 텍스트는 완전한 의미체로서 기능한다. 그러기에 관념적 의미는 지속적으로 현전하는 것으로 독자에게 강요될 뿐이다. 하지만 데리다의 관점에서 보면 텍스트는 첨가되지 않으면 안 될 '비어 있는 구조'로만 존재한다. 이렇게 본다면 작가는 자신의 글을 완벽하게 통제하거나 조절해 나가지 못하는 존재로 남게 되는 것이다. 또한 데리다의 입장을 따른다면, "대리보충은 기존의 텍스트에 가해지는 비판적 담론"(Nicholas Royle, 오문석 옮김, 2010: 121~137)으로 작용함으로써 작가의 불완전성과 의미론적 한계를 보완해 나가는 주요한 단서가 될 수 있다. 차연 개념을 통해 의미의 고정성과 현전성을 부정했듯이 대리보충을 통해서도 텍스트 의미의 변주 가능성을 지적하고자 함을 엿볼 수 있다.

그는 또한 "실제적인 것은 대리보충의 호소로부터 의미를 띠면서 도래하고 첨가되기 때문에, 대리보충밖에 없고 차이가 있는 대상들의 연쇄 속에서 대체적 의미밖에 없다."고 하면서, "텍스트의 자기 동일성은 순수한 기의"(2004: 282~283)를 전제할 때만이 가능하다고 부연한다. 즉, 시어의 보충적 기술 없이는 완성된 작품으로 나아갈 수 없을뿐더러 해석된 의미는 절대적일 수 없으며 지속적인 보충에 의해 의미의 차이만을 가진다는 것이다. 데리다가 보기에 완전한 작품은 의미의 변주가 허용되는 기호의 총체일 뿐이다. 형이상학에서 언급하는 절대적 의미로서의 자기 동일성을 강요하는 텍스트는 존재하지 않을 뿐만 아니라 그 속에 담겨 있다고 믿는 순후한 기의는 허상에 불과하다는 것이다.

데리다의 비현전성 개념을 교육 현장에 적용한다면. 시 감상의 주안점은 의미의 가변성과 변주 가능성이 될 수 있다. 텍스트를 완전한 의미적 총체로 보지 않고 의미론적 빈 공간으로 인식함으로써, 기호의 연쇄를 통해 의미의 차이를 인정하고 유보하는 태도는 유의미하다고 할 수 있다. 또한 작가와 관련된 전기적 사실이든, 작품과 상호 연관성을 보이는 텍스트든, 독자의 개인적 경험이든 보충적 자료에 의해 기존 텍스트의 의미를 확장적으로 재발견해 나갈 수 있다는 점에서도 그러하다. 텍스트의 의미를 고정적으로 설정해 두지 않고 기호 자체에 충실하면서 기존의 의미 해석을 '훼손'시키고 또 다른 의미로 '대체'해 나가는 지속적 과정은, 학생들의 시 읽기에 적극성을 부여해 줄 수 있다는 점에서 의미가 있다고 본다.

'유보'든 '대체'든 데리다의 시학에 대한 답습을 통해 학생들은 텍스트에 기반을 두면서도 텍스트의 의미를 근원적으로 재구성해 나갈 수 있게 된다. 의미를 고정적으로 보지 않으면서 지속적으로 이전의 의미에서 이탈하려는 관성은, 본질적으로 이전의 시어들이 갖는 의미를 토대로 이루어지기 때문이다. 수용미학에 기댄 학습자 중심의 시 교육이 학생의 내면적 수용력에 주안점을 둔 자발적 감상력이 초점이었다면, 데리다의 유보와 대체적 시학은 텍스트로의 집중과 와해를 통한 감상의 확장에 의의가 있다고 본다.

해체 시인으로 일컬어지는 황지우의 '간주관성' 개념도 이와 맥이 닿아 있다. 그는 "시적인 것은 내면의 외부에 있고 외면의 내부에 있으며 안과 밖의 경계가 흐려진 간주관적인 것이다."고 규정하면서 "시를 읽고 쓰는 사람들이 시적인 것의 자격을 부여하는 행위를 통해 시적인 것의 틀이 생긴다."(황지우, 1993: 13~17)고 첨언한다. 황지우가 언급하고 있는 '내면의 외부'와 '외면의 내부'는 절대적 진리로서의 의미와 텍스트, 텍스트와 외적 맥락의 경계를 해체하고자 하는 시도로 해석된다. 순수하고 고정적 의미가 텍스트에 온전히 담길 수도 없으며, 텍스트는 여타의 다양한 맥락과의 상호교섭을 통해 '시적'인 의미를 양산할 뿐이라는 것이다.

그의 입장에서 보면 기존의 고정 관념으로 바라보는 '시'는 없고, 다만 '시적'인 것만 존재함을 강조한 것으로 볼 수 있다. 그리고 황지우가 바라보는 '시다움'을 이루기 위해서는 작가와 독자의 사이, 즉 주관과 주관의 사이인 '간주관'이 개입되는 맥락만이 유의미할 뿐이다. 주관과 주관의 차이를 인정하고 이를 유보하며, 서로의 주관이 또 다른 타자를 위한 대리보충적 기능을 하는 '변증법적'(김난희, 2013: 377~378) 관계가 유지될 때, 비로소 '시적인 것'은 탄생된다는 입장이다. 단일한 의미를 찾고자 하는 기존의 '시'를 폐기하고, 의미의 확산성을 지향하기 위해 소통적 간주관성을 표방하는 '시적인 것'의 모색은, 차연과 대리보충을 통해 의미의 비현전성을 강조하는 데리다의 입장과 일맥상통하는 것이다.

따라서 데리다의 비현전성에 입각해 황지우의 해체시를 감상하는 방법을 보이기 위해, '유보(留保)'와 '대체(代替)'에 주목해 보고자 한다. 데리다가 의미의 고정성과 이의 지속성을 거부하는 비현전성을 강조하면서, 이를 '차연'이나 '대리보충' 등의 다양한 용어로 변주시켜 논의해 나가는 것도 자신의 의미론적 고정성을 스스로 무너뜨리기 위한 시도라고 짐작할 수 있다. 이처럼 기존 의미의 절대성을 부정하기 위한 기획이 '유보'와 '대체'가 갖는 사전적 의미와 일맥상통한다고 판단해 이들 용어를 살려 쓰고자 한다.

데리다가 해체적 발상을 통해 텍스트의 불완전성을 단정짓고 의미의 보류와 보충성을 강조하였음을 볼 수 있었다. 이러한 태도는 시 감상의 국면에서 시어의 연쇄를 통해 기존의 의미를 지우고 유보해 가면서 지속적으로 새로운 의미를 재구성적으로 보완해 나가는 대체적 읽기와 관련이 있어 보인다. 행과 행간에서 유추한 의미를 훼손적으로 미루어 나가고 그 대안으로 새로운 의미를 모색해 나가는 과정이 데리다의 입장일 뿐만 아니라, 황지우의 해체시가 갖는 본질적 특성이기에 이를 토대로 논의를 전개해 가고자 한다.

2. '유보적 시학'에 초점을 둔 시 감상

데리다는 근본적으로 유보적이다. 그것이 그가 지향하는 시학이다. 따라서 여기에서의 '유보적 시학'은 텍스트의 맥락을 전제로 이전의 시어들이 갖는 의미를 진단하되, 의미를 절대적인 것으로 확정짓지 않고 불확정적으로 지연시키려는 관점으로 규정하고자 한다. '텍스트는 부유(浮游)하는 존재'로서 형이상학에서 고집하는 의미론적 현전은 '차연의 형식'에 의해 지연될 뿐이기 때문이다. 이러한 유보의 시학은 차이와 연기를 의미하는 '차연' 개념과 아울러 '파르마콘(pharmakon)' 개념을 통해 부연된다. 데리다는 『산종』에서 "거부되고 비하되고 버려지고 비난받는 문자"가 "약과 독이라는 이중성을 지닌 파르마콘"(Derrida, 1983: 75~76)에 주목한다. 파르마콘을 통해 데리다는, 음성언어 중심의 형이상학을 거부하기 위한 대안으로 문자가 지닌 '치료약'으로서의 기능을 강조하는 것이 아니다. 여기서 주목해야 할 사항은 문자가 상호 이질적인 차이(박종혁, 2000: 145~150)를 가지고 있다는 것, 그리고 어느 한쪽의 절대적 가치를 인정할 수 없는 유보적 상황이 문자가 갖는 근본적 속성이라는 것이다.

파르마콘은 단일성과 총체성을 우위에 두는 형이상학의 관점을 전복시키는 '결정 불가능성(indécidabilité)'에 해당하는 것이기에, '유보의 시학'을 함유하고 있다고 보아도 무방할 것이다. 문자 기호를 독과 약이라는 상호 모순적 용어로 규정하는 것은, '현존도 부재'도 아닌 불명료성(윤지영, 2015: 172)에 주목함으로써 기의의 확정성을 끊임없이 지연시켜 의미의 생성 과정 자체에 방점을 두고자 하는 기획으로 보인다. 하나의 사태나 대상의 의미에 대해 확정적으로 단정짓지 않고 유보하는 불확정성은, 일견 모순적으로 비칠 수도 있으나 다양한 의미의 변주 가능성을 허용한다는 관점에서 보면 문학다운 발상이라 할 수 있다.

퇴계로에 와서도 그 山이 보인다. 3·1로까지 걸어가는데,
봄바람 맞으며 가는데, 산은 흔들리는 자기 그림자를 발목까
지 담그고 자꾸 뭔가 게워낸다. 흙덩어리인 자기를 버리기라
도 하려는 듯이. 그녀를 무등태운 山 그림자가 시내까지 따
라온다. 죽겠다! 좀 봐 줘. 그래도 온다. 뻐꾹새 울음의 半
音 플랫에 실려, 山이 가까이, 멀리, 그만 따라와! 해도, 市
외곽 시립 공원 묘지 千여 구를 싣고 淸溪川까지 흘러온다.

慶州崔氏愛淑之墓
陰歷 一九五四年 九月 十四日 生
陰歷 一九八〇年 四月 十八日 卒
여보 당신은 천사였오
천국에서 다시 만납시다
         수철이 아빠

청계천 2가. 횡단보도를 바삐 교차하는 사람들 사이에서
〈저쪽에서 이쪽으로〉 그녀는 아이를 업고 나타났다. 그 山이
게워낸 異物質인 듯한 하얀 안개꽃을 아이가 쥐고 흔들어댔
다. 거기서 무슨 은방울 소리가 났다. 맹인을 위한 신
호 소리를 들으며 쌩쌩(生生?)한 사람들이 이쪽에서 저쪽으
로 먼저 넘어갔다. 사라지는가 했는데 그녀는 다시 자동차

부속품상 앞 잡상인들 틈에서 나왔다. 그녀는 한 번만 더 아
이를 낳고 싶다고 말했다. 나는 그만두라고 했다. 그녀는 한
번만 더 아이를 이 땅으로 보내고 싶다고 했다. 나는 두 손
을 그었다. 지금 보다시피 우리는 서로의 발등을 밟고 있다
고 나는 말했다. 뱃속에서 아기가 죽어간다고 그녀는 화를
냈다. 이 땅·에 오려면 몸·으로 닻·을 내려야 한다고 나는 말했
다. 나는 적십자사 헌혈차를 피해 갔다. 그리고 뒤로 돌아서
서 그녀에게 正色하고 말했다. 그대 앞에 내 슬픔이 좀 과했
나 보오. 그대 앞에 나의 심령과학적 자의식이.

—황지우, 「에서·묘지·안개꽃·5월·시외 버스·하얀」 전문

　위 시에서 의미는 유보적이다. 이러한 현상은 제목에서부터 시작
된다. 「에서·묘지·안개꽃·5월·시외 버스·하얀」이라는 제목은 시행
의 전개에서 느껴지는 유보적 이미지의 배열 방식과 맞닿아 있음을
목격하게 된다. 일상적인 기표의 배열 방식에서 이탈함으로써 낱말
과 낱말의 연쇄가 기표와 기의의 연결성을 차단시킴은 물론, '에서'
라는 조사를 앞에 위치시키는 기획을 통해 명사 중심의 의미체계를
저격하고자 한다. 형이상학이 지향하는 단일한 의미, 그리고 그것을
지지하기 위한 명사 중심의 언어 체계에 대한 균열을 시도한 것으로
보인다. 뿐만 아니라 제목을 형상화하기 위해 도입된 낱말들 사이에
'·'을 둠으로써 낱말들 상호간의 연결성을 가시적이고 의도적으로
부정하고 있기에 일관되고 단일한 기의의 가능성은 더욱 요원해 보
인다.

　하지만 방점을 경계로 낱말을 배치한 시도는 '에서'라는 조사와
'묘지, 안개꽃, 5월, 시외 버스' 등의 명사, 그리고 '하얀'이라는 형용

사가 상호 대등한 자격을 부여받고 있음을 역설적으로 강조하고자한 것으로 해석 가능하다. 뿐만 아니라 낱말을 어떻게 배열하느냐에따라 다양한 의미 변주가 가능하다는 것도 눈여겨 볼만한 대목이다. 5월 어느 날 성묘를 한 후 시외 버스를 타고 가는 중에 묘지에 피었던하얀 안개꽃을 생각하는 이미지를 토대로 한다면, '묘지(의) 하얀 안개꽃(을) 시외 버스에서 (생각하는) 5월'로 제목을 재구성할 수도 있겠고, 5월 광주민주화 운동의 참상으로 인해 '千여 구'의 시신을 싣고'시립 공원 묘지'로 향하는 시외 버스의 이미지에 주안점을 두어 '5월에서 (비롯된) 묘지를 (향하는) 하얀 안개꽃 (단) 시외 버스'라고 구성할 수도 있을 것이다. 혹은 화자가 묘지라는 물리적 공간에 자리해서영면에 든 시신들을 추모하면서 참상을 초래한 과거의 사건과 망자를 여기까지 인도한 시외 버스를 상상하는 이미지의 조합을 염두에둔다면, '묘지에서 하얀 안개꽃 (보며) 5월 (그날의) 시외 버스(를 생각하며)'라는 제목의 재구성도 가능하다.

　이러한 제목의 상정은 미미한 의미상의 차이가 있음에도 제시된작품의 행간의 의미를 확장해서 본다면 충분히 가능한 것들이다. 행간의 이미지 배열에 충분한 여백을 두고, 일상적인 기표의 배열방식에 따르지 않으며 선행하는 기표에 구속되지 않는 시상의 전개를 통해 다양한 의미의 변주가 가능해 짐을 보게 된다. 제목을 통해확인할 수 있는 고정적 의미에 대한 유보성은 공간적 배경을 통해서다시 한 번 드러난다. '퇴계로 → 3·1로 → 청계천 → 청계천 2가'와같은 공간의 흐름이 공간과 결부되어 구체화될 수 있는 의미를 유보적으로 변주시켜 나가고 있는 것이다.

　일차적으로 '퇴계로'라는 공간은 '그 山'이라는 대상이 지속적으로'보이'는 곳이기에 주목할 만하지만, 초점은 '산'에 있다. 그럼에도

'산'은 '그 산'으로 형상화됨으로써 실체가 감추어진 채로 드러날 뿐이다. 여기에서 화자는 산의 속성을 '그'라는 지시어 속에 내포시킨 채, 산과 관련된 배경과 제반 특징을 기정사실화 하면서 정서와 의미적 측면에서 독자로 하여금 암묵적인 합의와 동조를 요구하는 듯하다. 이는 곧 '3·1로'라는 공간에서는 퇴계로에서의 그 산이 갖는 속성을, '뭔가 게워'내는 '흔들리는 자기 그림자' 혹은 '흙덩어리인 자기를 버리'는 존재로 변화시켜 나간다. 화자와의 공모에 의해 이미 인지의 대상이 되었던 '그 산'은 '게워내'고 '버리'려는 행위를 통해 자기 부정성을 실현하려는 '흔들리는' 존재로 드러나고 있다. '3·1'로에서 확인할 수 있는 것은, '산'이 자기 존재의 유동성과 부정성을 명확히 하려는 존재라는 것 외에는 그 어떤 것도 확정지을 수 없다.

공간 범위의 이동과 확장을 통해 '산 그림자'는 '그녀를 무등태'우고, '市 외곽 시립 공원 묘지 千여 구를 싣고' '뻐꾹새 울음'에 '실려' '시내'와 '청계천'까지 '흘러'오게 된다. 비로소 이 대목에서 '그 산'의 참모습이 어느 정도 가려지게 된다. '그 산'은 시 외곽에 자리하고 있는 공원묘지로 천 여구의 시신이 묻혀 있는 공간이며 그 속에 '그녀'의 묘지 또한 자리하고 있음을 알게 된다. 산 속에 묻힌 망자에 대한 그리움과 안타까움이 환영이 되어 화자를 추종함은 물론 뻐꾹새의 울음이라는 환청과 복합되면서 생생함과 구체성을 배가시키고 있음을 보게 된다. 이별과 죽음에 대한 거부가 '게워내'고 '버리'고 싶은 명확한 행위로 형상화되고 있음을 반추할 수 있으나, 여전히 사태의 원인에 대해서는 유보적 태도를 취하고 있다.

이처럼 위 작품의 전개는 공간의 이동에 따라 화자의 의식 세계가 명확하게 전개되어 나가는 것이 아니라, 의식에 떠오르는 명확한 의미가 개별 시어를 통해 확정적 의미로 드러나는 것을 보류한 채 마치 의식과 무의식이 교차되어 드러나는 이중 기입(double inscription) (한국해석학회, 1999: 94~95)의 방식으로 형상화되고 있음을 보게 된다. 의식과 무의식이 상호 견제하고 겹쳐지는 방식으로 서술되는 이중 기입은 의식 속에서 표현하고자 하는 의미와 정서를 무의식이 방해하고 훼손시킴으로써 끊임없이 무의식이 표면으로 부상하려는 작용에 기인한 것이다. 현실적 공간에서 이루어지는 화자의 이동 상황과 결부되어 개입되는, '묘지'와 '산', 그리고 그 속에 묻혀 있는 '그녀'와 관련된 의식과 무의식이 동시적으로 노출되고 형상화됨으로써 분명한 의미의 고정성을 유보시키고 있는 것이다.

이러한 시도는 의미의 고정성에 대한 거부이면서 과거의 삶 속에 전제된 보편적이고 일반적 해석을 부정하고자 하는 화자의 의도인 것으로 볼 수 있다. 시상의 전개 과정 중간에 삽입된 편지 형식의 비문을 통해 '그녀'는 '慶州崔氏愛淑'이라는 이름을 가진 사람이며, 사망 시점이 '一九八〇年 四月'임을 짐작할 수 있다. 또한 '陰歷'이라는 표현을 통해 그녀의 지난 삶이 어둡고 암울한 시간들이었음도 알 수 있다. 의도적으로 달의 운행 법칙에 따른 날짜의 흐름을 명시화한 '陰曆' 대신에 '陰歷'으로 표기함으로써 그녀의 삶을 집약적으로 드러내고 있음에 주목하게 된다.

하지만 필자는 '一九八〇年 五月'이라고 표기하지 않음으로써 작품을 광주민주화운동에 한정해서 의미를 부여하는 고정적 틀에서 벗어나고자 한다. 이렇게 되면 '그 산'에 '무등'을 태운 형상으로 자리하고 있는 '그녀'와 '千 여 구'의 주검들은 특정한 시대의 비극에 의해 자행된 희생과 상처라는 의미에 한정되지 않고, 우리 역사의 보편적 삶 속에서 지속되어 왔던 민중들의 애환과 슬픔으로 확장되는 것으로 볼 수 있다. '청계천 2가'라는 공간에서는 좀 더 소상하게 화자의 '심령과학적 자의식'이 노출되어 있다. 이는 화자의 '자의식'이라기보다는 '무의식'에 가까운 것이라 할 수 있다.

'퇴계로'에서 '그 산'이 '자기를 버리'듯이 '게워'낸 '흙덩이'가 '청계천 2가'에서는 '이물질'과 '하얀 안개꽃'으로 변주되어 '은방울 소리'를 내는 것으로 드러난다. 그리고 묘지 속의 '그녀'는 '아이를 업고 나타'난다. 죽음 '저쪽'에서 삶의 영역 '이쪽'으로 모습을 드러낸 '그녀'는 분명 무의식 속의 산물이다. 주체로서 존재 근거를 명확히 할 수 없는 현실 상황 속에서 '산'이 애써 부정하고자 했던 모순적 현실과 흙덩이와 같았던 자존(自尊)은, 이물질과 하얀 안개꽃 사이를 줄타기 하면서 은방울 소리로 형상화되고 있다. 아이의 순수한 손동작 속에서 맑고 청아한 은방울 소리를 내며 이물질이라는 부정적 속성과 하얀 안개꽃이라는 미적 대상으로 혼재되어 나타나는 과거의 유산은 분명 동화적이며 무의식적이다.

여기에서 데리다가 강조한 '은유의 역동성'과 '은유적 중첩 운동'을 경험하게 된다. 역사적 사건 그리고 그러한 사건의 결과 발생하게 된 산의 부산물은 '이물질', '하얀 안개꽃', '은방울 소리'라는 다양한 은유로 중첩되어 나타남으로써 단 하나의 의미와 정서 유발이라는 고정적 직관에서 벗어나 정신적 영역으로 확산되고 있음을 알 수 있다. 은유의 중첩은 데리다에 따르면 "의미의 생략과 전환이 무한하게 반복"될 수 있는 가능성이기에 "은유는 오직 흔적"(윤일환, 2007: 65~81)으로만 현현하는 것일 수 있다. 하나의 대상을 다양한 은유로 처리함으로써 하나의 고정적 의미는 해체되고 그 속에서 자연스럽게 의미적 유보로서의 다양한 해석의 여지는 개입될 수밖에 없는 것이다.

현실적 상황 속에서는 도무지 이루어질 수 없는 '저쪽'에 속한 '아이를 업'은 '그녀'와 '이쪽'에 속한 '쌩쌩한 사람들'의 동시적 공존은, 오직 무의식 속에서만 가능하다. 하지만 '저쪽에서 이쪽'으로 '나타' 나는 '그녀'나 '이쪽에서 저쪽'으로 '넘어'가는 '사람들' 모두 '저쪽'이 라는 '죽음'을 공유하기에 동시성을 가질 수 있는 것일 수 있다. 이는 죽음의 공간인 '저쪽'을 통해 현실로서의 이승인 '이쪽'을 규명하려 는 시도로 보인다. 이는 '그녀'가 '한번만 더 아이를 이 땅으로 보내고 싶'어 하는 욕망으로 구체화된다. 이러한 '그녀'의 욕망은 '두 손을' 긋는 '나' 거부 의사에 의해 실현되지 못하고 만다. 하지만 그녀가 아이를 이 땅으로 보내고 싶다는 욕망은 '나'의 거부의사에 의해 좌 절되는 것이 아니라 본질적으로 현실적 상황의 모순에서 기인되고 있음이 부연된다.

'지금'의 현실은 '서로의 발등을 밟고' 있는 형국으로 상호간의 갈등과 경쟁만이 존재할 뿐이며, 그로 인해 '그녀'가 '이 땅'에서 자신 의 바람을 이루기 위해 감내해야 할 것은, '몸으로 닻을 내려야'하는 처절한 희생과 고통, 그리고 '과'한 '슬픔'임을 분명히 하고 있다. 화자의 의식과 무의식의 교차점에서 이루어지는 '나'와 '그녀' 사이 의 대화는, '저쪽'이라는 죽음의 공간을 빌려 이야기되는 '이쪽'이라 는 '지금'의 처절함에 대한 재확인인 것이다. 하지만 현실의 부정적 인 측면과 그로 인해 차단되는 그녀의 삶과 생명 잉태에 대한 의지 는, '발등을 밟고' '몸으로 닻을 내린다'는 은유적 표현으로 인해 다양 한 의미의 가능성을 지닌 채 유보되고 있다.

결국 위 작품은 공간의 이동이라는 현실 상황 속에 '산'이 유발시 키는 이미지가 다양하게 변주되어 나타난다. 즉, 산이라는 이미지에 의해 환기되는 '그녀'의 죽음과 이전 삶의 내력, 그리고 그녀의 욕망 과 좌절, 모순으로서의 현재적 상황 등이 의식과 무의식의 경계를 넘나들면서 다채롭게 전개되어 가고 있는 것이다. 이미지의 변주는 드러나지만 이미지 간의 필연성이나 인과성은 결여된 채, 이미지의 비약과 단절이라는 시상 전개가 이루어짐으로써 고정적이고 확정된 의미는 유보된 채 독자의 의미 해석과 정서 개입의 가능성만 증폭시키고 있음을 보게 된다. 따라서 데리다의 표현처럼 "파지적(破紙的) 흔적의 가능성"만을 제시함으로써 "의미의 시간화가 벌이는 놀이가 공간화의 간격과 차이"(홍경실, 2006: 74~75)를 불러내고 있는 것이다.

즉, 시간이 지연을 통해 고정된 의미에 변주를 주어 다양한 의미를 양산함으로써 의미를 유보시키며, 이러한 '의미의 시간화'는 의미 요소를 공간적으로 확산시키게 되어 의미 해석의 가능역을 확장시킨다는 것이다. 그런 점에서 '퇴계로→3·1로→청계천→청계천 2가'의 공간 이동은 현실과 저승, 의식과 무의식이라는 2차적 공간 요소와 어우러지면서, 이 두 영역을 넘나드는 '그녀'와 '나'의 관계 형성을 통해 의미가 확장되고 변주되는 시간화를 형상화내고 있음을 알 수 있다.

　　발자국 소리, 자물쇠 속의 긴 낭하로
　　사람이 온다
　　사람이 무섭다

　　자물쇠 콧속으로 흐린 山 물이
　　흘러 들어온다 腦膜에 아득하게
　　떠 있는 어린 시절 소금쟁이
　　물풀들, 물 소리가
　　귓바퀴를 두어 바퀴

맴돌다 우뚝 멈추고 요구한다
"말해!"

자물쇠의 食道를 타고 뜨겁게
다시 전화벨이 울린다
목구멍으로 꿀떡
시린 칼자루가 들어온다
칼에 꽂힌 채
묻는 말에 대답하기
"우리가 사람이란 걸 그만둡시다"

자물쇠 구멍으로 부는 聽覺的인 바람
느티나뭇잎들이 흔들린다 누가
멱살을 잡고 흔든다 가지가지에
양면종이들이 펄럭이고
마지막 한 잎이 손에서
지문을 앗아간다
잠들고 싶다
"아 몸이 왜 있을까"

밖에서 닫아 주는 문 소리,
발자국 소리, 자물쇠 속의 긴 낭하로
사람이 나간다
쓰러지면서
용서를 빌면서 비로소 파리

에게 말한다 "ONLY WAY TO FLY"*

*히피들의 목걸이에 새겨진 말

—황지우, 「자물쇠 속의 긴 낭하」 전문

　위 작품은 시적 대상이나 상황에 대한 묘사와 인물이 주고받는 단선적인 대화 구성이 주를 이룬다. 하지만 그 묘사라는 것이 단절된 맥락 속에서 사실적 상황의 편린(片鱗)만을 형상화하기에 정서와 의미가 충분히 유보적이다. 일차적으로 '자물쇠'와 '자물쇠 속의 긴 낭하'라는 구절이 유발하는 의미적 유보성은, '자물쇠 콧속', '자물쇠의 식도'로 발전함으로써 모호성을 가중시키게 된다. 자물쇠 속에 긴 복도라는 공간이 존재할 수 없기에, 자물쇠라는 제한적이고 폐쇄적인 영역 속에 복도라는 다소 넓은 공간의 존재 가능성을 설정한 표현이 모호하게 느껴질 뿐이다. 뿐만 아니라 자물쇠를 '콧속, 식도'라는 인간적 이미지와 결부시킴으로써 창조적 의미영역을 배가시키고 있는 것이다.

　"발자국 소리, 자물쇠 속의 긴 낭하로/ 사람이 온다"라는 구절에서 '~로'라는 조사의 사용 역시 유보적이다. 복도에서부터 화자 쪽으로 사람이 온다라고 받아들일 수도 있지만, 화자가 있는 복도라는 도달 지점을 향해 사람이 온다라고 해석할 수 있다. 자물쇠를 통해 화자의 현재적 상황이 '구속, 폐쇄성, 억압'이라는 이미지와 관련되어 있음을 유추해 내게 하지만, "긴 낭하로/ 사람이 온다"라는 표현에서 유도되는 방향성의 모호함이 화자의 상황에 대한 고정적 의미의 확정을 유보하게끔 하는 것이다. 하지만 마지막 연에서 다시 드러나는 "발자국 소리, 자물쇠 속의 긴 낭하로/ 사람이 나간다"라는 표현에서는 '~로'가 도달점이라는 방향성만을 가짐으로써, '낭하'라는 공간이 화자와는 무관한 정반대의 공간임이 드러나게 된다. 그럼에도 첫 번째 연과 마지막 연에서 동일한 통사구조로 표현되는 구절이 다양한 의미로 변주되어 이해될 수 있다는 것은 유보적 해석의 가능을 여전히 남겨 두는 것이라 하겠다.

'자물쇠'라는 객관적 상관물의 의미는 하나로 고정되기에는 무리가 있어 보인다. 마지막 연에 등장하는 '문'이라는 시어와 '자물쇠'를 결합시켜 작품을 이해해 본다면, 자물쇠는 문과 동일한 의미역을 가진 대상임에 분명하다. 위 작품에서 자물쇠와 문이 갖는 상징적 의미는 폐쇄적 영역 정도로 이해될 수 있겠으나 위 작품이 자리하고 있는 작가의 동일 시집인 『새들도 세상을 뜨는구나』의 다른 작품을 검토해 본다면 자물쇠와 문의 의미는 매유 유동적으로 유보될 수밖에 없다. "이 문으로 들어가면 넓고/ 이 문을 나오면 좁다/ 이 문에는 종교성이 있다/ 풀잎 하나가 풀잎의/ 전체를 보여 준다/ 제자리 걸음으로/ 수십 킬로 먼 곳까지 다녀온다"(「이 문으로」)라는 구절을 본다면, 문은 단순히 폐쇄적이고 억압적 상황을 암시하는 공간으로 한정되지 않는다.

오히려 '문' 안은 넓은 공간이면서 거룩한 성역(聖域)으로, 풀잎이라는 나약한 존재가 자리하는 곳으로 보이지만 전체를 통찰할 수 있고 공간의 제약을 오히려 초극하는 확장적 영역인 것이다. 또한 "위로받아야 할 사람은 오히려 문 밖에 있는 당신들이다. 당신들을 붙들고 있는 고리를 나는 탐색해 왔다. 그 고리의 끝에 달려 있는 대답 없는 날들을 위하여 나는 이 지상의 가장 靜淑한 땅으로 입성한다."(「입성한 날」)는 부분은 '문 밖에 있는 당신'들을 위로의 대상으로 설정하기까지 한다. '자물쇠'와 유사한 의미를 갖는 '고리'를 설정하고 그것이 강요하는 '대답 없는' 억압과 탄압의 '날들'을 위무(慰撫)하

기 위해, 화자는 지상에서 가장 고요하고 순수한 공간인 문 안으로
입성하기를 희망하고 있는 것이다.

이렇게 본다면 「자물쇠 속의 긴 낭하」에서의 '자물쇠'와 '문'의 의
미는 구속과 억압으로 인해 화자가 고통을 겪는 폐쇄적 공간이라는
의미역에 머물 수는 없다. 무한한 존재의 가능성으로 확장될 수 있는
성스러운 영역일 뿐만 아니라, 도리어 문 밖에서 문 안의 존재를
탄압하는 자들을 포용하고 순수한 이상을 이룰 수 있는 공간으로
의미가 유보될 수 있다고 하겠다. 물론 제시된 텍스트에서 직접적으
로 위와 같은 의미를 추출할 수는 없어 보인다. 다만, 화자가 마음대
로 개방할 수 없는 자물쇠의 문에 갇히게 된 배경 이면에는 '사람'이
기를 원하고 '사람' 대접을 받기를 바라는 자유에 대한 강한 갈망이
전제되어 있음을 부인할 수는 없는 것이다. 또한 '파리'처럼 날기를
바랐던 '히피'들의 반정부적이고 비판적 인식에 동조하고자 했던 화
자이기에 분명 그의 선택은 성스럽고도 순수한 이상을 염두에 둔
것이라 해석할 수 있을 것이다.

자물쇠의 자질과 화자를 동일시함으로써 화자의 속성을 구속과
억압으로 표현하고 있는 위 작품은, '자물쇠 콧속으로 흐린 山 물'을
들이 붓는 '사람'의 잔인성과 '자물쇠의 食道'에 '시린 칼자루'를 들이
미는 폭력성을 통해 좀 더 구체적으로 묘사되고 있다. '말해!'를 외치
며 고문을 자행하는 '사람'과 그러한 그들의 행위로 인해 '사람이란
걸 그만'둘 수밖에 없는 비인간적 수모와 한계를 경험하고 있는 화자
의 안타까운 상황이, 파편적 상황의 묘사와 외마디 비명과 같은 대화
를 통해 형상화됨을 볼 수 있다. '멱살을 잡고 혼'드는 장면과, 사건의
전말을 작위적으로 조작하고 그에 대한 시인을 받아내려는 서류를
의미하는 '양면종이들이 펄럭'이는 현장에서, 화자는 최후의 인간적

면모인 '지문'마저 박탈당한 채 '잠들고 싶다'는 한계에 직면하면서 스스로 '몸이 왜 있을까'라는 자문을 하기에 이른다.

이러한 모습은 황지우의 「파리떼」라는 시의 "고등학교 국어 교사인 鄭선생은 그의 아내와 어린 것들 생각 때문엔지, 가끔 벽 쪽으로 돌아누워, 몰래, 우는 것 같다, (…중략…) 매일 아침 우리는 따로 따로 불려 나갔다 늦게 들어왔다, 그것을, 申교수는 '아침의 세리모니'라고 불렀다. (…중략…) 내가 돌아와 자리에 쓰러지면 그는 맨 먼저 달려와 옷을 벗기고, 마치, 상처받은 짐승을 다루듯, 조심스럽게 나를 다루어 주곤 했다"라는 구절을 연상시킨다. 감옥에 갇혀 가족들의 안전을 걱정하면서 자기 스스로를 자책하고 후회하기도 하면서도 모진 고문을 감내하는 지극히 인간적인 모습이 그려지기 때문이다. 이렇게 본다면 '자물쇠'와 '문' 안이 형상화하는 감옥이라는 공간의 의미가 성스럽고 순수한 이상을 추구하고자 하는 의지에 한정되지 않음을 느낄 수 있다. 감옥에 갇혀 힘겨운 고통을 감내해야 하는 상황에서는 인간적인 한계에 봉착함으로써 이상마저 고통의 현실로 인해 와해됨을 자각하기 때문이다. 이로써 위 작품은 비인간적 만행이 자행되는 현실적 참혹성과 그로 인한 인간적 절규라는 또 다른 의미로 유보되어 나아가게 됨을 보게 된다.

마지막 연에서 탄압의 주체로 설정되어 있는 그 '누'구, 즉 '사람'은 '밖에서' '문'을 '닫'고 '나'가게 되며, 화자는 역시 자물쇠로 굳건하게 폐쇄된 문 안에 남는다. 곧이어 화자는 "쓰러지면서/ 용서를 빌"게 되는데, 여기에서 '용서'라는 시어에 주목할 필요가 있다. 일차적으로 인간으로서 육체적 한계를 지니는 존재이기에 모질게 자행되는 행위에 대한 굴종의 의미로 본다면, '용서'는 화자 자신의 과거 행위에 대한 전면적 부정으로 이해될 수 있다. 하지만 유일한 대화의 상대인 '파리에게' 화자가 '말'하는 "날기 위한 유일한 방법(ONLY WAY TO FLY)"이라는 구절에 주목한다면 '용서'는 또 다른 의미를 얻게 되는 것이다.

즉, 「입성한 날」이라는 시에서 억압의 주체로 굴림하는 '당신'에 대해 화자가 '위로받아야 할 사람'이라고 증언하는 부분을 상기시킨다면, 위 작품에서의 '용서'는 화자 자신의 과거에 대한 부정을 의미하는 것이 아니라, 화자를 탄압하면서 비인간 행위를 자행하는 '사람'에 대한 포용적 언술로 볼 수 있다. 뿐만 아니라 화자의 이러한 대승적(大乘的)이고 박애적 태도는 '날기 위한 유일한 방법'이라는 구절과 맞물려 의미적 타당성을 확보하게 된다. 억압과 모순적 현실을 극복하고 이상을 성취하기 위한 유일한 방법은 지배와 종속, 억압과 착취라는 이분화된 권력 구조를 지양하고 '용서'라는 가치의 실현을 통해서만 가능하다는 것이 화자의 입장임을 확인하게 되는 것이다.

위 작품에서 '느티나무'로 형상화되는 화자가 황지우의 또 다른 작품인 「西風 앞에서」는 '은사시나무'로 변주되어 나타나는데, 그 작품에서 작가는 "마른 가지로 자기 몸과 마음에 바람을 들이는 저 은사시나무는, 박해받는 순교자 같다 (…중략…) 박해받고 싶어하는 순교자 같다."라고 표현하고 있다. 폐쇄된 '문' 안에서 비인간적 고통을 겪으며 인간 존재의 소멸이라는 극한적 고통을 경험하는 화자가 그러한 만행을 자행하는 자들에게 '용서'의 메시지를 전한다고 한다면, 이는 분명 '순교자'일 수밖에 없는 것이다. 데리다의 언급처럼 "문자는 주체를 구성하면서 동시에 와해시킨다"(서동욱, 2007: 83)는 유보적 행태를 여기서 다시 한 번 확인하게 됨을 본다.

3. '대체적 시학'에 초점을 둔 시 감상

데리다는 텍스트에서 하나의 통합적 의미를 구성할 수 없다고 단정한다. 하나의 기존 의미에서 또 다른 의미로 변해가는 것을 '산종'이라 명명하고 이러한 산종에 의해 텍스트의 의미는 끊임없이 대체되어 감을 강조한다. 또한 그는 문학에서의 비유는 다른 유사한 것에 의해 교체 가능하기에 '마모'와 '훼손'이 본질이라는 점을 분명히 한다. 즉, 비유에 의해 기존 의미는 소멸되지만 그 자리를 또 다른 의미가 채워간다는 것이다. 따라서 그에 의하면 문학적 글쓰기에는 '계속되는 충돌'로서의 '놀이'(한상철, 2001: 78~101)만 존재할 뿐이다. 따라서 '유보의 시학'이 고정적 의미를 부정하고 지속적으로 새로운 의미의 가능성을 추가하면서 의미의 변용을 시도해 나가는 것이라면, '대체의 시학'은 앞선 의미를 부정하고 훼손시키면서 모순적이고 상반된 의미의 창출을 지속해 나가는 작업이라 할 수 있겠다.

데리다는 훼손과 부정의 미학으로서의 '산종' 개념을 '재'에 비유하고 있다. "재는 아무 것도 남지 않은 잉여물로서 현전하는 것도 부재하는 것"도 아니기에 "완전히 소진되어야 규정"된다는 것이다. 부재가 존재가 될 수 있으며, 오히려 부재가 필연적으로 규명될 수 있어야 존재가 명확히 현현할 수 있다는 논리이다. 즉, 문학 텍스트에서 하나의 고정적 의미는 부정의 미학에 의해 훼손될 수 있어야 하며 새로운 비유적 표현의 대체에 의해 그 체계가 완성될 수 있음을 역설한 것이라 보인다.

또한 그는 '유령'이라는 모호한 표현을 통해서 이를 다시 한 번 입증하고자 한다. 그의 "존재하는 모든 것은 타자라는 유령을 감추고 있다."는 유령의 비유는, 모든 실체와 의미는 유령과 같이 명확히 규정될 수 없다는 의미를 내포하고 있다. 언어 표현은 일정한 관점과 해석적 틀에 의해 '자기 동일적 체계'로 규정할 수 없으며 모호성과 대체성에 의해 '틈'과 '균열'(철학아카데미, 2007: 543~547)만 남을 뿐이라는 것이다. 그러기에 문학의 '불연속성'(정한아, 2008: 247)을 강조한 황지우 역시 이러한 '대체의 시학'을 토대로 논의될 수 있을 것으로 본다. 뿐만 아니라 '대립'과 '배제'(강정구, 2016: 145; 김성규, 2014: 331)의 논리를 강조한 해체시인으로 규정되는 그의 시학에 비추어 본다면, 훼손과 대체의 논리가 구체적인 작품 속에 어떻게 구현되는지를 논하기에 충분할 것이다.

아래의 작품은 벽에 걸어 놓은 유화(油畫)의 형식적 틀을 차용하면서, 작품 속의 세계와 작품 바깥의 세계를 구분하는 듯하면서도 동일시하는 확장적 태도를 취하고 있다. 예술 작품의 '에르곤(ergon)'과 예술 작품의 장식물인 '파레르곤(parergon)'(김병환, 2012: 6~7)의 경계를 해체시킴으로써 '보충대리'의 의미를 역설한 데리다의 입장을 연상시키고 있는 것이다. 작품과 그를 구성하는 틀이 구분되면서도 어우러져 하나의 작품을 구성하듯, 파레르곤은 작품이면서도 작품과 구별되는 부정과 대체의 미학에 주목하고자 한다. '흔적Ⅲ·1980'은 작품명을 연상시키고 '(5.18×5.27cm)'라는 표기는 작품의 규격을 의미하는 것으로 받아들여진다. '李瑛浩 作'은 작품을 창작한 화가의 이름임에 분명하다. 앞으로 제시될 작품의 형식적 틀을 규정지음으로써 작품을 둘러싸고 있는 외적 장식, 즉 파레르곤을 보여주고 있는 것이다.

그 길은 모든 시간을 길이로 나타낼 수 있다는 듯이
直線이다.

그리고 그 길은, 그 길이

마지막 가두 방송마저 끊긴 그 막막한 심야라는 듯이,

칠흑의 아스팔트다.

아, 그 길은 숨죽인 침묵으로 등화 관제한 第一番街의, 혹은

이미 마음은 죽고 아직 몸은 살아 남은 사람들이

낮게낮게 엎드려 발자국 소리를 듣던

바로 그 밑바닥이었다는 듯이, 혹은

그 身熱과 오열의 밑 모를 심연이라는 듯이,

목숨의 횡경막을 표시하는 黃色線이 중앙으로 나 있다.

바로 그 황색선 옆 백색 ↑표 위에

백색 ×표가 그어져 있고

횡단 보도에는 信號燈이 산산조각되어 흩어져 있다.

그 신호등에서 그 백색 ×표까지, 혹은

그 백색 ×표 위까지, 혹은

캔버스 밖 백색 벽 위에까지, 火急하게

지나간 듯한 정글화 자국들이

수십, 수백, 수천의 拇印들처럼

찍혀, 있다 마치, 그 길은

끝끝내 돌이킬 수 없는, 최후의 길이었다는 듯이

　　　　　　　—황지우, 「흔적Ⅲ·1980(5.18×5.27cm)—李暎浩 作」 전문

　에르곤과 파레르곤을 이원적으로 인식하는 기존의 미학에 대한
인식적 틀을 해체시켜 문학의 새로운 형식적 시도를 구사하고자 하
는 이러한 시도도 분명 부정과 대체의 의도를 실현하고 있다고 볼
수 있다. 아울러 작품의 형식을 유화의 한 장면으로 처리한 방식도

문학과 회화의 이분법적 경계를 훼손시키고 새로운 예술적 지향성으로 대체시키고자 하는 기획으로 볼 수 있겠다. '대체적 시학'이 이전의 것에 대한 부정과 그 자리를 대신할 또 다른 것으로의 진행을 의미하는 것이기에, 작품을 '백색 벽'에 걸려 있는 '캔버스' 안으로 설정하고, 실제 현실을 '캔버스 밖'으로 규정하고자 하는 것은 대체적(代替的)이라 할 수 있는 것이다.

작품의 형식을 규정하고 있는 제목에서 유추할 수 있듯이, 작품은 1980년 5월 18일부터 5월 27일까지 자행되었던 참혹한 현실에 대한 '흔적'을 고스란히 담고자 한다. 하지만 화자의 정서를 철저히 차단시킴으로써 대상과 객관적 상관물을 열거적으로 제시하고 상황을 담담하게 기술하는 태도는, 벽에 걸린 유화를 객관적 차원에서 관조적으로 감상하게끔 하는 거리 유지의 전략에 기인한 것이다. '숨죽인 침묵'으로 전쟁이라는 위기적 상황에서 발동되는 '등화 관제'의 국면을 '낮게낮게 엎드려' '身熱과 오열'로 감내해야만 하는 현실은 결코 관조적일 수 없다. '목숨의 횡경막'을 지키기 위해 '심연'과도 같은 '막막한 심야'에서 '사람들'은 '이미 마음은 죽고 몸'만 '살아 남'은 상태이기에 그러하다. 이처럼 위 작품은 극한의 공포와 억압이 자행되는 현실적 상황이 필연적으로 유발하는 비정한 정서를 담담한 형상화 방식으로 처리함으로써 또 다른 대체적 시학을 지향하고 있음을 보게 된다.

위 작품에서 '길'이라는 공간은 핵심 제재로서 '부정'과 '대체'적 이미지의 제시라는 방식으로 변주되어 나타난다. '直線'의 이미지로 형상화된 '길'은 '모든 시간을 길이로 나타낼 수 있'는 공간이기에, 시간과 공간의 접점에 위치하고 있다. 즉, '사람들'의 입장에서 보면, 세월의 흐름이라는 관념적 시간성을 구체적 상황으로 옮겨 놓은 가

시적 공간이다. 그러기에 '그 길'은 무수한 시간의 흐름동안 '사람들'의 삶을 품어 온 공간이며, 앞으로 그네들의 희망을 '直線'으로 실현시켜 줄 바람을 담고 있는 곳이기도 하다. 또한 희망을 향해 '直線'으로 달려가고자 하는 공간이기에 비판의 영역이기도 한 것이다.

하지만 '사람들'은 그들이 품고 이루고자 하는 그 희망의 '직선'을 '가두 방송'으로 실현시키고자 하지만 '끊'겨 버린 채 '막막한 심야'와 '칠흑의 아스팔트'로 현시할 뿐이다. 곧 '길'은 이미지의 변용을 통해 '기의의 총체성'에서 벗어나 있다. 희망을 구현하기 위한 저항적 공간으로서의 '直線'은 '숨죽인 침묵', '밑바닥', '身熱과 오열의 밑 모를 심연'으로 변주되면서 '마음은 죽고 아직 몸은 살아 남은 사람들'이 자리하는 모순의 공간으로 자리잡게 된다. 하지만 그 길에서는 사람들에게 주어진 생을 위한 최소한의 조건인 '살아남은' '몸', 즉 길 '중앙으로 나 있'는 '황색선'과 같은 '목숨의 횡경막'은 '정글화 자국'을 남긴 채 '최후의 길'로 귀결될 뿐이다.

곧 삶의 지속성과 희망이기를 바랐던 '直線'의 '길'은 '가두 방송'이 자리하는 '길'인 저항의 길로, 그리고 그 길은 '막막한 심야'의 '길'로 변주되다가 결국, '최후의 길'로 마감하고 마는 것이다. 이렇게 본다면 작가는 지속적으로 '길'이 갖는 의미와 정서를 새롭게 변주시키는 부정과 대체의 시학을 구현해 가고 있음을 알 수 있다. 시상의 변화속에서 '반복'과 '대체', 그리고 '변형'을 감행함으로써 '차이들의 놀이'(Ernst Behler, 박민수 옮김, 2003: 98~108)를 보여주고 있는 것이다. 다양한 시어를 통해 감행되는 은유적 표현들의 지속적 교체가 이전의 시적 정서와 의미를 부정함은 물론 새로운 의미의 부상을 강하게 이끌고 있음을 보게 되는 것이다.

길을 중심으로 묘사되는 '사람들'의 저항과 이에 대한 억압적 현실이 세부 진술을 통해 대상화되어 드러나는 앞부분과 달리, 작품의 중간 이후부터는 기호의 연쇄를 통해 민중의 죽음과 소멸을 적시하고자 한다. 화자의 진술 초점은, 길 위의 '황색선'을 중심으로 '백색 ↑표'와 '백색 ×표', 그리고 '횡단 보도'로 옮겨 가고 있음을 보게 된다. '신호등이 산산조각되어 흩어져 있'는 이미지와 '화급하게' '수십, 수백, 수천의 拇印들처럼' '정글화 자국들이' 교차되면서 '백색 ↑표 위'에 '백색 ×표'가 '그어'진 상황이 그려지고 있는 것이다. 10행까지의 기술과는 달리 11행 이후의 진술은 기호의 도입과 상황 맥락의 단절을 통해 극도로 절제된 정서로 민중의 죽음을 묘사하고 있다.

'백색 ×표'는 '사람들'의 주검을 대체하는 기호이며, '정글화 자국'과 '拇印'은 '사람들'의 '목숨'을 앗아간 억압의 주체들을 대신하는 은유인 것이다. 이러한 표현으로 인해 주검과 탄압이 유발시키는 비극적 정서는 일순간에 정화되어 객관적 흔적만을 남기게 될 뿐이다. 하지만 오히려 명확한 기호와 정서가 배제된 은유를 통해 대상과 상황의 실재성은 더욱 부각되며, 이로써 독자가 경험하게 될 연민과 분노의 정서는 증폭될 가능성을 가지게 되는 것이다. 작품 곳곳에 숨어 있는 기호를 연상시키는 시어들, 즉 '直線, 끊긴, 엎드려, 밑바닥, 밑 모를, 심연, 황색선, 중앙, ↑표, ×표, 산산조각' 등은 비정함과 연민이라는 상호 충돌되는 정서를 교체적으로 요구하면서 '최후의 길'이라는 '돌이킬 수 없'는 민중의 종말을 유도하는 단서인 것이다. 여기에 작가가 어휘를 대신해 기호를 도입한 의도가 있으며, 억압의 처절함을 대체적 은유로 드러내고자 한 목적이 존재하는 것이다.

앞부분의 어휘적 진술을 대신해 기호적 진술을 도입함으로써 작가는 냉혹하고도 처참한 현실을 더욱 비정하게 부각시킴을 볼 수 있다. 뿐만 아니라 기호로써 대체되는 현실적 비극성은 작품 안이라는 제한적 공간을 넘어서, '캔버스 밖 백색 벽 위'까지 위협하면서 '화급'하게 비극성을 확장적으로 전염시키고 있는 것이다. 어휘를 대신한 기호, 그리고 작품 안과 밖의 경계 구분이라는 기존 미학을 부정한 대체적 시학을 통해 위 작품은 새롭고 풍성한 정서적 공감대를 확충시켜 나가고 있음을 알 수 있다.

데리다는 이 같은 내부 체계의 변화를 '차이'와 '관계성'(Deutscher, 변성찬 옮김, 2007: 48)으로 명명한 바 있다. 그에 따르면 글쓰기는 "지시체와 그에 대한 의미는 확실한 보증"(Powell, 박현정 옮김, 2011: 196)을 갖는 것이 아니기에, 끊임없이 부정되고 변화함으로써 다양한 의미를 생성한다는 것이다. 위 작품도 일정한 맥락을 유지하면서 '관련성'을 가진 듯 보이지만, 어휘와 기호의 교차, 은유적 표현의 변조를 통해 '차이'를 발생시키고 있다는 점에서 기표의 의미는 단선적으로 보증되지 않음을 알 수 있다. "하나의 의미는 차례로 지워지거나 다른 의미 앞에서 은밀하게 흐려진다"(Derrida, 김웅권 옮김, 2004: 258)는 데리다의 또 다른 표현과 맥을 같이 하는 것이다.

이때 현실 상황은 기호에 의해 그 의미가 구체적이고도 명확하게 '현전'될 수 없기에 '공간화에 따른 구별과 차별', 그리고 '시간화에 따른 연기와 유보'(Derrida, 김보현 편역, 1996: 143)만이 존재하게 된다. 따라서 이전 진술을 부정하면서 시도되는 새로운 언술의 전개는, 단정적으로 규정할 수 없는 '이종적(異種的) 담론'(Ryklin, 최진석 옮김, 1996: 20)의 연쇄 형태로 드러난다. 위 작품도 어휘적 표현과 기호적 표현이 혼재한다는 점에서 이종적이며, 작품 안의 질서를 인정하면서도 그것을 허물고 작품 밖 경계와의 소통을 모색한다는 점에서도 이종적이다. 표현론적으로 보면 정서를 절제한 객관적 묘사가 독자로 하여금 정서 유발의 여지를 강화시킨다는 점에서도 이종적이며, 내용적으로 보면 '직선'으로서의 길이 '끊'기고 '밑'을 침강하며 결국 부재로서의 기호인 '×표'를 획득하며 '최후의 길'로 변모해 나가는 모종의 과정 역시 이종적인 것이다. 모순처럼 여겨지는 다양한 변주의 가능성이 존재하는 이종적 담론을 형성하고 있기에 위 작품에서도 '대체적 미학'의 여지를 가늠해 볼 수 있다고 하겠다.

> 1983년 4월 20일, 맑음, 18℃
>
> 토큰 5개 550원, 종이컵 커피 150원, 담배 솔 500원, 한국일보 130원, 짜장면 600원, 미쓰 리와 저녁식사하고 영화 한편 8,600원, 올림픽 복권 5장 2,500원.
>
> 표를 주워 주인에게 돌려/ 준 청과물상 金正權(46)
>
> 령=얼핏 생각하면 요즘/ 세상에 趙世衡같이 그릇된
>
> 셨기 때문에 부모님들의 생/ 활 태도를 일찍부터 익혀 평
>
> 가하는 것이 더욱 중요한 것/ 이다. (李元柱군에게) 아
>
> 임감이 있고 용기가 있으니/ 공부를 하면 반드시 성공

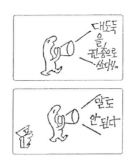

대도둑은 대포로 쏘라

　　　—안의섭, 두꺼비

(11) 第 10610 號

▲ 일화 15만엔(45만원) ▲ 5·75캐럿물방울다이어 1개(2천만
원) ▲ 남자용파텍시계 1개(1천만원) ▲ 황금목걸이 5돈쭝 1개
(30만원) ▲ 금장로렉스시계 1개(1백만원) ▲ 5캐럿에머럴드
반지 1개(5백만원) ▲ 비취나비형브로치 2개(1천만원) ▲ 진
주목걸이꼰것 1개(3백만원) ▲ 라이카엠5카메라 1대(1백만
원) ▲ 청자도자기 3점(싯가미상) ▲ 현금(2백50만원)
너무 巨하여 귀퉁이가 안 보이는 灰의 왕궁에서 오늘도 송
일환씨는 잘 살고 있다. 생명 하나는 보장되어 있다.

　　　　　　　　—황지우, 「한국생명보험회사 송일환씨의 어느 날」 전문

　데리다는 문학 읽기에서 "형태, 언어에 대한 관심을 의미나 지시
쪽으로 향하게 하는 초월적 글 읽기"의 중단을 역설한다. 하지만
이는 언어 작용의 지시성을 거부하는 것이 아니라 "의미나 지시 대상
에 대한 독단적 관계를 중단"하는 것임을 명확히 한다. 이런 점에서

부정과 새로운 이미지로의 변모를 시도하는 '교체적 시학'은 기표에 대한 하나의 고정된 지시성을 거부하는 초월적 글 읽기의 중단과 맥이 닿아 있음을 알 수 있다. 그러면서 그는 "텍스트의 의미 가능성에 대한 사고가 텍스트 속에서 이루어지는 자기 반조성(auto-réflexivité)"(Derrida, 허정아 옮김, 1998: 160~164)을 강조한다. 문학 텍스트의 의미는 전면적으로 부정되는 것이 아니라 단순한 수렴적 의미를 거부하면서, 텍스트 내적 맥락을 통해 회귀적이고 조정적으로 마련될 수 있다는 것이다. 이런 점에서 "데리다의 텍스트 안에는 다른 텍스트가 콘텍스트로 구성된다"(Derrida, 신정아 외 옮김, 2016: 12)는 견해가 성립 가능한 것이다.

「한국생명보험회사 송일환씨의 어느 날」도 텍스트 안에 텍스트가 콘텍스트를 구성하면서 하나의 단선적 의미를 고정화시키지 않고 부정과 대체의 미학 실현을 통해 다층적 의미를 양산하고자 한다. 위 작품은 창작으로서의 글쓰기와 파편화된 현실 개입으로써의 신문기사가 짜깁기와 콜라주 형식으로 교차되어 드러나고 있다. 다양한 형식이 개입된다는 점에서 분명 대체적 시학에 의존하고 있음을 보게 된다. '송일환씨의 어느 날'을 묘사하기 위해 제시된 시간 진술과 날씨에 대한 언급은 일기 쓰기의 도입 부분을 연상시키기도 한다. '어느 날'이라는 제목의 한 구절이 '송일환씨'의 특별한 하루를 기록하기 위한 의도라는 암시와 맞물려 있기에 날짜와 날씨에 대한 서술은 독자로 하여금 자연스럽게 구체화된 하루 동안의 사건 제시를 기대하게 하는 것이다.

하지만 송일환씨의 하루 일과를 짐작하게 하는 사물이나 대상, 그리고 간략하고 집약된 정보만 제시될 뿐이다. 영업사원의 하루 일상을 짐작하게 하는 소비 내역을 통해 송일환씨의 경제적으로 힘겨운 소시민적 삶을 짐작하기에 충분하다고 할 수 있다. 하지만 제시된 목록의 나열은 현대인으로 살아가는 송일환씨의 고달픈 삶의 이력만을 고집하지는 않는다. '미쓰 리와 저녁시사하고 영화 한편'에 '8,600원'의 돈을 들이고, '올림픽 복권 5장'을 '2,500원'에 구매하는 그의 행위들은, 이전의 소시민적 생활고와는 대조적으로 그의 일탈과 사행심으로 치부될 수 있는 탈출구에 대한 희망을 의미하기도 한다. 그런 면에서 '송일환씨'는 1980년대 현대사회가 빚어낸 소외적 민중일 수도 있으나, 그 스스로가 비행과 모순을 자행하는 주체로서의 모습을 교체적으로 갖고 있다고 할 수 있다.

이어지는 파편화된 신문기사의 편집은 앞서 추정했던 일기 텍스트에 대한 기대를 정면으로 뒤집어 놓는다. 3연부터 7연까지는 맥락이 차단된 기사의 나열이다. 하지만 단절된 듯 보이는 기사들이 은밀한 공모를 통해 추정 가능한 의미를 새롭게 형성하고 있음을 보게 된다. '金正權'이라는 '청과물상' 상인은 무언가를 '주워 주인에게 돌려'주는 선행을 보인다. 양심적이고 도덕적인 민중의 모습을 대변한다고 볼 수 있다. 또한, "부모님들의 생/ 활 태도를 일찍부터 익"힌다는 것은, 어렸을 때부터 시도되어야 할 가정교육의 중요성을 강조한 대목으로 볼 수 있다. 책'임감'과 '용기'를 가지고 '공부'에 매진할 것을 강조한 대목은 누구나 인정하는 보편적이고도 교훈적인 덕목으로 권장할 만한 사항에 해당한다.

이렇게 보면 3연, 5연, 7연은 매우 도덕적이고 교육적이며 교훈적인 덕목에 대한 나열인 것이다. 하지만 그들 사이에 개입되고 있는 4연과 6연의 성격은 다소 달라 보인다. 3연에서 7연까지의 내용이 방중하듯 긍정적 덕목이 실천되고 그러한 가치가 강조되는 사회 현실에서, 즉 "요즘/ 세상에 趙世衡같"은 사람은 '그릇된' 인격의 소유

자임에 분명한 것이다. 긍정적 진술 속에 부정적 의미를 함축한 텍스트의 삽입은 대비적 성격을 갖는다는 점에서 교체적이라 할 수 있다. 아울러 3연에서 7연까지의 기사 중, 6연의 내용은 이질적이라 할 만큼 맥락 단절적이다. '李元柱군'과 관련된 어떤 직접적이고도 간접적인 내용이 6연의 맥락 속에서 발견할 수 없기 때문이다.

유사한 성격의 의미를 갖는 연들 중간 중간에 섞여드는 이질적 내용과 맥락 이탈적 진술의 개입은, 이전의 진술 의미를 부정하고 새로운 의미 형성을 교체적으로 시도하려는 연의 배열로 볼 수 있는 것이다. 이어지는 만평의 내용처럼 조세형은 대도둑으로 치부될 수 있고 그러기에 더 큰 처벌이 당연한 것인지 모른다. 하지만 나열된 절도품목을 참고한다면 '과연 조세형이 대도둑인가'라는 의문을 갖게 된다. 송일환씨의 하루 생활비 목록과 비교해 본다면 일반 서민들과는 달리 엄청난 부를 축적한 그들의 삶은 어떤 변명으로도 정당성을 보장받을 수는 없어 보이기 때문이다.

치부(致富)의 과정이 합당하게 증명되든 그렇지 않든, 소수의 부유 계층이 누리는 경제적 화려함과 그것이 조장하는 위화감, 그리고 그러한 삶을 떳떳하게 밝히지 못하는 절대 권력이, 우리 사회가 표면적으로 강조해 왔던 도덕적 가치와 이질적임에는 분명하다. 이렇게 본다면 대도둑의 실체는 좀 더 명확해 진다고 볼 수 있겠다. 대도둑을 조세형으로 보고 그에 대한 삶을 '그릇'된 것으로 낙인찍었던 앞선 기술과는 대조적으로 대도둑의 실체에 대한 새로운 가능성을 예고하게 하는 형상화 방식은 교체적 시학의 맥락에 따른 것이라 볼수 있는 것이다.

만평의 묘사도 교체적 시학을 구현하기 위한 흐름을 고수하고 있다. "대도둑을 권총으로 쏘다니/ 말도 안 된다"만 놓고 보면 매우 중의적이다. 대도둑이라 할지라도 민주적 절차에 따라 처벌하지 않는 방식은 근절되어야 한다는 의미로 읽힐 수 있으며, 이와 달리 대도둑은 좀 더 강력한 처벌로 다스려져야 한다는 웅변으로 볼 수도 있다. 이어지는 '대도둑은 대포로 쏘라'라는 구절이 이를 뒷받침하고 있음을 볼 수 있다. 구절의 의미가 이전 시어들과의 관련성을 통해 일정한 의미를 생성하는 것처럼 느껴지지만 곧 이어 이어지는 시어를 통해 새로운 맥락이 형성됨으로써 이내 이전의 의미는 부정되고 또 다른 의미로 대체되고 있는 것이다.

마지막 두 행에서는 이전에 유지되었던 신문기사에 의한 작가의 간접화법이 또 다른 국면을 맞게 된다. 형식적 차원에서 사실적이고 객관적 성격을 지닌 기존의 텍스트에서 화자의 의도가 개입된 창조적 텍스트로 전환을 이루었다는 점에서 대체적이다. 뿐만 아니라 내용적 차원에서의 성격 교체도 주목할 만하다. 이전 텍스트에서는 화자의 정서 노출이 절제된 가운데 단편적 사실들의 나열과 조합이 우세하였다면, 이러한 기술 태도와는 달리 화자의 정서가 다소 직접적으로 노출되고 있다는 것이다. 희망이 보이지 않는 모순적 현실 상황을 '灰의 왕궁'으로 비유하면서, 그러한 현실의 개선 여지가 전무하고 모순의 정도가 극심하다는 것을 '너무 巨'하다는 공간적 진술을 통해 드러내고 있기 때문이다.

이러한 현실 상황 혹에서 '생명 하나'는 보장되는 삶의 가치와 의미에 대한 회의적 태도를 강조함으로써 살기 위해 살아가는 허무한 현실의 작태를 여실히 지적하고 있음을 보게 된다. 이 부분은 데리다의 "의미의 엄밀함 속에서 그 단어를 취할 때, 민주정치는 결코 존재하지 않을 것이다"(Derrida, 이경신 옮김, 2003: 163)라는 구절을 연상시키게 한다. 그의 지적처럼 텍스트 내적 의미에 대한 부정적 태도를 견지할 때, 또한 확장된 텍스트로서 외부 현실에 대한 맹목적 의미 추종을 결여하고 거부할 때 비로소 대체적 미학은 구현될 수 있을 것으로 본다.

4. 데리다 철학과 시 감상의 융합

황지우 시가 절대적이고 고정적인 의미가 일방적으로 전달된다는 현전성을 거부함으로써 비현전적으로 형상화됨에 주목하고자 하였다. 이러한 그의 시작 태도는 데리다가 강조한 차연, 대리보충, 파르마콘 등의 개념들과 유사한 점이 있음을 보였고, 이를 통해 황지우 시의 미학이 유보적이고 대체적임을 명확히 하고자 하였다. 이로써 황지우 시를 감상하는 국면에서도 문학적 의미를 확정적으로 단정 짓지 않고 유보하는 불확정성에 기댄다든지, 혹은 이전의 의미를 부정하고 새로운 문맥의 구성에 따라 끊임없이 다양한 의미를 대체적으로 추구하고자 하는 감상의 방법이 유효할 것으로 보았다.

황지우가 그의 시론에서 언급한 바와 같이 시의 의미는 단지 '시적'일뿐, 텍스트와 텍스트의 바깥이라는 경계를 허물고 작가와 독자의 끊임없는 교섭과 상호작용을 통해 '간주간적'으로 의미가 형성됨을 강조하였다. 이러한 그의 시론이 그의 구체적 작품인 해체시에서도 문학적 의미는 현전성을 넘어 비현전적으로 지속적으로 의미 유보적 특징을 보이면서 새롭고도 창조적인 대체적 미학을 추구해 나가고 있음을 확인할 수 있었다. 그의 이러한 시학은 데리다가 역설한 해체적 이론 속에서도 다양하게 확인 내지는 검증할 수 있었다. 엄밀한 의미에서 황지우의 해체시가 문학적 시 읽기의 전범(典範)이 될 수는 없지만 유보와 대체를 통해 시도되는 창의력과 상상력의 발동은 그 자체가 문학의 본질과 맞닿아 있기에 교육적 의의는 충분하리라 본다.

문학적 글쓰기는 철저히 기존의 기호 사용 질서를 부정하고 차이와 연기의 속성만을 남긴다는 '차연' 개념, 작품과 작품의 틀을 구분하고자 했던 이원적 관점을 거부하고 작품을 보충하고 보완하면서 기존의 의미를 다양화시키고자 하는 '대리보충' 개념, 문자는 마치 약과 독의 이중성을 함유한 이질적이고 이중적 성격을 가진 결정 불가능한 존재라는 '파르마콘' 개념 등의 데리다적 견해가 황지우 시에서는 매우 적합성을 갖고 전제되어 있음을 볼 수 있다.

이로써 황지우의 해체시에 대한 감상에 있어서도 하나의 고정적 의미를 추출하기 위한 시도보다는 '유보'적이고 '대체'적인 관점에서 맥락에 따라 변화되어 가는 시상의 추이를 충분히 읽고 감상하는 방법이 무엇보다 우선되어야 하리라 본다. 모순적이고 이질적인 시상의 전개와 그로 인해 유발되는 단절적 의미의 흐름 속에서 의미를 고정적으로 확정짓지 않고 끊임없이 유보할 줄 아는 의미의 다양성에 대한 추구는 필요해 보인다고 하겠다. 아울러 시어의 연결성을 통해 추론한 의미를 지속적인 감상의 과정 중에서 부정함으로써 또 다른 의미로의 변주를 허용하고 대체적으로 수용할 줄 아는 읽기 태도가 유의미함에 초점을 두고자 한다.

제2장 '기호 소비'의 관점에 입각한 시 감상 방법

1. 보드리야르의 소비 이론과 유하 시의 접점 읽기

보드리야르의 관점에서 현대사회는 소비사회이다. 하지만 그의 소비는 상품의 물질적 속성에 주안점을 둔 사용가치와 교환가치가 중시되는 것이 아니다. 그에 따르면 현대사회의 소비는 실용성이 강조된 필요에 의한 소비가 아니라, 소비는 상품을 통해 자신을 표현하는 형식이며 기호로 규정된다. 아울러 이러한 소비행위는 사회적으로 통제되고 규정되는 것으로 보았다. 이러한 그의 인식을 그는 "소비는 물질적 사용도 풍부함의 현상학도 아니며, 일관성 있는 담론 속에서 구성된 사물과 메시지의 잠재적 총체성이다. 소비가 의미를 지니는 한, 그것은 기호를 체계적으로 조작하는 활동"(배영달, 1999: 330)이라는 언술로 표현한 바 있다. 이러한 관점에 따를 때 현대사회의 소비는 실용적 사용가치를 가진 상품 자체의 재화로서의 속성에 초점이 맞추어지는 것이 아니라, 상품을 생산하는 사회적 담론 및 체계와 관련되는 것이라 할 수 있다.

그렇다면 사회의 지배적 이데올로기에 의해 상품이 실용적 가치 중심으로 소비되는 것이 아니라 기호로 소비된다는 것은 무슨 의미일까. 기호가 '일정한 이미지를 환기하는 형상'으로 정의되듯, 현대인들은 상품 소비를 통해 자신의 이미지를 표출하기를 원한다는 것이다. 고급 브랜드의 상품이 갖는 실용적 기능이 저가의 상품보다 월등해서 비싼 가격을 지불한다기보다, 고급 브랜드의 상품을 소유함으로써 소비자가 갖게 되는 '이미지'로서의 기호 때문에 소비가 이루어지는 것으로 본다. 그러므로 기호에 주안점을 둔 소비는 "브랜드로 대표되는 고급스러움, 특별함의 이미지"(노경아, 2017: 246~247)를 위한 것이라 하겠다. 상품의 생산은 분명히 필요에 의해 이루어지는 경제활동의 한 영역이지만, 현대사회에서 이루어지고 있는 과도한 상품의 생산이라는 측면에 주목한다면, 자기표현의 이미지를 획득하기 위한 기호의 선취가 현대사회의 명실상부한 소비라는 보드리야르의 견해는 타당한 면이 있다. 아울러 이러한 기호적 소비를 조장하는 사회구조가 현대사회의 지배적인 관행이며 의도적인 술책이라는 점도 설득력을 갖는 부분이다.

보드리야르의 소비 이론이 더욱 주목되는 것은, 현대사회의 소비문화가 개인의 이미지 표현을 위해 기호를 소비하고 이러한 행위가 사회적으로 조장된다는 것 이상의 의미를 갖는다는 데 있다. 그는 "기호로서의 사물은 코드에서의 의미상 차이뿐만 아니라 서열에서의 지위상 가치로서도 정리되며, 소비자는 자유롭게 원하는 대로 선택에 의해 타인과 다른 소비를 하지만, 이 행동이 차이화의 강제에 대한 복종"이라고 규정하며, "각 개인은 차이의 질서 속에서 그 자체를 재생산"(이상률, 2013: 80~81)한다고 보았다. 즉, 현대사회의 기호 중심의 소비가 갖는 가장 문제적 상황은 소비를 통해 사회적 계층의 차별화를 더욱 심화시킨다는 것이다. 뿐만 아니라 소비는 이러한 차이를 공고히 하고 심화시키는 방향으로 전개됨으로써 차이가 사회적으로 체계화되었다고 보는 것이다. 이러한 견해는 현대사회의 상품 생산과 소비가 현대인의 삶의 질을 향상시키고 이상사회를 견인할 것이라는 인식에 배치(背馳)된다고 할 수 있다.

보드리야르는 소비행위를 통해 형성된 기호 혹은 이미지가 현대사회 소비문화의 핵심 축을 형성하며, 현대사회를 이미지의 범람으로 규정한다. 이러한 이미지는 그들 간의 합성으로 가상의 새로운 이미지인 시뮬라크르를 형성한다고 보았으며, 이러한 이미지를 조작하는 과정을 시뮬라시옹으로 명명한다. 문제는 사물의 실질적 가치는 상실된 채 기호와 이미지만 난무하는 현상을 초래했다는 것이다. 사물의 의미가 사라진 것은 물론이고 현실을 모방한 이미지는 현실보다 더 현실과 같은 이미지를 양산함으로써 현실 자체를 무화시켰다는 것이다. 이미지의 범람과 조작에 의해 잉태된 '실재보다 더 실재적인 세계'를 보드리야르는 "초과실재(하이퍼리얼리티)"(배영달, 2005b: 106~111)라고 명명하게 된다. 즉, 원본이 상실된 복사본으로서의 시뮬라크르라는 이미지를 양산하는 시뮬라시옹 현상은, 결국 실재를 '살해'하고 탄생한 초과실재를 실재로 믿게 함으로써 현대인에게 현실적 삶의 의미를 무화시켜 버렸다는 것이 그의 견해인 것이다.

이미지와 기호 중심의 소비패턴은 '사본과 원본의 혼합'이라는 '브리콜라주'의 재현을 넘어서는 것이다. 보드리야르가 지적했듯이 디

즈니랜드와 라스베가스는 아메리카가 성취한 유토피아이며, '절대적 환상'(주은우, 1994: 171; 이성백 외, 2012: 239~241)의 공간 창출을 통해 개성적인 이미지 향유를 위한 기획이었으나, 이러한 지향성은 현실 속에서 가상적 공간을 생성하기보다 원본에 해당하는 현실을 배제시키는 현상을 낳았을 뿐이다. 따라서 이미지와 기호 중심의 소비문화는 가상의 이미지에 집착하는 현상을 만연시킴으로써 단순한 현실의 모방과 재현이라는 이미지 창출을 넘어 가상의 이미지에만 연연하게 만드는 결과를 초래하고 만 것이다. 이로써 정작 가치와 의미를 부여해야 할 현실은 망각된 채 초과현실인 가상의 이미지만을 맹목적으로 좇는 기현상을 만듦으로써 인간의 역사는 종말을 고했다는 것이 보드리야르의 견해라 할 수 있다.

보드리야르는 극단적으로 "우주의 질량이 한계를 넘어서게 되면 우주는 내파되고 축소되는데 이러한 파국을 임계질량 현상이라고 하듯, 최첨단의 가상 세계에 내재하는 대재난, 즉 과도한 임계질량에 의한 내파"가 존재한다고 주장한다. 아울러 "전세계는 이미 테크놀로지의 힘의 지배하에 있다. 그러므로 우리가 영토상에서 소멸되듯 지도상에서 이미 소멸된 것이다"(배영달, 2002: 70~72)라는 첨언을 통해 이미지와 기호 중심의 소비성향으로 인한 현대사회의 위기와 소멸을 경고하고 나섰다. 즉, 보드리야르는 '기호와 정보의 과잉', 그리고 '증식'으로 인해, 초과실재를 구성하는 이미지인 시뮬라크르와 실재의 구분이 파괴되고 의미가 제거된다고 보았다. 그리고 이러한 의미의 소멸현상을 '내파(implosion)'(배영달, 2005c: 101~103)라는 용어로 표시하고자 하였다.

상품의 실용적 가치는 이미 그 자리를 이미지와 기호에 양보했으며, 이미지와 기호의 증식과 변용이 매체에 의해 구현되면서, 정보는 원본의 가치가 사라진 상태에서 사본 이미지의 이상 증식만을 허용하게 되었다는 것이다. 이로써 가짜 의미, 유사 의미를 양산하는 지경에 이르러, 의미의 상실은 물론 관계와 소통마저도 무화되었다는 것이 그의 견해이다. '연쇄적으로 이미지들을 생산하는 과정은 교묘한 조작과 유희'에 해당하며 이러한 과정을 통해 인간은 '탈인간화'(하태환, 2012: 77)에 직면함으로써 내파 즉, 소멸되었다고 보는 것이다. 매체에 의한 이미지와 기호의 양산은 분명 현실을 망각하고 초과실재를 현실로 보게 한다는 점에서 내파, 즉 현실의 소멸에 해당하는 것이다. 뿐만 아니라 초과현실 속에 난무하는 이미지와 기호의 지속적인 변용과 사본의 창출은, 유사 이미지의 지속적 변주만을 허용하기에 대상의 실질적이고 고정된 의미를 모호하게 함으로써 내파된다고 할 수 있다.

물론 보드리야르의 견해가 전적으로 용인되는 것만은 아니다. 베르낭은 "실재는 보드리야르의 언급처럼 결코 파괴되거나 사라지지 않으며, 그 모습을 상이한 형태로 제시"할 뿐이라고 반박하며, 페니올라 역시 이와 유사한 맥락에서 보드리야르를 '생에 대해 무관심한 태도'를 가진 사람으로 몰아세우기도 한다. 뿐만 아니라 마페졸리의 경우는 그를 "본질적 문제를 방기하고 악마적 차원을 수용한 자"(최영주, 2007: 540~541; 박치완, 2008, 174)라고 단정짓기까지 한다. 이처럼 보드리야르를 극단적 허무주의자로 단정짓고, 우리의 실생활은 엄연히 존재한다는 것을 근거로 그의 주장이 공허함을 도리어 반박하는 논의도 지지를 받기도 하는 것이다. 하지만 보드리야르의 소비이론에 주목하는 이유는 자본 중심의 현대사회에 만연한 소비문화를 문제적 시각으로 보고 이에 대해 경종을 울리고자 하는 비판적 견해에 방점을 두기 위함이다. 과도한 상품의 생산이 불러온 실용적 가치의 소멸, 그리고 그 이후 등장하게 되는 기호소비의 행태로 인한 차별화의 고착화와 실존적 가치 상실의 사회문제를 간과해서는 안 된다는 그의 견해를 조망할 필요가 있다는 것이다.

정치현실을 풍자하고 소비문화(김경복, 1991: 52)마저 조롱의 대상으로 삼는 유하 시의 경우도 이와 유사한 관점에서 접점을 형성하고 있음을 발견하게 된다. 기존 논의를 살펴보면, 시인 유하는 "상품의 이미지와 기호가치가 지배하는 풍경 속을 산책하는 시인"(김홍진, 2008: 591), 혹은 "물신화와 상품 기호화를 통해 체제의 권력"(정재찬, 1995: 343)을 비판하고자 한 작가로 평가받고 있다. 그는 1980년대 중반 이후 후기자본주의의 발전으로 형성된 소비문화를 현실공간의 특징으로 규정하고 '욕망'(강정구 외, 2016: 53)을 그 본질적 속성으로 보았다. 특히 그는 '욕망'이 주체의 자발적 의지에 의해 생성되는 것이 아니라 체제에 의해 획일적으로 강요된 산물로 단정지었다. 아울러 수동적이고 기계적인 욕망이 구체화된 '세운상가'와 '압구정동'(강정구, 2014: 10~11)을 그의 시편의 핵심공간으로 내세웠다.

이렇게 본다면 유하 역시 보드리야르와 유사한 맥락에서 현대사회의 소비문화가 갖는 문제적 성향에 주목하고 있다는 것과, 자본주의에 힘 입어 잉태된 물질적 풍요와 그로 인한 인간성의 실현이라는 이상적 관점이 허상임을 간과하지 않고 있음을 알게 된다. 보드리야르의 경우와 같이 현대의 소비문화는 개인의 자발적 의지에 의해 선택적으로 향유되는 문화가 아니라 지배 이데올로기에 의해 의도적으로 생성되고 유지되는 헤게모니에 불과하다는 것이 유하의 견해라고 보아도 무방하다. 그러하기에 유하는 압구정동과 세운상가에서 만연한 소비문화를 '싸구려 복제품'과 '통제와 검열 속에서 양산된 음성문화'로 보고 이를 '키치'(김용희, 2005: 41)로 규정한다. 소비문화가 산출하는 이미지와 기호는 '조잡한 일상적 감수성과 대중적이고 상업적인 매체'의 결과물이기에 싸구려 하류 대중문화, 즉 키치로서 희화화(강영기, 2000: 171)의 대상일 뿐이라는 것이다. 아울러 20세기를 진단한 그들 가치 인식의 공통분모는, 가상현실이 극대화된 21세기 신자유주의 자본 사회에서 그 함의가 더욱 초점화된다고 할 수 있겠다.

따라서 보드리야르의 소비개념과 유하 시의 접점에 주목하고, 보드리야르의 관점에서 유하 시를 좀 더 풍성하게 읽어 나갈 수 있는 작품 감상 방법을 모색해 보고자 한다. 기존의 유하 시를 감상하고자 하는 태도는 현상학적으로 노출된 소비문화의 부정적 행태에만 집중되어 있어, 소비문화 발생의 근원적 토대가 무엇인지에 대한 면밀한 이해를 토대로 작품 읽기가 되지 못했다는 한계에 직면하게 된다. 소비문화를 모순적인 결과물로 단정짓지만 그 명확한 근거가 무엇인지에 대한 해명이 부족했던 것이다. 아울러 소비문화의 결과 현대사회의 가치인식과 삶의 행태가 어떤 결과를 초래하게 되었는지에 대한 면밀한 시선주기도 미흡했다고 볼 수 있다. 이에 보드리야르의 소비개념을 활용한 유하 시 감상은 그의 시를 좀 더 면밀하게 읽어 나갈 수 있는 철학적 단초가 될 수 있을 것이라 기대한다.

2. '차이의 체계'에 주안점을 둔 시 읽기

스티글러와 베커의 관점에서 보면, 기존의 소비 이론은 "시장에서 결정된 가격을 수용하고 효용을 극대화하고자 하는 소비자를 상정하며, 수요 변화를 소비자 취향의 변화"로 설명한다. 이처럼 과거의 소비는 소비자의 자발적인 의지에 의해 가격이 결정되고, 상품의 효율성과 그에 대한 만족을 통해 형성되는 문화 창출의 과정이라 할 수 있다. 하지만 이러한 견해는 보드리야르에 의해 새롭게 재정의된다. 그는 "생산과 욕구는 조작적 광고효과의 산물"일 뿐이며, "인위적 욕구의 조작을 통해, 차이 논리가 기호화된 코드체계 속에서 재생산"(성제환, 2012: 62~68)된다고 보았다. 즉, 보드리야르는 그의 소비 이론을 통해 현대사회의 소비문화의 핵심요소가 '기호', '차이', '체계'임을 명확히 한 것이다.

현대사회의 상품소비는 사용가치와 교환가치(오민석, 2007: 143) 중심으로 이루어지는 실용적인 소비가 아니라 자신을 표현하기 위한 혹은 과시하기 위한 소비, 브랜드 지향적 소비일 뿐이라는 것이다. 재래시장의 상품보다 명품을 선호하는 현대인의 소비적 행태 속에는 상품 기호 소비를 통해 '타자와 자기를 구별'(배영달, 2005a: 25; 최효찬, 2016: 6~7)하고자 하는 심리, '차이'를 넘어 상류 계층으로 동화되고자 하는 욕구가 서려있다고 보는 것이다. "우리는 다른 사람과 구별짓기 위해 사물을 선택"하게 되며 이러한 행위는 "사물을 증대시키게 되고, 사회는 사물을 선택할 권한을 유도"(배영달, 1999: 214)한다는 것이 보드리야르의 입장이다. 상품자체의 고유한 속성인 기능성과 실용성은 배제된 채, 타인과의 차별화, 계층 간의 차이화를 위해 '기호'로서만 소비되는 상품은, 사회에 의해 유도되는 문화적 양상이라는 것이 그의 견해라 하겠다.

보드리야르는 그의 또 다른 논저에서 사회에 의해 주도되는 기호 우위의 소비문화 확장성을 '코드의 지배'로 명명하기도 한다. "전체주의적인 통제와 힘의 구조의 주도권 아래, 모든 가치가 기호의 가치로 이행"하고 있으며, 상품 기호의 소비로 인해 "부르주아지 계급은 더욱 공고히 되며, 중류계급과 쁘띠부르주아계급으로까지 이러한 현상이 일반화"되고 있다고 보았다. 보드리야르의 입장에 따르면 현대인은 소비에 있어 필요에 의해 삶의 실용성을 향상시키기 위한 최소한의 자발적이고도 주체적인 소비는 거세된 채, "체계 자체의 규칙에 따라 체계 자체의 기호를 소비함으로써 체계에 답"(배영달, 1994: 118~123)할 수밖에 없는 것이다. 결국 보드리야르의 견해에 따르면 현대사회의 소비는 계층 간의 차별화를 극대화하기 위해 사회에 의해 의도적으로 조장되며 체계적인 구조로 고착화된, 실물이 배제된 기호로서의 놀이 이상의 것이 아니라는 결론에 도달하게 된다.

톡 쏘는 맛처럼 떠오르는 여자가 있다 코카콜라 씨에프에서
팔꿈치로 남자를 때리며 앙증맞게 웃는 여자, 그 몇 프레임 안 되는 장면 하나가 방영되자마자 연예가 일번지 압구정동 일대가
술렁였댄다 그것 땜에 애인 있는 남자들의 옆구리가 순식간에 멍들었다는데…
왜 그 씨에프가 히트했는가에 대한 항간의 썰들은 분분하다
가학으로 상징되는 남자와 피학으로 상징되는 여자의 쏘쌀 포지션을 자극적으로 뒤튼 것이 주효했다는 친구도 있고
(놈은 허슬러부터 휴먼 다이제스트에 이르기까지 마조히즘 사디즘에 관한 미국의 온갖 빨간책은 물론 마광수의 가자 장미여관, 야한 여자, 권태까지 섭렵한 권태스런 놈이다)
그 씨에프 콘티는 말야 전세계 장래마저 자국의 문법으로 콘티 짜는 미국의 솜씨니까 당연한 거라구, 잘난 척하는 녀석도 있다
난 전율한다 눈 깜짝할 사이에 지나가는 심혜진의 보조개 패인 미소 뒤에도 얼마나

세계는 넓고 할 일은 많은 쾌남아들의 거대한 미소가 도사리고 있는가

하여튼 단 십 초의 미소로 바보상자의 관객들과 쇼부를 끝낸 여자 심혜진

그녀가 요즘 시에프에서 닦여진 순발력 있는 연기로 은막에서도 한참 주가를 올리고 있다 제목은 물의 나라

감독은 얼씨구나 양파 껍질처럼 끝없이 옷을 벗기기 시작하는데, 그녀만 보면 파블로프의 개처럼 코카콜라를,

삼성 에이 에프 오토 줌 카메라를, 해태 화인쥬시껌을 사고 싶어지는 내 눈알, 나는 본다 저 알몸 위로 오버랩되는…

온 산을 갈아엎는 사람들을 세상을 온통 콜라빛 폐수로 넘실대게 하는 사람들을 이 땅을 온갖 욕망의 구매력으로 가득 채우는 사람들을 그리하여

이 지구의 虛를 말살시키고 있는 사람들을 아아 하나뿐인 인격, 하나뿐인 지구

—유하, 「콜라 속의 연꽃, 심혜진論」 부분

보드리야르의 관점을 취한다면 위 시에서도 일정한 교집합을 읽어낼 수 있게 된다. 위 시에서 상품으로 제시된 '코카콜라'는 '톡 쏘는 맛'이라는 기능과 실용성으로 소비되지 않는다. 갈증을 해소하거나 더위를 식히는 쓸모보다, '시에프'라는 광고매체가 창출하는 '팔꿈치로 남자를 때리며 앙증맞게 웃는 여자'의 이미지와 기호로만 소비되고 있는 것이다. 그러기에 소비자는 광고를 통해 갈증과 더위를 해소시켜 줄 실용적 상품으로 코카콜라를 소비하는 것이 아니라, 기호로 코카콜라를 소비하기에 '애인 있는 남자들의 옆구리가 순식간에 멍'드는 행위로 귀결되는 것이라 하겠다. 이러한 현상은 '코카

콜라'라는 상품에만 국한되는 것이 아니라 다른 상품으로 확산되고 있음을 보게 된다. '바보상자' 혹은 '은막'이라는 이미지와 기호를 생성하는 매체는, '심혜진'이라는 배우를 '앙증맞'은 이미지와 '보조개 미소', 그리고 '알몸' 등의 기호로 고착화시키고 있다. 아울러 이러한 배우의 이미지는 그와 본질적으로 무관한 상품들 즉, '삼성 줌카메라, 해태 껌' 등과 결부되면서 소비자의 욕망을 자극하는 기제로 작동하게 되는 것이다.

소비자는 '코카콜라'와 '카메라', 그리고 '껌'을 실용적 차원에서 소비하고자 하는 것이 아니라, 의도적으로 제작된 광고매체에 의해 '파블로프의 개'처럼 '사고 싶어지는 눈알'로 전락하고 마는 것이다. 소비의 욕구가 주체의 자발적 의지에 의해 형성되는 것이 아니라 광고매체에 의해 조작된 이미지와 기호에 의해 수동적이고 기계적으로 유도됨을 보게 된다. 이로써 현대사회에서의 소비는 실질적인 상품은 소거된 채 '이미지'와 '기호'만이 남게 되는 것이다. 이러한 현상이 문제적인 것은 현대인으로 하여금 '실존'은 망각한 채 '허상'만을 추종하게 함으로써, 삶의 실재적 가치에 대한 의의를 결여시킬 가능성이 발생한다는 데 있다고 하겠다. 사회조직에 의해 조장되는 이러한 기호적 소비 행태가 갖는 또 다른 문제를 '마조히즘'과 '사디즘'이라는 시어의 연쇄를 통해서도 읽어낼 수 있다.

'허슬러, 휴먼 다이제스트, 미국의 온갖 빨간책, 마광수의 가자 장미여관, 야한 여자, 권태' 등은 말 그대로 성과 관련된 소비상품에 해당한다. '압구정동'이라는 소비 공간에서 향유되는 이러한 상품은 결론적으로 '마조히즘'과 '사디즘'이라는 성에 대한 왜곡으로 귀결됨으로써, 보드리야르의 언술처럼 "성의 지나친 기호들을 통해 성적인 육체를 내쫓고, 과장된 연출을 통해 욕망"(배영달, 2002: 19)을 내쫓는 결과를 초래했다. 과장된 기호로 소비되는 성 문화에 의해 '포르노'라는 기표는 진정한 사랑과 순수한 욕망이 전제된 육체적 결합이라는 기의 대신에 '마조히즘'과 '사디즘'이라는 기의를 산출시킴으로써 실재적 성을 소멸시켰다는 것이다.

그는 또한 "포르노를 사라잡고 있는 환상들이 기호들을 즉각적으로 만들어내지만, 이는 그로테스크에 이르는 초기호"(배영달, 1996: 47) 작용에 지나지 않는다고 부연한다. '코카콜라'가 실용적 상품으로 소비되지 못하고 '기호'로서만 소비됨으로써 상품의 실재성을 소멸시켰듯이, 왜곡된 성의 상품화가 초래한 포르노라는 '기호' 역시 보드리야르의 견해처럼 '초기호'에 머물기에 역시 실재적인 성은 사라지고 마는 것이다. 여기에서 기호소비의 문제점이 다시 한번 확인된다고 하겠다. 그러면 과연 기호소비는 소비주체의 자발적 의지에 의해 이루어지는 것인가. 위 시를 통해 이에 대한 암시적인 해답을 발견하게 된다.

'시에프의 콘티'를 짜는 '미국', 그것은 단순히 소비를 조장하는 광고매체를 제작하는 주역으로서의 위치만을 점유하지 않는다. 그에 의해 '전세계 장래'마저 '자국의 문법'으로 재구조화됨으로써 삶의 질서는 물론 이데올로기적 기배를 강요하는 하나의 권력, 즉 '헤게모니'로서 작용하게 되는 것이다. 이러한 지배의 주체는 '온 산을 갈아엎는 사람들, 세상을 온통 콜라빛 폐수로 넘실대게 하는 사람들, 이 땅을 욕망의 구매력으로 가득 채우는 사람들, 지구의 虛를 말살시키는 사람들'로 변주되어 나타난다. 이러한 '쾌남아'를 자처하는 사회적 지배 주체들에 의해 조장되는 '씨에프 콘티'는, 현대인들을 '욕망의 구매력'에 길들여진 채 기호만을 소비하게 하는 '개'로 전락시킴으로써 기호소비의 체계화(이규현, 2007: 46)와 코드화를 전면화시키고 있는 것이다.

　　거부 반응을 일으킨다 그 투입구에 와꾸를 맞추고 싶으면 우선 일
년간 하루 십 킬로의
　　로드웍과 섀도 복싱 등의 피눈물 나는 하드 트레이닝으로 실버스타
스탤론이나
　　리차드 기어 같은 샤프한 이미지를 만들 것 일단 기본 자세가 갖추
어지면
　　세 겹 주름바지와, 니트, 주윤발 코트, 장군의 아들 중절모, 목걸이
등의 의류 액세서리 등을 구비할 것 그 다음
　　미장원과 강력 무쓰를 이용한 소방차나 맥가이버 헤어스타일로 무
장할 것
　　그걸로 끝나냐? 천만에, 스쿠프나 엑셀 GLSi의 핸들을 잡아야 그때
화룡점정이 이루어진다
　　그 국화빵 통과 제의를 거쳐야만 비로소 압구정동 통조림 속으로
풍덩 편입할 수 있게 되는 것이다
　　이곳 어디를 둘러보라 차림새의 빈부 격차가 있는지
　　압구정동 현대아파트는 욕망의 평등 사회이다 패션의 사회주의 낙
원이다
　　가는 곳마다 모델 탤런트 아닌 사람 없고 가는 곳마다
　　술과 고기가 넘쳐나니 무릉도원이 따로 없구나 미국서 똥구루마 끌다
온 놈들도 여기선 재미 많이 보는 재미 동포라 지화자, 봄날은 간다―
　　해서, 세속도시의 즐거움에 동참하고 싶은 자들 압구정동의 좁은 문
으로 들어가길 힘쓰는구나
　　투입구의 좁은 문으로 몸을 막 우겨넣는구나 글쟁이들과 관능적으

로 쫙 빠진 무용수들과의 심리적 거리는, 인사동과 압구정동과의 실제 거리에 비례한다

　걸어가면 만날 수 있다 오, 욕망과 유혹의 삼투압이여

　자, 오관으로 느껴보라, 안락하게 푹 절여진 만화방창 각종 쾌락의 묘지, 체제의 꽁치 통조림 공장, 그 거대한 피스톤이, 톱니바퀴가 검은 기름의 몸체를 번득이며 손짓하는 현장을

—유하, 「바람부는 날이면 압구정동에 가야 한다2」 부분

　보드리야르는 실용적 소비를 지향하는 "소비대중은 존재하지 않으며, 어떤 욕구도 표준적인 소비자로부터 자연발생적으로 출현"하지 않는다고 보았다. 즉, 소비의 욕구는 개인적 욕구에서 나오는 것도 아니며, 소비에 있어 동등한 지위의 소비자는 있을 수 없다는 것이다. 그는 이에서 나아가 "기호로서의 소비는 존재가치를 상실한 것에 대한 반응으로서 사회적 거리를 복원"하기 위한 몸부림으로 보았다. 중간 계층과 하류 계층의 소비는 생래적으로 초래된 계층적 차이를 극복하기 위한 시도이며, 이러한 기호적 소비를 통해 하류 계층과 중간 계층은 그들의 실존적 상실감을 회복하고자 한다는 것이다. 이로써 보드리야르에게 있어 "소비충동은 사회계급의 수직적 서열에서 충족되지 않는 욕구를 보상"(이상률, 2013: 82~86)하기 위한 시도에 불과한 것이다.

　위 시에서 '국화빵 통과 제의를 거쳐' '압구정동' 속으로 '편입'하려는 근본적인 이유도 여기에 있다고 하겠다. '차림새의 빈부 격차'가 존재하지 않는 '이곳', '욕망의 평등 사회', '패션의 사회주의 낙원'을 표방하는 '무릉도원'인 '압구정동'은 현실적 차별화를 무화시킬 수 있는 곳이기 때문이다. 하지만 이것은 허상일 뿐이다. 화자를 포

함한 현대인들은 '피눈물 나는 하드 트레이닝, 샤프한 이미지, 의류와 액세서리, 헤어스타일, 스쿠프와 엑셀의 핸들'을 소유할 수도 소비할 수도 없는 존재들이기에 현실적으로 압구정동과는 '거부 반응'을 일으킬 수밖에 없다. 현실적 차이를 넘어 '세속도시의 즐거움에 동참'하고 싶지만 '압구정동의 좁은 문'으로 들어가길 힘써 보아도, '투입구의 좁은 문으로 몸을' 우겨넣어 봐도 '거대한 피스톤'과 '톱니바퀴'를 소유한 '검은 기름의 몸체를 번득'이는 '체제'의 '공장'은 '유혹'과 '욕망'(윤종범, 2000: 8; 이혜진 외, 2006: 137)을 자극하는 '묘지'와 동일시되는 '현장'일 뿐이다.

'압구정동'이 유혹하는 이미지와 그 기호의 소비는 '신분과 지위에 대한 코드', 즉, 개인적 차원의 자발적 요구와 무관한 계층적 차이화(배영달, 2009: 29)라는 사회적 논리에 강제적으로 종속당하는 것이다. 결국 대중으로서의 현대인이 '압구정동'을 소비하고자 하는 욕망은 사회가 유도하고 강제하는 계층적 차별화의 '체제'에 동조하는 소비이며, 이로써 대중은 압구정동이라는 '세속도시'가 '빈부 격차'를 현실적으로 조장함을 발견하게 되며, '낙원'과 '평등사회'는 '욕망' 속에만 존재하는 허상임을 직시하게 될 뿐이다. '샤프한 이미지'가 난무하고 기호적 소비만 존재하는 압구정동은 '미국'이라는 거대자본 앞에서 또 한 번의 차이화에 직면하게 된다. '압구정동'보다 '세속'화된 '도시'인 '미국서 똥구루마 끌다 온 놈들'도 '여기'에서는 '재미'를 보는 문화의 권력층으로 격상되기 때문이다. 결국 '압구정동'의 소비문화는 계층적 차별화를 조장하고 고착화시키는 '차이 코드화'의 공간일 뿐이라 하겠다.

세운상가, 욕망의 이름으로 나를 찍어낸 곳

내 세포들의 상점을 가득 채운 건 트레이시와 치치올리나,
제니시스, 허슬러, 그리고 각종 일제 전자 제품들,
세운상가는 복제된 수만의 나를 먹어치웠고
내 욕망의 허기가 세운상가를 번창시켰다 (…중략…)

금발 여배우의 매혹이 부풀린 영화 감독이라는 욕망,
진실은 없었다, 오직 후끼된 진실만이 눈앞에 어른거렸을 뿐

네가 욕망하는 거라면 뭐든 다 줄 거야
환한 불빛으로 세운상가는 서 있고
오늘도 나는 끊임없이 다가간다 잡힐 듯 달아나는
마음 사막 저편의 신기루를 향하여,
내 몸의 내부, 어두운 욕망의 벌집이 웅웅댄다
그렇게 끝없이 웅웅대다가 죽음을 맞으리라
파열되는 눈동자, 충동의 벌떼들이 떠나가고
비로소 욕망의 거울은 나를 놓아줄 것이다
— 유하, 「세운상가 키드의 사랑2」 부분

  위 시를 통해 현대 소비사회에 대한 유하의 인식이 '체제의 코드
화'에 있음을 확인하게 된다. 보드리야르는 "현대 소비사회의 상품
은 무엇에 쓰인다는 데 있지 않고 기호로 조작됨으로써 의미작용"을
일으키는 데 있다고 보고, "상품의 구매가 사회적 지위나 명성을
성취하는 사회적 차별화"로 귀결됨을 강조하였다. 상품의 소비가
기호의 소비와 동의어이며, 이러한 기호적 소비가 계층적 차이화를
조장함은 물론 이러한 현상이 사회적 차원에서 이루어진다는 것이

다. 이를 보드리야르는 "상품의 체계는 사회적 지위를 측정하는 보편적 체계 속에서 형식화"(배영달, 2010: 190~191)된다고 표현하였다. 이는 소비주체로서의 '나'가 '세운상가'라는 소비 문화적 공간을 창출하는 것이 아니라, '세운상가'가 '나'를 '욕망'이라는 '이름'의 소비적 타자로 존재하게 했다는 부분에서도 확인된다.

'트레이시'와 '치치올리나'와 같은 '금발 여배우'의 이미지, 성인 잡지인 '허슬러', 그리고 '일제 전자 제품'과 같은 상품은 대중의 '욕망'을 자극함으로써 '나'라는 대중에게 '욕망'이라는 '이름'만을 남겨줄 뿐이다. 이로써 소비대중은 '욕망'에 '허기'진 타자로 전락한 채, '진실'이 상실된 '욕망'만을 좇는 존재로 살아갈 수밖에 없다. 이처럼 이미 거시적인 차원에서 사회 주도적으로 행해지고 있는 욕망 편향적 '보편 체계'는 현대 소비문화의 본모습에 해당하는 것이다. 사회에 의해 조장된 소비에 대한 욕망은 '나'라는 주체성을 소거한 채 '복제된 수만의 나'라는 소비대중으로만 존재하게 하고, 그들의 '허기'진 '욕망'으로 인해 사회라는 '세운상가'는 '번창'해 나가게 된다.

보드리야르에 의하면 사회 체제에 의해 양산되는 패션, 성, 정보, 예술 등의 소비상품은 인간을 압도하고 유혹하는 사물로서, 사물이 증식하고 확장됨으로써 '사물의 황홀경'에 직면하게 된다. 문제는, 실재 상품보다 더 실재적이며 황홀한 광고상품에 매료되며, 실재성보다 더 성적인 포르노로 인해 성의 황홀경에 몰입하게 된다는 것이다. 급기야 상품 이미지의 황홀한 소비만 존재할 뿐 실재적 의미는 상실되고 만다. 즉, 보드리야르의 언급처럼 "사회적인 것은 자신의 체계적인 확장 속에서 사회적인 것 자체에 숙명적인 상황"을 연출함으로써 "대중은 황홀한 무관심과 정보의 외설성"(배영달, 2012: 46~58)에 빠져들 뿐이다. '네가 욕망하는 거라면 뭐든 다 줄거야'라는 표현은 욕망에 집착하는 현대사회 소비대중의 심리일 수도 있으나, 이는 소비문화를 조장하는 사회체제의 근원적 메커니즘의 존재를 확증짓는 작가의 의도라 할 수 있다.

'환한 불빛'으로 서 있는 '세운상가'는 욕망의 소비문화를 강요하는 체제의 허상에 불과하며, 소비대중은 이러한 체제에 종속됨으로써 '사막 저편의 신기루'를 향해 '어두운 욕망의 벌집'을 '웅웅'거리며 허우적댈 뿐이다. 급기야 체제의 희생양으로 '죽음'을 맞게 됨으로써 욕망과 '충동의 벌떼'들이 '내 몸의 내부'로부터 이탈하는 순간, 소비문화를 지휘하는 사회체제는 소비대중이 간직한 '욕망의 거울'을 놓게 만든다고 하겠다. '진실'이 부재하는 현실 속에서 실존의 '나'를 찾지 못하고 '어두운' '욕망의 거울'에 구속된 채 '수만'의 '복제된' '나'로 살다 생을 마감하는 현대인은, 사회체제가 낳은 황홀한 무관심의 사생아에 불과한 것이다.

요컨대, 보드리야르의 소비 이론에서 주목한 '기호, 차이, 체계' 등의 개념을 토대로 유하 시를 읽어 나가게 되면, 현대 소비사회의 현상 이면에 내재된 사회학적 의미를 좀 더 면밀히 검토해 나갈 수 있게 된다고 할 수 있다. 실용적 가치를 도외시하고 등장한 기호적 소비가 갖는 의미를 명확히 이해할 수 있으며, 상품의 소비가 개인의 자발적 의지에 의한 욕구 충족이 아니라 계층적 차별화를 고착화하고 심화시키는 단초임을 숙지할 수 있게 되는 것이다. 아울러 소비문화라는 현대사회의 일상적 현상이 기득권 세력에 의해 조장된 하나의 메커니즘으로 작동해 체제 및 체계화되었음을 파악하게 된다.

3. '시뮬라시옹' 개념에 주안점을 둔 시 읽기

보드리야르는 상품이 생산하는 이미지와 기호에 주목한다. 그에 따르면 현대사회의 상품은 현실을 모방해서 재현하는 이미지와 기호의 생산품에 해당하는 것이다. 가공의 이미지를 '시뮬라크르(simulacre)'로, 이러한 시뮬라크르를 생산하는 과정을 '시뮬라시옹(simualtion)'으로 명명하였다. 현대 소비사회는 사물이 기호로 대체됨으로써 이미지를 생성하고 이러한 현실 모사로서의 이미지가 현실보다 더 현실과 같은 '초과실재(hyperreality)'(최효찬, 2016: 26~27)를 구현함으로써 원본과 사실성 없는 실재를 만들어 간다고 주장한다. 보드리야르의 시뮬라시옹 개념에서 주목할 것은, 상품소비를 통해 이미지를 양산하는 현대사회에서는 이미지만 남고 이미지와 결부된 실존이 사라진다는 데 있다.

보드리야르의 견해대로 현대사회를 '시뮬라크르의 세계'라고 한다면, 현실의 모방인 시뮬라크르는 '원본과 유사성이 없는 이미지'에 해당하는 것이기에, 시뮬라시옹의 과정은 '허상화'를 위한 노정에 해당하는 것이다. 따라서 현대사회가 다양한 정보기술과 이미지 창출을 통해 구현하고자 하는 이상향으로서의 가상세계는, 현실과 재현의 개념(배영달, 2015: 223)을 파괴하는 허상적 초과실재에 불과한 것이 된다. 보드리야르는 이를 '산타클로스 논리'(배영달, 1999: 253)에 비유한 바 있다. 산타클로스의 존재에 대한 진위 여부와는 무관하게 선물을 받는지 여부에 따라 산타클로스의 존재 여부가 결정되듯이, 현대사회가 양산한 이미지는 그것이 갖는 실존적 가치나 의미와는 무관하게 이미지 자체만이 맹신되는 현상을 초래했다고 할 수 있다.

셔터를 누른다 살아 있는 나비의 육체를 핀으로 찌르듯
그녀가 웃, 는다 하나 나비의 현란한 율동은
정지된 나비의 몸을 벗어나 저 혼자 날아가버리고,
다만 채집된 것은 내 생의 짧은 열락뿐

사진기. 그 작은 상자 속의 끝 모를 우주
그녀, 잡을 수 없는 나비의 율동은 섬광처럼
나의 컴컴한 내부를 꿰뚫고 지나 어디론가 사라지고
굳어버린 나비의 날개, 한때의 나른한 미소만이
무심히 인화된다 시간은 완벽하게 증발하고,
별은 오래 전에 플래시처럼 폭발한다
죽음의 공포를 한입에 삼킨, 살아 있음의 엑스터시
현실이 빠져나간 시간의 바깥에서
그녀의 표정은 행복한 별빛의 벽화로 붙잡혀 있다

내 망막 저편에 움직이는 그녀 느낌의 지느러미,
혹은 그녀가 감춘 외설의 나비 율동,
난 내 감각의 바늘로 그 보이지 않는 피사체들을
고정시키고 싶다 오, 내가 열망한 건 미이라의 언어
모든 피사체들은 렌즈 속에서 불멸하는 죽음을 산다

죽음이라는 방부제가 모든 삶의 절실한 이미지들을
그대로 보존시켜 줄 것이다
난 마음의 셔터를 누른다, 덧없이 사라질 이 순간
모든 매혹의 풍경들을 종이 피라미드에 미이라로 가두길 꿈꾸며
　　　　　　　　　—유하, 「사진 속엔 그녀가 살지 않는다」 부분

위 시에, 미디어에 의한 이미지의 창조가 "현실을 추상적인 것으로 변화시켜 전혀 다른 것"(송태현, 2007: 213)으로 만들어버린다는 보드리야르의 견해를 대입해 볼 수 있다. '사진기'의 '셔터'는 현실을 모방해서 '이미지'를 생산하는 매체에 해당한다. 사진기라는 상품은 사진을 찍는다는 실용적 가치를 가진 것이지만 사실상 이러한 기능에 주목하기보다, 유하는 사진기가 생성해낸 이미지에 주안점을 두고서 시뮬라크르의 생성을 통한 초과실재에 방점을 두고 있는 보드야르의 견해에 공모하고 있음을 보게 된다. '살아 있는 나비의 육체, 나비의 현란한 율동, 움직이는 그녀 느낌의 지느러미, 그녀가 감춘 외설의 나비 율동, 매혹의 풍경'과 같은 '모든 피사체'를 '삶의 절실한 이미지'로 재현해 내려하지만, 소비대중에게 허락된 것은 '현란한 율동'이 '저 혼자 날아가버'린 '정지된 나비의 몸, 피라미드에 미이라'로 갇혀버린 '미이라의 언어'뿐이기에 그러하다.

"세계는 존재하는 것의 총체라기보다 이미지화되어 읽힐 수 있는 것의 총체"(Baudrillard, 1970: 190)라는 보드리야르의 언급처럼, 현대사회에서는 이미 실재적인 것보다 이미지에 초점이 놓여 있음은 분명해 보인다. 사진기는 현대사회가 생산해 낸 이미지 재현의 도구들 중 하나에 불과하다. 텔레비전, 영화, 컴퓨터 등 이루 말할 수 없는 매체들을 활용해 소비대중은 이미지를 양산하고 있기 때문이다. 하지만 '살아 있는' '육체'를 '핀으로 찌르듯' '피사체들을 고정'시키고 '그대로 보존시켜줄'으로 믿는 사진기마저도 실재적인 것을 '덧없이 사라'지게 할 뿐 아니라, 절실한 실재적 삶의 양상들을 '렌즈 속에 불멸하는 죽음'으로 무화시키는 모순을 감행하고 마는 것이다. 사진기라는 매체에 의해 생성된 이미지는 죽음도 삶도 아닌 '불멸의 죽음'으로, '행복한 별빛의 벽화로 붙잡혀' 소비대중에게 '짧은 열락'과

'한때의 나른한 미소'만을 안겨다 줄 뿐이다.

이렇게 보면 상품에 의해 생성된 시뮬라크르는 원본도 복사본도 아닌 지위를 가짐으로써 '현실이 빠져나간 시간의 바깥'에 존재하기에, "진리와 허위, 실재와 상상 사이의 차이를 위협"(김용규, 2006: 312)하는 현실 무화의 대상에 해당한다고 할 수 있는 것이다. 이로써 이미지를 통해 소비대중이 꿈꾸는 '살아있음의 엑스터시' 즉, 현실 속에서 구가하는 삶의 환희는 '죽음의 공포'와 무관하지 않다고 하겠다. 이미지 생성을 통해 '열락'과 '엑스터시'를 추구하고 '매혹'적인 사물의 소비에 대한 지향성이 문제적인 것이다. '열망' 곧 '욕망' 성취를 전제한 소비양상, "개인의 이성적 판단이나 의지에 의해 억누를 수 없는 욕망"(최재정, 2006: 99)이 불러일으킨 재앙이라는 것이 유하와 보드리야르의 공통된 인식이라 할 수 있다. '사진기'라는 상품은 대중에게 욕망을 심어놓고 대중은 이러한 욕망에 의해 '죽음이라는 방부제'에 해당하는 시뮬라크르가 '삶의 절실한 이미지'를 보존할 것이라는 허상에 갇히게 되는 것이다.

> 요즘 홍콩 총쌈 영화를 거창하게 느와르 영화라 부르지만 그건
> 말짱 매스컴의 상업주의가 조작해낸 가짜 용어다 암울하게 죽고
> 죽이는 살육 장면이 있다고 다 느와르인가 가령, 차이나타운 같은
> 느와르 필름 속엔 나름대로
> 진솔한 절망이 있었다 홍콩 영화엔 겉멋 들린 절망이 있을 뿐이다
> 롱 코트 휘날리며 지폐로 담뱃불을 붙이며 갖은 똥폼 다 잡는 주윤발
> 그 홍콩 영화가 무협지처럼 쉽게 읽히는 건 김현 선생 말씀처럼
> 그 안에 고민이 없기 때문이다 홍콩 느와르는 모더니즘 무협지에
> 불과하다

장삼 자락이 롱 코트로, 장풍이 바주카포로, 로례 깡따위 왕우 진성이
이소룡 성룡을 거쳐 주윤발 유덕화 양조위로 가오마담만 바뀌었을 뿐
겉멋 든 폭력으로 한국의 아이들을 홍콩 가게 하는 건 늘 변함이
없다
　그렇다 나쁜 폭력이 고민 없이 횡행하고 있는 이 땅에서 홍콩 영화는
하나의 종교성을 가지고 있다 파괴욕의 대리 만족 현장, 보라 광포
한 체제의 무형강기에 관통당한
　상처받은 육신들이 속속 홍콩 영화에 귀의하는, 저 인산인해의 장관을!
인간의 폭력이라는 지랄 본능과 비밀하게 교미하는 피비린내 나는
화면들,
　집단 종교 제의의 광태가 따발총 쏘는 英雄本色 주윤발 롱 코트 자락
을 따라
　장엄하게 펄럭이누나 주윤발을 믿는 이 땅의 젊은이들이 소리쳐
주문을 외운다 싸랑해요 밀키스! 땅호와! 싸랑해요 密키스!
　폭력에 대한 집단 무의식적 원한을 홍콩 가는 즐거움으로 바꿔놓는,
이 영검한 종교를 보셨습니까 예? 한국엔 장군의 아들이 있다구요?
　　　　　　　　　　　　　　　─유하, 「싸랑해요 밀키스, 혹은 주윤발論」 부분

　보드리야르는 이미지를 폭력으로 규정한다. 현실의 실재적 본질
을 사라지게 한다는 점에서 그러하며, 합성 이미지에 의해 지시대상
의 소멸은 가속화된다고 보았다. 또한 그는 이미지가 초래하는 두
번째 폭력으로 '가상의 폭력'(배영달, 2009: 153~167)을 지목하였다.
위 시에서도 이미지의 폭력은 여실히 드러나고 있다. '홍콩 총쌈 영
화'는 '암울하게 죽고 죽이는 살육 장면'을 이미지화한 '느와르 영화'
에 해당한다. 하지만 영화매체를 통해 구현된 이미지는 '진솔한 절

망'이라는 기의를 내포하지 않은 채 '겉멋 들린 절망, 겉멋 든 폭력'으로 전락할 뿐이다. 절망으로 점철된 현실이지만 그 속에서 삶에 대해 진지하게 고민하는 실존에 대한 참다운 모색이 결여되어 있다는 것이다. 실존의 아픔을 애틋하고도 면밀하게 다루지 않고, '상업주의'에 탐닉한 '매스컴'의 '조작'에 동조한 산물일 뿐이라는 것이다.

보드리야르의 문법을 대입해 보면, 실재와 관련된 '진솔한 절망'이 결여되어 있다는 측면에서 '홍콩 영화'가 생산한 이미지는, 현실을 외면하고 파괴하기에 이미지의 폭력에 해당하는 것이다. '홍콩 영화'가 만들어낸 '주윤발'이라는 이미지도 '롱 코트, 담뱃불, 똥폼'이라는 이미지로 소비되기에 그 속에는 진지한 삶의 기의가 역시 소거되어 있다고 하겠다. 이러한 이미지는 '밀키스'라는 상품광고로 변주됨으로써 '이 땅의 젊은이들'과의 은'密'한 공조적 '키스'를 통해, 허상으로서의 이미지 소비를 확대시켜 나가게 된다. '진솔한 절망'과 '고민' 없이 '무협지처럼 쉽게 읽'히는 '홍콩 영화'의 현실과 무관한 초과실재적 이미지는 '이 땅의 젊은이들'로 하여금 이미지 폭력의 생산에 가담하게 함으로써 현실의 실존적 문제를 망각하게 하는 우를 범하게 되는 것이다. 보드리야르는 이처럼, 이미지의 환상에 빠져 현실에 대한 관심과 비판력을 상실한 상태를 '저지효과'(최재정, 2006: 102)라고 명명하기도 한다.

보드리야르는 현실을 사라지게 하는 이미지의 폭력 외에도, 이미지가 '가장 폭력적인 현실'을 '미디어의 폭력'으로 전환시킴으로써 그 '유독성'(배영달, 2006: 85~87)이 강화된다고 보았다. 가상현실 속에서 이루어지는 폭력이기에 폭력에 대한 심각성이 망각된 채 폭력은 공유되고 지속적으로 재생산된다는 것이다. 특히 그는 "현대사회의 폭력은 지배적인 시스템으로 인한 것"이며 특히 "미디어를 통해 정신적 조절"(배영달, 2004: 343)이 상실되는 폭력의 위험성을 역설하기도 한다. '홍콩 영화'의 '겉멋 든 폭력'도 '매스컴'에 의해 '상업주의'적으로 확산되어 가는 것이기에 '나쁜 폭력이 고민 없이 횡행'할 수밖에 없는 것이라 하겠다. 문제는 이러한 '폭력'이 '종교성', 즉, '집단 종교 제의'의 양상을 띠면서 '광'적인 형'태'인 '광태'로 드러난다는 것이 문제적인 것이다.

이러한 이미지에 의해 무심히 자행되고 생산되는 폭력은 대중들의 무의식 속에 잠재되어 있는 '폭력에 대한 집단 무의식적 원한'을 자극하고 환기시킴으로써 그들이 폭력의 공모자가 된다는 것은 심각한 현상으로 받아들일 필요가 있다. '광포한 체제'로 '상처받은 육신'이 현대사회의 대중일 수밖에 없다. 자본과 권력의 사각지대에서 정신적 육체적 폭력을 경험한 그들로서는 응당 '따발총 쏘는 주윤발'이라는 이미지의 소비자로 자처하면서, 그들 스스로가 '인간의 폭력'과 '비밀하게 교미'하는 공범자가 될 수밖에 없는 것이다. 폭력적 이미지에 대한 소비를 통해 그들은 '파괴욕의 대리 만족'을 체험함으로써 가상현실 속에서나마 '홍콩 가는 즐거움'을 맞이할 수 있기 때문이다. 따라서 '상처받은' 폭력의 피해자인 소비대중에게 폭력적 이미지는 그들이 신봉하고자 하는 '영검한 종교'이며 '귀의'의 대상일 수밖에 없는 것이다.

　　내 가슴에 지워지지 않을 어둠의 무늬 하나 남겼다
　　금자누난 신선삼 땜에 상사병을 얻어 며칠씩이나
　　점빵 문을 닫았지 문희를 알기 전의 내 꿈이란 고작
　　아이스케키 공장을 차리거나 짜장면 집으로 장가가는 것,

문희의 서늘한 큰 눈에 눈물이 흐르면, 이미
내앞의 어둠은 나만의 것이 아니었다 사람들은
어둠이 나누어준 슬픔의 그림자를 한쪽씩 떼어먹으며,
그녀의 투명한 눈물 방울 안에 서로를 가두었다
비 내리는 고모령에서 그녀가 끓이던 찡한 김치찌개,
쑈하는 사람들이 시치미 뚝 떼고 저 푸른 천막 뒤에 숨어
움직이는 게 영화야, 금자누나가 가르쳐주었으므로
난 영화가 끝날 때면, 스크린 뒤로 달려가 그녀를 찾곤 했다

나는 문희가 늘 극장의 푸른 스크린 뒤에 살고 있을 거라
굳게 믿었다, 둥근 눈물 방울을 하염없이 닦으며
그리고 아주 오랜 세월이 흘러도, 여전히
문희가 낳은 문희의 그림자가 저 극장을 데리고
삶의 심심함 속을 환하게 거닐 것이라고, 그녀의 눈물로
어둠은 깨어나 우린 거기에 기꺼이 갇힐 것이라고

—유하, 「문희」 부분

보드리야르는 이미지의 변형을 문제삼는다. "가상의 기술들은 진위를 결정할 수 없는 이미지를 책임지지 않고 퍼뜨림으로써 사람들을 그 가능성의 이미지 속으로 빠져들게 한다."고 언급한다. 이로써 이미지는 '진실성'과 '허위성'이라는 모호성 속에서 거짓을 승리(이은민, 2001: 55~115)하게 만든다고 보았다. 그에게 생성된 이미지는 유사현실이기에 '진실성'의 가능성을 함유하게 되지만, 가상현실 속에서 현실보다 더 현실적인 이미지만으로 존재하는 조작된 기호에 불과하기에 '거짓'에 머물고 만다는 것이다. 대상의 본질과 무관한 기의를

산출하는 이미지, 그리고 매체의 지배력이 확장됨으로써 기호의 과잉과 포화상태(배영달, 2005c: 104~110)에 직면하게 되면서, 의미의 부재와 기호의 조작만 남게 된다는 것이 문제적이라는 것이다.

유하의 경우도 위 시를 통해, 진실과 허위의 모호성은 물론 조작된 기호로서의 이미지의 속성을 구체적으로 형상화하고 있다. '금자누자'가 '신선삼'이라는 '쑈하는 사람'으로 인해 '상사병'을 얻어 '며칠씩이나 점빵 문을 닫'았던 행위는 이미지의 진실성을 대변하는 것이라 할 수 있다. 아울러 '사람들'이 '슬픔'의 '눈물 방울 안'에 갇히는 것이나, '스크린 뒤로 달려가 그녀를 찾'는 '나'의 행동들도 이와 유사한 맥락이라 할 수 있다. 하지만 '문희'의 '서늘한 큰 눈에'서 흐르는 '눈물'과 '비 내리는 고모령에서 그녀가 끓이던 찡한 김치찌개', 그리고 '문희가 낳은 문희의 그림자'는 만들어진 이미지로서, '서로를 가두'고 '기꺼이 갇'히게 할 조작된 것에 불과하다. '아주 오랜 세월이 흘러도, 여전히' '푸른 스크린 뒤에 살고 있을' 것이라 믿었던 '문희'는 존재하지 않기 때문이다. '문희' 역시 '쑈하는 사람들'로서 그들과 함께 공모해 '시치미 뚝 떼고' 허위와 진실 사이를 줄타기 하면서 가능성과 모호성만을 증폭시킬 뿐이다.

유하는 보드리야르와 동일한 시선에서, 현실에 기댄 그러면서도 현실에서 벗어난 조작적 허위성을 그의 다양한 시편들을 통해 형상화하고 있다. "우린 과거를 추억하는 것이 아니라/ 과거라는 고정관념을 추억"(「재즈7」 부분)하듯이 실재적 실존에 기댄 '추억'을 향유하기보다 과거가 만들어낸 '고정관념'이라는 '이미지'로써 삶을 향수할 뿐이라고 보았기 때문이다. 또한 "인생이라는 뻔한 내러티브의 드라마/ 나는 한치 앞만을 내다보며, 웃는다"(「재즈6」 부분)라는 구절을 통해, 허구적 이미지로 표현되는 인생이 조소적 미래와 동의어임을 밝히기도 한다. 그는 좀 더 극단적으로 "난 이미지의 노예야, ……하지만/ 그리움이, 더 이상 삶의 에너지가 아니길 바래/ 호흡하고 있다는 사실에/ 견딜 수 없이 내가 짓눌릴 때,// 영혼에 구멍을 뚫고 색소폰을 불고 싶어"(「재즈1」 부분)라는 표현을 통해, '이미지'에 대한 거부감과 부정의식을 단호히 제기하고 나선다.

이미지를 소비하고자 하는 현대인들의 욕망이 '더 이상 삶의 에너지'가 되지 않고 상품기호에 대한 '그리움'이 더 이상 '호흡'의 근원으로 자리하지 않기를 바라며, '영혼'의 순수성을 지향하듯 순수소비로의 전회를 꿈꾸고 있는 것이다. 아울러 "이 세계의 허공에도/ 붕어빵 기계는 있다/ 내 안의 이미지도 거기서 찍혀져 나온 것이다"(「재즈8」 부분)라는 부분을 통해, 그는 '세계'라는 권력 체계에 의해 시도되는 이미지 조작행태가 주체상실과 타자양산을 위한 문제적 행위임을 분명히 하고 있다. 결국 '문희'에 의해 '내 가슴'에 새겨진 '어둠의 무늬'는 '쑈하는 사람들'에 의해 조장된 구속을 위한 낙인으로서의 이미지에 불과하며, '내'가 꾸는 '꿈'이란 초과실재에 대한 지향성에 해당하는 것이라 하겠다.

> 하니, 미네르바, 이쁜여우, 미스티, 누네띠네……
> 상표 속엔 내가 있고, 사람들은 내 모습을 즐겨 입었어요
> 꿀처럼 달콤한 미소, 지혜의 여신을 꿈꾸는 듯한 얼굴
> 여우스러운 포즈, 뭔가 미스테릭한 분위기를 꿈꾸며,
> 난 카달로그 속의 유일한 천사가 되고 싶었답니다
> 수천 가지 화려한 옷의 날개를 가진 천사
>
> 옷들은 새로운 패션을 향하여 더욱 빠르게 질주해가고

(사진 발명 이전의 패션에도 스피드란 게 있었을까요?)

난 차츰 숨이 차기 시작했어요

줄어드는 옷 입기와 텅 비어가는 주머니⋯⋯ 난 알았어요

난 그저 옷의 포즈를 위해 만들어진 플라스틱 천사,

수천의 옷들이 나를 입어볼 뿐이었다는 걸

옷들은 하나둘 나를 떠나가고 아, 인형이 추워요

내게 남은 건, 옷들이 날 골라주길 바라는 몸 시린 욕망뿐

—유하, 「남대문 천사의 시」 부분

　　위 작품에서 유하가 겨냥하고자 하는 것은, '상표' 이미지의 소비와 이를 통해 얻게 되는 초과실재에 대한 허상적 자각이다. '옷'을 '입'는 행위는 옷에 대한 실질적 차원의 소비가 아니라 '하니, 미네르바, 이쁜여우' 등과 같은 '상표'를 향유하는 기호적 소비일 뿐이다. 옷 입기를 통해 화자가 지향하고자 하는 것은, '수천 가지 화려한 옷의 날개를 가진' 실재 속의 '천사'가 아니라 '카달로그 속의 유일한 천사'와 같은 가상현실 속에 존재하는 대상이다. 그러므로 옷 입기를 통해 화자가 '꿈꾸'고자 했던 '꿀처럼 달콤한 미소, 지혜의 여신, 여우스러운 포즈, 미스테릭한 분위기'는 시뮬라크르가 만들어낸 초과실재에 불과한 것이다. 옷을 입는 구체적이고 현실적인 동작을 통해 실질적 아름다움을 구현해 보려하지만, 화자에게 허락된 것은 실재보다 더 실재와 같은 가상현실로서의 초과실재밖에 없는 것이다.

　　보드리야르는 "소비사회는 미디어, 광고, 패션, 디자인, 성 등을 모델로 삼아 이를 재현하려 하기에 하이퍼리얼한 시뮬레이션 사회"(배영달, 1998: 135)라고 보았다. 시뮬라크르를 생산하는 과정인 시뮬라시옹을 시뮬레이션이라는 또 다른 용어로 정의하면서 상품 이미

지의 소비와 양산을 촉구하는 현상을 하이퍼리얼 즉, 초과실재라고 명명하였다. 그는 또한 "하이퍼리얼리티(hyper-réalité)는 디지털화되고 조작될 수 있는 가상현실"(곽상순, 2008: 61~63)이며, "또 다른 세계 속에서 스스로를 복제함으로써 인위적인 종(種)으로 영속하기 위해 인류가 사라지는 선택"(배영달, 2006: 48~50)임을 분명히 하였다. 위 시에서 화자가 자각한 바와 같이 '상표' 소비를 통해 '새로운 패션'을 추구하는 '옷의 포즈'는 '카달로그'라는 가상현실 즉, 초과실재를 견인시킬 뿐이다.

초과실재가 허락되지 않는 상황에서 화자는 현실에 대한 존재인식으로 선회할 수밖에 없으며, 그러하기에 화자는 자신이 '플라스틱 천사, 인형'으로 남겨진 존재임을 자각하게 되는 것이다. '천사'가 '되고' 싶어 하는 화자의 소비행태는 '카달로그 속' '천사'라는 초과실재를 위한 시뮬라시옹에 해당할 뿐이다. '더욱 빠르게 질주'하면서 '새로운 패션'이라는 이미지를 주도하는 사회체제는, 대중으로 하여금 '줄어드는 옷 입기'와 '텅 비어가는 주머니'만을 강요한 채, 그들을 '몸 시린 욕망'으로 소외시켜 나간다. 이로써 이미지는 '사라져버린 무엇인가의 흔적'(배영달, 2000: 75)에 불과하며 도달할 수 없는 초과실재인 것이 자명해지며, 아울러 초과실재로 인해 대중은 존재의 사라짐, 즉 '내파'(이도희, 2010: 332)에 직면하게 된다. 욕망에 길들여진 채로 가상현실만을 좇아 왔던 소비대중은 '숨' 차고, '추' 위에 떠는 타자로서 '옷들이 날 골라주길 바라는' 존재로 남기 때문이다.

4. 보드리야르 철학과 시 감상의 융합

'소비'를 매개로 유하의 시와 보드리야르의 철학적 인식의 교점을 찾고자 하였다. 이를 토대로 유하 시에서 거론되는 소비와 관련된 현대사회의 다양한 물질 편향적 행태가 단순히 서구의 신자본주의적 헤게모니에 따른 배금주의나 향락주의 이상의 의미가 있음을 읽어내고자 하였다. 유하 시를 감상하는 차원에서 그가 다루는 '세운상가'와 '압구정동'이 자본 중심의 현대사회가 지향하고자 하는 실재적인 상품 소비문화의 본산지라는 인식을 넘어, 보드리야르의 지적처럼 계층적 '차이'를 고착화시키고자 하는 의도된 자본 권력 체계에 의해 강요되는 이미지의 허상에 불과하다는 차원으로까지 나아가야 함을 강조하고자 하였다. 유하의 시편들을 자본과 소비, 그리고 향락이라는 화두에만 방점을 두어 그러한 행태들이 현대 자본주의 사회의 부정적 모습이라는 개괄적이고도 보편적 결론에 도달하고 마는 것으로는 그의 시를 온전히 감상했다고 보기 어렵기 때문이다.

유하의 시 감상 과정에 보드리야르의 '차이의 체계'라는 가치 인식을 도입했을 때 '압구정동'이라는 공간은 매우 다층적인 의미를 갖는 상징소로 부상하게 되는 것이다. 상품의 소비는 물리적인 소비가 아니라 이미지의 소비에 불과하며 이러한 소비는 실재를 모방한 단순한 이미지의 재생으로, 계층 간의 차이를 더욱 심화시키고 고착화시키는 자본 권력 체제에 종속되는 몸부림에 불과한 것임을 읽어내게 된다. 아울러 필요에 의한 소비가 상실된 채 이미지로서의 소비가 강조됨으로써 현대인의 인식 속에 현실과 진실은 망각된 채 허상과 이미지만 남는 내파 현상, 즉 초과실재만 남게 됨을 이해할 수 있게 된다. 유하의 시를 상업적 향락이 난무하는 자본주의의 병폐로만 읽을 때와는 달리 학생 독자들로 하여금 소비에 전제된 새로운 인식을 발견할 수 있게 하는 계기가 될 수 있다.

이러한 현상은 성 문화에도 영향을 미쳐 인간의 욕망과 그것의 자연스러운 표출이라는 현실적 차원의 성에 대한 인식을 왜곡시켜, 사랑과 성 사이를 넘나드는 실질적 행위는 사라지고 조작된 기호인 이미지만 남게 되는 것이다. 가공의 이미지인 '시뮬라크르'에 대한 과도한 집착은, 이미지에 몰입하는 소비문화와 유사하게 건전한 인간의 성적 본성은 소멸시킨 채 원본과 무관한 허상으로서의 초과실재만 추종하게 만든다고 하겠다. 폭력적 이미지의 양산도 이와 유사한 맥락이라 하겠다. 유하가 형상화한 성 혹은 폭력에 관한 시편들도 기존의 해석적 프레임에 가두어 인간적 욕망의 치졸함이나 폭력의 잔인성으로만 읽기에는 너무나도 미흡해 보인다. 보드리야르의 '시뮬라시옹'이라는 인식으로 작품을 다시 감상하게 된다면, 현대사회에 팽배한 성과 폭력성 역시 사물이 기호를 대신하는 시뮬라시옹과 닮아 있음을 읽어낼 수 있게 된다.

물론 전술한 바와 같이 보드리야르의 소비 이론이 현실적으로 받아들여질 수 없는 과도한 비판에만 머물고 있다는 이견이 있음에도, 보드리야르의 견해는 분명 유하 시 감상의 폭을 또 다른 관점에서 확장시켜 줄 수 있기 때문이다. 학생들이 시를 어려워하는 이유 중의 하나가 상징의 의미를 파악하는 데 있고, 이를 위해 다양한 상상력을 활성화시켜야 함에도 보편적 해석의 관습적 틀에 얽매여 다양한 시선으로 작품을 보지 못하는 점이 있다고 하겠다. 따라서 학생들이 시 감상 국면에서 해석의 다양성, 관점의 차별성, 상상력의 다변화를 수행하는 방법이 자신의 사고와 맞물려 있음을 깨닫게 하는 데 보드리야르의 관점의 도입은 유용하리라 본다. 물론 보드리야르의 논지를 이론적으로 설명해서는 안 될 것이며 유하 시를 통상적 관점에서 감상하고 마는 단계에서 벗어나 새로운 감상의 여지가 있음을 보여주는 것만으로도 학생들의 사고력과 상상력을 자극하는 감상법이 될 것으로 믿는다.

제3장 욕망의 '지양'과 '지향'으로서의
최승자 시 읽기 방법

1. 최승자 시학의 해체 지향성

최승자 시인의 작품 경향은 '시대'에 대한 조망과 그의 해체를 지향하는 것으로 범박하게 요약될 수 있다는 것이 그간 연구의 결과이다. 1980년대 이후의 현대사회를 자본의 권력화와 그로 인해 자행된 무의식적 종속화의 과정으로 진단하고, 이러한 시대적 상황을 초월하고자 하는 현실적 탈출구를 모색(안지영, 2018)하던 것이 그녀의 형상화 방식이라 할 수 있다. 1980년대와 1990년대를 관통하면서 그녀의 중심 화두는 현실의 해체 방식에 놓여 있다고 하겠다. 현대를 고통의 시대로 진단하면서도 '고통의 수용'을 통해 역설적으로 극복(김정신, 2015)하고자 하는 시도나, 시대의 비극이 새겨진 몸에 대한 거부로서의 '신체의 파편화'(이단비, 2018) 작업, 그리고 죽음에 대한 낭만적 인식으로의 전회(김정신, 2017; 유준, 2013) 등이 그에 해당한다. 그간의 최승자 시에 대한 연구성과를 고찰해 볼 때, 그녀의 시편들은 분명히 해체시로 수렴되고 있으며 해체시의 경향에 부합하듯 형식과 내용의 일탈을 통해 현대사회를 재조명하려는 몸부림이 고스란히 담겨 있음을 보게 된다.

특히 그녀는 현대사회의 병폐를 욕망에 상당한 혐의점을 두고, 자본 지향성이라는 사회적 욕망이 획일적으로 강요되는 시대적 상황에서 개인적 욕망이 억압과 좌절(김신정, 2012; 이주언, 2015)의 굴레에서 벗어나지 못하고 있음에 주목하고자 하였다. 아울러 욕망을 의식과 실재적 차원에서 규명하는 차원에서 머물지 않고, 이를 무의식의 영역과 관련지음으로써 인간의 무의식 속에서 좌절된 욕망이 어떻게 분화되고 활성화되는지를 시적으로 형상화하고자 하는 것이 그녀의 시작(詩作) 노정으로 볼 수 있다. 최승자 시에 대한 기존의 논의는 현대사회 비판과 탈현대화를 위한 방편으로서의 시적 경향성에 집중되었으며, 특히 그녀가 시적 방법으로 선택한 무의식의 영역이 시적 형상화에 기여한 방법적 특이성과 그 의의에 대한 규명에 힘을 기울인 측면이 있다고 할 수 있다.

이에 기존의 논의에서 나아가 최승자 시편에 다각도로 전제된 '욕망'이라는 화두에 집중하고 욕망과 관련된 시적 인식이 다양성과 역설성을 지향하고 있음에 주목해 보고자 한다. 아울러 이러한 최승자의 욕망에 대한 태도가 어떻게 시적으로 형상화되고 있는지를 천착하고 이를 토대로 욕망의 양가성에 주목한 시 감상 방법을 구체화해 보고자 한다. 이를 위해 욕망과 무의식의 관련성을 라캉과 들뢰즈 등 철학자들의 기존 논의에 기대어 면밀히 살펴봄으로써 최승자 시 해석의 합리적 근거를 마련하고 이러한 인식을 시교육의 차원으로 수용할 수 있는 가능성을 엿보고자 한다.

시 작품을 통해 욕망의 의미를 재발견하고자 하는 최승자의 경향
성에 주목하였다. 현대사회와 욕망의 관련성을 기존의 인식에 머물
지 않고 사회적 욕망과 개인적 욕망으로 이원화시켜 '욕망'의 본질을
재규정하고자 한 근원적 시도의 결과물이 그녀의 시작들이라고 보
았다. 기존의 논의에 따르면 인간의 욕망은 근절되어야 할 부정적
대상으로 인식되었으나, 최승자는 그녀의 시편들을 통해 권장되어
야 할 지향성으로 개인의 순수한 욕망을 상정하고자 하였다. 한편
사회적 욕망의 과도함으로 인해 개인적 욕망은 좌절되고 무의식의
흔적으로만 남게 하는 비정성을 시적으로 표면화하고자 한 점에 방
점을 둘 필요가 있어 보인다.

욕망의 양가성에 대한 인식을 통해 욕망을 바라보았던 인식의 제
한성을 극복하고자 하는 시도와 아울러, 여성성과 죽음 지향성을
통해 개인의 순수성을 회복하고자 한 그녀의 방법적 시도 역시 작품
감상의 주안점으로 삼을 필요가 있다고 하겠다. 사회적 욕망을 극복
하고 개인의 순수성을 회복하기 위한 방법과 방향성을 구체화하기
위해 시도한 그녀의 시적 경향성에 주목하고 이를 적극적으로 탐색
하고 감상하는 과정의 의의를 전면화시키는 것은 시 교육의 측면에
서 가치가 있으리라 본다. 따라서 욕망과 사회와의 관련성에 대한
고찰, 욕망의 양가성에 대한 탐색, 욕망의 본질에 대한 규명은 물론
그러한 화두에 집중한 최승자 시 감상의 구체적인 방법에 대해 고찰
해 보고자 하는 것이다.

최승자는 시작 활동을 통해 시대와 욕망, 욕망과 무의식의 상관관
계에 방점을 두고 현대사회의 모순성이 불온한 욕망의 공공화를 통
해 개인에게 틈입하며, 이로써 인간성은 파국으로 치닫게 됨을 명확

히 하고자 하였다. 이러한 인식은 라깡의 욕망에 관한 논의에서도 발견된다. 라깡에 따르면 인간의 무의식은 근원적으로 억압된 욕망의 '관념적 재현체'에 불과하다. 즉, 유아기에 아이가 갖는 어머니에 대한 욕망은 아버지의 규율과 권위에 의해 좌절될 뿐만 아니라, 성장기 이후 사회화에 직면하는 과정에서 기표가 기의로 대체되는 일방적 언어 법칙에 종속되면서, '언어-피동적 주체'(박찬부, 2006)로 길들여지기에 또 한 번의 욕망의 좌절을 겪게 된다고 주장한다. 최승자와 라깡 모두 현대사회의 파멸적 형국의 원인을 욕망의 거세에서 찾고 욕망의 좌절이 무의식 속에서 새로운 충동의 에너지로 응축되어 현실을 향해 발산된다는 점에서 유사점을 갖는다고 하겠다.

최승자는 '죽음'과 '여성'(이광호, 2016)의 이미지를 통해 현대인의 좌절된 욕망을 보상받고자 하며, 현실에서 용납되지 못한 충동들을 무의식 속에서 지향하고 합리화해 나가고자 한다. 분명 최승자는 자신의 시적 발상을 욕망에서부터 시작하고 있으며, 현대인의 욕망을 결핍의 요소로 보고 그 결과 억압의 흔적이 무의식으로 자리함으로써 끊임없이 현대인을 소외시키고 있다고 보는 것이다. 라깡은 보다 근원적 지점에서 욕망의 본질을 규정하고자 하며, 그에 따르면 욕망은 만족에 도달하지 못하며 근접 불가능한 초월적 지점을 설정함으로써 그것을 갈망하는 것은 단지 '노예적 태도'(홍준기, 2009)에 해당하는 것으로 규정한다. 흔히 욕망을 성취 가능한 것으로 보고자 하지만 라깡은 이를 정확히 부정하고 인간이 욕망을 지배하는 것이 아니라 욕망에 의해 지배당하고 있음을 준엄하게 경고하고자 한다. 결국 욕망은 인간의 주체적 선택의 산물이 아니라 무의식적 선택(Irvine, 2006)에 의해 이루어지는 선험적 자질에 불과하다는 것이다.

그러므로 욕망은 인간의 자발적 의지에 의해 촉발되고 조절될 수 있는 심리적 기제가 아니라 무의식의 산물이며, 극단적으로 '대상'이 존재하지 않는 것이라 하겠다. 라깡은 욕망의 원인을 '대상a'라고 명명하고 욕망에는 '원인'만이 존재한다고 보았다. '대상a'에서 'a'를 대신할 수 있는 욕망의 대상은 무궁무진하다. 따라서 욕망의 충족을 위한 특정한 대상이 존재할 수 없기에 라깡은 욕망의 대상을 부정하고자 했으며, 오로지 원인에 주목하고자 한 것이다. 그리고 그는 이러한 욕망의 원인을 '타자'(Fink, 1997a)에서 찾고자 한다. 인간의 욕망은 부모, 사회 등의 타자에 의해 비자발적으로 형성되기에 타자의 욕망을 근원적으로 지향하며, 타자 역시 억압된 무의식의 공간에서 성취 불가능한 욕망을 좇는 존재이기에 '결핍된 존재'(김영민, 2006)에 불과하다고 본다.

결국 라깡은 자율적 존재라고 자부하는 인간의 욕망은 철저히 타자의 욕망 속에서 형성된다고 보았고 그는 이를 '소외(aliénation)'라고 명명하였으며, 욕망의 지향성과 욕망의 좌절로 인해 형성된 무의식은 타자의 욕망에 의해 지배되면서 동시에 주체의 욕망을 거세할 뿐이라고 주장한다. 즉, 무의식적 욕망은 주체가 경험하고 지향하는 본연적 의미를 빼앗아 다른 것으로 '전이'(Grigg, 2008)시키고 위장할 뿐이다. 따라서 그에 따르면 개인의 고유한 욕망을 회복하고 향유함으로써 자유를 누리기 위해 소외에서 벗어나는 '분리(séparation)'(홍준기 외, 2007)를 통해 진정한 주체로 존립할 수 있음을 역설한다. 최승자 시교육에서도 이러한 측면에 초점을 두어, 욕망을 전제로 한 주체와 타자의 관계, 욕망 소외의 극복을 위한 분리의 시도, 무의식적 욕망의 발현과 종속 등에 대한 살핌이 시도될 필요가 있어 보인다. 현대인의 특징을 단순히 욕망의 좌절과 결핍으로 진단하고 그러한 시선으로 작품을 감상하고 교육하고자 하는 방식에 벗어나 '욕망'

에 대한 다층적 접근이 시도되는 것이 마땅해 보인다.

　라깡에 따르면 인간은 어머니와의 관계 설정을 통해 자아를 형성하면서 이후, 문화를 위시해 인간 세계의 규율과 법을 나타내는 상징적 언어체계(이유섭, 2011)라는 권력 속으로 편입된다고 보았다. 즉, 상징으로서의 아버지라는 대타자의 구속을 통해 개인적 욕망이 좌절될 수밖에 없음을 역설한다. 그는 실재를 대신하는 언어로 인해 기표만이 존재할 뿐이기에 인간과 대상의 직접적인 접촉과 관계 형성은 불가능하다고 보았으며, 이로 인해 인간은 욕망하는 존재로 남을 뿐이라고 주장한다. 결국 라깡은 '실재로의 회귀'를 강조하게 되고 상징의 영역이 침범하지 않는 순수한 공간으로 실재를 상정하게 된다. 그는 인간의 실재에 대한 지향성을 인간의 순수 의지로 보았으며 실재에 대한 욕망을 대상에 대한 욕망과는 다른 '순수 욕망'이라고 정의한다. 실재에 대한 경험은 오직 환각이나 꿈같은 영역을 통해서만 체험 가능하며, 상징계가 강요하는 쾌락의 질서를 넘어 '고통 속에서 향유'를 누리는 '주이상스(jouissance)'(김석, 2010)만이 인간이 지향해야 할 순수한 욕망의 본모습이라고 보았다.

　기존의 사회 질서 속에서 겪게 되는 개인적 욕망 충동의 억압과 좌절을 해소하기 위해 실재계를 지향하고자 하는 인간의 순수 욕망에 대한 지향성이 최승자 시에서도 두드러지게 나타남을 목격할 수 있다. 그녀 역시 '환상의 주체'에 대한 선망과 '죽음충동'(이혜원, 2016)을 통해 상징계를 부정함과 동시에 대상과 직접 대면할 수 있는 실재를 욕망하기 때문이다. 역설적 인식과 현실성의 부재라는 한계를 갖고는 있으나, 라깡과 최승자는 공통적으로 '죽음충동'을 구현함으로써 아버지의 법이라는 상징적 규율과 언어의 질서를 벗어나 현실 너머의 실재를 갈구하고자 했던 것이다. 그들에 따르면 현대사회가 강요하는 문화와 규율은, 대상과 실질적으로 만나고 교감하고자 하는 개인의 순수한 욕망을 억압하고 사회적 헤게모니에 의해 강요되는 욕망에 순종하도록 하는 장치에 불과한 것이다. 이를 극복하고 상징적 질서 속에서 실재계를 추구하기 위해서는 환상 속에서만 존재할 뿐인 불가능한 향유로서의 주이상스를 갈구하는 것이 유일한 방편인 것이다.

라깡이 현실을 비판하고 그로부터 도피하기 위한 수단으로 '실재계'를 상정하듯이, 들뢰즈와 가타리도 『천개의 고원』이라는 저서에서 '기관 없는 신체(corps sans organes)'라는 개념을 설정하고자 한다. 들뢰즈와 가타리는 개인이 언어와 규범을 습득하고 이로써 사회화되어 가는 과정을 '지각(地殼)' 혹은 '지층(地層)'으로 변모되어 가는 것으로 비유하고, 지층화되듯 기존의 관념에 의해 고착화되어 가는 것과는 상반된 개념으로, '맨틀'처럼 대류 현상을 일으키며 자유롭게 유동하는 물질을 '질료(matiére)'(윤지선, 2015)라고 명명하였다. 즉, 개별 인간이 사회의 일원으로 유기체적 조직 속에 편입됨으로써 지층화되는 것을 거부하고, 분절이나 반위계화를 지향하려는 시도를 감행하고자 하였던 것이다. 그들에 따르면 사회를 구성하는 주체와 다양한 형식, 그리고 사회를 지탱하기 위해 마련되는 기관과 그에 따른 기능은 밀접한 관계에 의해 접속됨으로써 개별화를 배제한 채 유기체로서의 '지층'을 구성할 뿐이라고 보았다. 이러한 현상에서 벗어나기 위해 사회적 관습인 지층에 예속되지 않고 유기체의 일원으로 조직화되지 않는 개별화에 대한 시도가 '기관 없는 신체'라 하겠다.

최승자 시에서도 현실적 규범을 강요하는 상상계에 대한 거부와 이에 대한 대안으로 제시되는 실재계에 대한 추구가 환상이나 무의식적 차원에서 시도되고 있다. 이를 위해 그녀는 '한숨, 잠꼬대, 꿈, 농담'(이은정, 2017)과 같은 허언이나 실언에 주목하고 이로써 언어적 규범과 거세된 욕망을 환기시키고자 한다. 그러므로 그녀에게 실재계는 불가능의 영역이 아니라 현실적 상상계를 균열시키기 위한 과감한 시도에 해당하는 것이다. 이는 분명 그녀 역시 '기관'을 거부하고 '신체'를 지향함으로써 기존의 사회 관습에 침윤되어 지층화되어 가는 인식과 욕망에 제동을 걸고, 반유기체와 반위계적 삶을 소환함으로써 그 속에서 개인의 진정한 욕망을 싹틔우려는 시도인 것이다.

　최승자 시의 형식과 내용에 대한 탐색을 통해 도출한 그간의 연구 성과가 현실 진단과 부정성(이화영, 2019; 전재형, 2018; 오덕애, 2017; 김정신, 2014)의 모색에 집중된 것으로 진단하고, 현실을 비판하고 이를 개선하기 위해 시도한 여성성(이경수, 2018; 조혜진, 2017)의 천착과 가치 전복의 시도에 방점을 두고자 한다. 아울러 시대적 모순성 속에서 그녀가 궁구하고자 했던 인간 존재의 본질 규정(김인옥, 2014)과 그것의 모색을 위한 탈출구로 선택한 욕망의 자장(磁場)에 주안점을 두고 논의를 전개해 보고자 한다. 욕망의 양가성에 주목하고 그녀의 시편들 속에서 욕망의 화두가 어떻게 다양하게 변주되는지 확인함으로써 현대사회의 인간 존재의 본질을 고찰하고 이를 시 교육의 차원으로 수용할 가능성과 방법을 제시해 보고자 하는 것이다.

　최승자 시를 교육하려는 차원에서도 그녀가 지양하고자 하는 욕망이 사회 종속적 욕망이며, 반면 그녀가 지향하고자 하는 욕망은 개인의 자발성에서 기인한 순수 욕망임을 강조할 필요가 있다고 하겠다. 욕망을 일원화하여 욕망 그 자체를 부정적 심성의 발현으로 보는 것이 아니라, 현대사회의 병폐에 대한 원인을 규명하고 그를 비판함은 물론 사회적 모순을 개선하는 자양분으로서의 인식 개선이 필요하기 때문이다. 욕망의 본질에 대한 살핌 이외에도 순수 욕망을 추구하고자 하는 방안으로 설정된 실재계에 대한 천착과 '기관 없는 신체' 지향성이 그녀의 작품에서 어떻게 구현되어 있는지에 대한 초점화도 교육적 의의를 가질 것으로 본다. 타자 지향적 욕망이 문제적이며 이를 극복하기 위한 시도로서의 '환상'과 '신체'를 선망하고자 하는 시도야 말로 학생들로 하여금 현대사회를 냉엄하게 바라보고 바람직한 사회를 설계해 볼 수 있는 단초가 될 것으로 본다. 이를 위해 '타자 지향적 욕망 읽기', '주이상스 지향적 욕망 읽기'로 나누어 내용을 구체화해 보고자 한다.

2. 타자 지향적 욕망 읽기

최승자는 가부장적 질서에 의한 억압 구조를 '가위눌림'(박주영, 2012)이라는 용어로 치환하면서 가부장적 사회가 강요하는 법과 제도, 그리고 이데올로기인 대타자(오덕애, 2017)를 개인적 자유와 욕망을 억압하는 주범으로 진단하고자 한다. 라깡은 이와 같은 아버지의 제도가 지배하는 현실 세계를 '상징계'로 명명하면서, 아버지의 법이 개인의 근원적 욕망을 상쇄시키듯 언어라는 이름이 사물의 본질적 속성을 소거한다고 보았다. 개인은 성장하면서 사회의 법과 언어의 지배를 받으면서 자신의 정체성(김승철, 2007)과 욕망을 잃어간다고 본 것이다. 유아기 때는 어머니를 욕망하였으나 성장기를 거쳐 사회화를 진행해 가면서 어머니에 대한 욕망은 아버지에 대한 욕망으로 대체된다고 역설한다. 인간은 사회적 관계와 언어적 규범 속에서 자신의 참모습과 욕망을 상실해 간다고 파악한 것이다.

라깡에 따르면 유아기의 아이는 거울에 비친 자신의 모습을 통해 자아를 형성해 간다고 한다. 내면의 참모습이 아니라 거울 속 이미지라는 허상을 매개로 자아를 인식해 간다는 것이다. 이 과정에서 아이는 어머니가 자신의 행동에 대해 반응하고 수긍해 주기를 바라면서 타자의 관점에서 자기를 보는 방법을 습득해 나간다고 보았다. 이를 라깡은 '타자의 욕망', 즉 '팔루스'라고 정의하면서 욕망의 대상과 근원은 자기 자신이 아니라 나 이외의 타자로부터 비롯됨을 확실히 하고자 하였다. 그러므로 그에게 욕망은 '존재의 결여'이자 '열망'으로서, 원천적 결여를 대체하고자 하는 지속적인 움직임(Fink, 2004) 그 이상은 아니라고 단정짓고자 한다. 개인의 욕망에 결정적 영향을 미치는 존재는 타자가 원하는 이미지이자 나를 감시하고 촉구하는 대타자(Žižek, 2005)의 모습에 불과한 것이다.

> 회색 하늘의 단단한 베니아판 속에는
> 지나간 날의 자유의 숨결이 무늬져 있다.
> 그리고 그 아래 청계천엔
> 내 허망의 밑바닥이 지하 도로처럼 펼쳐져 있다.
> 내가 밥먹고 사는 사무실과
> 헌책방들과 뒷골목의 밥집과 술집,
> 낡은 기억들이 고장난 엔진처럼 털털거리는 이 거리
> 내 온 하루를 꿰고 있는 의식의 카타콤.
>
> 꿈의 쓰레기더미에 파묻혀,
> 돼지처럼 살찐 권태 속에 뒹굴며
> 언제나 내가 돌고 있는 이 원심점,

때때로 튕겨져 나갔다가 다시

튕겨져 들어와 돌고 있는 원심점,

〈그것은 슬픔〉

—최승자, 「청계천 엘레지」 전문

　최승자에게 '욕망'은 위 시에서처럼 '꿈의 쓰레기더미'에 불과하다. '청계천'이라는 현실적 공간 속에서 '사무실'과 '헌책방', 그리고 '뒷골목의 밥집과 술집'으로 구체화되면서 펼쳐지는 '내' 삶은, '고장 난 엔진처럼' 힘겹고도 무의미하게 작동할 뿐 오로지 '살찐 권태'만을 양산하고 있다. '엔진처럼 털털거리는 이 거리'는 기계화되고 획일화된 문명에 대한 욕망만을 '내' '의식'의 카테고리로, 즉 범주와 영역으로 설정하기를 강요할 뿐이다. 그러므로 현대사회가 지향하는 욕망의 실체는 '밥먹고 사는' 일, 곧 물질적 충족과 최소한의 본능에 충실한 삶 이상은 아니라고 최승자는 강변하고 있음을 보게 된다. 물질과 자본 중심의 기계화된 '청계천'이라는 상징적 현실은 현대사회가 추구하는 '꿈'이자 욕망의 공간이지만, 그곳은 화려한 이상으로 채색될 수 없는 '회색 하늘'로만 남을 뿐이며, 오히려 '허망의 밑바닥'과 '권태' 그리고 벗어날 수 없는 '원심점'과도 같은 '슬픔'만을 안겨주는 '지하 도로'에 불과하다.

　최승자에게 현대사회의 욕망은 인간의 '의식'을 지배해 '온 하루를 꿰'어 종속적으로 살아가게 함은 물론, 개별적 인간이 벗어날 수 없는 '원심점'으로 기능함으로써 '언제나' 그 속에서 '돌고', '때때로' '튕겨져 나갔다가'도 '다시 튕겨져 들어와 돌' 수밖에 없는 무의식적 이데올로기로 작용하고 있는 것이다. 철저히 '청계천' '거리'가 요구하는 욕망의 굴레 속에 갇혀 '슬픔'의 '원심'력 앞에 굴복할 수밖에 없는 현대인에게 주체로서의 개별적이고도 순수한 욕망은 '자유의 숨결'로만 남아 '무늬'로 화석화되어 버린 지 오래인 것이다. 현대인이 지향하는 본질적 욕망은 현대사회를 지탱하고 있는 획일적 욕망에 자리는 내어 준 채, 도시의 '회색'빛 '하늘' 속에 잡히지 않는 이상으로만 남아 '낡은 기억'으로 퇴색해 갈 뿐이다. 그러기에 타자의 욕망이 강요되는 '청계천'이라는 현실적 공간은 '엘레지'와 같이 애도와 비탄의 감정만을 양산할 뿐인 것이다.

위 시를 통해 작가는 욕망의 실체와 본질에 대한 화두를 던지고 있음을 보게 된다. 최승자에게 욕망은 '부족함을 느껴 무엇인가를 가지고자 하는 마음'이라는 사전적 의미 이상의 것이다. 현대사회를 지탱하는 거대한 헤게모니로서의 강요된 이념과 같은 욕망과 개별 인간이 순수하고도 자발적 의지로 추구하고자 하는 욕망이라는 이원적 실체로 분화해서 보고자 한다. 전자는 타자의 욕망이며 후자는 주체적 욕망이라 명명할 수 있을 것이다. 편리함이라는 기능과 이윤 창출을 위한 수단으로서의 자격을 갖는 '베니아판'은 이미 사회적 욕망의 산출물로서 현실적 삶의 상황에서 모든 현대인들의 '의식'이 그로 인해 지배당하고 '원심점'처럼 받아들여질 수밖에 없는 것이다. 널빤지가 되기 이전의 나무와 그 속에 새겨진 '자유의 숨결'과 같은 '무늬'는 이미 '낡은 기억'으로 사라져 버렸기에 주체의 욕망은 허상으로만 존재하는 것이라 하겠다.

　　많은 사람들이 흘러갔다.
　　욕망과 욕망의 찌꺼기인 슬픔을 등에 얹고
　　그들은 나의 창가를 스쳐 흘러갔다.
　　나는 흘러가지 않았다.

나는 흘러가지 않았다.
열망과 허망을 버무려
나는 하루를 생산했고
일년을 생산했고
죽음의 월부금을 꼬박꼬박 지불했다.

그래, 끊임없이 나를 호출하는 전화 벨이 울리고
나는 패해 가고 싶지 않았다.
그 구덩이에 내가 함몰된다 하더라도
나는 만져 보고 싶었다,
운명이여.

그러나 또한 끊임없이 나는 문을 닫아 걸었고
귀와 눈을 닫아 걸었다.
나는 철저한 조건반사의 기계가 되어
아침엔 밥을 부르고
저녁엔 잠을 쑤셔 넣었다.

— 최승자, 「끊임없이 나를 찾는 전화 벨이 울리고」 부분

위 시에서도 '욕망'은 '슬픔'이라는 '찌꺼기'를 부산물로 남기는 부정적 대상에 불과하다. '많은 사람들'이 인생이라는 여정을 절절하게 느끼고 '만져 보'지도 못하고 '스쳐 흘러'감으로써 '죽음'에 도달해야만 할 뿐이다. '그들'은 모두 '철저한 조건반사의 기계'가 되어 '아침엔 밥'을, 그리고 '저녁엔 잠'을 청하는 획일적이고도 맹목적인 타자적 욕망에 휩싸여 '죽음'이라는 '구덩이'에 '함몰'되는 것이 전부

이다. 분명 최승자에게 현대문명의 질서에 순응하는 삶은 현대사회가 추구하는 욕망에 이끌리는 삶이기에 타자적 욕망에 종속된 것이며, 그것의 종착역은 '슬픔'의 '찌꺼기'와 '허망'함, 그리고 '죽음'에 다다르는 길에 불과한 것이다.

하지만 화자는 단호히 이러한 삶에 균열을 일으키고자 한다. 현대사회의 욕망을 거부하고 독자적인 욕망을 추구하고자 하는 것이다. '나는 흘러가지 않았다'라는 선언적 표현이 그에 해당한다고 하겠다. 개별적 욕망에 대한 '열망'으로 '하루를 생산'하고 '일년을 생산'함으로써 자신의 '운명'을 애정어린 시선으로 느끼고 '만져 보고'자 하는 주체성을 다분히 보여주고 있는 것이다. 비록 생활인으로서 현대사회의 이데올로기를 전면적으로 부정할 수 없어 '조건반사의 기계'의 모습으로 살아갈 수밖에 없을지라도, '많은 사람들'이 타자적 욕망에 휩쓸려 '슬픔'의 '찌꺼기'를 '등에 얹고' '스쳐 흘러' 가지만, 자신만은 '죽음'도 '운명'도 주체적 '욕망'에 대한 의지도 '피해 가고 싶지 않'음을 명확히 하고 있다.

라깡의 욕망도 '결여 자체를 상징하는 팔루스(Phallus)'일 뿐이다. 그는 인간이 욕망하는 이유는 자신의 결여를 채울 수 있다는 상상적 만족감 때문이라고 규정한다. 하지만 그는 이를 부정하고 욕망이 지향하는 것은 '무'에 해당하는 '팔루스'로서 '기의를 갖지 않는 기표', '의미의 실패'(홍준기 외, 2002)일 뿐이라고 단정짓는다. 아울러 라깡은 자본과 물질 중심의 욕망적 구조를 표방하는 현대문명을 '타자'로 규정하고 현대문명의 방향성 자체를 타자의 욕망으로 보고자 한다. 그리고 그에 따르면 '타자'는 '몸으로서의 실재'로 명확히 그 존재를 드러내지 않고 의미가 소실된 '기호' 혹은 '상징체계', 즉 '기표의 덩어리'(김석 외, 2014)라고 역설한다. 결국 타자의 욕망은 의미

없는 기표만을 강요하기에 실질적 성취도 만족도 있을 수 없고, 오로지 기표가 다른 기표로 대체되듯이 대체물을 향한 끊임없는 지향성만 남을 뿐이라는 것이다.

3. 주이상스 지향적 욕망 읽기

전술한 바와 같이 라깡에게 욕망은 타자에 의해 내면화된 이미지에 대한 지향성이기에 타자에 대한 동일시에 해당한다. 아울러 주체 자신의 방해받지 않은 내면에서 자발적으로 생성된 욕망이 아니라 타자가 상정해 놓은 절대적 대상에 대한 추구이기에 채워지지 않는 공허함에 불과하다. 타자인 어머니가 용인하는 이미지를 무의식적으로 추종하는 상상계와 가부장적 권위에 의해 규제되는 문화적 관습과 언어적 기표에 종속된 상상계 모두 인간의 본래적 욕망을 상실케 하는 원인으로 규정하고 있다. 반면 상상계와 상징계를 가로질러 '상징 이전의 순수와 자연 상태 그대로의 근원적 상태'를 라깡은 '실재계'라 명명한다. 타자의 욕망만이 강요되는 현실에서 그나마 희망적인 것은 상징에 의해 '타살'되지 않는 '사물' 즉, '실재'가 현실 속에는 존재한다는 것이다. 그리고 인간은 끊임없이 순수의 영역인 실재를 지향하고 상징화에 절대적으로 저항(홍준기, 2010)하기를 멈추지 않는다고 단언한다.

이렇게 본다면, 타자의 의식이나 관념에 오염되지 않고 사회 문화적 관습에 종속되지 않으면서도 언어적 상징에 의해 훼손되지 않는 순수하고 절대적인 사물 그 자체로서의 실재를 지향하는 것이 라깡이 말하는 타자의 욕망에서 벗어난 순수한 주체적 욕망의 추구라 할 수 있다. 그는 '실재'와 '현실'을 구분하면서 실재는 '상징화되지 않은 단계'로 현실은 "특정 문화집단에 의해 개념들로 채색된 단계"(Fink, 1997b)라고 규정한다. 결국 현실은 관습화된 언어적 상징화와 문화적 규범에 의해 개별 존재의 개성적 실존이 상실된 단계라 할 수 있다. 라깡은 이처럼 잃어버린 실존이 존재하는 '실재'에 대한 회귀 본능을 '죽음 충동' 혹은 '주이상스'라는 용어로 달리 표현하기도 한다.

다소 역설적이기는 하지만 그는 인간의 죽음에 대한 충동성이 규범적 질서를 부정하고 상징계 너머에 존재한다고 믿는, 실재계의 '잃어버린 대상'인 존재론적 실존에 도달하고자 하는 '절대적인 향유 의지'(김석, 2010)라고 규정하고 있다. 하지만 아쉽게도 인간 세계에서 완전한 실재계는 존재할 수 없다고 본 그는, 고통스러운 현실 속에서 일시적으로 누리는 쾌락과 본질에 대한 추구 의지를 '주이상스(jouissance)'라고 명명하였다. 주이상스가 겨냥한 대상은 언어화 이전의 사물 그 자체인 실재이며 그것을 취하기 위한 유일한 수단이 죽음 충동이라는 것이다. 라깡의 '죽음 충동'은 생물학적 생의 마감을 뜻하지 않는다. 상상계에서 아이가 거울에 비친 자신의 이미지를 통해 형성한 자아 즉, 나르시시즘적 자아의 죽음을 의미하는 것이며, 또한 상징계의 언어 기표와 문화적 관습에 대한 전복과 죽음(곽정연, 2008)을 형상화한 개념이다. 그에게 죽음은 영원한 생의 보장이며 주체를 새롭게 창조(남경아, 2014)하려는 욕망의 지향인 셈이다. 결국, 죽음 충동을 통해 경험하게 되는 실재는 상상계에 대한 강한 부정이면서 쾌락 그 자체라고 보는 것이다.

겨울 동안 너는 다정했었다.

눈(雪)의 흰 손이 우리의 잠을 어루만지고
우리가 꽃잎처럼 포개져
따뜻한 땅 속을 떠돌 동안엔

봄이 오고 너는 갔다.
라일락꽃이 귀신처럼 피어나고
먼곳에서도 너는 웃지 않았다.
자주 너의 눈빛이 셀로판지 구겨지는 소리를 냈고
너의 목소리가 쇠꼬챙이처럼 나를 찔렀고
그래, 나는 소리 없이 오래 찔렸다.

찔린 몸으로 지렁이처럼 기어서라도,
가고 싶다 네가 있는 곳으로.
너의 따뜻한 불빛 안으로 숨어들어가
다시 한번 최후로 찔리면서
한없이 오래 죽고 싶다.

그리고 지금, 주인 없는 헤진 신발마냥
내가 빈 벌판에 헤맬 때
청파동을 기억하는가

우리가 꽃잎처럼 포개져
눈 덮인 꿈 속을 떠돌던
몇 세기 전의 겨울을.

—최승자, 「청파동을 기억하는가」 전문

주이상스는 상징계 속에서 그 너머에 있는 실재계를 지향하고자 하는 쾌락의 논리를 따른다. 즉, '실재로의 귀환'을 감행하는 것이다. 위 시에서도 화자는 '너의 눈빛이 셀로판지'처럼 '구겨지는 소리'를 내는 '귀신'과 같은 흉흉한 현실, '나'를 '쇠꼬챙이처럼' 찌르는 고통스러운 현실을 벗어나, '꿈 속'과 같이 '다정'하고 '우리'를 '어루만'져 주던 '몇 세기 전의 겨울'로의 회귀를 염원해 본다. 시인은 '땅 속'과 땅 위로서의 '빈 벌판', '겨울'과 '봄', '꿈 속'과 '네가 있는 곳'인 현실을 대비시킴은 물론, '다정'함과 '어루만'짐이라는 정서를 '찔'림이라는 고통과 이질적으로 병치시키고 있다. 땅 속을 실재계로 설정하고 화자와 '너'를 '우리'로 '포개'어 동질성과 공감대를 형성시키던 '몇 세기 전의 겨울'을 소환하고자 하는 것이다. 이와 상반되게 상징계로 해석 가능한 '봄, 네가 있는 곳, 빈 벌판' 등의 공간은 '웃'음과 '다정'함이 사라진 고통의 공간으로 형상화되어 있다고 하겠다.

사회적 관습에 따라 긍정적 가치로 수용되었던 '봄'과 실질적이고 구체적으로 구현되는 공간인 현실에 대한 절대적 가치의 전복을 시도하고자 하는 것이다. 기득권 세력에 의해 정당화되고 강요되었던 상징질서와 그것을 지탱하는 언어와 사회적 규약 속에는 '변칙적이고 설명할 수 없는 것이 존재'한다고 보고 그것을 '아포리아'(박찬부 외, 2010)로 명명했던 라깡의 견해도 이와 유사한 맥락이라 하겠다. 라깡은 상징계의 절대적 가치를 부정하기 위해 그 속에 존재하는 실재계의 영향력을 간파하고 그러한 현상을 아포리아라고 규정한 것이다. 위 시에서도 봄이 찾아들고 꽃이 핀 땅 위의 현실적 공간을 고통이 비롯되는 시원(始元)적 공간이면서 '헤진 신발'과 같이 불완전하고 낡았으며, '빈 벌판'과 같이 공허한 공간임을 명확히 하고자 한다. 아울러 이러한 상징적 공간에 대한 부정과 비판을 전제로 '꽃잎처럼 포개져' '꿈 속'과 같이 동질감과 평온함을 만끽하던 '몇 세기 전의 겨울'이라는 '땅 속'의 실재계를 틈입시킴으로써 아포리아를 지향하고자 하는 것이다. 이는 라깡의 따른 언어인 주이상스, 즉 고통스러운 현실 속에서 누리는 향유인 것이 분명하다고 하겠다.

위 시에서 화자는 땅 위의 현실로 인한 고통 유발을 강조하면서, 그것의 부정을 위해 실재계의 소환을 감행함과 동시에 '죽음 충동'에 대한 지향성도 동반하고자 한다. '찔린 몸으로' 고통을 받고 있지만 '지렁이처럼 기어서' '네가 있는 곳'인 '빈 벌판'으고 '가고'자 하는 이유는, 위선적인 '너의 따뜻한 불빛 안' 즉, 상징질서 속에서 '죽'기 위함이다. 그러한 죽음은 화자로 하여금 더 이상 고통이 유발되지 않는 '최후'의 '찔'림이 될 것이기 때문이다. 그러므로 죽음 충동은 염세적인 차원에서 자신에 대한 학대와 신체적 측면에서의 소멸을 의미하는 것이 아니라, 상징계의 부정과 그것의 극복을 위한 '주체적 삶의 결정'(이유섭, 2010) 행위라고 하겠다. 이를 통해 상징질서 속에서 고통받는 타자로서의 화자는 주체로 거듭나면서 주이상스적 환희를 경험할 수 있기 때문이다.

    잠들기 전에 하늘님
    내 몸의 먼지를
    淸天의 눈물로 씻어 주세요
    오래된 어둠의 정액도 씻어 주시고
    한밤내 그냥 처녀로 두어 주세요
    아침이 되기 전에 하늘님
    내 어둠의 목숨에도
    한 차례 폭풍우를 주시어

돌아오는 아침 최초의 햇빛 속에

깨끗한 새순을 내밀었으면요

넝쿨넝쿨 이쁘게 뻗었으면요

—최승자, 「잠들기 전에」 전문

　상징적 굴레로부터 탈출하기, 즉 사회적 연대의 해체를 라깡이
'행위로의 이행'(강응섭, 2009)이라고 명명했듯, 위 시의 화자도 '돌아
오는 아침' '최초의 햇빛'을 실재계로 설정하고 그 속에서 '깨끗한
새순', '이쁘게' '새순'을 '뻗'고 있는 '넝쿨넝쿨'로 설정된 주이상스적
주체로의 이행을 감행하고자 한다. 주이상스가 실재계를 지향하기
위해 상징계에 대한 비판적 살해 욕망인 죽음 충동을 넘어 구체적인
방향성을 설정함으로써 기쁨의 현실화를 강하게 요구하고 있음을
보게 된다. 이로써 실재계 속에서 누리는 주이상스적 쾌락에 대한
기대는 환상과 현실(최미숙, 2002)의 이분법적 관점을 초극한 것이라
할 수 있다. 이 지점이 주이상스로의 이행이 비현실적 허상으로만
남을 수 없는 이유라 하겠다. '정액'으로 표상되고 있는 남성 권력
중심의 상징계를 '어둠'으로 규정하고 그로 인한 화자의 억압적 상황
을 '내 몸의 먼지', 혹은 '처녀'성 상실로 진단한다.

　화자의 실재계를 향한 '행위로의 이행'은 비록 '하늘님'이라는 절
대자에 기댄 것이기는 하지만, '청천의 눈물'과 '폭풍우'라는 구체적
수단을 통해 성취되는 실질적이고 감각적인 '깨끗한 새순'이 돋는
'아침' '햇빛'으로 현재화되어 나타나고 있다. 사물을 대신하는 기표
에 의해 사물의 실재성은 사라지고 이미지에 대한 상징(구자광, 2007)
만이 남을 뿐이라고 라깡은 지적한다. 하지만 실재계를 지향하는
위 시에서는, 흔적으로만 존재하는 이미지의 세계인 상징계 대신

'아침', '햇빛', '새순' 등과 같은 사물이 명확히 구체성을 확립한 채 소환되고 있음을 보게 된다. 아울러 이러한 사물의 구체성은 화자가 추구하고자 하는 '처녀'성이라는 본질적 속성과 맞닿아 있어, 실재계를 통한 쾌락의 구현은 상징계에 의해 훼손된 순수성을 찾고자 하는 시도라고 할 수 있다. 이로써 '먼지', 그리고 '눈물'과 '정액'을 부정하는 주이상스적 실천은 상징계가 강요했던 절대적 선이나 진리에 대한 이의 제기로서의 저항적 몸부림이며, '아침', '햇빛', '새순', '넝쿨' 등의 구체적 사물성은 '처녀'성이라는 향락의 근원인 '환상(illusion)'을 '언제나-이미-그곳(always-already-there)'에 있는 것으로 경험하게 한다.

상징계에 대한 도발과 실재계를 통한 주이상스적 체험을 통해 환상적 쾌락을 일시적으로 누리는 것이기에 주이상스를 허상으로 치부할 수도 있으나, 잠시나마 상징계의 질서로 인해 기표로 대체된 '사물의 실재자리'(김현주, 2005)를 소환한다는 것은 매우 중요한 의의를 갖는 것이라 하겠다. '씻어 주세요', '두어 주세요', '내밀었으면요', '뻗었으면요'라고 외치는 화자의 목소리를 통해 타자의 욕망이 주체의 욕망으로 강요되는 상징계를 넘어 현실 속에서 상실된 타자의 욕망을 구현하고자 하는 실재적 의도가 반영되어 있기 때문이라 하겠다. 실재계는 이미 상징계에 의해 소멸된 사물을 소환하고자 하는 의지를 보여줌으로써 상징계를 근원적으로 부정하고 그를 대신할 새로운 이상성을 지향하는 것이다. 뿐만 아니라 상징계를 온전히 대신할 실재계의 현실적 구현이 불가능하기에 환상적이라 할 수 있지만, 끊임없이 실재계를 지향함으로써 기표에 의해 대체된 사물을 현실 속으로 부활시키고자 한다. 이로써 실재계는 더 이상 환상으로만 머물지 않게 되는 것이다.

화자가 소망하는 것은 상징계로 오염된 '내몸'의 '먼지'를 제거하고 '오래된 어둠의 정액'을 소거함으로써, 상징계 이전의 '새순'과 같았던 '처녀'성으로 귀환하고자 하는 것이다. 사물을 대신하는 기표에 의해 소멸되고 남성성에 의해 억압되었던 여성성으로 귀환하고자 하는 것이며, 상징계 지배 이전의 '물질'로 돌아가고자 하는 것이다. 최승자는 "어째서 내 존재를 알리는 데에는/ 이 울음의 기호밖에 없을까요"(「부질없는 물음」)라는 반문을 통해 '기호'가 지배하는 상징계를 의도적으로 거부하고, "뱃속의 아이가 어머니의 사랑을 구하듯/ 하늘 향해 몰래몰래 울면서/ 나는 태양에의 사악한 꿈"(「자화상」)을 꾸듯 빼앗긴 실재계를 지향하고자 한다.

이러한 그녀의 방향성은 "오래 전에 죽은 용암의 중심으로/ 부끄러움 더러움 모두 데리고/ 터지지 않는 그 울음 속/ 한 점 무늬로 사라져야겠네"(「가을의 끝」)라는 시도나, "가능한 한 아이처럼 웃을 것/ 한 아이와 재미있게 노는 다른 한 아이처럼 웃을 것"(「올 여름의 인생 공부」)과 같은 실행 양상으로 변주되면서 끊임없이 순수한 사물성, 즉 실재계를 소환하고자 한다. 이처럼 현실 상황 속에서 사물성을 추구하는 실재계로의 귀환을 라깡은 "안정 상태에 이르고자 하는 욕동"(박한라, 2018)으로 규정함으로써 주이상스에 도달하기 위한 전제로 보았다. 이렇게 본다면 실재계로의 귀환은 '상실된 사물성의 부활'과 '현실 속에서 누리는 쾌락'이라는 측면에서 지극히 현실적인 저항성과 실현 가능성의 추구하고 하겠다.

주이상스를 지향하는 욕망 읽기를 교육하고자 할 때에도 이러한 측면을 고려해, '실현 가능성, 비판적 인식, 순수한 사물성의 지향' 등에 주안점을 둘 필요가 있어 보인다. 주이상스 지향성은 분명 상실한 타자의 욕망에 대한 향수와 그에 대한 성취 의욕으로 규정된다.

그런 점에서 작품을 기반으로 주이상스에 주목한 욕망 읽기를 수행할 때에는 일차적으로, 상징계로 인해 억압된 실재계를 환기하는 것이 상실된 주체의 욕망을 부활시키는 것임을 주목하는 것이 필요하다. 아울러 상실된 사물에 대한 향수와 이의 복원을 꿈꾸는 실재계에 대한 열망이 주이상스라는 일시적 쾌락을 유발할 수 있음도 강조할 수 있다. 하지만 최승자 시를 통해 주이상스에 주목하는 이유는 주이상스 지향적 욕망 읽기가 단순히 상실한 주체의 욕망에 주목하고 이를 관념적으로 향유하고자 하는 소극적 활동에 안주하기 위함은 아니다.

또한 실재계의 지향성은 현실 속에 원래 존재했었던 사물과 그 자리를 대신한 상징계의 질서에 주목하고, 현실 속에 빈 자리로 존재하는 사물 원래의 자리를 회복시키고자 하는 열망이 본원적이기에 지극히 현실 지향적이라는 점이 강조될 필요가 있다. '상징계에 의해 억압되고 상실된 사물 발견하기', '사물로 구성된 실재계가 상실된 주체의 본연적 욕망임을 이해하기', '실재계의 소환을 통한 만족과 쾌락 경험하기', '주이상스적 쾌락의 의의 파악하기' 등의 활동은 사물과 주체의 욕망, 그리고 쾌락을 연결시킴으로써 실재계의 현실적 속성을 규명하는 데 유의미하리라 본다.

이러한 일련의 활동들이 기본적으로는 상징계에 의해 억눌려 있는 주체의 순수 욕망을 인식하고 모순적 현실에 저항하고자 하는 것이기에 주이상스적 욕망 읽기는 '비판적 인식'의 함양이라는 측면과 맞닿아 있다고 하겠다. 현실의 논리에 맹목적으로 순응하고 이를 수용하는 수동적 인간이 아니라 자기 주도적이고 비판적인 인식 함양을 통해 이상적인 사회의 모습을 지향하는 창조적 인간성을 배양하기 위해서는 이 점에 주목할 필요가 있는 것이다. '사물성을 대신하는 상징계의 질서 파악하기', '상징계로 인한 실재계의 억압과 모순 인식하기', '상징계를 비판하는 작품 속 형상화 방식 파악하기', '학생들의 현실 속 상황으로 인식 확장하기' 등의 활동이 비판적 인식을 함양하는 데 도움을 줄 수 있으리라 판단한다.

4. 욕망의 양가성에 초점을 둔 감상 방안

전술한 내용을 토대로 최승자 시 감상과 교육에서의 주안점은 '욕망'에 초점을 두되, 욕망의 원인과 욕망을 좌절시키는 주체로서의 타자에 대한 규명, 욕망의 본질과 근원적 의미, 현대사회에서의 욕망과 관련된 제반 현상 및 실체에 대한 사항들에 관심을 기울일 필요가 있어 보인다. 4차 산업혁명 시대에 주목을 받고 있는 수행 중심 학습과 역량 중심 학습 중, 역량 중심 학습에 강조점을 두되 '복합 문제 해결 능력'과 '비판적 사고 능력', 그리고 '인지적 유연력'(류태호, 2018)을 신장시킬 수 있는 교수 학습 방법으로 대두되고 있는 '문제 해결학습(Problem Based Learning)'(강인애 외, 2016)은 유용한 교수법이기에 주목할 만하다고 본다. 특히, '상황 진단, 자발적 문제 제기, 가설 설정 및 문제 해결, 교사의 추가 문제 제기' 등의 방법적 활용은 최승자 시 읽기에 적용 가능해 보인다.

최승자 시 교육의 과정에서는 '욕망의 본질', '현대사회에서의 욕망의 실체', '욕망의 이원적 구조', '타자적 욕망과 주체적 욕망의 차이' 등이 주요한 고찰 대상이 될 수 있다. PBL 학습 전략에 따라 작품에 대한 학생들의 자발적인 감상과 그러한 과정에서 도출되는 다양한 질문의 제시와 그에 대한 답변의 마련이라는 방식을 통해

'욕망'과 관련된 다양한 인식의 자장을 확장해 나갈 수 있으리라 본다. 구체적인 질문을 제시하는 과정에 앞서 우선 '상황에 대한 진단'의 단계를 거치는 것이 바람직하다. 개별 시어의 의미에 대한 추론, 유사한 시어와 상반된 시어의 대비, 시상의 전개 방식을 통한 이미지의 형상화, 맥락을 통한 전제된 의미의 발견, 화자의 어조와 분위기 및 작품 속 장면에 대한 상상, 현실 상황과의 연관성을 고려한 의미의 재구성 등의 방식을 작품 속에 대입해 거듭 읽어 나감으로써 작품 속 '상황'을 명확히 파악하는 것이 우선적이라 하겠다.

이러한 단계를 거친 이후라면, '자발적 문제 제기'로 나아갈 수 있다. 문제 제기는 다양한 측면에서 시도될 수 있다. 시어의 의미, 사물이나 대상에 대한 객관적 인식, 작품과 관련된 실질적 정보 등과 같이 일차적이고 사실적인 차원에서의 질문뿐만 아니라 추론적인 질문과 비판적이거나 상상적 차원의 질문 등 작품과 직간접적으로 관련된 질문이면 그 어떤 것도 의미가 있다고 볼 수 있다. 다만 자발적이고 개인적 수준에서 제기되는 질문이라 하더라도 텍스트를 기반으로 한 질문의 범위를 벗어나거나 맥락에서 이탈한 질문 등은 학생 간 토의를 거쳐 수정하고 보완해 가는 방법을 택하는 것이 바람직할 것이다.

개인적 차원의 질문 제시 이후 학생 상호 간의 토의를 통해 자발적 수준에서의 질문에 대한 보완은 물론 좋은 질문의 선정 과정을 거친 이후, 질문에 대한 답을 텍스트를 기반으로 해서 찾아가는 과정을 거치는 것은 작품 감상에 유용한 방법이라 하겠다. 물론 결과로서의 답에 대한 발표와 논의를 통해 답변에 대한 보완의 과정을 거칠 수도 있으며, 나아가 질문에 대한 수정은 물론 미처 발견하지 못한 질문에 대한 추가적인 제안도 기대해 볼 수 있으리라 본다. '작품 속 상황

분석 → 문제 제기 → 논의를 통한 문제 수정 및 보완 → 유용한 질문 선정 → 텍스트 기반의 답변 마련 → 답변에 대한 논의와 추가 질문 모색' 이후에는, 그간의 활동에 대한 방법과 내용 차원의 교사의 피드백이 시도되어야 하며, 학생들이 발견하지 못한 오류나 감상력을 제고(提高)할 수 있는 추가적 질문을 제시하는 것이 바람직하다.

1
어디까지갈수있을까 한없이흘러가다보면
나는밝은별이될수있을것같고
별이바라보는지구의불빛이될수있을것같지만
어떻게하면푸른콩으로눈떠다시푸른숨을쉴수있을까
어떻게해야고질적인꿈이자유로운꿈이될수있을까
2
어머니 어두운 뱃속에서 꿈꾸는
먼 나라의 햇빛 투명한 비명
그러나 짓밟기 잘 하는 아버지의 두 발이
들어와 내 몸에 말뚝 뿌리로 박히고
나는 감긴 철사줄 같은 잠에서 깨어나려 꿈틀거렸다
아버지의 두 발바닥은 운명처럼 견고했다
나는 내 피의 튀어오르는 용수철로 싸웠다
잠의 잠 속에서도 싸우고 꿈의 꿈 속에서도 싸웠다
손이 호미가 되고 팔뚝이 낫이 되었다

―최승자, 「다시 태어나기 위하여」 부분

위 시에는 욕망의 대상이 현대문명이라는 관점이 '아버지'로 초점화되면서 또 다른 견해를 형상화하고 있음을 보게 된다. 라깡도 아기와 어머니의 관계가 절대적인 유아기 단계를 상상계라고 명명하고, 거울에 비친 대상화된 자기 이미지와 그에 대해 긍정하는 어머니라는 '타자'에 의해 자아가 형성되는 것으로 보았다. 뿐만 아니라 이때 어머니는 '남근'이라는 욕망의 대상, 즉 팔루스를 결여한 존재이며 아기는 자신이 그 팔루스를 대신할 수 있다고 믿지만 그러한 바람은 좌절되고 만다고 보았다. 이러한 모자 관계는 아버지의 규율과 상징적 언어의 지배를 받는 상징계로 접어들면서, 아버지는 절대적 존재인 대타자(이유섭, 2012)로 자리매김함으로써 아기와 어머니의 무의식을 구성한다고 주장한다. 곧 아기는 남근을 결여한 어머니라는 '타자'로 인해 주체를 형성하고자 하는 경험을 함과 동시에 아버지라는 또 다른 '타자'에 의해 자아를 완성해 나감을 알 수 있다.

위 시에서는 타자의 욕망이 '고질적인 꿈'으로 변주되어 형상화되고 있다. '자유로운 꿈'이라는 주체의 욕망이 설 자리를 잃고 시대와 권력이 양산하는 욕망에 길들여진 화자를 표함한 현대인은 타자의 욕망에 대한 기대로 '밝은 별, 지구의 불빛, 푸른 콩, 푸른 숨'이라는 이상을 희망해 보지만, 화자가 체감하는 것은 '고질적'인 구속뿐이다. '밝'음과 '빛', 그리고 '푸'르름은 '자유'와 맥이 닿아 있어 현대인의 '꿈'과 관련된 이미지에 해당한다. 하지만 '눈'도 뜰 수 없고 '숨'조차 '쉴' 수 없는 현실은 '자유'와는 거리가 먼 '고질적'인 모순이 팽배한 공간인 것이다. 화자는 '~것 같고'라는 실현 가능한 확신에 젖었다가 이내 '~것 같지만'이라는 기대와 절망감이 교차하는 심리적 실체에 직면하게 된다. 하지만 '~수 있을까'하고 또 다시 간절한 절규와 같은 염원을 발산해 보지만 결국 현실은 '고질적'인 병폐의 늪 속에서 허우적일 뿐이라는 것을 명확히 하고 있다.

화자가 타자적 욕망에 고질적으로 종속될 수밖에 없는 이유를 시인은 '아버지의 두 발'로 규정하고 있다. 이는 라깡에 의해 생물학적으로 범주화되는 남성성을 상징하는 팔루스(박선영, 2012)가 갖는 의미역과 동등한 값을 갖는다고 하겠다. 그는 팔루스를 단순히 생물학적인 아버지의 권위나 그에 대한 구속력으로만 한정하지 않고, 초개인적인 대타자의 담론(신명아, 2007)으로 격상시킴으로써 욕망의 대상이자 원인(성치선, 2014)으로 규정하고 있다. 즉, 아버지라는 상징적 대상으로서의 사회적 구속에 길들여지는 것이 인간의 성장 과정이자 삶의 모습이며 아버지라는 타자 속에서 아버지가 가진 팔루스라는 욕망의 실체를 맹목적으로 추구하고 그 속에서 안주하는 것이 인간의 현주소라는 것이다. 라깡에 따르면 아버지는 절대적인 욕망의 대상인 것이다.

절대적인 대상으로 일방적 종속성을 강요하는 존재이기에 최승자에게 아버지는 라깡과 같이 '운명처럼 견고'한 '아버지의 두 발바닥'이다. 그녀에게 이 세상의 '모든 아버지'는 "내 인생의 꽁무니를 붙잡고 뒤에서 신나게 흔들어대는"(최승자,『다시 태어나기 위하여3』부분) 절대적 존재로서 '먼 나라의 햇빛'에 대한 '투명한' 염원도 '비명'으로 전락시키며, '짓밟'고 철저히 '말뚝'처럼 '뿌리' '박'혀 '감긴 철사줄 같은' '견고'한 굴레일 뿐이다. 결국 인간은 생래적으로 아버지의 상징 속에서 존재함으로써 근원적 실재로부터 분리된 존재(박선영, 2012)이며, 아버지라는 타자를 욕망할수록 존재의 결핍은 증폭될 뿐이라고 하겠다. 그러므로 최승자는 아버지가 주도하는 상징적 세계를 거부하기 위해 '잠에서 깨어나려 꿈틀거'리기도 하며, '내 피의 튀어오르는 용수철'과 같은 열정적 반감으로 '잠 속에서도 싸우고 꿈의 꿈 속에서도 싸'우고자 한다. 스스로가 '호미'와 '낫'이 되어 상징적 속박에서부터 벗어나 타자 지향적 욕망을 거세하고자 하는 것이다.

뿐만 아니라 최승자는 '어머니의 어두운 뱃속에서 꿈'꿀 수밖에 없는 또 다른 타자 지향적 욕망도 비판적으로 고찰하고자 한다. 라깡의 상상계에서와 같이 아이는 어머니와의 애착을 토대로 어머니의 욕망이 겨냥하는 대상을 욕망하는 존재로 길들여진다고 본다. 그러므로 어머니라는 또 다른 타자가 내재화(Fink, 2004)한 욕망하는 방식을 답습한 인간이기에, 궁극적으로 '꿈'은 '먼 나라'의 일일 뿐이며 '비명'과 같은 허상만 취할 뿐인 것이다. 능동적 욕망의 주체(김석, 2010)로서의 아이의 '꿈'은 상상계와 상징계에서 강요되는 타자적 욕망의 극복을 통해서만 가능하다는 것이 최승자의 식견이라 하겠다.

위 시를 학생들에게 교육할 경우에는 '작품 속 상황 분석'을 통해 화자의 욕망이 어머니와 아버지라는 타자적 욕망에 종속되어 있음을 학생들이 진단할 수 있도록 하는 것이 무엇보다 중요하다 하겠다. '화자가 처한 물리적 상황과 심리적 상황은 어떠한가, 화자가 현재적 상황에서 경험하는 심리적 실체는 무엇인가, 작품 속 화자와 대상을 구분지어 분류할 수 있는가, 상황에서 추론할 수 있는 사건은 무엇인가, 사건이 화자에게 주는 의미는 무엇인가'라는 질문을 학생들이 스스로 생성하면서 작품 속 상황을 면밀히 분석할 수 있는 기회를 부여하는 것이 마땅해 보인다. 나아가 '문제 제기' 단계에서는 작품 속 상황에서 벗어나 사회문화적 맥락과 관련지어 다양한 주제 의식에 대한 탐구로 변용될 수 있도록 하는 것이 바람직하다. 즉, '화자의 욕망은 무엇인가, 화자의 욕망이 이루어질 수 없는 한계는 무엇인가, 그 한계는 어디로부터 오는가, 한계를 유발하는 구체적인 대상은 누구인가, 대상에 대한 화자의 정서태도는 어떠한가' 등의 질문을 학생들 스스로 발견하고 공유함으로써 질문을 조정하고 재발견하게 하는 것이 중요하리라 본다.

뿐만 아니라 학생 자발적으로 문제를 제기하고 그에 대한 근거의 탐색을 통해 가설을 설정함으로써 점진적으로 그 해답을 찾아가는 활동에 방점을 두되, 학생들이 놓치거나 담화 공동체의 해석적 가능 영역을 이탈하는 해답에 대해 교사의 피드백이 제시될 필요도 있다. '욕망과 무의식의 관련성은 왜 발생하는가, 욕망의 긍정과 부정성은 어디에서 기인하는가, 욕망이 하나의 의미로만 규정되어야 하는가, 바람직한 욕망이란 무엇이며 그것의 실체는 어떠한가, 인간에게 욕망은 무엇이며 무엇이어야 하는가' 등의 발문을 제시하고 교사와 학생 상호 논의를 통해 그 해답을 자발적이고 주체적으로 선취할 수 있는 사고의 유연성을 함양하는 수행 활동의 과정이 강조되어야 하리라 본다.

식은 사랑 한 짐 부려놓고
그는 세상 꿈을 폭파하기 위해
나를 잠가 놓고 떠났다.
나는 도로 닫혀졌다.

비인 집에서 나는
정신이 아프고
인생이 아프다.
배고픈 저녁마다
아픈 정신은
문간에 나가 앉아,

세상 꿈이 남아 있는 한
결코 돌아오지 않을 그의
발자국 소리를 기다린다.

우우, 널 버리고 싶어
이 기다림을 벗고 싶어
돈 많은 애인을 얻고 싶어
따뜻한 무덤을 마련하고 싶어

천천히 취해 가는 술을 마시다
천천히 깨어 가는 커피를 마시면서,
아주 잘 닦여진 거울로 보면 내 얼굴이
죽음 이상으로
투명해 보인다

　　　　　　　　　　　　―최승자, 「우우, 널 버리고 싶어」 전문

　주이상스가 고통 속에서 느끼는 쾌락을 의미한다는 라깡의 견해
를 따른다면, 위 시에서의 화자도 '정신이 아프고/ 인생이 아'픈 현실
적 상황 속에서 '죽음 이상으로/ 투명해 보'이는 자신의 '얼굴'을 대
면하는 순간 주이상스를 경험하고 있다고 할 수 있다. 화자인 '나'를
마치 열정적인 사랑은 이미 소멸한 '식은 사랑'의 '짐'처럼 '부려놓고'
'떠'난 '그'는, 라깡 식으로 표현한다면 절대적 대타자로서 상징계를
지배하는 아버지의 권위에 해당하는 존재라 하겠다. 그렇기에 '그'는
'세상'의 '꿈'이라는 사회적 규범과 질서에 탐닉하고 있는 것이다.
사회 문화적 관습과 가부장적 질서를 절대시하며 이를 유지하고 지

속하기 위한 수단으로 언어적 기표를 재생산하는 기득권 세력인 아버지라는 대타자는, '나'를 '잠가 놓고 떠'남으로써 '도로 닫'힌 '비인 집'에서 '그'를 '기다'리는 종속적 존재로 전락시키고 있음을 보게 된다. 이를 통해 최승자도 라깡과 같이 상징계라는 기존의 사회 질서 속에 편입된 개인은 관습과 언어의 통제를 받으면서 주체의 본질적 '존재 의미'(라깡과 현대정신분석학회, 1999)인 실재를 상실한 채 살아가고 있음을 비판한다 하겠다.

하지만 화자는 상징계의 질서 속에 굴종되는 현실에 안주하지 않고 '널 버리고 싶'다는 이탈의 소망을 스스로 발원(發願)해 본다. '너'를 위한 '기다림을 벗'어 버리고 '돈 많은 애인을 얻고 싶'어 함으로써, 세속적 규범에 타협한 타자적 욕망을 거부하면서도 그 속에 안주하고자 하는 다소간의 심리적 동요를 보이기도 한다. 하지만 '따뜻한 무덤'을 지향함으로써 '죽음 충동'을 통해 '실재계'를 성취하고자 한다. 죽음 충동을 통해 상징계의 질서를 파괴(박대현, 2014)하고 상징계 너머에 있는 실재계를 경험하는 쾌락, 즉 주이상스를 향유하고자 하는 시도인 것이다. '너'에 대한 '기다림'을 중단하고자 하는 탈상징계적 지향성과 '돈 많은 애인'을 소망하는 상징계로의 회귀성 사이에서 경험하는, 현실에 '취해 가는' 의식과 '깨어 가'고자 하는 인식 사이의 갈등이 화자의 내면을 성숙의 단계로 변화시켜 감을 보게 된다. 결국 화자는 '잘 닦여진 거울'과 같은 내면을 통해 자신의 '얼굴'이 '죽음'보다 더 '투명'함을 발견하게 된다.

현실에 대한 부정과 연민 사이의 고뇌가 거쳐 간 이후, 화자는 인간 개개인의 본질적 속성을 훼손시키고 있는 상징계의 해체와 상징계에 종속된 타자 지향적 자아의 죽음을 경험하게 되면서, 투명하고 순수한 주체의 실재와 대면하게 된 것이라 하겠다. '무덤'과 '죽음'

이 '따뜻'하고 '투명'할 수 있는 이유는 화자의 육체적이고 생물학적인 죽음에 대한 지향성 때문이 아니라, 화자를 현재적으로 지배하고 있는 세속적 논리에 대한 '부정으로서의 살해'(남경아, 2015)가 가능한 '죽음 충동'을 경유한 탓이라 하겠다. 라깡은 이와 유사하게 실재계를 '아무 것도 아닌 무'이지만 재창조가 가능한 순환의 동인(권택영, 2011)이라 규정하고 있다. 비록 실질적으로 체험할 수는 없다고 할지라도 상징계적 질서를 부정하고 그 속에 길들여진 자아의 한계를 비판함으로써 주체는 새로운 세상과 자아로 거듭날 수 있는 에너지를 얻게 된다는 것이다. 그러한 공간이 곧 실재계이며 그 속에서 누리는 기쁨이 주이상스이다.

'주이상스 지향적 욕망'과 관련된 시 작품에 대한 교육에서는 주이상스가 역설적 인식에 기반을 둔 것이며 현실과 관련된 사유를 전제로 다양한 질문이 제기될 수 있는 데 역점을 둘 필요가 있다. 즉, '관습과 기호 중심의 상징 질서에 대한 비판적 질문, 현실적 타자의 고통에 대한 공감과 이해에 대한 질문, 현실 극복으로서의 쾌락 지향적 주이상스에 대한 동일시 및 의의에 관한 질문, 주이상스의 한계에 대한 인식과 필요성에 대한 질문, 죽음 충동의 철학적 인식과 의미에 대한 질문' 등을 텍스트 맥락을 통해 제기하거나 동료들과의 소통, 혹은 교사의 지도 조언을 통해 점진적으로 접근하도록 허용할 필요가 있다. PBL에 주안점을 둔 수업 진행의 지향점은 학생 스스로 문제의식을 갖고 해결 방안을 모색하는 데 있기에, 맥락과 경험 그리고 상호소통을 통해 추론적 사고와 상상력을 활성화할 수 있어야 할 것이다.

끝으로 주체의 욕망은 타자가 욕망하는 권력이나 부와 같은 세속적 논리에 침윤되지 않고 '순수한 사물성'으로의 회귀와 그 성취에 있음을 강조할 필요가 있다. 이것이 실재계의 소환을 통해 주체가 누리고자 하는 주이상스적 쾌락이 관념적이거나 허상적이지 않고 현실에 기반한 인식임을 입증하는 또 다른 근거일 수 있다. '사물성의 속성을 파악하고 그 의의 규명하기', '상실된 주체적 욕망의 속성 파악하기', '순수성으로의 귀환이 갖는 의미 이해하기', '현실 속에서 사물의 순수성 구현 가능성 타진하기' 등의 활동은 학생들로 하여금 '욕망'의 바람직한 모습을 터득하게 하는 데 유용할 것이라 본다.

5. 라깡 철학과 시 감상의 융합

무의식을 조망하고 이를 통해 현대사회의 부정적 측면을 비판하고자 한 시적 지향성이 최승자 시학의 주류라고 보는 기존의 논의에서 벗어나, 최승자의 작품에 전제된 욕망의 다층적 이미지에 주목하고자 하였다. 인간 본성의 자연스러운 발현이면서 그에 대한 종속성이 욕망의 근본적 성향이라고 보는 일반적 인식에서 벗어나, 최승자의 시편들에 전제된 욕망에 대한 관점이 타자성과 주체성 대립이라는 이원성에 기인하고 있음에 방점을 두고자 하였다. 아울러 이러한 최승자의 욕망에 대한 이원화된 입장이 라깡의 제반 이론과 접점을 형성하고 있음을 살피고 라깡의 철학적 인식을 최승자 작품의 이해를 위해 적극 활용해 보고자 하였다.

성장 과정에서 유아는 어머니와의 관계 속에서 어머니의 욕망을 추종하며 어머니가 인정하는 외적 이미지를 통해 욕망을 지향함으로써, 자발적이고 주체적인 욕망이 소거된 타자적 욕망을 멍에로 떠안게 되는 상황을 라깡은 상상계로 명명한다. 뿐만 아니라 청소년기와 청년기를 통해 사회화 과정을 경험하면서 남성 중심의 권력에 편입되고 사물을 대신하는 언어 질서에 복속됨으로써 아버지라는 대타자를 욕망의 대상으로 추구하고자 하는 것이 라깡의 상상계이다. 이러한 상상계와 상징계를 거쳐가면서 인간은 철저히 타자적 욕망을 지향하게 됨으로써 순수하고도 본질적인 주체적 욕망에 대해서는 간과하게 되었다고 볼 수 있다. 이러한 인식을 토대로 최승자의 시편을 감상하게 된다면 욕망이 그 자체로서 저급한 인간의 본성이 아니라, 욕망의 올바른 발현을 저해하는 관습과 규범에 대한 비판을 통해 정당한 욕망의 형성과 지향이 가능하다고 할 수 있다.

가정이라는 단위에서 의식하지 못하는 사이에 이루어지는 욕망의 타자적 주입이라는 문화 현상을 비판적으로 인식함은 물론, 사회 규범 속에 전제된 남성 권력 중심의 타자화가 인간의 개별적 욕망 실현의 걸림돌이 됨을 자각할 때 욕망의 좌절로 인한 암울한 무의식의 확대 재생산은 근절될 수 있다. 최승자는 여러 시편들을 통해 지속적으로 개인의 욕망이 타자화되는 상황을 문제삼고 이에 대한 냉정한 확인 작업을 감행해 나가고 있다고 하겠다. 그러므로 최승자 시를 감상하는 국면에서는 그녀의 시를 '무의식', '현실비판', '욕망의 부정성' 등과 같이 몇몇 관념들을 확인하는 차원에 머물러서는 그 본질적 가치를 제대로 감상했다고 보기 어려울 것으로 본다. 문제 해결학습법을 도입함으로써 최승자 시편들에서 형상화하고 있는 욕망이라는 화두가 사회적 관습은 물론 인간 규범과의 관련성 속에서 어떤 문제의식을 표출하고 있는지를 점검하고 이에 대한 답을 학생 스스로 발견해 나가는 과정이 필요하다고 할 수 있다.

라깡이 타자적 욕망을 넘어 주이상스를 지향하는 주체적 욕망을 추구하듯이, 최승자 역시 그녀의 시편들에서 남성 권력과 언어적 상징을 해체하고 순수 사물의 소환을 통해 주체적 욕망이 실현 가능한 실재계를 겨냥하고 있음을 확인할 수 있었다. 주체적 욕망에 대한 라깡의 인식과 최승자의 시학이 순수성을 통한 희열의 추구에 그 합일점이 있는 것이기에, 그들의 관점에 따라 욕망에 대한 불편한 인식은 새롭게 재고될 수 있는 것이다. 사물 자체의 고유성에 주목하고자 하는 순수한 주체적 욕망은, 대상 혹은 존재 이전의 사회화된 상징과 권력을 철저히 부정함으로써 인간 그 자체가 욕망의 본질이 될 수 있음을 역설하기 때문이다. 이를 통해 학생들은 욕망에 대한 선입견을 재고함은 물론 각자가 추구하는 주체적 욕망의 본질에 대해 궁구할 수 있는 기회를 얻게 되리라 본다.

다만 논의의 초점으로 삼았던 욕망의 양가성이 학생들의 입장에서 다소 추상적이거나 모호한 관념으로 머물 수 있는 한계는 분명히 남는 것으로 보인다. 개인의 순수한 욕망의 지향성이 현실 속에서 온전히 구현되지 못하고 주이상스적 단계로서 일시적 희열의 순간성으로만 존재한다는 사실은 비가시적 대상으로 인식될 수 있기 때문이다. 뿐만 아니라 제안한 교육 방안 역시 실질적인 현장의 적용을 통해 검증되지 못한 채 방법적 모색의 차원에만 머물고 있기에 학생들이 생생한 반응과 호응을 확인하지 못한 한계도 동시에 갖는다 하겠다. 관념적 화두로 비춰질 주제에 대한 학생들의 구체적인 반응 양상과 교육적 효과를 입증하기 위한 실제 적용의 단계는 후속 논의에 맡기고자 한다.

제4장 '규율 권력' 관계 비판을 위한 시 감상 방법

1. 푸코의 권력 개념을 통한 시 감상 가능성

　권력은 주체 지향적이다. 권력 관계에서 주체와 타자는 억압과 종속이라는 모순적 구조 속에 함몰되어 있기 때문이다. 1970년대 민중문학을 표방하며 권력의 주체 편향성과 그 비정성에 주목한 신경림 등의 고찰도 권력 관계의 갈등 양상(김정현, 2018: 95)에 초점을 두고 타자 중심의 권력 관계 재편을 지향하고자 했다. 아울러 1970년대와 1980년대 실천적 투쟁으로 권력 관계의 부당성을 해체하고자 했던 김남주의 시편들에서도 권력은 계급 투쟁(류찬열, 2004: 417)의 대상으로 형상화되고 있음을 확인할 수 있다. 신경림과 김남주는 이론적 모색과 실천적 투쟁 행위뿐만 아니라 지속적인 시편들의 창작을 통해 정치 권력의 실상과 그 모순성의 전복을 하고자 했음을 보게 된다.

신경림과 김남주가 권력의 정치적 측면에서의 부당성을 정면에서 고발하고자 했다면, 장정일은 1980년대 후반 이후의 시편들을 통해 권력의 문제를 경제와 문화적 차원으로 시야를 확장시킨 작가라 할 수 있다. 장정일은 현대사회를 소비사회(전재형, 2008: 172)로 진단하고 그 속에 내재한 자본과 문화 권력의 잠식성과 타자들의 맹목적 종속성을 비판적 관점에서 고찰하고자 한다. 1970년대와 1980년대를 경유하면서 지속적으로 권력의 화두에 집중한 신경림, 김남주, 장정일의 시학은 주체 중심의 권력 지향성을 문제시하고 이들의 부당성을 표면화시킴으로써 모순적 권력 관계를 해체시키고자 했다는 것이 그들과 관련된 기존 연구의 성과라 할 수 있다.

타자로서의 농민과 노동자의 소외된 삶에 대한 애정어린 고찰을 통해 정치 권력의 주체(이송희, 2015: 126; 송지선, 2014: 165)를 겨냥하는 신경림의 비판적 시학과, 정치적 금기어를 미학으로 승화시키며 권력 투쟁의 실천성(김민지, 2019: 85; 김형수, 2019: 113; 김경윤, 2014: 170)을 문학적으로 담아내고자 했던 김남주의 시적 정신은, 주체와 타자의 이분법과 그 속에서 자행되는 모순의 극복으로 수렴된다고 할 수 있다. 장정일은 주체와 타자의 이분적 구도를 정치 이외의 차원으로 외연을 확장시킴으로써 신자유주의 경제 체제 하에서 작동하고 있는 자본과 문화 권력의 폭력성과 비윤리성(김민지, 2018: 67; 최현식, 2012: 194; 박남희, 2003: 268)을 전면화시키고자 하였다.

권력 관계에 주목한 이들의 관점과 그간의 선행 연구를 토대로 논의를 진행하되, 권력 관계를 주체와 타자의 모순적 구도로 이원화하는 관점과 그 속에 전제된 타자의 억압, 그리고 부당한 구조적 모순성을 해체하기 위한 타자의 저항적 투쟁이라는 획일적 행동 양상에서 나아가, 권력이 형성되는 근원적 기제, 권력의 작동 양상 등에 방점을 두고자 한다. 이러한 시도를 통해 권력 관계가 유발하는 표면적 갈등 양상에 대한 초점화와 이러한 현상을 극복(박주형, 2019: 75; 손예희, 2018: 18; 문선영, 2014: 58; 윤여탁, 2008: 362)하기 위한 또 다른 갈등의 양산이라는 굴레에서 벗어나기 위해, 권력과 권력 관계의 본질적 속성에 대해 탐색해 보고자 하는 것이다. 이를 위해 푸코의 권력에 관한 철학적 인식을 차용하고 이를 토대로 신경림, 김남주, 장정일의 시편들을 감상하는 일례를 구체화하고자 한다.

푸코는 근대 사회가 표방하는 휴머니즘이 '관념적 휴머니즘'에 불과한 것임을 지적하고, 근대적 개인은 자유를 상실한 채 일상적 권력 관계 속에 예속된 존재로 규정한다. 17세기 이후 계몽주의와 자본주의적 이념이 자리 잡으면서 이성과 진보에 대한 절대적 믿음은, 가난과 광기를 구제와 동정의 대상에서 배제시키는 결과를 초래하게 되었다. 가난의 원인은 개인에게 귀속되었으며 광기 역시 이성에서 벗어난 비정상적인 것으로 백안시하게 된 것이 사실이다. 범죄자와 동성애자 역시 그들의 주체성과 인권은 소거된 채 교정이라는 잣대로 그들을 감금함으로써 규율 권력의 맥락에서 제도권의 관습(이영남, 2007: 93~131)을 일방적으로 강요했다는 것이 푸코의 견해인 것이다.

푸코의 논의가 의미 있는 것은 일상적인 삶의 영역에서 일어나는 문제들을 개인적 차원의 한계를 벗어나 사회 구조적인 틀에서 분석하고자 한 것과, 삶의 일상을 정치 사회적 관점에서 조망함으로써 권력 관계 속에서 역사적 흐름을 파악해 보고자 한 것이다. 푸코는 그의 저서 '감시와 처벌'에서 권력과 지식, 그리고 권력과 사회와의 관계를 명확히 규정하고 있다.

푸코는 지식의 권력 편향성(오생근, 2009: 59~61)을 강하게 역설하고 나섬으로써, 지식은 권력을 통해, 권력은 지식을 통해 존립할 수 있음을 주장하고 있다. 지식의 권력에 대한 유착관계는 객관적이고 과학적 이론의 성립 자체를 부정하는 것으로, 인간 이성의 절대적 가치를 옹호해 왔던 기존의 근대적 전통에서 '인식의 주체적 활동'은 스스로의 모순에 빠져 존립 기반을 잃고 마는 형국인 것이다. 서구 근대 사회의 출발이 인간 이성에서 출발했으며, 이러한 이성의 동인(動因)은 주체적 인식에 기인하는 것이기에 지식과 권력의 상관성은 이성의 역사적 정통성을 전면 부정하는 것이라 할 수 있다. 서구 사회가 추구해 왔던 이성 중심의 정신사는 그들이 말하는 논리와 합리에 의해 운영되는 것이 아니라 푸코의 입장에서 보면, 권력에 의해 자행되는 비합리적인 '처벌, 감시, 징벌, 속박'의 과정일 뿐이다.

이로써 서양사가 시종일관 강조해 왔던 '휴머니즘'과 '이성'의 금자탑은 푸코에 의해 여지없이 무너지고 만다. 푸코에 의하면 중세 시대에 광기는 '초월'이나 '신의 현현(顯現)' 등과 같은 '신성(神聖)'으로 받아들여짐으로써 자유로움으로 표상되었다. 하지만 이러한 인식은 푸코가 고전주의로 칭한 17세기 이후가 되면서 계몽적 인식의 보편적 확산에 따라 실성, 혹은 비이성으로 간주되기에 이른다. 한편 18세기 이후, 광기에 대한 공포가 확산되면서 광인은 다른 죄수들과 분리 수감되었을 뿐만 아니라, 침묵의 공간 속에서 광인 스스로를 종속적 지위의 타자(하상복, 2009: 108~115)로 인식해야만 했음을 푸코는 강조한다. 광인에 대한 이러한 인식의 변화 과정을 통해, 푸코는 역사의 전개가 비이성적 인간을 합리적으로 지배하기 위한 권력의 자기 정당화의 과정과 다르지 않음을 보이고자 했던 것이다.

푸코는 광기에 대한 인식이 역사적 관점에서 어느 하나로 규정될 수 없음을 명확히 하고 있으며, 광기를 비정상인으로 폄하하고 이들을 감금함으로써 인권을 유린하는 사회적 감금 방식(이규현, 2003: 118~130)이 이성 우위의 가치 관념만으로는 정당화될 수 없음을 단정짓고 있다. 광인을 비이성인으로 규정하는 사회 권력의 통념이 광인에 대한 명확한 자격 규정일 수 없으며, 가난한 사람과 범죄자, 그리고 광인이 동일한 공간에서 유사한 방식으로 구속되어야 하는 명쾌한 논리도 없다는 것이다. 푸코의 입장에서 이러한 감금은 '이성의 특권'을 앞세운 사회적 권력의 일방적 행사에 불과할 뿐, 비록 '일관성 있고 합의'에 토대를 둔 결정과 시행이라 할지라도 '경제' 논리를 강화하기 위해 '노동' 생산성을 극대화하기 위한 인간의 수단화 과정에 해당한다는 것이다.

근대 사회의 권력 행사는 개인적 이성에 기반을 둔 것이라기보다는 사회 권력, 그것도 인간의 존엄성을 뒷전으로 미루고 자본과 경제 논리에 함몰된 특권 권력 계층의 비이성적 실천을 이성으로 포장하기 위한 감추어진 위선에 불과하다는 것이 푸코의 견해라 할 것이다. 범죄자의 죄악도 광인의 광기도 그리고 동성애자의 일탈도 사회와는 무관한 개인적 차원의 비이성적이고 비윤리적인 행위라는 것이 근대 사회의 결론인 셈이다. 범죄와 광기와 일탈을 정면에서 문제삼고 이를 치유하고 개선해 나갈 편향되지 않은 관점과 권력은 부재한 채, 오직 불법적이고 미성숙하며 비도덕적인 '개인'에게만 책임이 전가되고 그 위에서 권력은 제 잇속만 차려갈 뿐이다.

마키아벨리가 권력을 지배와 통제의 이미지로 규정한 이래 그것은 구속을 위한 힘으로 인식되었다. 홉스는 권력을 '도구적 수단'으로 명명하면서, 권력을 통한 인간의 수단화를 방조하였다는 혐의를 받는다. 이러한 전통적 권력 개념은 베버로 이어져 '저항에 반해 의지를 실현시킬 공적 행위의 가능성'으로 정의되었다. 이에 더해 아렌트는 '제도화된 권한'(박봉규, 1998: 231~232)으로 단정지음으로써 권력의 정당화가 학문적 논리에 의해 뒷받침되어 왔던 것이 사실이다. 루만은 여기에서 나아가 권력의 형성을 필연적 인과성에 의해 성립되는 것이 아니라 '체계 형성'을 위한 권력자의 '인과적 선택'(서영조 외, 2009: 5)으로 규정하기에 이른다. 한편 룩스는 권력을 이해관계의 대립(류지성, 2006: 32~37)이라는 갈등 개념으로 풀어 나가고자 했으며, 니체는 "자기 형식의 강요를 위한 삶의 의지"(양해림, 2015: 352)로 단정지었다.

이러한 논의를 참고한다면 푸코 이전의 권력은 개별화의 차원을 넘어 사회적 차원에서, 권력 주체가 도구로서의 힘을 행사하기 위한 체계적인 정당화 과정으로 이해되고 있음을 보게 된다. 푸코 역시 권력을 이전의 논의와 유사한 관점에서 '폭력'으로 규정하며, 권력을 체계화하고자 하는 시도를 '다양한 기관들로 거점을 확장한 국가 기구의 정착'으로 구체화하였다. 이전 논의와 차별화된 푸코의 권력에 대한 관점은 '규율적 조직'이라는 개념으로 수렴된다. 푸코는 권력을 인간 관리의 기술로 해석하며, 하나의 절대적인 대상이나 실체에 의해 가시화되는 것이 아니라 규격화된 규범의 형태인 전형적인 장치에 의해 행사된다고 보았다. 즉, 행정적 규제나 가족 제도, 비가시적인 정치 사회적 규범에 의해 정해진 일정한 규율(오생근, 2009: 28~191)들이 인간의 삶을 통제한다는 것이다.

권력은 명시적인 힘의 형태로 드러나지 않고 은밀하고도 조용히 삶의 기반 속에 하나의 규범으로 자리하고 있는 규율 장치이기에 파악되기도 비판하기도 쉽지 않다는 것이 그의 견해이다. 이전의 권력 이론가들이 '힘, 수단, 제도와 체계, 갈등' 등의 용어를 통해 원론적이고 이론적인 차원에서 권력의 속성에 주목한 데 반해, 푸코는 실질적이고 현상학적인 차원에서 권력의 실태와 효과 그리고 기능에 대해 논의하고자 했음을 보게 된다. 이를 위해 푸코는 권력의 주체와 상대가 되는 일반화된 용어로서의 타자나 민중이라는 개념 대신에 비정상인, 광인, 범죄자, 동성애자 등과 같이 실질적 삶의 차원에서 발견되는 개별자에 주목하고자 한다.

따라서 푸코가 역사의 전개 과정에 따라 대상에 대한 '인식의 틀'이 변화되어 가는 현상에 주목한 점, 정상과 비정상이라는 이원론적 구분을 자행하면서 이성을 근대적 지배 논리로 정당화한 것을 비판적으로 고찰한 점, 합리적 이성을 빌미로 권력 지배를 일상의 삶으로 전면화하고 이를 규범적 차원으로 보편화한 것에 대한 문제 제기에 초점을 두고자 한다. 이러한 그의 견해는 권력 관계를 단순히 지배와 종속이라는 이분화된 질서 속에서 파악하는 것이 아니라, 권력을 바라보는 '인식의 틀'을 개선시킴으로써, 기존의 권력은 비판과 재편 가능한 것이며, 권력은 절대적일 수 없다는 결론에 도달할 수 있게 하는 여지를 마련한다는 데 의의가 있다. 권력의 정당성을 당연시하고 이성을 수단화하면서 규율적 차원으로 이행시켜 나간 것이 지난 역사의 혼적이라면, 삶의 현장에서 비정상인으로 낙인이 찍히고 통제되었던 광인, 범죄자, 동성애자에 대한 새로운 인식의 틀이 요구되며, 이로써 권력은 새롭게 정립되어야 함이 마땅하다고 할 것이다.

시 작품 감상의 차원에 푸코의 이러한 태도를 도입한다면, 권력의 탄압상과 허상을 다루고 있는 작품들도 새로운 시각으로 접근 가능하리라 본다. 푸코가 이성과 자본의 사회적 체계화를 권력으로 규정한 데는, 권력을 개인적 차원을 넘어 사회 조직으로 확장하고 이를 공고히 하고자 하는 의도를 간파한 것이라 할 수 있다. 이는 권력을 역사적 관점에서 고찰하고 그 속에 내재된 정치 사회적 모순은 물론 자본을 독점하고 수단화하고자 하는 기득권층의 의도를 비판하고 해체하고자 하는 시도인 것이다. 이러한 푸코의 역사 인식과 사회를 규정하는 관점은 신경림과 김남주, 그리고 장정일의 시학에 반영된 권력에 대한 백안시적 태도와 맥을 같이하는 것으로 볼 수 있을 것이다. 정치와 자본 권력에 대한 문제의식을 표면화하고, 권력을 개인의 차원이 아니라 사회적 공론의 무대에 올려 부당성을 전면화함은 물론 해체를 시도하고자 하는 것이 푸코와 동일한 관점이라 할 수 있다. 이렇게 볼 때, 권력의 실체와 양상의 쟁점화, 이성과 자본의 권력적 수단화, 권력의 구조화와 체계화의 실태에 대한 고발, 권력 비판을 위한 사회적 공론화 등의 태도가, 다루고자 하는 시인들의 관점과 푸코가 조응하는 지점이라 하겠다.

2. '선험적 규범성'에 초점화된 시 읽기

푸코는 시대 상황을 지배하는 지식을 에피스테메로 명명하고, 삶의 방식은 주체의 자발적 행위에 의해 구성되지 않고 에피스테메(épistémè)라고 하는 지적 토대(고원, 2017: 104)에 의해 형성되는 것으로 보았다. 그에 따르면 시대를 지배하는 근본적 인식 토대는 구조로서 존재하며, 특정 시대의 사회 문화적 방식을 구성하는 선험적인 양식이라는 것이다. 이러한 '인식의 틀'에 의해 개인의 사유는 물론 제반 행동 방식(박정자, 2012: 282)이 확정된다고 보았다. 지식과 권력의 상호관련성을 염두에 둔, 시대를 지배하는 근본 양식으로서의 에피스테메 개념을 환기한다면, 시대를 지배하는 특정 권력은 개별 인간의 삶을 총체적으로 지배하는 규율 권력으로 선험적인 권한을 갖는다고 하겠다. 그러므로 권력을 제재로 하거나 권력에 대한 작가적 인식이 함유된 작품을 감상하고자 할 경우, 작품 속에 형상화된 특정 권력의 '선험적 규범성'에 주목할 필요가 있어 보인다.

'선험적 규범성'에 방점을 두는 이유는, 특정 시대의 지식과 권력이 에피스테메적 성격을 띠고 동시대의 삶의 방식과 인간의 사유를 제한한다는 견해를 받아들여 이를 구체적인 작품 속에서 살펴 나가기 위함이다. 권력에 대한 지배 종속의 관계가 개별 인간의 선택적 판단에 의해 형성되는 것이 아니라, 제도적으로 주어진 선험적 규범성에 의해 강요되기 때문이다. 이러한 작품 읽기 태도를 통해 권력의 잔혹성을 고발한다거나 비판하는 감성적 차원에서 벗어나, 실증적 차원에서 권력이 행사되는 현실 상황을 직시하고 그 이면에 전제된 본질적인 인식의 근원을 따져 갈 수 있을 것으로 본다. 즉, 권력이 현실적 삶 속에서 어떤 메커니즘에 의해 작동되며, 그러한 작동 원리나 구조가 인간의 삶을 어떻게 지배해 나가고 있는지를 면밀히 살필 수 있는 것이다.

푸코에 따르면 인간의 인식은 일정한 시대의 문화적 경험이 언어화함으로써 형성되며, 이 과정에서 사회적 제도(이정우, 1998: 96~97)와 관습에 전제된 인식의 틀인 에피스테메가 관계한다고 보았다. 즉 일상적 삶의 기반에 자리하고 있는 운영 방식에 따라 사회적 조건이 결정되기에 개별 인간의 사유와 행위는 선험적인 규칙의 망 속에 위치하고 그것의 지배를 받는다는 것이다. 극단적인 입장에서 그는 "에피스테메는 한 시대에 있어 기술적인 제한, 정신적 습관들, 전통을 모두 포함하지만 우리가 알 수 있는 어떤 것은 아니다."(허경, 2007: 226)라고 단정하기까지 한다. 시대 지배적 성향이 강한 권력 역시 개별 인간의 자각과 비판적 인식 이전에 선험적으로 존재하면서 삶의 영역에서 보편적 규범으로 작용한다고 하겠다.

온 집안에 퀴퀴한 돼지 비린내
사무실패들이 이장집 사랑방에서
중돈을 잡아 날궂이를 벌인 덕에
우리들 한산 인부는 헛간에 죽치고
개평 돼지비계를 새우젓에 찍는다
끗발나던 금광시절 요릿집 얘기 끝에
음담패설로 신바람이 나다가도
벌써 예니레째 비가 쏟아져
담배도 전표도 바닥난 주머니
작업복과 뼛속까지 스미는 곰팡내
술이 얼근히 오르면 가마니짝 위에서
국수내기 나이롱뼁을 치고는
비닐우산으로 머리를 가리고
텅 빈 공사장엘 올라가본다
물 구경 나온 아낙네들은 우릴 피해
녹슨 트랙터 뒤에 가 숨고
그 유월에 아들을 잃은 밥집 할머니가
넋을 잃고 앉아 비를 맞는 장마철
서형은 바람기 있는 여편네 걱정을 하고
박서방은 끝내 못 사준 딸년의
살이 비치는 그 양말 타령을 늘어놓는다

—신경림, 「장마」 전문

위 시에서 권력은 어떤 형태로 드러나는가. 그리고 권력에 대한 피억압자로서의 민중들의 태도는 어떠한가. '온 집안' '퀴퀴한 돼지 비린내'를 풍기며 '날궂이를 벌'이기 위해 '잡'은 '중돝'은 '이장집 사랑방'과 '사무실패들'의 몫일뿐, '우리들 한산 인부'에게 남는 것은 '헛간에 죽치고' 앉아 '개평'으로 얻은 '돼지비계'와 '새우젓'이 전부 이다. '장마'가 지나가기를 바라는 마음으로 '중돝'을 잡는 행위도 마을 권력의 실세인 '이장'과 그를 따르는 '사무실패'들의 잇속을 챙겨주는 일에 불과하다. 일정한 일자리 없이 날품이나 파는 '우리들 한산 인부'에게 허락되는 것은 '헛간'이라는 제한된 공간과 선심을 쓰듯 주어지는 공것으로서의 '개평'뿐이다. 여기에서 '사무실패'와 '한산 인부', 그리고 '이장'과 '우리'라는 지배 종속적 권력 관계가 명확히 구축되고, 그 결과 '중돝'과 '돼지비계'라는 모순적 배분이 자행되고 있음에도 그에 대한 인식은 전무함을 볼 수 있다.

'우리들' 중의 그 누구도 권력 관계의 실체를 인식하지도 그리고 그 속에 존재한 모순의 부당함에 대해서도 지적하지 않는다. '끗발나 던 금광시절 요릿집 얘기'와 같은 과거의 허황된 향락에 대한 향수 와, '음담패설'과 같은 쾌락적 순간에 대한 되새김만이 존재할 뿐이 다. '장마'로부터 빚어지는 힘겹고도 지루한 시간들로부터 벗어나기 위해 시도되는 '날궂이' 행사와 그러한 행사를 둘러싸고 묘사되는 인간 군상들의 모습은, 일체의 정서적 표출이나 비판적 인식의 틈입 을 배제한 채 오히려 담담하고도 객관화되어 전해진다. 이러한 현상 을 푸코는 '권력이란 순환하는 것이며 사슬처럼 기능하는 것'으로 묘사한다. 즉, 권력은 특정 개인이자 집단에 의해 자행되는 전면적인 현상이 아니라, 수많은 지배의 형태로 암묵적인 형태로 사회 기저에 자리한다는 것이다. 그는 이러한 권력의 양상을 '권력의 미세 메커니즘'(박정자, 1998: 45~51)으로 명명하기도 한다.

그물망처럼 사회의 저변에 흐르는 권력 관계는 하나의 일정한 규범으로 작동하고 있기에, 권력에 대한 실체를 인식하거나 비판하기란 쉽지 않으며 민중은 이러한 규율 권력을 자연스럽고도 선험적인 것으로 받아들일 수밖에 없다는 것이다. 푸코는 이러한 권력에 대한 무비판적 선험성을 "우리를 안심시키는 허상은 일반론을 통해 담론을 파악하게 하며, 그로 인해 우리는 다양성과 특이성에 대해 망각"(이상길, 2010: 26)하게 된다고 달리 표현하기도 한다. 위 시에서 '한산 인부'에게 부여되는 '개평 돼지비계', '바닥난' '담배'와 '전표', '작업복과 뼛속까지 스미는 곰팡내', '텅 빈 공사장', '녹슨 트랙터', '그 유월에' '잃은' '아들', '살이 비치는' '양말' 등은, '우리를 안심시키는 허상적 일반론'임에 분명하다고 할 수 있다.

인부들에게 느껴지는 현실적 고난은 장마와 같은 자연현상처럼 당연하고도 선험적으로 용인되는 것일 뿐이다. 그네들이 '중돌'의 '개평 돼지비계'에 만족해야 하는 것도, '끗발나던 금광시절'의 호사로웠던 추억도, '텅 빈 공사장'의 '녹슨 트랙터'처럼 '곰팡내' 나는 힘겨운 삶에 직면해 있는 것도 보편적인 일상에 해당한다. 이렇게 민중들에게 주어지는 일상적 삶은 푸코의 입장에서 보면, 보편적 차원으로 확대된 규범적 권력을 강제적으로 이입시키고, '다양성'과 '특이성'에 대한 감각을 '망각'한 채 권력 정당화의 일반적 허상에 길들여져 가는 과정과 다름없는 것이다. 위 시에서 피지배층인 '우리들 한산 인부'가 인식하는 것은 '바닥난' '담배'나 '전표'와 같은 물리적인 결핍 요소, '작업복과 뼛속까지 스미는 곰팡내'처럼 착취와 소외로부터 기인하는 감각적 요소, '텅 빈 공사장'과 '녹슨 트랙터'와 같이 공허하고 무기력한 가시적 현실뿐이다.

'우리들'이 주목하는 것은 가시적이고 감각적인 현상에 한정될 뿐, 핍박과 소외의 상황이 초래된 근본적 원인에 대한 인식이나 비판, 그러한 현상을 개선하고자 하는 본질적인 몸부림에 대한 그 어떤 단초도 찾아 볼 수 없는 것이다. 선험적 규율에 의해 통제되고 목전에 펼쳐진 현실적 삶에 적응하도록 맹목적으로 강요되더라도, 그들이 나누는 대화와 행위는 '요릿집 얘기'와 '음담패설', 그리고 '국수내기 나이롱뻥을 치'는 것이 전부임을 목격하게 된다. '우리들'에게 중요한 것은 권력의 실체에 대한 인식과 그것의 허상에 대한 비판이 아니라, '국수'와 '밥'을 넘기는 일과 그것을 보장하기 위한 '공사장'과 같은 노동의 공간, 그리고 '여편네 걱정'이나 '딸년'의 '양말 타령'과 같은 사소한 일상인 것이다. 그러므로 '우리들'에게 주어진 사회 현실은 인식의 다양성이나 특이성과 무관하게 선험적으로 주어지는 허상적 일반론의 맹목적 추종이 전부라 하겠다.

하지만 여기에 반어적 인식이 개입된다. 푸코가 권력의 사회 구조적 선험성을 직시하고, 이를 통해 권력의 구현 양상에 주목하고자 하는 이유는 권력의 모순성을 정조준하기 위함이다. 따라서 권력의 선험성에 대한 자각이야 말로 권력 비판의 적극적 행위에 해당한다고 할 수 있다. 위 작품에 형상화된 권력의 선험적 규범성은 민중을 우매한 존재로 전락시키고 이를 통해 권력을 정당화하고자 하는 기득권층에 대한 우회적 조롱으로 해석될 여지가 있다. '우리'라는 연대로서의 민중이 천착하고 소중한 일상으로 살아내고자 하는 '현실'에 대한 집착은, 권력이 파괴하고자 하는 현실에 대한 소환으로 볼 수 있는 것이다. 아울러 일체의 정서와 비판적 인식이 배제된 채 무심한 듯 묘사되는, 고난만이 존재하는 처참한 현실과 그와 대비되는 지배층의 일상은 권력에 대한 비판적 태도를 예비하는 것이라 하겠다.

민중의 실체에 대한 인식과 현실의 대비적 모순성에 대한 관조적 태도에 주목한다면, 선험적 규범성에 대한 몰각이라기보다는 권력의 본질에 대한 자각의 우회적 형상화로 읽힐 수 있다고 하겠다.

그날 끌려간 삼촌은 돌아오지 않았다.
소리개차가 감석을 날라 붓던 버력더미 위에
민들레가 피어도 그냥 춥던 사월
지까다비를 신은 삼촌의 친구들은
우리 집 봉당에 모여 소주를 켰다.
나는 그들이 주먹을 떠는 까닭을 몰랐다.
밤이면 숱한 빈 움막에서 도깨비가 나온대서
칸델라 불이 흐린 뒷방에 박혀
늙은 덕대가 접어준 딱지를 세었다.
바람은 복대기를 몰아다가 문을 때리고
낙반으로 깔려죽은 내 친구들의 아버지
그 목소리를 흉내내며 울었다.
전쟁이 끝났는데도 마을 젊은이들은
하나하나 사라져선 돌아오지 않았다.
빈 금구덩이서는 대낮에도 귀신이 울어
부엉이 울음이 삼촌의 술주정보다도 지겨웠다.

—신경림, 「廢鑛」 전문

위 시에서도 화자는 상황에 대한 명확한 인식이 결여된 상태로 등장한다. '그날 끌려간 삼촌'과 '마을 젊은이들'이 '하나하나' '사라'지고 '돌아오지 않'는 명확한 이유를 직시하지 못하며, '그들이 주먹을 떠는 까닭'도 의문으로 남긴 채 '딱지를 세'는 유아적 행위에만 갇혀 있을 뿐이다. 시인이 미숙한 화자를 내세워 상황에 대한 관찰자적 입장으로 제한하는 것은 현실의 비극성을 관조적으로 조망하게 하는 수사적 효과만을 노린 것이 아니라 하겠다. 이는 "권력은 민중에게 관심사에 대한 잘못된 견해를 제공함으로써 민중의 진정한 관심사를 은폐하도록 작동"(오경심 외, 2003: 208)한다는 푸코의 입장과 무관하지 않다고 하겠다. '나'는 '삼촌'의 '울음'과 '삼촌의 친구들'이 '주먹을 떠는 까닭', 그리고 '낙반으로 깔려죽은' '친구들의 아버지'를 '흉내내며' 우는 본질적 이유에 대해 인식하지 못하고 있다. 다만 '나'의 시선에 초점화되는 것은 폐광이라는 비극적이고 가시적인 상황이다.

바퀴달린 광석을 나르던 '소리개차'는 더 이상 광석인 '감석'을 실어나를 수가 없어 잡돌더미인 '버력더미' 위에는 '민들레가' 피어 있을 뿐이다. 광부로서의 삶이 부여한 습관으로 '삼촌'과 '친구들'은 '지까다비'라는 작업화를 신고는 있으나, 이미 광산은 폐광으로 변한 지 오래라 '빈 금구덩이서는 대낮에도 귀신이' '울'고 '빈 움막에서'는 '도깨비가 나온'다는 흉흉한 소문만 감도는 것이다. 이에 '삼촌의 친구들'은 '소주'를 들이키고 분노의 '주먹을' 부르르 떨어보지만 그것뿐이다. '삼촌'도 '친구들'도 '술주정'을 '울음'처럼 내뱉는 것이 고작이다. 현실적 피폐함과 일시적인 분노, 그리고 한서린 현실에 대한 울분의 토로만이 존재할 뿐, 푸코의 언급처럼 "다른 사람들의 행동과 지배상태를 결정짓는 권력관계인 전략적 놀이"(오경심 외, 2003: 205)에 대한 제대로 된 '관심사'는 찾아 볼 수 없는 것이다.

위 시와 같이 1970년대의 권력 관계에 주목한 신경림의 동일 시집에서는 "우리는 가난하나 외롭지 않고, 우리는/ 무력하나 약하지 않다는 그/ 좌우명의 뜻을 나는 모른다."(「시골 큰집」 부분)처럼, 미숙한 화자를 내세워 사회 구조 속에 선험적으로 작동하는 규범 권력의 실체를 형상화하고자 하는 표현을 발견하게 된다. 권력은 개인이 인식하고 비판적으로 성찰하기 이전에 구조와 체계로서 선행하는 것이기에, 자발적 지각의 단계 이전에 인간의 삶을 지배하고 있음을 명확히 보여주는 것이라 하겠다. 그러기에 '친구들의 아버지'는 희생으로, '삼촌'과 '삼촌의 친구들'은 '울음'과 '술주정'으로, '나'는 '딱지를 세'는 치기어린 유희로 선험적 권력 규율을 겉돌 수밖에 없는 것이라 하겠다. 신경림의 많은 시편들이 농민들의 삶을 직접 다루고 독자들로 하여금 그들의 울분을 체험(조효주, 2016: 524; 박연희, 2016: 421)하도록 종용하는 것도, 푸코 식으로 보면 권력의 선험적 규율성에 대한 천착이라 할 수 있다.

장날인데도 무싯날보다 한산하다.
가뭄으로 논에서는 더운 먼지가 일고
지붕도 돌담도 농사꾼들처럼 지쳤다.

아내의 무덤이 멀리 보이는
구판장 앞에서 버스는 섰다.
나는 아들놈과 노점 포장 아래서
외국자본이 만든 미지근한 음료수를 마셨다.

오랜만에 보는 시골 친구들의 눈은
왜 이렇게 충혈돼 있을까.
말이 없다. 그저 손을 잡고

혼들기만 한다. 그 거짓된 웃음.

돌과 몽둥이와 곡괭이로 어지럽던
좁은 닭전 골목. 농사꾼들과
광부들의 싸움질로 시끄럽던 이발소 앞.
의용소방대원들이 달음질치던 싸전 길.

장날인데도 어디고 무싯날보다 쓸쓸하다.
아내의 무덤을 다녀가는 내 손을
뻣뻣한 손들이 잡고 놓지를 않는다.

—신경림, 「山邑紀行」 전문

위 시에서는 '무싯날'보다 붐벼야 할 '장날'이 '한산'하고 '쓸쓸'한
것에 주목하고 있다. 그 이유로 '더움 먼지'만 '일고' 있는 '논', '지'친
'농사꾼들'의 모습을 부각시켜 '가뭄'에 있음을 적시하고 있다. 한편
'좁은 닭전 골목'과 '이발소 앞', 그리고 '싸전 길'은 '농사꾼들과 광부
들의' '싸움질'로 '어지'럽고 '시끄'러운 공간으로 묘사되고 있다. '싸
움질'의 분명한 이유는 드러나지 않지만, '가뭄'으로 '지'친 '농사꾼'
들의 모습과 '시골 친구들'의 '충혈'된 '눈', 그리고 '말' 없이 '손을
잡고 혼들기만'하는 동작과 '거짓된 웃음' 등의 삭막하고 무미건조한
이미지를 통해 민생고로 인한 민중들의 불만 표출과 상호 간의 갈등
(강정구 외, 2011: 308)을 형상화하고자 하는 작가의 의도를 짐작할
수 있을 것이다.

즉, '아내의 무덤'을 찾기 위해 '山邑'을 방문한 화자의 눈에 비친
고향 마을의 정경은 객관적이고 관조적인 모습으로만 그려질 뿐,

힘겨운 현실을 초래한 이유도 비정한 현실이 초래된 이유에 대한 접근과 규명도 찾아볼 수 없다. 화자에게 고향은 귀향으로 인해 형성될 수 있는 애착의 공간이 아니다. 더구나 고향의 현실에 드리워진 '한산'하고 '쓸쓸'하며, '지'치고 '어지'러운 삶을 구성하는 조건들에 관심을 갖고 이를 적극적으로 모색하고자 하는 의지의 대상 공간도 아닌 것이다. 다만 화자에게 고향은 '紀行'의 대상으로서 '다녀가'고 스쳐가기 위한 장소 이상의 의미는 없다고 보아야 할 것이다. 이러한 모습은 푸코의 언어처럼 '종속화에 의한 개인화'의 단면을 제시한 것이라 하겠다. 현실적 삶의 행태들이 민중 주체의 자발적 선택에 의해 이루어지는 '자기 제어의 긍정'에 의해 유도되거나 '진실과의 관계'(조수경, 2014: 140)에 의한 것이 아니기 때문이다.

'농사꾼'의 삶에 '지'친 모습과 '시골 친구들'의 비인정적이며 냉소적인 행동, 그리고 '농사꾼들'과 '광부들'이 보여주는 폭력적 행위들은, 민중들 스스로 자기를 조절하고 선택적으로 현실을 받아들인 행위의 결과라고 보기 어려우며, 또한 삶의 진실이라고 여겨 자발적으로 수용한 삶의 모습이라 할 수 없는 것이다. 삶의 힘겨움이나 그들이 보여주는 폭력적인 모습들 모두, 사회 체제에 제도적으로 종속되어 그들이 겪을 수밖에 없는 순종적 현실인 것이다. 여기에는 민중들의 그 어떤 분명한 현실에 대한 비판적 인식도, 체제의 구성원리와 적용 방식에 대한 이해도 존재하지 않으며, 간헐적으로 보이는 불만의 메시지가 민중들에 의해 표출되더라도 사회를 지배하는 선험적 권력 관계에 대한 근원적 인식이 자리한다고 볼 수 없기 때문이다.

화자가 고향에서 직면하게 된 현실의 모습은 개별 인간을 선험적이고도 무의식적으로 지배하는 사회의 규범적 권력에 대한 무감각이 극단적으로 표현되었다고 해도 과언은 아니다. 규율 권력의 실체를 간과한 채 묘사되는 '장날'의 '한산'함과 '쓸쓸'함, 그리고 '농사꾼'과 '친구들', '광부들'이 보여주는 '어지'럽고도 '지'친 모습들은 독자들로 하여금 비애감과 안타까움을 고조시키기에 충분하다고 하겠다. 반만 위 시에서는 미온적이나마 권력의 실체에 대한 초점화가 드러난다는 점에서 주목을 요한다. '외국자본'과 '뻣뻣한 손들'이 그에 해당한다 하겠다. '외국자본이 만든 미지근한 음료수를 마'시면서 살아가는 생산과 소비 중심의 사회 경제적 체제에 대한 인식과, 자본 권력이 전면화되고 이를 토대로 정치 권력을 창출함으로써 사회 구조를 지배하는 세력들인 '뻣뻣한 손들'이 '나'를 포함한 고향의 민중들을 '잡고 놓지' 않고 있음을 형상화하고자 하는 일면을 보이기도 한다.

하지만 이러한 구절들도 역시 규율 권력의 선험적 지배성에 대한 명확한 인식을 보여주지는 못하고 있다. "어디 원망할 게 그뿐이냐고 / 한 아주머니가 한탄을 한다/ 삼거리에서 주막을 하는 여인/ 어디 답답한 게 그뿐이냐고/ 어수선해지면 대합실은 더 썰렁하고/ 나는 어쩐지 고향 사람들이 두렵다/ 슬그머니 자리를 떠서/ 을지로 육가행 시내버스를 탈까"(「시외버스 정거장」 부분)에서처럼 '고향 사람들'의 '한탄'과 원망은 명확한 규율 권력에 대한 인식에서 비롯되지 않은 넋두리에 불과하다. 아울러 화자에게 '고향 사람들'의 울분은 비판과 문제의식으로 여과되지 않고 막연한 '두'려움을 유발시킬 뿐이며, '슬그머니 자리를 떠서' 회피함으로써 외면할 수밖에 없는 비본질적 현상인 것이다.

결국, '외국자본'과 '뻣뻣한 손들'의 출현을 통해 작가는 선험적 규율 권력을 전면적으로 인식하지 못하고 간과하는 현실을 부각시고 있음을 보게 된다. "20년이 지나도 고향은/ 달라진 것이 없다 가난 같은/ 연기가 마을에 감고/ 그 속에서 개가 짖고/ 아이들이 운다 그리고 그들은/ 내게 외쳐댄다/ 말하라 말하라 말하라/ 아아 나는 아무 말도 할 수가 없다"(「時祭」 부분)에서도 이러한 인식은 유효하다. 마을을 드리운 '연기'와 그 속에서 울고 '외쳐'대는 민중들의 아우성이 '20년이 지나도' 사라지지 않고 있음에 주목하게 된다. 선험적 규율 권력의 지배 속에 놓여 있음에도 그러한 상황을 인식하지도 준엄하게 비판하지 못하는 현실에 대해 지속적으로 '말하라 말하라 말하라'라고 주문을 해 보지만, '나는 아무 말도 할 수' 없는 소극적인 방관자로서의 자세만을 취할 뿐이다. 이로써 신경림은 '타자의 사유'와 지배 권력에서 소외된 '바깥의 사유'(이정우, 1998: 59)만을 강요하는 선험적 권력 속에 머물 수밖에 없는 것이 민중의 현실임을 다시 한번 보이고 있는 것이다.

이러한 논의 기댄다면 권력을 소재로 한 작품에 대한 교육에서 우선시해야 할 것은 '권력의 속성과 본질에 대한 파악'과 '권력에 대한 반응 양상의 고찰'이라 할 수 있다. '작품에 나타난 권력 지배가 어느 정도 철저히 비가시적이고 무의식적 차원으로 잠입해 규율 권력으로 자리하고 있는지, 그러한 규율 권력의 실체를 작품 속 등장인물과 독자는 명확히 인식하고 이에 대한 비판적 통찰이 가능한지, '인식의 틀'의 변화로 새로운 권력의 출현이 역사적으로 가능했듯이 작품 속 권력의 실체를 새로운 인식의 틀로 파악할 수 있는지, 규율 권력을 비판하고 이를 대신할 또 다른 형태의 질서 관계 형성이 가능한지, 그것이 가능하다면 그것의 실체와 본질이 무엇인지' 등을 학생 스스로 따져 볼 수 있는 인식의 확장을 감행하는 것이 중요하리라 본다.

3. '전향적 자기 인식'에 초점화된 시 읽기

푸코는 권력의 선험적 규범성을 강조함으로써 인간의 자율적 판단 이전에 존재하는 권력의 존재 양상과 구속적 기제를 강조하였다. 하지만 역설적이게도 권력을 형성하고 작동하게 하는 '인식 틀'의 변화 가능성을 동시에 시사하기도 하였다. 푸코는 에피스테메 개념을 적용해 인간에 대한 인식의 변화에 주목한 바 있다. 그에 따르면 르네상스 시대의 인식의 틀 즉, 에피스테메는 언어와 사물이 통합되어 있다는 '유사성'에 주안점을 두었기에 인간을 유사성 체계의 부분으로 파악했다. 고전시대에는 언어와 사물이 하나라는 인식이 무너지고 사물을 수리적 법칙으로 환원하고 분류시키려는 인식의 틀이 전면화되면서 인간도 분류와 질서 체계의 부분으로 보고자 하였다는 것이다. 하지만 이러한 인식도 19세기 근대로 접어들면서 또 다시 변하게 되어 인간을 지식의 중심으로 탐구(고봉준, 2017: 11~12)하고자 하는 경향이 생겼다고 보았다.

하지만 근대가 지향하는 인간 탐구적 에피스테메는 오히려 주체적 의식을 소유한 인간성을 부정(하상복, 2009: 129~133)한다고 역설하였다. 인간을 탐구의 대상으로 삼음으로써 이성 중심의 논리적이고 과학적 사고만 살아남고, 이는 세상을 이성과 비이성이라는 이분법적 관념 속에 가두어 두는 우를 범함으로써 진정한 인간 실존의 문제에 대해서는 간과하게 되었다는 것이 푸코의 견해인 것이다. 푸코는 사회적 인식의 틀로 규정될 수 있는 에피스테메 개념을 통해 권력의 선험적 사회 지배성을 강조하면서도, 그러한 인식의 준거가 변화될 수 있는 가능성을 함께 설파한 것이라 하겠다. 그러므로 "한 시대가 표방했던 삶의 양식이 내재적인 변화에 의해 어떤 체계로부터 다른 체계로 이동"(권영숙 외, 2010: 25~82)한다는 푸코의 견해에 초점을 두어, 권력을 다룬 시 작품을 해석하는 주요한 단서로 활용해 보고자 한다.

에피스테메가 변화의 가능성을 내포한 개념이라는 것에 방점을 둔다면, 역설적이게도 권력의 선험적 규율성은 다소 뒤로 물러나게 되는 효과를 낳게 된다. 그 대신 사회 정치 질서의 명확한 인식과 개선을 전제한 '변화의 가능성'에 대한 모색이라는 책무가 남게 된다고 하겠다. 우리는 세계를 특정한 방식과 개념을 통해서만 지각하고 사고할 수 있도록 에피스테메의 틀 속에서 길들여져 왔기에, 창조적으로 사고하는 주체의 형성이 어려울 수 있다. 주체로서의 자격은 사회적 구조망(홍은영, 2011: 25~79) 속에서만 가능한 일이기 때문이다. 하지만 푸코는 자기 자신으로 회귀하는 '전향(epistrophê)' 개념을 통해 변화의 가능성을 역설하였으며, 그 구체적인 내용으로 푸코는 '자신의 무지를 깨닫고 자기 배려와 돌봄을 결심하여 자기 자신으로 돌아가는 것'과 '육체로부터 영혼의 해탈을 지향함으로써 자신을 해방시키는 것'을 제시하였다.

이는 사회 체제를 비판적으로 이해하기 위해 자기 존중감과 신뢰를 바탕으로 철저히 자기반성을 시도하는 행위를 강조한 것이며, 아울러 이를 통해 물리적인 제약으로 개인적 자아를 결핍시키는 현실적인 상황에서부터 벗어나기 위한 자발적 시도라 할 수 있겠다. 결국 푸코는 사회적 관념을 변화시킬 수 있는 요체로서 '개인의 존재 방식'(심세광, 2007: 239~270)의 개선에 두고자 했던 것이다. 선험적으로 개인을 통제하는 인식 체계와 규율 권력의 모순을 소거하기 위해서는, 철저한 개인의 주체적인 자기 인식과 그를 통한 자기 존재성의 확보야 말로 새로운 에피스테메를 출현시킬 수 있는 단초가 되는 것이다.

> 고등학교 2학년 때의 일이야
> 어쩌다 나는 영어시험에서 일등을 했지
> 그때 우리 담임선생님이 나더러 뭐라 했는 줄 알아
> 육사에 가라는 것이었어 군인이 되라는 것이었어
> 그래야 돈 없고 **빽** 없는 나 같은 놈에게도
> 출셋길이 훤하게 열린다는 것이었어
> 지금도 달라진 게 없지만 하기야 그때만 해도
> 총구가 대통령을 만드는 그런 시절이었는지라
> 군인들 끗발이면 누르지 못할 것이 없었지
> 그러나 나는 잘된 일인지 못된 일인지
> 그 끗발 좋다는 군인의 길로 들어가지 않았어
> 만약 그때 선생님 말씀대로 군인이 되었더라면
> 나는 어떤 사람이 되어 있을까 지금쯤
> 달러에 팔려 용병으로 월남 같은 나라에 가서
> 제 민족의 해방을 위해 싸우는 베트콩깨나 작살냈을
> 역전의 용사가 되어 있을지도 모르지
> 공수부대에 편입되어 광주 같은 도시에 가서
> 자유 달라 벌린 시민의 입에 총알깨나 먹이고
> 훈장을 받은 국가유공자가 되어 있을지도 모르고
>
> —김남주, 「그러나 나는 잘된 일인지 못된 일인지」 전문

위 시를 통해 김남주 시인은 세계에 대한 인식이 기존 "담론의 질서를 통과해서 인식된 세계"(이정우, 1998: 124)일 수 없다는 푸코

의 견해를 형상화하고 있다. 인식의 틀이 사회적 규율에 의해 지배적으로 인간을 구속하기도 하지만, 에피스테메의 변화 가능성에 초점을 둠으로써 인간을 대상화하고 과학적으로 규명하려는 현대적 에피스테메를 극복하려 한 푸코의 화두를 위 시를 통해 다시금 조망하게 된다. '육사에 가'서 '군인'이 됨으로써 '출셋길이 훤하게 열린다'는 기존의 관념, '총구가 대통령을 만드는' '시절', '군인들 끗발'로 민중을 '누르'던 그런 에피스테메적 인식은 화자에게 더 이상 선험적 규범으로 받아들여 지지 않는다. 억압과 착취 중심의 권력 관계(이은봉, 1999: 273; 정순진, 2003: 24)를 절대시하던 과거의 에피스테메는 '군인의 길로 들어가지' 않은 화자의 인식과 행동에 의해 변화와 비판의 대상으로 전락하고 만다.

　과거의 지배 질서 속에서 작동했던 에피스테메가 잉태한 '사람'은 '월남 같은 나라에 가서 제 민족의 해방을 위해 싸우는 베트콩'을 '작살'내는 '역전의 용사', 즉 자유와 평화를 위협하는 반인륜적인 행위를 미화하는 무력의 전도사가 그 실체라는 것이다. 또한 '공수부대에 편입되어 광주 같은 도시에 가서 자유 달라 벌린 시민의 입에 총알'을 먹이고 '훈장을 받은 국가유공자'의 모습이 과거 에피스테메의 실체라는 것이다. 문제의식도 비판의식도 없이 권력의 하수인으로 위선적이고 기만적 삶을 살아가는 것이 기존 에피스테메의 본모습임을 분명히 하고 있다. 따라서 위 시의 화자는 거부할 수 없는 선험적 규율로 민중을 구속하던 인식의 틀이 모순적임을 적시하고 그것의 변화 가능성과 필요성을 강하게 역설하고자 한다.

　비록 '지금도 달라진 게 없'다는 냉소적인 현실인식을 통해 긍정적인 에피스테메로의 완전 선회가 지극히 어려운 과업이며, 희생을 감수해야 하는 버거운 일임을 인지하지만 변화의 가능성은 충분해 보인다고 하겠다. '잘된 일인지 못된 일인지'라는 다소 반어적인 문구를 통해 '역전의 용사'와 '국가유공자'를 거부한 자신의 인식과 행위에 대해 자기 긍정의 암시를 보이고 있다고 하겠다. 이러한 화자의 태도는, 에피스테메에 의해 강요되는 제도적 규범은 '닫힌 체계'로 한정될 수 없으며, "시간의 흐름에 따라 지식을 수정하는 열린 총체화의 영역"(홍성민, 2006: 68)으로 전환되어야 한다는 푸코의 언술을 연상케 하는 것이라 하겠다. 단편적이고 이원화된 인식, 즉 이성과 비이성, 억압과 종속, 권력과 피지배 관계로 대상을 파악하는 인식에서 벗어나, 다양한 가치를 포용하고 그 속에서 조화와 균형을 이루어가고자 하는 총체적 인식이야말로 기존의 에피스테메를 벗어나 새로운 에피스테메로 나아가는 분기점이 될 것이라는 것이 그의 생각인 것이다.

　　이 한밤
　　컴컴한 바닥 누군가
　　지상의 거리거리마다
　　금지의 팻말을 박아놓고
　　죄악의 씨를 뿌려놓고
　　시치미를 떼고 앉아 있을 때
　　누군가 누구의 원칙에 따라
　　권모와 술수의 원칙에 따라
　　세상 모든 불평불만을
　　밤의 창살에 쑤셔넣고
　　턱으로 판관을 부리고 있을 때

아, 누가 아랑곳이나 하랴마는

그래도 누가 있어

뜬 눈이 있어 볼 수라도 있다면

누군가 침묵을 떠나

뿌려진 그 씨앗을 파헤쳐

더럽혀진 손으로

짓눌린 하늘을 찢고 있다는 것을

볼 수라도 있다면

누군가 누구의 원칙에 따라

자유와 정의의 원칙에 따라

진실을 말해놓고

잠자리에서 편할 수 없어

바람으로 빠져나와

꽁무니에 감시의 눈총을 달고

화살에 쫓기는 과녁으로

필사의 죽음으로

신새벽을 알리는 숨소리

거친 숨소리를 들을 수라도 있다면

듣는 귀라도 있다면

—김남주, 「어둠속에서」 전문

위 시에서도 선험적 권력을 강하게 비판하고자 하는 화자의 자의
식이 강하게 드러나고 있음을 확인할 수 있다. 자기 인식으로 돌아가
제도적 모순을 '전향'적으로 파악하고자 하는 시도가 분명해 보인다.

'권모와 술수의 원칙'을 '자유와 정의의 원칙'이라 왜곡하고 있는 모순적 '진실'의 실체를 '누군가'로 정확히 겨냥하고 있다. 규율적 에피스테메를 '지상의 거리거리마다' '금지의 팻말'처럼 '박아놓'은 지배세력의 '원칙'은, 시대를 고민하고 개선하려는 비판적 주체들의 목소리를 '불평불만'으로 치부하고 '밤의 창살'로 묵살하는 것임을 명확히 하고 있다. 화자가 인식하는 시대적 지배 원리는 '판관'과 '누군가'의 공모에 의해 '권모와 술수'를 '자유와 정의'라는 '진실'로 변질시켜, 민중을 '침묵'하게 하고 '컴컴한 바닥'으로 내모는 '죄악'의 '씨앗'일 뿐인 것이다.

화자는 '원칙'이라는 이름으로 시대를 지배하는 선험적 규범을 '누구의 원칙'으로 단정지음으로써 절대 진리로서의 가치도 그 어떤 공정성과 객관성도 가질 수 없는 것임을 명확히 하고 있다. 그러기에 "이 검은 사슬을 누가 와서 풀어주랴/ 선의의 권력이 와서 풀어주랴/ 화해의 계급이 와서 그래주랴/ 어느 핸가는 이 땅에/ 선거의 자유가 올 것이라기에 그에 기대기도 했다/ 바보같이 바보같이 나는"(「바보같이 바보같이 나는」 부분)에서처럼 김남주에게 민중을 구속(김영옥, 1997: 127; 조재룡, 2014: 259)하는 에피스테메는 '검은 사슬'과 같은 족쇄에 불과할 뿐, '선의의 권력'이나 '화해의 계급', 그리고 '선거의 자유'와 같이 권력 주체의 변화에도 불구하고 여전히 살아남는 모순의 틀인 것이다.

위 시에서는 과거 에피스테메에 대한 비판과 변화의 가능성이, 푸코가 강조한 주체의 자기 인식인 '전향' 개념으로 발전하고 있음도 확인하게 된다. '권모와 술수'를 '원칙'인 것처럼 '시치미를 떼고' 있는 '죄악'의 원흉인 '누군가'는, 2연에서 '짓눌린 하늘을 찢고' '신새벽을 알리는' '거친 숨소리'의 '누군가'로 치환되고 있다. 민중의 '더

렵혀진 손'은 이제 '침묵을 떠나', '판관'과 그 뒤에서 '원칙'을 왜곡하고 있는 권력의 주체가 '뿌'린 '죄악'의 '씨앗'을 '파헤'침으로써, 민중이 제도 개혁의 주체이자 새로운 에피스테메의 주체로 자리할 수 있음을 보이고 있는 것이라 할 수 있다. '감시의 눈총'을 감내하고 '화살에 쫓기'면서도, '필사의 죽음'을 각오하고서도 '잠자리에서 편'히 지내는 억압적 타자의 지위에서 벗어나 당당한 주체로 서고자하기 때문이다.

　이러한 작가적 인식은 에피스테메를 "다양한 체계들의 증식과 분절"로 파악하거나 "주체의 선험성을 부정하고 배치에 의해 파생되는 효과"(허경, 2012: 12)로 본 푸코의 견해와 일맥상통하는 점이 있다. 즉, 인식 규범으로서의 에피스테메는 증식과 분절이라는 변화적 요인으로 인해 재편 가능한 것이며, 그 변화의 주된 단초가 규범의 선험성을 부정하고 이를 재배치하고자 하는 주체의 자기 전향임을 역설한 것이라 할 수 있다. 김남주에게도 이러한 주체의 자기 인식과 반성에 기인한 새로운 규범 창출을 위한 시도가 "부릅뜬 눈/ 한입의 아우성으로 일어나/ 잃어버린 장소를 찾아/ 세월과 장소를 잃어버린/ 입술을 찾아 목소리를 찾아/ 다시 떠나는 친구"(「한입의 아우성으로」 부분)로 분명하고도 전향적인 의지로 드러나고 있다.

　　1
　　우리들은 잃어버린 게 없다
　　모든 것은 너희들이 분실했으므로
　　더 이상 우리는 빼앗기지도 않으리
　　실과(失果) 이래 자라난 우리는 망명 세대
　　다가서지 않은 미래로부터도

쫓겨났다

농한 사과 냄새가 코를 찌르지만
알맹이가 여기에 없는
너와 나는 껍질
대한민국은 하나의 껍질
세계는 머리가 텅 빈 거대한 껍질에
지나지 않는다

이 마천루 숲에는 저능아들이
낙원이 몰수된 세대가 산다
벌기 위해 먹으며 그들은 밤마다
숙녀의 음란증을 수술한다
심약한 소수가 있어
루터란 아워에 숫자판을 맞추지만

강요가 아니라, 우리들은 전혀 순수하고
자발적인 무의식으로 믿는다
성스럽고 상스러운 성이여
내 십자가엔 그리스도가 없다
모든 십자가로부터 목수의 어깨에 뜯어내라
가랑이 벌린 여인이 거꾸로 매달린
이것은 새로운 십자가. 자꾸자꾸
나는 거기 입맞춘다

—장정일, 「텅 빈 껍질」 부분

에피스테메는 정치 권력뿐만 아니라 문화 권력으로도 작용함으로써 사회를 지배해 나간다. 위 시는 문화 권력에 대한 비판적 주체 인식과, 문화적 에피스테메의 변화의 필요성을 역설하고자 한다. 화자는, '우리들은 잃어버린 게 없다'라고 현실을 모순적으로 왜곡하고 이를 강요하는 기존의 문화적 에피스테메 권력이, 어떻게 철저히 '우리'를 역사 이래로 낙원을 상실케 하고 '망명 세대'로 전락시켰는지, 그리고 '미래로부터도 쫓겨'나게 했는지를 조목조목 따져가고 있다. 과밀한 도시 문명과 고층 빌딩을 상징하는 '마천루 숲', 그 속에서 '머리가 텅 빈 거대한 껍질'처럼 '알맹이' 없이 '농한 사과 냄새'를 '코'가 '찌르'도록 풍기면서 살아가지만, 정작 '우리들'과 '너희들', 그리고 '대한민국'과 '세계'는 무감각하기만 할 뿐이다.

'마천루 숲' 현대 문명 속에서 '낙원이 몰수된 세대'로서, 또는 '저능아'로서 현실에 대한 비판적 인식 없이 문화적 에피스테메에 길들여진, '나'를 포함한 '그들'은 '심약한 소수'로서 '벌기 위해 먹'는 생산과 소비만을 위한 타자로 전락한 삶을 살아가고 있음을 화자는 지적하고 있다. 자본의 논리에 길들여진 생산적 타자로서의 삶뿐만 아니라, '밤마다 숙녀의 음란증'에 탐닉하는 욕망과 향락의 추종자로서의 삶도 '심약한 소수'가 부담해야 할 몫임을 놓치지 않고 있다. 문화적 에피스테메가 초래한 자본과 욕망의 굴레는, '루터'에 의해 시도되었던 '성스'러운 것으로 여겨지고 '순수'하고 '무의식'으로 '믿는' 종교적 가치마저도, '강요'와 '자발'성이라는 인위적 규율 속에 가두어 버렸다.

종교적 가치도 문화 권력의 규율적 지배에 의해 '성스럽고 상스러운 성'과 동의어가 되어 버렸기에, '십자가엔 그리스도'가 사라진 지 오래며 '모든 십자가'는 '가랑이 벌린 여인이 거꾸로 매달'려 있는

'새로운 십자가'로 바뀌는 기현상이 초래된 것이다. 성스러운 '성(性)'이 종교적 성스러움을 대신하고, 자본과 욕망이 '낙원'을 지배하는 세상이기에, 장정일의 관점에서 현대적 문화 에피스테메는 '농한' '냄새'나는 즉, 고름 냄새가 나는 추물일 뿐인 것이다. 이렇게 보면 작가의 현실 인식 태도는 "사물들을 서로 동일하게 하며, 뒤섞고 개체성을 사라지게 하는 에피스테메가 무한한 전개로 대체"(이규현, 2012: 55~105)되어야 함을 역설한 푸코의 가치관과 유사한 것이라 하겠다.

'물질'에 초점을 두고 자본과 욕망을 중시하는 현대 사회의 문화적 에피스테메로 인해, 현대인은 문화 권력 속에서 '동일'하게 '뒤섞여' 개성을 상실한 채 살아갈 수밖에 없다는 현상에 주목하는 것이야 말로 기존의 에피스테메를 개선시킬 수 있는 가능적 토대가 될 수 있을 것이다. 아울러 동일 규범으로의 수렴이 아니라 '무한한 전개', 즉 지배 집단에 의해 강요되는 정치 문화 권력에 종속되지 않고 개인의 자발성과 독자성을 강조하는 인식으로의 방향설정이야말로 열린 에피스테메를 구현하는 길이라 할 수 있다. 이렇게 본다면 위의 시에 나타난 작가 인식도 물질문명을 비판하고 '순수'와 '미래', '성스'러운 가치를 표방함으로써 에피스테메의 전환을 중요한 화두로 삼고자 하기에 '전향적 자기 인식'의 영역에 포섭되는 것이라 할 만하다.

무슨 일을 보여줄 건가. 대리석으로 세운
무덤. 돌 속의 무덤, 연극전용 회관에서
이제 곧 무슨 일이 벌어지려는 건가.
이미 많은 실연을 했고 너무 많은 것들을 나는
보아버렸는데? 자비롭게도 거대한 막이

아직은 무대 뒤편을 가려주고 있다
보이는 것은 붉은 막의 상단과 하단에 씌어진
싹싹한 광고들. 새로 나온 약용 치약과
수입 영양제 따위의 장식체 문구들
(…중략…)

무겁게 가라앉은 천장과 기괴한 희랍의 조각들
분명 어떤 짓누르는 분위기가 여기에 있는 것 같다.
뭐랄까 예술을 수하한다는
광기 혹은 순교랄까. 입맛이 씁쓸하다
그런 허울이 나를 속이고 있는 상술인지도 모르거니
입장권을 만지작인다. 어색하게
차라리 구주희 놀이나 하며 즐길 것을
독주를 마시며 주말 저녁을 외로이 셀 것을
어린 시절에 먹었던 건포도 식빵같이 고분히
관객들은 의자에 박혀 있다. 띄엄띄엄
(…중략…)

가끔씩 우상이 만들어진다. 여기서
하지만 볼 만한 희극도 비극도 이젠 상연되지 않는다
한때 숱한 영웅들이 이 무대 위에서
자신의 운명 결정하곤 했지만
오랜전에 세계는 지긋지긋해졌다. 겨우
동성연애자, 보험 가입자, 개업한 정신과 의사
따위가 우리들의 배우. 우리들에게 맡겨진

배역인 것. 수박만큼 두 눈을 크게 치뜨더라도

여기 없는 주인공을 나는

찾을 수 없다

—장정일, 「입장권을 만지작거리며」 부분

위 시에서 화자는 '나' 중심의 화법을 사용하고 있다. 현실을 지배하고 있는 에피스테메의 실체를 '연극전용 회관'에서 발견하고, 사회적 규범이 '나를 속이고 있는 상술'임을 명확히 하고 있다. 이는 에피스테메에 대한 비판적 인식을 기반으로, 개인을 사회에 종속된 권력 관계의 결과물일 뿐이라는 비판적 태도를 적시하고자 하는 의도로 읽힌다. 하지만 작가는 여기에서 나아가 '여기 없는 주인공을 나는 찾을 수 없다'는 문제의식을 제기함으로써 자기중심적 인식인 '전향'을 시도하고 있다고 하겠다. 푸코는 사회로 향하는 권력의 방향성을 개인으로 돌려놓는 '전향' 개념을 강조하면서, "권력과 개인 간의 타협과 상호작용"(임경규, 2010: 161~176)을 통해 개인적 정체성을 확립한 '해방으로서의 자유'(문성훈, 2010: 22)가 가능하며, 이는 하나의 에피스테메에서 다른 에피스테메로 가는 '불연속적 이동'(나길래, 2002: 60)의 전제임을 강조한 바 있다.

사회적 에피스테메의 구속에서 벗어나기 위해서는 에피스테메에 대한 단순한 비판보다 '사회' 중심적 사고를 '개인' 중심적 사고로 선회하는 것이 무엇보다 중요하다는 것이 그의 견해라 할 것이다. '개인'을 사유의 축으로 놓고 자신을 해석의 주체로 설정하며 자유로운 인식의 해방을 통해 비로소 에피스테메의 해체와 새로운 변화가 가능하리라는 것이다. 위 시에서 화자인 '나'가 '보아' 버린 것은 '연극전용 회관'이 '무겁게 가라앉은 천장'과 '기괴한 희랍의 조각'으로

'나'를 '짓누르'고 있는 현실적 상황이며, '예술을 수호한다는 광기'
와 '순교'로 '나'를 '속이고 있는 상술'임을 명확히 하고 있다는 점에
서, '나'는 인식의 해방을 통해 해석의 주체로 거듭나고자 하는 '전향'
적 자유인이라 할 수 있다.

　'무대 위'에서는 '우상'과 '영웅'들이 출몰했지만 그것은 이미 '나'
가 보기에 '지긋지긋'한 '세계'이며 그러기에 '볼 만한 희극도 비극'
도 '상연'되지 않는 '무덤'일 뿐이다. 이러한 공간에서 화자는 '나'에
게 '즐'거움을 줄 개인적 유희로서의 '놀이'와 존재 본질에 다가서기
위한 시도서의 '외로'움, 즉 고독에 탐닉하고자 한다. '놀이, 유희,
고독'과 같은 반사회적이며 개인 지향적인 가치에 대한 집중은 사회
적 에피스테메 속에서 소외된 '자기'를 찾는 매우 중요한 전향적 태
도로 평가할 만하다 하겠다. 화자는 또한 '건포도 식빵'처럼 '고분히',
그리고 '띄엄띄엄' '의자에 박혀' 있는 것과 같이, 수동적이고 종속적
으로 '우리들에게 맡겨진 배역'에서 벗어나 '여기 없는 주인공'인
'나'를 찾아 갈 것을 반어적으로 강조하고 있다고 할 수 있다.

　이처럼 장정일은 '나'에 주목한 반성적 성찰과 자기 찾기를 다양한
시편들을 통해 추구함으로써 '전향적 자기 인식'을 시도한다고 할
수 있다. "험한 산/ 아궁이 지피는 불쏘시개같이/ 끝이 까만 나무들이
우뚝우뚝 솟은 산중턱에/ 물 속의 집이 있었다/ 아, 모든 건 환영이었
구나!/ 나는 무안해서/ 물에 젖은 발목을 마른 흙에/ 비벼 닦았다"(「물
속의 집」 부분)에서 절대적 가치로 맹신했던 삶의 조건들이 '환영'과
같은 '물 속의 집'이라는 인식에 도달하게 되며, 반면 현실의 실체를
'험한 산'과 '불쏘시개같이 끝이 까만 나무들이 우뚝우뚝 솟은 산중턱'
으로 파악함으로써 '무안'한 '나'를 발견하는 반성적 성찰을 시도하게
된다.

"내가 왜 여기까지 왔지? 여기가/ 어디지? 끝? 끝?/ 그래 너는 이제 끝이야. 외판원이/ 너의 끝이야. 네 삶의 끝이야!"(「안동에서 울다」 부분)에서는 이원화된 자아를 등장시킴으로써, 내면적 자아의 현실적 자아에 대한 준엄한 경고와 비판을 통해 현실에 대한 명확한 인식과 자기 처지에 대한 반성적 성찰을 좀 더 적극적으로 촉구하고 있는 모습을 볼 수 있다. 절망적 현실과 그 속에서 파괴된 자아(이연승, 2007: 296; 엄경희, 2016: 639)에 대한 냉정한 발견을 성찰을 통해 접근하고 있다고 할 수 있는 것이다. 아울러 "나는 유유히 돌아가리라 그리고 나는 부활했다/ 휘황찬란한 백 촉 전구가 불 밝히고 늘어선 문명의 무덤을 걷어차고/ 나는 솟아올랐다"(「지하도로 숨다」 부분)에서는 '휘황찬란한 백 촉 전구가 불'밝혀진 '문명'의 공간을 '무덤'으로 규정하며 그 속에서 벗어나 미래 지향적 자아 찾기를 시도하고 이에 대한 성취를 '부활'로 단정지음으로써 자기화를 향한 강한 신념과 의지를 보여주고 있다고 하겠다.

이로써 시 교육의 마당에서 강조되어야 할 사항이라면, '권력의 모순성에 대한 자각과 비판', '비판을 위한 구체적 방안의 모색' 등이 될 수 있을 것이다. 권력의 모순성을 작품에 형상화된 내용을 통해 명확히 인식하고 그것의 개선을 위한 학생들의 공모적 인식의 시도가 무엇보다 중요하기 때문이다. '작품 속에서 권력의 부당성은 어떤 모습으로 구체화되어 있는지, 권력의 실체에 대한 화자와 시적 대상의 인식이 합리적이고 현실적인지, 권력의 해체를 위해 화자의 실질적 기획이 어떻게 형상화되어 있는지, 개인의 차원에서 사회적 구조화의 차원으로 체계화된 권력을 개선할 만한 시도가 드러나 있는지, 동일성을 거부한 차별성과 개체 지향성이 권력 해체의 방안이 될 수 있는지, 개인의 다양성과 새로운 가치 발견이 갖는 의의가 무엇인지' 등을 논의함으로써 권력의 주종관계가 청산되고 인간 존엄성이 실현될 수 있는 가능성을 학생들이 경험할 수 있는 분위기가 마련될 수 있을 것으로 본다.

4. 푸코 철학과 시 감상의 융합

시 감상의 국면에서 권력을 형상화한 작품에 푸코의 철학적 인식에 대한 차용의 가능성을 고찰해 보았다. 기존의 권력을 쟁점화한 시 작품을 학생들이 감상할 때 주로 강조점을 두었던 사항이, 권력의 폭력성이나 지배와 피지배의 이원적 대립 구조에 의한 권력의 전횡 고발, 혹은 민중들에게 자행되는 부당한 탄압상과 그들의 무기력함, 그리고 이러한 권력의 횡포에 대한 민중들이 비판적 인식의 재고 등이었다. 하지만 이러한 사항에 초점을 둔 시 감상은 권력의 속성이 무엇이며 권력이 어떻게 형성되고 자행되는지에 대한 면밀한 주의는 간과될 수밖에 없다. 아울러 권력이 갖는 사회적 성격과 그에 대한 개인적 차원의 대응과 개선 양상에 대해서는 더욱 그 방향성을 타진할 기회를 가질 수 없었던 것이 사실이다.

이에 푸코의 권력에 대한 인식이 선험적 규범성과 전향적 자기 인식에 있음에 주목하고 이에 대한 관점을 시 감상의 차원으로 활용해 보고자 한 것이다. 신경림과 김남주의 시편들을 통해 감상을 위한 실질적인 방법과 과정을 살펴보았으며 이를 통해, 권력이 에피스테메라는 사회 규제적 인식에 의해 형성되며 이러한 에피스테메가 철저히 기득권 세력에 의해 조장되는 것이나 사회적 권력에 대한 민중들의 인식이 결여될 수밖에 없는 것도, 권력의 특징이 선험적 규범으로 작동하기 때문이라는 점을 확인할 수 있었다. 권력의 생성과 작용 기제에 대한 명확한 인식을 전제로 작품을 감상함으로써 작품 속에 형상화된 권력의 실체와 작용 양상, 그리고 민중들의 대응 실태를 좀 더 구체적으로 탐지할 수 있는 여지를 마련할 수 있었다.

권력의 실체와 그것이 갖는 폭력성에 대한 확인이라는 리얼리즘적 해법에서 벗어나 권력과 에피스테메의 관련성을 강조하는 푸코의 관점을 통해 권력의 속성이 갖는 모순과 한계를 근원적으로 인식할 수 있을 뿐만 아니라 그 해결의 방안도 실질적인 차원에서 마련할 수 있게 된다. 과거의 역사적 흐름에 따라 기득권 세력이 주도했던 에피스테메의 전횡 과정이 갖는 일방성은 태생적으로 변화의 가능성을 내포하기에, 전향적 자기 인식을 통해 민중이 주체가 되는 새로운 에피스테메의 창출 가능성은 시 작품을 감상하는 또 다른 원리로 차용할 수 있는 것이다. 장정일의 시편들에 함축된 자기 독창성과 자율성, 그리고 개인의 반성적 인식을 통해 수행되는 변화의 가능성 등은 푸코가 강조한 자기 인식으로의 회귀와 일맥상통하는 점들이기에, 이에 대한 초점화가 학생들로 하여금 권력을 형상화한 작품 감상을 위한 또 다른 사유의 단초를 제공할 수 있으리라 본다.

푸코의 견해를 작품 읽기를 위한 토대로 활용하고 감상의 일례를 구체화하기 위해 신경림, 김남주, 장정일의 작품을 대상으로 논의를 전개하였으나, 권력을 쟁점으로 다루고 있는 다양한 작품으로의 확장 가능성을 보인 점에서 의의가 있다고 본다. 아울러 권력에 전제된 근원적 원리의 탐색과 권력 주체의 변화 가능성에 대한 방안 등에 대한 인식과 태도를 학생들이 견지함으로써 작품에 대한 또 다른 감상의 물꼬를 틀 수 있다는 점도 논의의 성과로 보고자 한다. 뿐만 아니라 교과서 작품의 선정 과정에서도 권력의 속성과 본질, 전향적 자기 인식을 통한 권력의 변화 가능성을 형상화한 작품들이 적극 논의되었으면 하는 바람을 가져 본다.

제2부

실존철학과 시학의 융합교육

제1장 실존적 사유를 통한 김수영 시 읽기 방법

1. 김수영 시학의 실존 철학 지향성

김수영은 '반시론'에서 "노래는 존재다. 신(神)으로서는 손쉬운 일이다./ 하지만 우리들은 언제 존재할 수 있겠는가? 그리고 우리들은 언제/ 신의 명령으로 대지와 성좌(星座)로 다시 돌아갈 수 있게 되겠는가?"라는 시구를 인용함으로써 '존재'에 대해 주목한다. 김수영은 인간 존재의 실존 인식이 어려운 과업이며, 이러한 현존재의 자기 존재 가능성에 대한 이해와 지향을 통해 '대지와 성좌'라는 근원적 본질로 회귀할 수 있음을 강하게 인식하고 있음을 보게 된다. 그만큼 김수영에게 존재에 대한 물음 제기와 그에 대한 인식이 중요한 화두였음을 짐작할 수 있으며, 현실적 제약 속에 자기를 잃고 살아가는 많은 군상들의 비본래적(uneigentlich) 실존을 본래적 실존으로 전환시키기 위한 그의 노력이 시작(詩作)으로 이어졌음을 직감하게 된다.

그러므로 김수영은 충분히 '실존' 지향적이다. 전후 세대를 대표하는 모더니스트로서의 명성뿐만 아니라 그의 시작품들에는, 전쟁을 경험하고 산업화되어 가는 혼란한 상황 속에서 일상인으로서의 '세인(世人, das Man)'에 주목(김유중, 2010: 182~203)함으로써 '현존재'의 존재 가능성을 탐색하고자 했기 때문이다. 김수영은 그의 시론에서도 실존적 인식을 간접적으로 토로하고 있다. 대표적 시론으로 주목받고 있는 '시여, 침을 뱉어라'라는 글에서는 "그 시민들의 대부분은 군거(群居)하고, 인습에 사로잡혀 있고, 순종하고, 그 때문에 자기의 장래에 대해 책임을 질 것을 싫어하고, 만약에 노예제도가 아직도 성행한다면 기꺼이 노예가 되는 것도 싫어하지 않을 정도다."라고 토로하고 있다.

이는 하이데거가 주되게 논의했던 바와 같이, 자기 인식과 자기 존재에 대한 근원적 물음을 제기할 수 있는 '현존재'로서의 인간은, 자신의 의도와 무관하게 일상적 세계 속에 던져진 '세계-내-존재'로서의 특성으로 인해, 끊임없이 세상과 타인의 시선과 의도에 간섭을 받으며 본질적인 자신의 존재 가능성을 평준화시킨다는 견해와 맥이 닿아 있는 것이다. 김수영은 그의 시론에서 비록 하이데거의 견해를 전면적이고도 직접적으로 언급하지는 않고 있으나, 그레이브스의 논의를 인용하면서 하이데거의 '세인' 개념을 '군거'에, '존재 가능성의 평준화'를 '인습과 순종', 그리고 '존재 가능성을 향한 기획투사'를 '자기의 장래에 대한 책임'으로 각각 대응시켜 놓고 있음을 확인하게 된다. 이로써 김수영은 현대적 상황과 그러한 상황에 적응해 가는 실존 상실의 인간 군상(群像)을, 하이데거의 지적처럼 세인을 '비본래적 실존'(Zimmermann, 1977: 188~189)으로 규정하며 전후 세대를 자기 자신의 가능성 상실의 시대로 진단하고 있는 것이다.

'죽음에 대한 해학'을 통해 김수영은 하이데거가 현존재의 실존 인식을 위한 중요한 계기로 삼았던 '죽음의 무연관성'을 언급하고 있다. 하이데거에 따르면 인간이 완강하게 거부하고자 하는 죽음으로 '미리 달려가 봄'으로써 타인과의 더불어 있음이 소용없다는 것을 명확하게 인식하는 죽음의 무연관성에 직면하게 될 것임을 역설한다. 이로써 인간은 죽음을 회피하지 않고 그것에 대해 자신을 자유롭게 할 수 있다는 주장을 편다. 이는 곧 유한한 인간 존재에 대한 명확한 인식을 유도하게 되며, 나아가 이러한 유한성 속에서 '스스로 가능한 본래적 자신'(Heidegger, 1979: 352~353)을 확립해 나가는 것이 현존재가 부담해야 할 실존적 태도라고 보는 것이다. 이를 위해 그는 '죽음에 대한 해학'에서 "메멘토 모리라는 라틴어의 뜻은 죽음을 잊지 말라는 것인데, 분명히 메멘토 모리는 냉수를 등골에 끼얹으려는 의도를 포함하고 있고, 그것은 한 조각의 정기(正氣)를 불러 일으켜줄 것이다. 오히려 끊임없이 각성된 생명을, 끊임없는 새로운 출발을 독려하고 있는 것이다."(김수영, 2015: 397~420)라고 적고 있다.

그간의 연구를 통해서도 김수영의 실존적 사유는 다각도로 입증된 바 있다. 김수영은 그의 시작(詩作)들에서 역사적 구성원으로서의 개인, 다른 존재와 내적 관계를 갖는 타자로서의 모습을 형상화함으로써, 역설적으로 '각자성(各自性)'(김미정, 2005: 302~306) 추구의 유의미함을 부각시키고자 하였다. 김수영이 다양한 작품들을 통해 현실적 일상과 그 속에 매몰된 인간상을 부각시킨 이유는, 주어진 상황을 회피하고 타인과 동일시하려는 군중의 행태를 통해 자기 자신과 대면할 기회를 포기하는 인간 군상의 '사물화'를 겨냥하기 위함이다. 그는 단호하게 "무서운 것은 문화를 단 하나의 이데올로기와 동일시하는 것"(오문석, 2000: 85~87)이라고 함으로써 공공성 속에서의 자기 상실이라고 규정한다.

이러한 해석은 하이데거가 현존재와 존재자를 구별함으로써 자기 존재에 대해 고민하고 문제삼는 적극적인 주체로서의 현존재와, 실존에 대한 의식적 자각이 전무한 존재자를 구별한 것과 닿아 있다. 김수영이 주목한 인간 군상의 '사물화'는 곧 일상성에 함몰됨으로써 자기 존재의 본질을 망각한 '세인'으로서의 존재자와 동일시되는 것이기에 그러하다. 하지만 김수영은 여기에서 나아가 실존을 상실한 일상적 존재 형성의 근원에 대해 천착해 나가고자 하는 것이 색다르다. 현존재를 획일성과 공공성 속에 가두어 두는 원인을 독재정치나 소시민의 순응주의로 진단하고 이에 대한 저항과 비판을 주된 전략(박정근, 2011: 83)으로 삼고자 했던 점이 김수영식의 실존주의적 사유라 할만하다.

하이데거는 그의 논저에서 "다양한 존재자가 우리에게 개방되어 있다. 그러나 이 모든 것은 그저 다양한 것으로 서로 나란히 서로 뒤섞여 균일하게 하나의 세계라는 무대 위에 있는 것이 아니다. 존재자 속에는 근본적으로 상이한 양식들이 있다."(Heidegger, 1983: 444)고 지적한 바 있다. 아울러 그는 현존재로서의 인간은 사물이나 자기 이외의 타자와 같은 존재자들과의 관계 속에서 존재한다고 진단하면서 이러한 속성을 '세계-내-존재'라고 규정하고, 이러한 상호 관계성을 '고려(Besorge)' 혹은 '배려(Fürsorge)'(박찬국, 2013: 76~77)라고 지칭한다. 이처럼 분명 하이데거는 인간 현존재의 실존을 찾아가는 과정을 중요시하되 결코 현존재가 위치하고 있는 일상 세계를 외면하지는 않았다. 어찌보면 일상 세계의 규칙에 맹목적으로 순응하는 인간 존재의 실상을 정확히 인식하고 이를 통해 현존재의 근본 특징인 '각자성(mineness)', 즉 '나의 존재는 나'(Wrathall, 2005: 28)라는 사유로 수렴되기를 갈망했던 것이다.

김수영 역시 인간 존재의 실존적 물음에 대해 관념적이고 사변적으로 접근하지 않았다. 일상성과 세계성의 부정적 속성을 시편들을 통해 다양하게 부각시키고는 있지만, 궁극적으로 이러한 형상화 방식을 통해 그 속에 은폐된 인간이 궁극적으로 지향해야 할 본래적 진리와 존재 가능성(임동확, 2014: 53)을 탐색해 내고자 했음을 유념할 필요가 있다. 김수영은 현시대의 부정적 속성과 그 속에 전제된 실존 상실의 문제를 부각시키는 데 있어, 특히 '관계'에 주목하고자 하였다. 인간 존재는 현실을 떠나서는 논할 수 없기에 구체적 시대 상황 속에서 타자와의 관계를 정확하게 진단함으로써 자기의식에 도달(김미정, 2004: 169; 김지녀, 2011: 129)하고자 하였다. 이처럼 김수영이 현실을 놓치지 않고 이를 통해 인간 존재의 실존적 사유에 접근하고자 한 것은, 하이데거의 논의처럼 세계 안의 존재자는 전체적인 의미 연관 속에 관련성(Aronson, 2005: 239)을 갖고 존재한다는 인식에 해당하는 것이다.

사실상 인간의 실존에 대한 인식은 지극히 관념적이다. 하지만 하이데거가 그러했듯이 김수영이 철저히 현실적 상황에 눈을 돌린 것은 인간 존재가 시대적 현실을 기반으로 존재하는 것이며 그 속에서 진정한 자기를 찾는 것이 실존적 사유의 본질임을 놓치지 않기 위함이다. 김수영은 의식 안이 아니라 바깥에 존재하는 사물을 바라보고, 그러한 존재자를 탐색하는 자신에 대한 의식을 통해 사물과의 거리두기(박정근, 2015: 334)를 시도하고자 했던 것이다. 상황에 대한 주관적 감정에 빠지지 않고 객관화된 시선을 통해 타자로서의 존재자와 현존재로서의 자신을 냉철하게 파악함으로써 실존의 참모습을 발견하고자 한 시인이었다.

하이데거는 세계와 관계하는, 혹은 세계와 관련해 존재 인식에 영향을 미치는 요소로 '기분'과 '이해'를 지목한다. 그에 따르면 '기분'은 지성에 반대되는 감정적 요소(Grossmann, 1984: 227)에 해당하는 것이다. 일상생활에서 경험하게 되는 기쁨과 슬픔은 물론 불안과 공포까지도 '기분'의 범주에 드는 것이다. 하지만 무엇보다 하이데거가 주목하는 사태는 '죽음'으로 인한 기분의 유발이다. 그 어떤 기분보다 가장 강력하면서도 인간 존재에게 충격적이면서도 근원적인 물음에 접하게 하는 것으로 보았기 때문이다. 하이데거가 현존재의 존재 가능성으로 안내해 줄 첫 번째 요소로 주목한 것이 '기분'이며 그 다음은 '양심'이다.

그가 말하는 '양심(Gewissen)'은 윤리적 양심과 구별되는 것이다. 양심은 현존재로서의 인간이 갖는 근원적 현상으로서 자신의 본질적 내면에서 울려 나와, '가장 고유한 책임 있는 존재'를 향하게 하는 '부름(Ruf)'(이수정, 2010: 124)으로 규정한다. 현존재로서의 인간은 불안 앞에서 무의미하게 세계 속에 처해 있다는 사실을 깨닫게 되고 비로소 일상성의 모순에 직면함과 동시에, 자기 자신을 발견하고 되돌아가라는 외침(이기상 외, 1998: 188)을 들을 수 있어야 함을 강조한다. 이것이 하이데거가 강조하는 실존 회복을 위한 핵심 과정인 것이다.

따라서 김수영의 작품이 실존적 사유와 관련성이 있음을 전제로, 하이데거 사유의 핵심인 '심정성(心情性)'과 '양심', '존재 가능성' 개념을 기반으로 해서 김수영 작품을 읽어 가는 방법을 고찰해 보고자 한다. 김수영의 작품들에서 발견되는 실존적 인식에 대한 탐색은, 간과하기 쉬운 그의 실존에 대한 감수성을 재발견하게 해 줄 뿐만 아니라 작품을 독자의 삶의 본질과 연결시킴으로써 시 읽기의 묘미를 배가시킬 것으로 본다. 논자에 따라 하이데거의 실존적 사유를 다양한 관점과 태도로 언급할 수 있을 것이나, 정서와 연관된 '기분'이 존재 가능성 인식의 토대가 된다는 입장을 토대로, 심정성으로서의 기분을 통한 존재 가능성에 대한 인식과 이에 대한 기획투사가, 실존에 도달하기 위한 하이데거의 핵심 과정으로 보았기 때문이다.

그 구체적인 방법 요소로 '심정성으로서의 기분'과 '존재 가능성을 향한 양심'을 설정하고, 김수영 시에서 '정서'를 발견하고 이를 감상하는 구체적인 방법, 자기 실존을 찾아가기 위한 문제 제기로서 '죽음'이라는 소재에 대한 발견과 읽기 방법에 대해 천착하고자 한다. 또한 화자의 자기 내면에서 울려오는 '양심'에 초점을 두고 이것이 유발하는 시적 의의를 발견하기 위한 읽기 방법도 제시해 보고자 한다.

2. '심정성'으로서의 '기분'으로 시 읽기

현존재로서의 인간은 감각을 가지고 있으며 이로 인해 여타의 존재자와 접촉을 하고 그에 대한 정서를 갖게 된다. 대상과의 접촉을 통해 느끼게 되는 감각은 인간 존재에게 일방적이거나 수동적 차원에 머무르지 않고, 현존재가 자신을 드러낼 수 있는 계기가 될 수 있다. 세계 현상이나 존재자에 대해 개별 인간 존재가 독특하고 개성적인 반응 양상을 드러낸다는 점에서 그러하다. 하이데거는 이러한 점에 주목해서, 인간은 감각을 통해 형성되는 '기분' 속에서 세계를 발견하게 된다고 보았으며, 인간이 느끼는 다양한 감각적 기분인 심정성으로 인해 세계에 의존하기도 하고 본질적 측면에서의 자기 자신(박찬국, 2015a: 191~194)을 찾을 수도 있음을 강조한다.

하이데거가 언급하는 심정성은 세계에 임해서 인간이 느끼는 다양한 기분을 일컫는 것이기는 하지만, 결코 주관적이고도 맹목적으로 상황에 투사시키는 감정 일반을 지칭하는 것은 아니다. 다양한 정서 속에서 인간은 자신의 존재에 대해 인식하게 되고 존재의 본질이 드러난다고 본다. 따라서 심정성에 주목하고 그에 대한 명료한 인식은 인간 현존재의 실존을 찾아가는 매우 중요한 과정에 해당하는 것이다. 하지만 정서 유발의 전제가 '세계' 자체에 있다는 것은 잊지 말아야 한다. 정서는 현존재가 이 '세상에 던져져 있다는 피투성(被投性)'을 깨닫게 되는 계기가 됨과 동시에 '피투성'을 전제로 형성되는 것이며, 인간이 다른 존재자들과 달리 개성적이고도 고유한 방식으로 '드러나 있다는 개시성(Erschlossenheit)'(이승훈, 2011: 31~36)을 자각하는 동인(動因)이 된다.

세상이라는 일정한 틀 속에 위치하는 자신의 존재를 정서를 통해 자각하게 되고, 자신의 마음속에 형성된 정서에 기대에 세상을 바라보면서 세상의 내밀한 규칙과 원리가 자신을 지배하고 있음을 비로소 알게 된다는 것이다. 아울러 세상이 공유하도록 요구하는 제반 법칙 속에서 자신의 존재가 파묻혀 있지만 인간 존재는 인간 이외의 존재자와 구별될뿐더러, 자기 이외의 인간 현존재와도 변별되는 참모습으로서의 실존으로 자리 잡을 수 있어야 함도 깨닫게 된다고 본다. 결국 자신의 정서에 주목하는 행위는 세상의 본질을 규명하는 최초의 시도이자, 자신과 타인, 자신과 사물과의 관계와 독자성을 발견하는 단초인 것이다.

비가 그친 후 어느 날―
나의 방안에 설움이 충만되어 있는 것을 발견하였다

오고가는 것이 직선으로 혹은 대각선으로 맞닥뜨리는 것같은 속에서
나의 설움은 유유히 자기의 시간을 찾아갔다

설움을 역류하는 야릇한 것만을 구태여 찾아서 헤매는 것은
우둔한 일인 줄 알면서
그것이 나의 생활이며 생명이며 정신이며 시대이며 밑바닥이라는
것을 믿었기 때문에―
아아 그러나 지금 이 방안에는
오직 시간만이 있지 않으냐

흐르는 시간 속에 이를테면 푸른 옷이 걸리고 그 위에
반짝이는 별같이 흰 단추가 달려 있고

가만히 앉아 있어도 자꾸 뻐근하여만 가는 목을 돌려
시간과 함께 비스듬히 내려다보는 것
그것은 혹시 한 자루의 부채
―그러나 그것은 보일락말락 나의 시야에서
멀어져가는 것―
하나의 가냘픈 물체에 도저히 고정될 수 없는
나의 눈이며 나의 정신이며

이 밤이 기다리는 고요한 사상(思想)마저

나는 초연히 이것을 시간 위에 얹고

어려운 몇 고비를 넘어가는 기술을 알고 있나니

누구의 생활도 아닌 이것은 확실한 나의 생활

마지막 설움마저 보낸 뒤

빈 방안에 나는 홀로이 머물러 앉아

어떠한 내용의 책을 열어보려 하는가

— 김수영, 「방안에서 익어가는 설움」

　그런 점에서 위의 시는 어떤가. 화자가 주목하는 핵심 정서는 '설움'이다. 화자는 '나의 방안'에 설움이 충만했음을 발견하게 되고, '오고가는 것이 직선으로 혹은 대각선을 맞닥뜨리는 것같은 속'에서라고 토로함으로써, 설움의 기원이 화자가 직면한 공간과 관련이 있음은 물론 현존재 상호 간 혹은 존재자들 사이에서 유발되는 관계의 마찰이나 갈등에 있음을 명확히 하고 있다. 전쟁이 가져온 참상, 그리고 그 이후 전개되는 군부독재와 유신, 이에 대한 대안으로 기대했던 4·19 민주화 운동의 실패, 이러한 와중에 일방적으로 추진되는 산업화와 근대화라는, 시인 당대의 상황을 염두에 둔다면 분명 화자의 지적처럼 모든 존재의 관계들은 아름다운 곡선을 그리는 화음(和音)은 아니다. '직선'과 '대각선'의 '맞닥뜨'림, 즉 대결과 갈등, 강요와 희생, 억압과 굴종만이, 시대적 공간으로서의 '방안'을 채우는 유일한 것이었음을 부인할 수는 없다. 이러한 상황에서 화자는 필연적으로 '설움'의 정서 혹은 기분에 초점을 맞추고 있는 것이다.

　하지만 화자는 설움을 개인의 주관적 심정으로만 치부하지 않고 있다는 점에서 하이데거적 사유를 닮았다. 화자는 설움을 '나의 설움'이라고 단정짓고 있기 때문이다. 이처럼 화자와 동일시된 설움은 '자기의 시간을 찾아'가는 행위로 형상화됨으로써, '자기의 시간'이 설움의 시간인지 화자의 시간인지를 구분하지 못하는 모호성으로 읽히게 된다. 하이데거가 "나는 기분에서 그 어떠한 일상적 가치로 환원할 수 없고, 다른 누구에 의해 대체될 수 없는 나 자신의 유일무이한 존재와 만나게 된다."(박찬국, 2013: 92)고 토론한 것과 같이, 화자는 정서에 주목함으로써 세상을 재고찰하게 되고, 설움이라는 정서를 자신 속에 대입함으로써 서서히 자기의 본질을 인식하는 작업을 감행하고 있음을 보게 된다.

화자는 정서를 집요하게 탐색한다. '설움'을 맹목적으로 인식하는 것이 아니라 차별화하고 있기 때문이다. 앞 선 연들에서 화자가 인식한 설움은 세 번째 연에서 또 다른 변주로 나타나고 있다. 화자에게 있어 과거의 설움은 '역류'(방인석, 2010: 93; 전병준, 2011: 388)하고자 하는 대상일 뿐이었다. 지금처럼 세상과 나의 실존을 인식하는 계기로 작용하는 정서의 단초로서가 아니라, 극복하고 거부하고 싶은 부정적 정서에 지나지 않았던 것이다. 하지만 설움을 다시금 주목하고 사유의 대상으로 설정한 이후, 설움을 거스르고 이겨내려고만 했던 과거 태도를 화자는 '야릇'하고 '헤메'이고 '우둔한 일'로 규정하고자 한다. 설움이 화자의 '생활, 생명, 정신, 시대, 밑바닥'을 지배(정명호, 1998: 91; 여태천, 2005: 243)했던, 그리고 그러한 설움을 극복의 대상으로만 여겼던 삶에 대해 전면적 수정을 감행해 나가고자 하는 것이다.

'방안'에는 '오직 시간만이 있'음에 눈길을 돌리게 된다. '시간만이 있'음은 시간의 존재를 의미하는 것이며, 문맥을 고려할 때 시간의 존재는 설움의 존재이며 나의 존재로 치환되는 것이다. 즉, 설움에서 사유를 시작하지만 이는 설움을 안고 있는 나로 발전해서 결국 나의 존재로까지 발전해 나가는 양상을 보이고 있다. '흐르는 시간 속'에서 존재의 실존에 대한 사유가 점진적으로 진행되어 감에 따라 화자는 변화를 보이게 된다. '푸른 옷, 흰 단추, 부채'와 같은, 설움으로 충만했던 방안에 이전까지 보이지 않았던 존재자들 상호 간의 관계에까지 인식이 미치게 되는 것이다. 이는 분명 사유의 변화이다. 세 번째 연에서는 '오직 시간만' 존재했던 공간이었지만 사유의 결과 다섯 번째 연에서는 '시간과 함께'하면서 아직은 분명하게 인식은 못할지라도 '비스듬히 내려다보는' 차원에서 부채 이외의 존재자들의 연관성을 보게 된다.

하지만 '푸른 옷, 흰 단추, 부채'는 '가냘픈 물체'로서 나의 의식 속에 '고정'적으로 자리잡을 수 있는 본질적인 것이 아니기에 '나의 시야에서 멀어져' 갈 수밖에 없다. 존재자에 대한 인식, 존재자 상호 연관성에 대한 파악, 그리고 존재자의 비본질성에 대한 탐색을 거쳐 결국 화자가 도달하게 되는 사유의 절정은 '나의 정신'(여태천, 2004: 360; 김윤배, 2014: 90~91)이다. 하지만 화자는 '나의 정신'에 집착하지 않는다. 그것마저도 존재자들을 '나의 시야에서' 멀리 물리쳤듯이 '시간 위에 얹고' 시간과 함께 흘려버리려 한다. 이미 화자는 설움에서 출발해서 설움의 의미를 새롭게 깨닫게 되었고 설움과 나의 관련성 속에서 존재자는 물론 나의 정신과 사상마저도 간파하는, 요컨대 '몇 고비를 넘어가는 기술을' 깨달아 감으로써 실존 인식에 점진적으로 도달해 가고 있음을 자각하기 때문이다.

결국 화자는 하이데거가 언급한 세상의 질서에 구속받음으로써 비자발성과 수동성만 남는 '세인'으로서의 '누구의 생활'이 아니라, '확실한 나의 생활'만이 자신의 실존에 도달할 수 있음을 확신하게 된다. '나의 정신, 사상, 생활'을 강조하고 그 속에서 실존적 본질에 다가가고자 하지만, 이를 일정한 틀에 가두어 두지 않음으로써 지속적이고도 끊임없이 존재 가능성에 도달하고자 하는 것이다. 이제 처음 '설움이 충만' 되었던 '방안'은 '마지막 설움마저' 보내 버리고, '빈 방'으로 재탄생되게 된다. 나의 실존에 대한 인식을 문제삼고 이에 도달할 가능성을 갖게 된 화자에게 더 이상 세상으로 인해 유발되는 모든 설움은 깨끗이 비워지게 된 것이다. 이러한 상황에서 화자에게 남겨진 것은 '홀로이 머물러 않아' 있는 참 나와의 대면 이외에는 있을 수 없을 듯하다.

심정성과 관련해 하이데거가 주의를 기울여 탐색하고자 한 것은 '죽음'이 환기하는 '불안'이라는 기분이다. 그에 따르면 인간은 탄생과 동시에 죽음을 근원적으로 떠안고 있다고 기술한다. 곧 탄생은 죽음과 동의어라는 것이다. 하지만 인간은 죽음을 일상적 죽음으로만 대하지 실존적 차원의 죽음으로 인식하지는 못한다. 일상적 차원의 죽음은 나와는 무관하게 타자와 관련된 것으로 주변인이나 심지어 가족의 죽음으로 위로하고 슬퍼하기도 하지만, 정작 죽음은 자신과 무관한 객관적 사태로만 존재한다고 인식하는 차원의 것이다. 이러한 차원에서의 죽음에 대한 인식은 죽음이 엄연히 삶 속에 존재하기는 하지만 나는 언제든 죽음과 결별하고 나의 평범한 일상적 삶으로 회귀할 수 있는 대상으로서만 존재할 뿐이다.

하지만 실존적 차원의 죽음은 '무가 무화(das Nichts nichter)'(박찬국, 2013: 105)하는 사건'이다. 죽음으로 인해 유발되는 불안의 기분은 인간 존재가 집착하고 의의를 부여해 왔던 모든 것들을 무화(無化)시킴은 물론, 그것은 결국 인간의 본질이 무엇인지에 대해 묻고 그에 대해 진지하게 사유함으로써 실존을 찾아가게 하는 단초가 된다는 것이다. 인간은 죽음 앞에서 자신이 더 이상 존재할 수 없다는 무(無)를 절실하게 통감하고 이를 통해, 세속적 가치에 집착해 세상사람(das man), 즉 세인으로 살며 절대시해 왔던 모든 가치들이 무화(無化)됨을 깨닫는 순간, 세상에서부터 도피해 진정한 자신의 존재 가능성 속으로 빠져들 수 있다고 본다. 따라서 인간 현존재는 진지하게 죽음에 대한 불안을 성찰하는 순간 '본래적 존재(Eigentlichkeit)'(오희천, 2012: 92)로의 가능성을 갖게 되는 것이다.

하이데거가 심정성의 핵심으로 기분을 그리고 그러한 정서를 죽음에서 찾고자 하는 근본적 이유는, 죽음을 일상성 극복의 계기로 삼기 위함이다. 그는 "죽음을 향한 현존재는 존재 가능성으로서의 자기 자신과 관계를 맺는다."고 언급하면서, "죽음을 은폐하며 회피하는 태도가 질기게 일상성을 지배하고 있다."(Heidegger, 1979: 338~339)고 단언한다. 여기서 중요한 사항을 발견하게 된다. 일상적 태도로 죽음을 받아들여서는 안 된다는 것과 죽음의 본질적 의미에 대한 명확한 인식이 일상적 삶의 굴레에서 인간을 해방시킬 수 있다는 것이다. 세상의 규범에 따라 생각하고 행동하는 인간 존재의 관습에 의해서는 참다운 나와 대면할 수 없으며, 그와 유사한 행태로 죽음을 받아들이는 것 역시 나의 실존을 찾는 데 도움이 되지 않는다는 것이다. 평준화되어 무미건조한 삶을 강요하는 일상성에서 벗어나 나의 실존을 인식하기 위해서는 죽음과 그것이 유발하는 불안의 정서를 새로운 시각으로 바라보아야 할 것이다.

병풍은 무엇에서부터라도 나를 끊어 준다
등지고 있는 얼굴이여
주검에 취한 사람처럼 멋없이 서서

병풍은 무엇을 향하여서도 무관심하다

주검의 전면(全面)같은 너의 얼굴 위에

용이 있고 낙일(落日)이 있다

무엇보다도 먼저 끊어야 할 것이 설움이라고 하면서

병풍은 허위의 높이보다 더 높은 곳에

비폭(飛瀑)을 놓고 유도(幽島)를 점지한다

가장 어려운 곳에 놓여 있는 병풍은

내 앞에 서서 주검을 가지고 주검을 막고 있다

나는 병풍을 바라보고

달은 나의 등뒤에서 병풍의 주인 육칠옹해사(六七翁海士)의 인장(印章)을 비추어주는 것이었다

—김수영, 「병풍」

위의 시는 죽음에 방점을 두고 있다. 정서는 '설움'이지만 그러한 기분 유발의 단초가 죽음이라는 점에서 하이데거의 불안과 크게 차별적이지는 않아 보인다. 중요한 것은 죽음으로 인해 유도되는 정서에 주목하고 죽음에 대한 사유를 통해 현존재의 실존에 접근하고자 한다는 점이 하이데거적 사유와 일맥상통한다. '병풍은 무엇에서부터라도 나를 끊어' 주고 있으며, '병풍은 무엇을 향하여서도 무관심'하다. 여기서 '무엇'의 실체가 궁금해진다. '무엇에서부터'와 '무엇을 향하여'라는 구절은, 하이데거의 "배려의 일상성 속에서는 대리가능성이 부단히 행사되고 있다. 모든 '~에로 감', 모든 '~을 가져옴'은 가까이 배려되고 있는 주위세계의 범위 안에서는 대리 가능하다." (Heidegger, 1979: 321~322)라는 언급과 겹쳐 보인다.

이는 주위세계라는 일상 현실은 일정한 규범을 공유한다는 점에

서 '배려'적이다. 아울러 평균적이고 유사한 관습 하에 삶을 영위함으로써 개별적 고유성은 배제되기에 존재 상호간에는 대리 가능한 속성을 갖게 된다는 것이다. '무엇에서부터'는 '~을 가져옴'과 대응될 수 있으며, '무엇을 향하여'는 '~에로 감'과 포개어진다. 따라서 '병풍'은 '나'를 맹목적 평균화를 강요하는 일상적 규율로부터 나를 차별화시키며, 병풍 스스로도 균질성을 지향하는 현실 세태와 무관한 태도를 견지하고 있는 것이다. 병풍은 세상의 맹목성과 일상성을 '등지고' 있을 뿐 아니라, 과거의 장례 풍습을 염두에 둔다면 '주검'에 대해서도 등진 모습을 보인다.

병풍이 세상의 일상성을 등지고 있고, 주검에 대해서도 등지고 있다는 것은, 일상성과 주검이 동일한 의미로 읽힐 수 있음을 암시하는 부분이기도 하다. 즉, 화자는 병풍을 통해 세속의 일상성을 거부하면서 아울러 일상적 죽음에 대해서도 비판적 태도를 보이고 있는 것이다. 하이데거는 현존재의 삶을 "공적이며 피상성에 연관된 삶"으로 규정하고, "세계 내부적인 존재자들로부터 스스로를 해방"(조형국, 2008: 122; 박서현, 2011: 197)시켜야 함을 역설하면서 이를 위한 중요한 매개가 죽음에 대한 실존적 사유라고 보았다. 즉, 병풍이 '끊어' 주고, '등지고' 있는 대상은 공적이라는 명분으로 강요되는 '피상적 일상'과 그와 동일선상에서 인식되고 있는 '일상적 죽음'임을 알 수 있다.

하지만 일상적 죽음을 거부하는 병풍은 역설적이게도, '주검에 취한 사람'처럼 서 있으며 '주검의 전면같은' 얼굴을 취하고 있다. 이는 하이데거의 논의처럼 "그들의 환상에서부터 해방된 정열적이고 현사실적인, 자기 자신을 확신하고 불안해하는 죽음을 향한 자유 속에 있는 자신"(Heidegger, 1979: 355)을 발견한 현존재의 모습으로 읽을 수 있다. 일상적 죽음에 대한 비판적 태도를 넘어 병풍은 현존재의 실존적 인식의 매개(주영중, 2012: 25; 이근화, 2016: 275)로 죽음을 바라보게 되고, 죽음을 통해 다시금 세속적 일상성의 무의미함을 자각하며 현존재의 실존으로서의 존재 가능성을 인식하는 차원으로까지 나아가게 된다. 이처럼 실존적 죽음의 의미를 깨닫게 된 병풍은 주검에 도취될 수밖에 없으며, 그 자신 스스로가 주검의 전면적인 모습을 만면(滿面)에 머금게 되는 것이다.

실존적 죽음의 의의를 자각한 병풍은 화자에게까지 조언을 한다. 그것이 바로 '설움'에 대한 단절의 요구이다. 이는 일상적 죽음의 인식 차원에 머무르고 있는 화자를 일깨우기 위한 주문이면서, 화자가 실질적 측면에서 실존적 죽음에 대한 사유로 진행해 나갈 수 있는 근본적인 행위의 단초에 해당한다. 설움의 차단과 극복은, 죽음의 일상성을 뛰어 넘는 것이며 죽음을 평균화된 일상적 사유로 대하는 것을 극복하는 일이다. 아울러 죽음을 통해 일상적 가치를 전면 부정하고 해체함으로써 재해석할 뿐 아니라, 죽음을 자기 자신의 근원적인 문제와 관련지음으로써 자기의 참모습인 실존을 찾아가는 계기로 삼을 줄 아는 것을 아우르는 것이다.

이미 실존적 죽음에 대한 사유에 도달한 병풍은 나와 달리, 세상의 그 무엇에 대해서도 '무관심'한 태도를 보이며 그의 얼굴에는 '용, 낙일, 비폭, 유도'를 드러내 보이고 있다. 여기서 병풍의 무관심은 존재 자체에 대한 전면 부정이 아니라 비본질적 존재자에 대한 거부이자 무화(이은주, 2007: 180)임이 명확해진다. 하이데거가 현존재의 실존에 대한 탐색을 '본래성'으로 규정하고, 현존재의 존재 가능성을 방해하는 그 외의 모든 일상성 및 그와 연관된 존재자의 존재 방식을 '비본래성'(배우순, 2006: 138)으로 단정지은 것처럼, 병풍에 드리워진

'용, 낙일, 비폭, 유도'는 분명 일상성을 초월한 본래적 실존의 모습으로 해석 가능하다.

일상성과 일상적 죽음을 '무관심'으로 일관하던 병풍의 만면에 '용, 낙일, 비폭, 유도'라는 현실 초극의 이미지를 표상해냄으로써 비본래적 일상성은 '허위'(이근화, 2009: 238; 김윤배, 2014: 168~169)로 규정된다. 반면, 실존적 죽음에 대한 인식에 다가서게 되면서 일상적 죽음이라는 '허위'적 사유로는 도달할 수 없는 '더 높은 곳'에, 그리고 쉽게 도달할 수 없는 '가장 어려운 곳'에 도달했음이 현실 초극의 이미지로써 명확해지는 것이다. '더 높'고도 '가장 어려운 곳'은 분명 현존재의 실존에 대한 인식이며 존재 가능성에 대한 자각이라 할 수 있을 것이다. 결국 병풍은 '주검을 가지고 주검을 막고' 있음이 명확해진다. 병풍이 '가지게 된 죽음'은 실존적 죽음에 대한 인식일 것이며, 그가 '막고 있는 죽음'은 일상적 죽음으로 보아도 무리가 없어 보인다.

하지만 여전히 해결해야 할 과제는 남아 있다. 실존적 죽음에 대한 인식을 통해 실존적 자각에 도달한 것은 병풍에 한정된 것이며, 화자는 여전히 '끊어야 할 것이 설움'임을 암시 받았을 뿐, 화자 스스로 자기의 본질에 도달했다고 보기 어렵기 때문이다. 이러한 미완의 과제는 마지막 연에서 해결의 가능성을 보이게 된다. '나'는 '육칠옹 해사의 인장'이 찍힌 '병풍을 바라보고' 있으며, 이러한 나를 '나의 등위에서' 바라보고 있는 것이다. 병풍이 주검을 '등지고' 있었듯이 '달'이 나의 등뒤에서 나를 등지고 있음은 나의 주검으로 해석 가능하다. 시종일관 현재형 시제로 문맥이 흘러가다 마지막 부분에서 과거 시제를 사용함으로써, 시간의 흐름과 함께 '병풍을 바라보는 나의 모습'이 현재라는 시간을 넘어 먼 미래의 시점에서 과거의 장면으로 처리되고 있다.

여기서 병풍은 달과 동일한 기능으로 치환되고, 병풍이 실존적 죽음을 자각한 존재자로 형상화되었듯이 달 역시 그러한 역할을 하게 된다. 또한 세계-내-존재로 실존하는 나는 결국 먼 미래에 병풍 뒤의 주검처럼 달 뒤의 주검으로 자리할 것임을 미리 내다보게 되는 것이다. 이를 하이데거는 "죽음을 향한 가능성 속으로 미리 뛰어봄으로써 본래적 실존의 가능성을 선취(先取)"(최문규, 2012: 131)하는 것이라고 명명하였다. 즉, 화자는 병풍이 자각한 실존적 죽음의 문제를 객관적 대상으로 남겨 놓지 않고 자신의 것으로 끌어 당겨 자기 실존의 자각을 위한 문제로 치환시키고 있음을 보게 된다. 결국 화자는 하이데거의 논의처럼 자신의 죽음을 미리 경험하는 선취를 통해 먼 미래에 있을 죽음에 대해 경험하고 인식함으로써 자신의 존재 본질을 자각하려는 시도를 감행하고 있음을 보게 된다. 이로써 화자는 일상성을 극복하고 그 한계에 갇혀 자기 실존을 망각한 삶이 아니라 진정한 자기 자신을 찾아가는 행로에 접어들고 있다고 볼 수 있다.

이렇게 볼 때 김수영에게 있어서의 죽음도 하이데거에게서와 별반 다르지 않음을 알게 된다. 김수영에게 죽음은 단순히 슬퍼해야만 하는 사태나 나와는 무관한 사건, 육체적인 주검이나 일상의 일부로서의 죽음으로 파악되지 않았음이 명확하다. 결국 김수영은 '병풍'이라는 시를 통해 죽음은 현존재의 '본래성'과 '전체성'(최상욱, 2003: 107)을 드러낼 수 있는 사건으로서, 자기 자신의 실존을 찾아 가기 위한 문제 제기로 받아들여졌다고 보아도 무방할 것이다. 이제 더 이상 김수영에게 죽음은 죽음 이후가 무의미해지는 극단적 공포나 설움이 아니라 현존재가 감당해야 할 전체로서의 시간 중의 일부로 받아들여지고 있음을 보게 된다.

3. '존재 가능성'을 향한 '양심'으로 시 읽기

　김수영은 정서를 통해서뿐만 아니라 '양심'에 주의를 기울임으로써 자기 자신의 내밀한 본성을 찾아 가고자 한다. 「구슬픈 육체」를 비롯해 「폭포」나 「어느 날 고궁을 나오면서」와 같은 시편들을 통해 양심의 소리에 귀 기울이고자 하는 그의 면모를 엿볼 수 있다. 양심의 실체가 좀 더 명확히 드러난 작품이 「사령」이라 보고 이를 바탕으로 논의를 전개해 보고자 한다. 하이데거는 그의 저서에서 "그들의 말에 귀를 기울임으로써 외면하고 있는 자기 자신의 말"을 양심으로 규정하고, "양심의 부름에 대한 들음의 가능성이 현존재 자신에 의해 현존재"(Heidegger, 1979: 362)에게 주어져야 함을 부연한다.

　이로써 양심의 소리는 외부 세계로부터 주어지는 것이 아니라 인간 존재의 내면에서 울려 나오는 것이며 오히려 철저히 일상적 규범과 단절된 개별 존재의 실존과 관계된 소리임을 알 수 있다. 하이데거가 "현존재가 양심 속에서 자기 자신을 부르며, 현존재가 부르는 자이며 동시에 부름을 받는 자"라고 함으로써 실존 인식과 발견으로서의 내면의 소리에 주목했듯이, 김수영 역시 '양심'을 윤리적 차원의 세속적 정의에서 벗어나고자 하였다. '제 정신을 갖고 사는 '남'도 그렇고 '나'도 그렇게 주체가 되기 위해서는 창조생활을 한다는 전제가 필요하다. 모든 창조생활은 유동적인 것이고 발전적인 것이다. 여기에는 순간을 다투는 윤리가 있다. 이것이 현대의 양심'이라는 그의 언급에서 입증된다. 김수영이 말하는 '현대의 양심'은 '창조생활'을 위한 전제가 되며, 그 창조생활이라는 것은 사회적 규범의 틀을 벗어나 진정한 자기(오문석, 2002: 101)를 찾아가는 삶을 의미하기에 그러하다.

……활자(活字)는 반짝거리면서 하늘 아래에서
간간이
자유를 말하는데
나의 영(靈)은 죽어 있는 것이 아니냐

벗이여
그대의 말을 고개 숙이고 듣는 것이
그대는 마음에 들지 않겠지
마음에 들지 않아라

모두 다 마음에 들지 않아라
이 황혼도 저 돌벽 아래 잡초도
담장의 푸른 페인트빛도
저 고요함도 이 고요함도

그대의 정의도 우리들의 섬세도
행동이 죽음에서 나오는
이 욕된 교외에서는
어제도 오늘도 내일도 마음에 들지 않아라

그대는 반짝거리면서 하늘 아래에서
간간이
자유를 말하는데
우스워라 나의 영(靈)은 죽어 있는 것이 아니냐

—김수영, 「사령(死靈)」

하이데거가 자신의 본질로부터 울려오는 존재의 도발적인 부름에 조용히 귀 기울여 보는 것(Heidegger, 1959: 227)의 가치를 강조하였듯이, 김수영은 위 시를 통해 자신의 내면으로부터 들려오는 양심의 소리에 주목하고 있음을 볼 수 있다. 이를 단순히 자기반성이나 성찰 정도로 처리할 수 있으나, 양심이라는 용어로써 하이데거의 철학적 견해에 기댄다면 좀 더 자기 실존에 근접하는 논의를 진행하기에 유용하리라 본다. 하이데거에 따르면 양심의 소리는 "그들로부터 벗어나 가장 고유한 자신의 존재 가능성"으로 다가갈 수 있는 매개이기에, 인간을 '보편적 구속력'에서부터 자유롭게 해 줌으로써 인간 "자신이 맞추어 나가야 하는 가치 질서"(Zimmermann, 1977: 194)에서 벗어나 진정한 실존으로 이끈다.

위 시의 화자가 양심의 소리에 주목하게 되는 계기는 '자유'라는 '활자'이다. 활자화된 자유라는 단어에서 화자는 '나의 영은 죽어 있'다는 내면의 소리를 듣게 되는 것이다. 세속적 관계 속에서 규범의 지배를 받으며 살아가는 인간 존재는 세계-내-존재로서 하이데거식으로 표현하자면 '그들' 즉, 세인으로서의 삶을 살아가는 존재자에 불과하다. 하지만 세인으로서의 삶은 실존을 망각하게 함으로써 현존재가 도달해야 할 존재 가능성을 보여주지 못한다는 것이 하이데거의 견해이다. 그러므로 개별적 실존을 망각하고 평균화를 강요하는 일상성에서 벗어나 참다운 자기 자신을 발견하기 위한 자기반성과 문제제기는 분명 양심의 소리에 해당한다고 볼 수 있다. '나의 영은 죽어 있'다는 화자의 발언은 "본래적 존재 가능성을 증언하는 소리"(박찬국, 2015b: 352)이기에 양심의 소리인 것이다.

물론 자유라는 활자도 화자에게는 완전한 대상으로 인식되지는 않는다. 그렇기에 활자에 대해서도 '온전히' 혹은 '항상'이라는 언술 대신에 '간간이'라는 시어 채택을 통해 자유의 한계(김정석, 2009: 128)를 지적하고 있다. 한계성을 내포한 자유일지라도 화자는 그러한 대상을 매개로 자신의 내면에서 들려오는 양심의 소리에 귀 기울이고 있는 것이다. 첫 번째 연에서의 활자가 3인칭 표현으로 객관적으로 대상화된 존재자였다면, 두 번째 연에서는 '벗'과 '그대'로 치환됨으로써 좀 더 밀착된 관계를 형성하고 있음을 보게 된다. 그만큼 활자를 매개로 한 양심의 소리가 구체화되고 그러한 소리에 화자가 밀착해서 귀 기울이고 있음을 보여주는 것으로 읽히게 된다. 그러기에 화자는 '그대의 말을 고개 숙이고 듣'게 되며 거듭해서 '마음에 들지' 않음을 되뇌고 있는 것이다.

하이데거는 양심의 부름이 계획이나 준비 없이 나를 덮쳐온다고 한다. 아울러 나의 내면에서부터 울려오는 양심의 소리는 궁극적으로 "자기 자신을 되찾아야 한다는 책임"(문동규, 2003: 261~264)을 목적으로 함을 강조한다. 이렇게 본다면 화자는 자신의 실존을 '자유'에서 찾고 있으며, 아울러 일상성 속에서 본질적 자유를 획득하지 못한 자신의 한계에 대해 '책임'을 느낌으로써 자기 자신을 되찾고자 함을 엿볼 수 있다. 화자는 '죽어 있는 것이 아니냐', '마음에 들지 않아라'라는 양심의 소리에 주목하고 이를 반복적이면서도 지속적으로 되뇌면서 일상성과 실존의 실체를 좀 더 명확히 규명하려 한다.

양심의 소리가 마음에 들어 하지 않는 것은 무엇인가. 다른 식으로 표현하면 양심의 소리가 화자에게 들려줌으로써, 자기 자신을 발견하기 위해 화자로 하여금 다시금 주목하고 문제시하기를 바라는 대상은 무엇인가. 그것은 '황혼, 돌벽 아래 잡초, 담장의 푸른 페인트빛' 그리고 '고요함'(권지현, 2012: 70; 류순태, 2015: 256)이다. 의지로 용솟음치는 일출의 열정이 상실되고, 굳건한 뿌리와 줄기로 하늘을 거스르고자 하는 교목의 강인함도 찾아볼 수 없으며, 붉게 타오르는 정열의 빛깔도 소멸된 '욕된 교외'가 고집하는 '고요함'이 '행동'의 '죽음'에서 기인한다는 사실을, 화자는 양심의 소리를 통해 타진해 나가고 있는 것이다.

앞부분에서 부분적으로 긍정되었던 자유라는 활자도 '행동이 죽음'(김명인, 2002: 141)에서 나오는 '정의'이기에 네 번째 연에서는 부정의 대상으로 변모하기에 이른다. 물론 화자를 포함한 '우리'의 '섬세'한 시대에 대한 인식과 구현해야 할 바람직한 이상에 대한 논의와 준비도 '그대의 정의'와 같이 '행동이 죽음'에서서부터 기인하는 것이기에 화자에게 더 이상 의미를 가지 못한다. 결국 화자는 양심의 소리로 자각되는 '행동의 소생과 부활'을 통해 '자유, 정의'를 실천적으로 감행해 나가는 것이 자신의 실존에 도달하는 유일한 방편임을 자각하는 차원에까지 다다르게 된다. 그대가 지향했던 '정의'와 우리가 표방했던 '섬세'함을 문제시함으로써 일상성을 지배하던 규칙을 비판하고, 그 속에 부재했던 '행동'의 가치를 강하게 요구하면서, 세인과 변별되는 자기만의 실존을 이야기하고 있음을 보게 된다.

이렇게 본다면, 하이데거의 지적처럼 양심의 소리에 주목하고 그 소리가 문제삼고 있는 사태에 대한 진지한 고민이 "현존재가 잃어버린 본래적 자기를 되찾기 위한 결단"이며, 이로써 "근원적 진리가 자기 존재에게 비로소 열리게"(전동진, 2008: 160~161) 됨을 알 수 있다. 짐작컨대 김수영은 양심의 소리를 통해 자신의 '영(靈)'이 죽어 있음을 발견하게 되고 결국 자기 실존이 행동하는 자유에 있음을 자각하게 된다. 이렇게 본다면 김수영이 이야기한 '나의 영은 죽어 있는 것이 아니냐'는 문제제기는 일상성의 규범 속에서 세인(김종훈, 2009: 354; 유창민, 2010: 171)으로 살아가는 '나의 영'을 말하는 것으로 읽을 수 있게 된다. 즉, '나'는 '그대' 그리고 '우리'와 동일선 상에서 세계-내-존재로 상호 관계성 속에서 존재하는 존재자로서, 왜곡된 일상의 원리 속에서 행동이 부재하는 자유와 정의라는 그릇된 이념 속에 사로잡혀 있기에 '죽은 영'으로 표현될 수밖에 없는 것이다.

하지만 이와는 차별적으로 김수영은 활자를 매개로 한 양심의 소리를 통해 세인과의 관계에서 이탈해 자기 내면의 소리에 주목하고 그 소리를 천착함으로써 행동하는 자유라는 자기 실존을 발견하기에 이른다. 그러므로 '사령(死靈)'은 일상성 속의 세인을 지칭하는 것으로 족하며, 김수영은 오히려 현존재의 존재 가능성을 자각한 '생령(生靈)'으로 등극한 것으로 보아 충분할 것으로 보인다. 하이데거는 "양심을 통해 현존재는 본래적 자기를 열게 되며, 이는 양심을 향한 의지인 결단(Entschlossenheit)"(이유택, 2003: 126)을 통해 가능하다고 보았다. 이렇게 본다면 '아니냐', '않아라'라는 어미의 지속적인 사용과 세인에 대한 비판적 태도(이혜원, 2014: 158)를 통해 양심의 소리에 주목한 김수영의 의지도 실존 인식, 즉 양심을 향한 결단과 다르지 않음을 발견하게 된다.

팽이가 돈다
어린아해이고 어른이고 살아가는 것이 신기로워
물끄러미 보고 있기를 좋아하는 나의 너무 큰 눈 앞에서
아해가 팽이를 돌린다
살림을 사는 아해들도 아름답듯이
노는 아해도 아름다워 보인다고 생각하면서
손님으로 온 나는 이 집 주인과의 이야기도 잊어버리고
또 한번 팽이를 돌려주었으면 하고 원하는 것이다

도회 안에서 쫓겨 다니는 듯이 사는

나의 일이며

어느 소설보다도 신기로운 나의 생활이며

모두 다 내던지고

점잖이 앉은 나의 나이와 나이가 준 나의 무게를 생각하면서

정말 속임 없는 눈으로

지금 팽이가 도는 것을 본다

그러면 팽이가 까맣게 변하여 서서 있는 것이다

누구 집을 가 보아도 나 사는 곳보다는 여유가 있고

바쁘지도 않으니

마치 별세계(別世界)같이 보인다

팽이가 돈다

팽이가 돈다

팽이 밑바닥에 끈을 돌려 매이니 이상하고

손가락 사이에 끈을 한끝 잡고 방바닥에 내어던지니

소리 없이 회색빛으로 도는 것이

오래 보지 못한 달나라의 장난 같다

팽이가 돈다

팽이가 돌면서 나를 울린다

제트기 벽화 밑의 나보다 더 뚱뚱한 주인 앞에서

나는 결코 울어야 할 사람은 아니며

영원히 나 자신을 고쳐가야 할 운명과 사명에 놓여 있는 이 밤에

나는 한사코 방심조차 하여서는 아니 될 터인데

팽이는 나를 비웃는 듯이 돌고 있다

비행기 프로펠러보다는 팽이가 기억이 멀고

강한 것보다는 약한 것이 더 많은 나의 착한 마음이기에

팽이는 지금 수천 년 전의 성인(聖人)과 같이

내 앞에서 돈다

생각하면 서러운 것인데

너도 나도 스스로 도는 힘을 위하여

공통된 그 무엇을 위하여 울어서는 아니 된다는 듯이

서서 돌고 있는 것인가

팽이가 돈다

팽이가 돈다

—김수영, 「달나라의 장난」

　위 작품 역시 '나' 화자의 고백체 형식으로 자기 자신의 내면에서 울려오는 양심에 주목하고 있다. 비록 독백이라는 유형의 말하기로 현실 상황 속의 화자의 모습과 인식, 정서를 기반하고 있지만 시상이 전개되면서 세속적 일상성과 차별화되는 자신만의 독자적 본질을 파악해 가고 있다는 점에서 '양심'과 무관해 보이지 않다. 하이데거는 "주위세계로부터 자기 자신을 만나는 것은 나에게 향하는 자기 고찰이나 내적 체험에 대한 지각없이 수행"(Heidegger, 1924: 37)된다고 본다. 이는 양심의 소리가 근본적으로 인간 존재의 내면에서 들려오는 불림이기도 하지만, 자기 외부에 존재하는 타자, 즉 존재자에 의해 매개될 수 있음을 지적한 것이다.

　위 시에서도 '팽이'가 존재자로서 화자로 하여금 자기 자신을 만나게 하는 매개로서 주위세계의 한 타자로 기능하게 된다. "타자의 목소리가 자신을 일깨울 때, 그것으로 인해 더 깊게 자신을 각성"(최동호 외, 2005: 345)하게 된다는 하이데거의 시론과 일맥상통하는 부

분이라 하겠다. 화자는 '팽이가 돈다'는 사태에 주목하고 있다. 팽이의 운동성은 화자에게 '신기'롭고도 '좋'은 정서를 유발시키는 단초가 된다. 하지만 '돈다'는 운동성은 팽이라는 존재자에 국한되지 않는다. 팽이가 도는 '살아'감의 속성은 그대로 '어린아해'와 '어른'으로 전이되어, 많은 사람들이 팽이의 '살아'감을 관망하듯이 화자가 세인을 '물끄러미' 바라보는 태도를 다시금 인식하게 하고 있다.

'물끄러미' 본다는 것은 사물이나 사태를 '우두커니', '망연히' 본다는 의미이다. 이는 세상을 '아무 생각 없이 멍한 태도'로 관망하는 화자 자신에 대한 강한 자각으로 읽힌다. 팽이가 도는 것을 어른 아이 할 것 없이 신기로운 눈망울로 바라보고 거기에서 좋은 감정을 느끼게 되지만, 그것은 '물끄러미' 보고 있는 태도 그 이상이 될 수 없다는 것이다. 화자 역시 유사한 태도로 어른과 아이를 포함한 일상(김명인 외, 2005: 38; 박덕규 외, 2013: 218)과 세인을 망연히 바라보고 그 결과 일시적 감정을 즉자적으로 유발시켰음에 주목하고 있는 것이다. 팽이는 스스로 돌 수 없다. '아해가 팽이를 돌'리지 않는 한 '아름다'움을 유발시키지 못한다. '살림을 사는 아해' 즉 일상 속에서 살아가는 아이와 '노는 아해'는 '아름다워' 보일 수밖에 없다. 그 이유는 팽이가 돌면서 살아있듯이 그들도 살아가기 때문이다. '살림'과 '노'는 것, 그리고 '도'는 것은 공통적으로 살아 움직이는 운동성을 갖는 것이기에, 화자에게 팽이와 아이들은 차별화되는 존재자가 될 수 없다. 다만, 화자에게 중요한 것은 '스스로' 도는 것이 문제가 될 뿐이다.

아이가 '돌'려야 한다는 조건을 갖추어야 하지만 팽이가 돌아가는 순간만큼은 스스로 도는 운동성을 드러내 보이게 된다. 스스로 도는 듯 보이는 팽이의 운동성에 주목하면서 화자는 자신의 삶을 환기시키게 되는 것이다. '쫓겨 다니는 듯이 사는 나의 일'과 '소설보다 신기로운 나의 생활'은 분명 팽이의 스스로 도는 운동성과는 괴리되는 것이기에 '내던지고' 거부하고 싶은 일상일 뿐인 것이다. 이처럼 팽이는 그의 운동성을 통해 화자로 하여금 "존재와 시간을 각각의 고유함 속으로 가져다주는 생기(生起)"(Heidegger, 2000: 218)를 유발시키고 있다. 화자라는 존재가 그 자신의 전체적 시간 속에서 자기의 고유한 본질이 무엇인지를 발견할 수 있도록 자신의 삶에 집중할 수 있도록 함을 보게 된다.

화자는 '나이와 나이가 준 무게를 생각'하면서 즉, 자신이 지금까지 살아오면서 체득하게 된 모든 지적 정서적 역량을 결집시켜 '정말 속임 없는 눈'으로 '팽이가 도는 것'을 보는 순간, 팽이는 '까맣게 변하여 서서 있는 것'으로 달리 인식된다. 지금까지 화자는 팽이가 돈다고 생각했지만 '속임 없는 눈' 순수(김유중, 2009: 44)한 안목으로 다시 팽이를 관찰한 결과, 팽이는 도는 것이 아니라 '서서' 있는 것이다. 후설은 의식과 대상은 일정한 관계를 맺으며 형성된다고 본다. 즉, 의식 주체가 일정한 관점에서 대상을 지향함으로써 관계가 유발된다는 것이다. 하지만 대상은 의식에 의존해서 파악되지만 의식 초월적일 수밖에 없다고 역설한다. 인간의 의식이 대상의 모든 측면을 파악(이승종, 2010: 26~29), 혹은 지향할 수 없기 때문이라는 것이다. 화자가 팽이를 대상으로 '돈다 → 돌린다 → 서서 있는 것'으로 인식해 나가는 과정 역시 그와 유사한 맥락이다.

팽이가 도는 것처럼 보이지만 누군가 돌리지 않으면 돌 수 없으며, 그러기에 팽이는 도는 것이 아니라 서 있는 것이다. 결국 화자에게 문제가 되는 것은 '스스로 도는 힘'이다. 팽이는 '밑바닥에 끈을 돌려 매'어 '손가락 사이에 끈을 한끝 잡고 방바닥에 내어던'지는 또 다른 주체의 설정 없이는 불가능함을 명확히 하고 있다. 하이데거는 세상을 유기적 관계로 보고, 그러한 관계의 틀 안에서 의미가 드러난다고 보았다. 그때의 의미는 현존재가 실존을 인식할 것이라는 존재 가능성이다. 존재자와의 관계 속에서 인간 존재는 나의 존재를 염려(김형효, 2002: 95; 이기상, 2010: 161)하고 자기 존재의 참모습을 찾아 간다는 것이다. 그런 점에서 팽이와 관계하는 타자 설정은 일상 세계에서 흔히 볼 수 있는 관계 형성에 해당하며, 이러한 연관성 속에서 진정한 자기 본질을 찾아 가는 것이 하이데거와 김수영의 과제로 보아 무방할 것이다. 분명 이들에게 있어 타자에 의해 도는, 살아간다는 것은 '이상'한 일이기 때문이다.

하지만 적어도 팽이가 도는 순간만큼은 스스로 도는 것처럼 보인다. 어쩌면 스스로 돌 수는 없지만 스스로 돌기 위해 애쓰는 모습은 보이고 있는 것이다. 그러기에 팽이는 화자에게 '수천 년 전의 성인'으로 비유되고, 팽이의 운동성도 '돈다 → 돌린다 → 서서 있는 것'에서 나아가 작품의 말미에서는 '서서 돌고 있는 것'으로 끊임없이 변모(김창환, 2014: 156; 강연호, 2004: 40; 한용국, 2011: 390)해 나가고 있다. 사르트르는 인간을 "매순간 자기 스스로의 가능성"으로 나아가고자 하는 존재로 규정한다. 또한 인간의 본질은 주어진 능력에 의해 결정되는 것이 아니라 자신의 가능성을 선택(Bernasconi, 2006: 99; 구연상, 2011: 157; 조광제, 2013: 47)해 나가는 자유의지에 의해 주어진다고 본다.

인간이 가능성을 지향한다는 것은 그 전제가 유한성에 있다는 의미와 통한다. 인간이 근원적으로 타고난 한계를 자각하고 끊임없이 자기 실존을 위해 미래의 가능성으로 매진하는 것이 인간의 참모습이어야 함을 역설한 것으로 읽힌다. 그렇다면 존재자로서의 팽이는 단순한 사물이 아니라 스스로 돌지 못하는 인간 존재와 동일시된다. 하지만 팽이는 '돈다 → 돌린다 → 서서 있는 것 → 서서 돌고 있는 것'으로 자신의 가능성을 변모시키면서 실존에 가 닿고자 하는 것이다. 그러한 모습에서 화자는 '별세계'와 '달나라'를 보게 되는 것이다. 화자가 터전으로 삼았던 '도회'와 '여유가 있고 바쁘지도 않'은 '누구 집'이라는 공간의 구분과 제약을 넘어 이상적 공간에 대한 실존적 체험을 하게 된다.

현실 상황을 초극해 '별세계'와 '달나라'에 대한 환상적 경험은 하이데거식의 표현대로 "장소의 고유성과 지역의 특수성이 사라진 무장소성(placelessness)과 비장소성(non-place)"에 대한 체험으로 볼 수 있다. 비록 무장소성과 비장소성이 개인의 개체성과 특수성이 상실화된 균질적 공간을 의미하지만, 오히려 위 시에서 화자는 팽이의 실존 인식을 공유함으로써 존재에게 존재 자신의 본질적 장소인 '존재의 토폴로지(Topologie des Seyns)'(강학순, 2011: 207~209)를 현현(顯現)하게 해 준 것으로 볼 수 있다. 이로써 화자는 양심의 본질적 소리를 듣게 되는 것이다. '나는 결코 울어야 할 사람'이 아니며, '나 자신을 고쳐가야 할 운명과 사명'을 갖고 있는 현존재로서 실존적 물음에 대해 '한사코 방심조차 하여서는 아니'된다는 내면의 소리에 귀 기울이게 된다. 그리고 화자가 지향해야 할 실존적 본질은 '공통된 그 무엇'이라는 일상성 속에 있는 것이 아니라 '스스로 도는 힘'에 있다는 것을 재인(再認)하게 되는 것이다.

4. 하이데거 철학과 시 감상의 융합

김수영과 하이데거의 실존적 인식의 접점을 취하고자 하였다. 현존재를 망각하고 존재자로서의 삶을 강요하는 현실 세계에서 유발되는 다양한 정서를 '기분'으로 규정하고, 자기 실존을 찾기 위한 현존재의 내면에서 울려 나오는 순수한 소리를 '양심'으로 규정한 하이데거의 언명에 주목하였다. 그리고 '기분'과 '양심'이라는 실존적 개념이 김수영의 작품에서 어떤 양상으로 형상화되어 있으며, 그것의 실존적 의미가 무엇인지를 감상하는 방안을 모색해 보고자 하였다. 현실로 인해 활성화되는 인간 존재의 감정이 주관성에 빠지지 않고, 자기 변화를 시도하고 참된 실존을 모색하고자 하는 자기 내면의 울림을 현실 개선의 원동력이 됨을 하이데거의 논의와 김수영의 작품에서 도출할 수 있었다.

존재론적 인식의 첫 단초인 '심정성으로서의 기분'은 개인의 고유한 정서와 죽음에 대한 천착에서 비롯되는 것이다. 개인의 내적 정서와 죽음에 대한 본질적 인식과 그에 대한 관점의 전환이 인간 존재의 근본 속성에 대한 탐색을 가능하게 함은 두말할 나위가 없다. 정서 유발은 세계와의 관련성 속에서 파악될 수 있어야 하며, 그러기에 대상에서 촉발된 화자의 정서는 존재자들 상호 간의 관계 규명을 통해 자기 본질에 대한 인식으로 나아가야 함에 주목하였다. 하이데거와 김수영이 공통되게 논의하듯, 세상을 구성하는 다양한 존재자에 대한 인식, 그리고 존재자 상호 간의 유대와 관련성에 대한 탐색, 나아가 존재자의 비본질성에 대한 자각을 토대로 자기 존재의 현존성을 인식할 수 있는 실천적 모색이 김수영 시 읽기의 단초가 될 수 있음을 보았다.

아울러 '죽음'의 정서가 유발하는 세속적 서정성을 극복하고 죽음이라는 공포와 부정적 정서가 동일성을 강요하는 현실적 규범을 낯설게 볼 수 있는 단초가 됨도 주목할 수 있었다. 죽음이 유발하는 정서에 대한 인식은 염세적 인식의 차원이 아니라 현실의 한계를 자각하고 그로써 바람직한 삶을 타전해 나가는 바람직한 자기 실존을 발견해 나가는 중요한 방편이 될 수 있는 것이다. 이러한 관점으로 김수영 시를 읽었을 때 시가 담고 있는 핵심 의미와 정서를 놓치지 않는 방편이 되리라 본다.

비자발적이고 의도와 무관하게 들려오는 자기 내면을 소리인 '양심'에 대한 귀기울임은 또 하나의 실존적 인식을 위한 토대가 될 수 있다. 존재자를 현존재로 돌려놓을 자기 본질로부터 들려오는 도발적 부름에 응한다는 것은 쉬운 일일 수는 없다. 하지만 김수영 시편들에 나타나 있듯이 평균화를 강요하는 일상적 규범의 틀로 인해 유발되는 잠재된 무의식의 외침인 양심의 소리에 주목하는 것은, 자기반성을 넘어 현실에 대해 준엄한 비판적 인식을 제기하는 실존적 인식임에 분명한 것이다.

자기 자신을 되찾기 위해 시도되는 양심의 소리가 김수영의 작품에서 어떤 양상을 보이고 있으며 그를 통해 김수영이 발견하고자 하는 참된 양심의 소리는 무엇인지를 탐색해 보고자 하였다. 결론적으로 김수영은 현실에 대한 준엄하고도 냉철한 비판적 인식, 자유와 이상에 대한 강한 의지가 양심의 소리를 유발시키는 단초임을 밝히고 있으며, 그러한 양심의 소리에 귀기울임으로써 일상성을 거부하고 자발적 주체로 존립할 수 있는 실존으로 귀속될 수 있음을 보이고 있는 것이다. '존재 가능성을 향한 양심'으로서의 시 읽기는 흘려버릴 수 있는 무의식적 내면에 대한 관심과 그로써 유도되는 자기 개선

을 시도한다는 점에서 의의를 갖는다고 하겠다. 다만, 실제 교육현장
에서 제시하는 방법들의 효용성 여부를 학생을 대상으로 검증을 해
보지 못한 아쉬움이 있으나, 이 부분에 대해서는 후속 논의를 희망해
본다.

제2장 이형기의 '허무 지향 시' 교육 방법

1. 이형기 시의 '허무' 양상과 교육적 방향

　시인 이형기에 대한 평가는 하나로 모여지는 듯하면서도 다양한 방계적(傍系的) 관점도 존재하는 것이 사실이다. 1960년대 순수 문학 논쟁에서 순수 문학을 옹호한 대표적 평론가로 인정(문혜원, 2010: 76~77)되는 작가로서, 초기의 시작에 해당하는 『적막강산』과 『돌베개의 시』 시편 등에서는 자연을 소재로 화자의 감성(문혜원, 2003: 238)을 담아 노래하는 서정적 경향을 강하게 보인다. 이러한 논의와는 별도로 『꿈꾸는 한발(旱魃)』에서 집중적으로 조명된 '파멸의 미학'(김지연, 2008: 353)은 1998년 발간된 마지막 시집인 『절벽』에서까지 이어짐으로써, 그의 시세계 전반을 "소멸과 허무의 세계"(조효주, 2014: 358)로 단정짓기도 한다.

특히, 후자의 논의를 좀 더 확대하고 일반화시켜 초기의 시편들 역시 허무적 존재의 소멸성에 대한 시정신을 함유하고 있으며 이러한 의식을 자연의 질서에 대한 동화의지로 극복하고자 하는 몸부림으로 보고자 한다. 이러한 관점을 견지해『꿈꾸는 한발』이후의 시작(詩作)들은, 허무를 적극적 사유의 논리(조별, 2011: 227~228)로 삼고자 하는 천착의 과정으로 해석하고자 한다. 이형기를 '허무의 창조를 꿈꾸었던 시인', "허무를 시적 동인(動因)으로 이율배반적 이원성을 통찰한 시인"(김지연, 2014: 54; 김지연, 2011: 55) 등으로 명명하고자 하는 시도도 이와 같은 맥락으로 이해할 수 있다.

이형기는 그의 시론에서도 "끝도 없고 시작도 없다. 다만 영원한 되풀이가 있을 뿐이다. 허무의 다른 이름이라 할 수 있는 이 영원한 되풀이의 과정에서 시인은 포에지의 생포를 노린다."(이형기, 1987: 264)고 역설한다. 그의 많은 시편들에서 보이는 '허무'에 대한 관심과 집중은 이러한 그의 시론의 적극적 반영이라 볼 수 있다. 그렇다면 이형기 시인을 '허무주의'를 지향했던 시인으로 규정하는 것도 무리는 아니다. 하지만 왜 굳이 허무주의인가. Nihilism의 번역어인 '허무주의'는 Nihil, 즉 극단적 무(無)만이 존재한다는 가치관이다. 좀 더 부연하면 모든 전통적 가치관을 부정하면서 세계에는 의미 있는 것이란 존재하지 않는다고 믿는 심리적 경향, 혹은 문학적 철학적 사조(한국문화예술위원회, 2008: 148)에 해당한다.

삶의 가치를 무의미하게 여기는 이러한 인식이 염세주의나 비관주의를 조장함으로써 시로서의 가치를 가진다고 할 수 있을까. 또한 이러한 시들을 학생들에게 교육하고자 하는 것이 과연 온당한 가치를 지니는지에 대한 의문을 가지게 된다. 논란의 여지는 있겠지만 교육현장에서 페시미즘(Pessimism)의 극단을 추구하는 작품들은 학생들에게 독이 될 수도 있으며, 굳이 교육적 가치가 있는 작품일지라도 선정에 있어서는 신중함이 뒤따라야 하리라 본다. 하지만 이형기 시의 허무주의는 비관적 '소멸'만을 고집하지 않는다는 것이다. 그의 허무에는 소멸과 아울러 생성이 내재되어 있음으로써, 인간 세상의 유한성과 필멸성(김혜숙, 2014: 46)이라는 냉철한 현실을 그리면서도 한계를 벗어나려는 새로운 변이의 가능성도 배제하지 않는다는 것이다.

그가 시론에서 언급한, 제 입으로 꼬리를 물고 있는 전설적인 뱀인 '우로보로스의 상징'처럼, 시작과 끝은 현실의 삶 속에서 무화(無化)될 수밖에 없기에 곧 창조와 파괴는 연속선상에 위치한다는 인식으로 발전하게 된다. 그럼으로써 대다수의 군중이 겪는 고뇌와 결핍, 그리고 소외는 현실적 삶을 허무로 인식하게 하지만, 그것이 극단적 허무로 귀결됨으로써 삶의 희망마저 부정해 버리는 것은 아니라는 것이다. 이형기는 허무 뒤에 올 수 있는 '반란'(허혜정, 2005: 383)의 가능성을 조심스럽게 열어 놓음으로써 허무라는 소멸을 생성과 희망으로 변모시켜 나갈 또 다른 삶의 의지를 허무 속에 마련해 놓고 있는 것이다.

이형기의 '허무의식' 속에 '생성'과 '연속성', 그리고 그것을 극복할 수 있다는 '가능성'이 존재한다는 점에서, 이는 니체의 허무의식과 일맥상통하는 점이 있어 보인다. 니체는 "신을 잃어버린 사회에서 어떻게 뿌리를 내리고 살 수 있는가?"(이진우, 2010: 208~209)라고 반문하면서 철저하게 허무주의를 설파한다. 이런 점에서 니체의 허무주의는 해체와 죽음으로 귀결될 수밖에 없다. 하지만 니체가 강조하는 허무주의는 단순히 창조력이 쇠진한 부정적 상태와 현재를 부각시키고 그 속에서 수동적으로 침몰해 가는 인간 존재를 조망하고자 하는 수동적 허무주의에 머무르지 않는다. 이데아 중심, 즉 형이상학적 관념 중심의 기존 가치관을 전면 부정하고 이것의 무익(無益)함을 단정지음으로써 새로운 가치를 창조할 수 있는 가능성으로서의 능동적 허무주의(이진우, 2009: 302~309)를 지향하고자 한다.

니체는 분명 지금의 현실을 니힐리즘이라고 진단한다. 하지만 그가 말하는 니힐리즘은 '최고의 가치들이 자신의 가치를 상실'한 시대인 것이다. 이때의 최고의 가치는 서구의 전통적인 형이상학인 이데아나 절대정신, 그리고 기독교적 신(김태현, 2001: 164~169)에 해당하는 것이다. 현실을 외면하고 추상적 관념으로서의 절대세계를 강조하는 기존의 인식으로는 현실의 행복을 추구할 수 없다는 것이다. 니체에게 중요한 것은 오로지 현실 그 자체이며 현실에 대한 긍정과 현실의 개선을 위한 의지만이 그에게 유의미할 뿐이다. 따라서 니체의 허무주의는 현실을 소외시키는 절대 관념에 대한 부정으로서의 허무와 그것을 극복함으로써 현실을 그 자체로 긍정하는 '생성'으로서의 '힘에의 의지'(박찬국, 2012: 222~238)를 함축하고 있다.

니체의 허무적 인식은 '연속'적이다. 그는 허무를 운명으로 보았다. 이형기가 끊임없이 지속되는 '우로보로스'의 역설에 주목한 것처럼, 니체 역시 "인간 존재의 무의미함은 영원히 반복되고 결코 종결되지 않는다."는 입장을 고수한다. 이것이 니체의 '영원회귀 사유'이다. 인간의 유한성으로 극복될 수 없는 영원한 무의미함에 대한 경험 즉, 극단적 허무에 대한 경험이 인간에게 주어진 운명이라는 것이다. 이러한 허무에 대한 영원회귀적 사상은 삶으로부터 도피하여 비현실적 이상 세계에서 구원을 갈구하는 서구의 전통 형이상학적 관념을 부정하는 것에서 기인하는 것이기에, 영원회귀는 곧 '삶에 대한 긍정'과 맥이 닿아 있다. 따라서 니체는 철저하게 현세적 삶을 긍정하며 이를 우리는 니체의 '운명애(Amor Fati)'(강대석, 2014: 307~308)라고 지칭한다.

그는 "외부로부터 가해지는 불운과 저항, 증오, 질투, 냉혹은 덕의 위대한 성장을 위해서는 필수불가결한 것이 아닐까?"라고 반문함으로써 극단적 허무를 경험하게 하는 영원회귀적 사유의 극한에서 오히려 삶에 대한 가치를 인식하고 이에 긍정하는 체험을 하게 된다는 것이다. 니체의 입장에서 보면 허무는 인간이 벗어날 수 없는 운명이지만, 극한적 허무에 대한 경험인 영원회귀를 통해 인간은 자기 삶에 대한 긍정적 인식의 반전을 경험함으로써 인간애와 운명애를 체득하게 된다는 것이다. 그가 "세계에 감사하고 그것을 사랑함으로써 분열과 대립을 넘어 진정한 행복으로 나아갈 수 있다."고 한 점은 이와 유사한 맥락이다.

니체는 또한 허무의식의 대척점에 서 있는 개념으로 '위버멘쉬'를 설정한 바 있다. 동일한 삶의 허무한 반복이 아니라 기쁨을 낳는 영원회귀 즉, '차이로서의 반복'을 어떻게 가능하게 할 수 있을까? 이에 대한 니체의 답은 "나의 변화를 만들고 동시에 미래의 흐름"을 만든다는 것이다. 니체는 허무를 이야기하지만 한편으로는 세상의 모든 것들에 대한 무조건적이고 절대적인 긍정으로서의 '디오니소스적 긍정(Das dionysische Ja)'을 강조한다. 그에 따르면 인간의 가장 핵심적 본질은 '의지'에 있다는 것이며, 삶에 대한 의지가 자신의 모습을 스스로 파괴함으로써 새로운 창조 작용을 가능하게 한다는 것이다. 지속적인 자기 파괴와 자기 극복, 이것이 그가 말하는 디오니소스적 긍정(백승영, 2011: 39~50)이며 위버멘쉬에 해당한다.

비록 전통적 형이상학이 지배하는 허무적 현실 속에서라도 현실에 대한 애착을 바탕으로 새로운 가능성에 대한 염원을 성취하기 위해 극복과 창조를 감행하는 것이 디오니소스적 긍정이며, 이를 위해 자신의 자의식의 변화를 시도하는 '해석의 주체'가 바로 위버멘쉬에 해당하는 것이다. 그에 따르면 위버멘쉬는 자기 극복적 삶을 영위하는 인간이면서, 형이상학적 이분법에서 자유로운 인간이기도 하며, 힘에의 의지를 원칙으로 상황을 스스로 구성하는 인간(백승영, 2006: 215~229)이다.

따라서 이형기의 허무의식에 주목하는 이유는 단지 허무 자체에 있는 것이 아니라, 허무 이면에 전제된 '생성, 연속성, 가능성'에 주안점을 두기 위함이다. 이는 니체의 허무의식과 관련지어 보면, 형이상학적 관념성을 지양하고 현세적 삶에 대한 애착을 바탕으로 행복한 미래를 성취하기 위한 긍정으로서의 '영원회귀'와, 허무 그리고 자신의 한계를 극복하고 긍정의 가능성을 선취(選取)하기 위한 주체로서의 '위버멘쉬'에 대한 교육적 필요성을 제기하기 위해서이다.

시 교육의 목표는 삶의 총체적 모습을 파악하고 이를 통해 도출한 삶의 가치와 정서를 학생 자신들의 삶으로 통합하는 데 있다고 할 수 있다. 문학이 갖는 형식적 측면의 미적 기능과 작용양상에 대해 주목하는 것도 필요하지만, 나아가 작품을 통해 현실을 비판적으로 직시하고 독자의 삶과의 관련성을 통해 확장적이고 통합적 인식을 지향하는 것도 매우 중요하기 때문이다. 기존의 문학교육 논의의 장에서 주목해 왔던 추체험과 공감(최지현, 2014: 114~117)을 통해 체득하게 되는 삶의 가치에 대한 인식과 사고력(윤여탁 외, 2011: 56~57)은 현실을 바람직하게 전환시키는 매개가 될 수 있을뿐더러 좁게는 학생 자신의 삶에 긍정적 영향을 끼치게 되는 것이다. 따라서 시 작품을 통해 우리가 직면하고 있는 현재적 상황을 허무로 진단하고 허무적 현실의 실체가 무엇인지를 학생들이 창의적 사고력과 비판적 상상력을 통해 탐색해 나감으로써 '근대적 주체'(손예희, 2014:

71~72)에 대한 인식을 명확히 해 나갈 수 있으리라 기대한다.

　서구의 전통적 형이상학적 관념을 맹신함으로써 초래하게 된 현실에 대한 부정과 그로 인해 자행된 대중에 대한 소외가 현재의 우리가 직면하게 된 실재적 허무임을 학생들이 비판적으로 파악하게 하고자 하는 것이 이형기 시의 작가적 인식과 니체의 철학적 사유를 통섭적으로 교차시킴으로써 시교육으로 수용하고자 하는 첫 번째 방향 설정이라고 할 수 있다. 또한, 허무적 현실을 냉철하게 인식하고 이를 극복하고자 하는 의지적 주체로서 성장하고자 하는 '능동적 허무'의 담지자(擔持者)로서의 역할을 학생들이 수행할 수 있도록 하고자 하는 것이 두 번째 방향 설정에 해당한다. 즉, 부정적 현실에 대한 비판으로서의 '허무'를 통찰하되, 허무 속에서 새로운 생성의 가능성을 도출하고 이를 미래의 희망으로 전환시킬 수 있는 의지적 주체의 모습을 시 작품을 통해 발견하도록 하는 것이 목적이라 할 수 있다. 이를 위해 이형기 시편들에 반영된 '영원회귀 사상'과 '위버멘쉬'의 가치가 어떤 특징을 가지는지 살피고, 이를 효율적으로 교육하기 위한 방법으로 '발문'과 '피드백'에 초점을 두어 논의를 진행하고자 한다.

2. '영원회귀'에 주안점을 둔 교육 방법

1) '영원회귀'의 존재 양상과 특징

　보편적으로 인식되는 '허무'는 없음과 동일하며 이는 곧 부정과 파멸, 퇴폐 및 염세와 동의어이다. 희망이나 긍정적 가능성은 전무

(全無)한 채 오로지 비관과 좌절만이 존재하는 상황을 일컫는다고 해도 과언은 아니다. 하지만 이형기 시에서의 허무는 허무가 비관과 일치하지 않는다. 이형기는 현실적 소외와 부정적 모습을 인정한다는 점에서 허무를 지향하고자 한다. 하지만 허무를 일방적으로 강요하지 않고 허무를 넘어서고자 한다는 점에서 일반적인 허무와 차별화된다. 아울러 허무가 일시적이지 않음에 주목함으로써 현실적 허무의 상황에서 벗어날 수 없음을 단언(斷言)한다. 이형기가 그의 시편에서 허무를 이야기하면서도 허무를 극복하고자 하면서 왜 허무의 지속성과 순환성을 고집하는 것일까. 이러한 철학적 인식을 니체의 영원회귀 사상에서도 발견하게 된다.

니체는 "모든 문화는 해가 갈수록 심해지는 긴장에 찬 고통을 수반하면서 이미 오래 전부터 일종의 파국을 향해서 돌진하고 있는 것 같다."고 언급하면서 동시에 "사건들의 다양성 안에는 어떠한 포괄적인 통일도 존재하지 않는다. 우리가 세계에 가치를 부여하기 위해 사용한 목적이라는 범주들은 우리에게서 박탈되는 것이며, 이제 세계는 무가치하게 나타난다."고 지적한다. 또한, "사실상 모든 위대한 성장은 거대한 분해와 소멸을 수반한다. 고통, 몰락의 징후는 거대한 전진의 시대에 속한다. 생산적이고 강력한 인류의 모든 운동은 동시에 니힐리스틱한 운동을 창출해 왔다."(박찬국, 2008: 126~184; 박찬국, 2007: 41~51)고 첨언한다. 이러한 지적에서 발견할 수 있듯이 인간의 성장과 발전, 그리고 그것을 가능하게 하리라는 믿음 속에 도입되었던 기존의 모든 가치 인식은 시간의 지속성이라는 물리적 상황 속에서 오로지 파멸로 치닫는다는 것이다. '갈수록 심해지는 긴장과 고통'은 '분해와 소멸'이라는 현상만을 보여 줄 뿐 오직 '파국을 향해 돌진'(이진우, 2005: 264~268)하는 지속성만을 가짐을 역설하고 있다.

인간 현존재의 무의미함과 무가치함이 영원히 지속, 반복되며 결코 종결되지 않는다는 이러한 인식이 바로 그의 '영원회귀 사유'에 해당한다. 결국 우리는 허무적 파국이라는 극한적인, 그리고 너무나도 극단적인 상황에서 벗어날 수 없으며 이러한 현상은 반복과 연속만을 강요할 뿐이라는 것이다. 이렇게 볼 때 니체의 영원회귀에 대한 인식은 극단적 허무의 영원성(김상환 외, 2002: 83~107)을 강조한 것으로 풀이된다. '동일한 삶의 허무한 반복'(이수영, 2009: 198~210) 이것이 니체가 말하는 허무의 실체이며 이는 인간이 거부할 수 없는 영원회귀적 진실인 것이다.

그렇다면 니체는 왜 극단적 허무의 무한 반복을 역설하는가. 그 이유는 기존 가치의 극단적 부정만이 수동적 허무주의를 극복하고 능동적 허무주의로 전환될 수 있음을 보이기 위함이다. 그가 말하는 능동적 허무주의는 "진리도 절대적 사물의 속성도 물자체도 없는 허무적 입장"이기는 하지만, 이는 동시에 "풍요로운 삶의 이상, 최고의 이상"(김정현, 2006: 234~241)을 표현하기 위한 개념에 해당한다. 즉, 현재적 모순을 초래한 형이상학적 관념을 허무로 단정지음으로써 극단적 허무를 인식할 때, 비로소 허무적 인식에 안주하는 수동성에서 벗어나 허무를 극복하고자 하는 능동적 의지가 발현된다고 보는 것이다. 이를 위해 그에게는 영원회귀적 사유가 필요했던 것이다.

그가 허무적 현실을 통해 영원회귀를 언급하는 이유는, 기존의 관념을 통해서는 허무의 극단만이 초래될 뿐이라는 강한 믿음이 있었기 때문이며, 그러한 기존의 형이상학적 관념은 오직 파멸이라는 허무적 극한으로 귀결될 뿐이라는 것을 보여주기 위함이었다. 하지만 역설적이게도 그는 기존의 가치를 그대로 수용하는 태도에서 벗어나 기존 가치의 실상을 자각하고 그것을 극복하고자 하는 순간 허무는 '풍요로운' 미래로 전향될 수 있음을 보이기 위해 영원회귀에 방점을 두고자 한다.

그해 겨울의 눈은
언제나 한밤중 바다에 내렸다.

희부옇게 한밤중 어둠을 밝히듯
죽은 여름의 반딧벌레들이 일제히
싸늘한 불빛으로 어지럽게 흩날렸다.

눈송이는 바다에 녹지 않았다.
녹기 전에 또 다른 송이가 떨어졌다.
사라짐과 나타남
나타남과 사라짐이 함께 돌아가는
무성영화 시대의 환상의 필름

덧없는 목숨을
혼신의 힘으로 확인하는 드라마
클라이막스밖에 없는 화면들이
관객 없는 스크린을 가득 채웠다.

언제나 한밤중 바다에 내린
그해 겨울의 눈
그것은 꽃보다도 화려한 낭비였다.

―이형기, 「그해 겨울의 눈」 전문

위 작품은 분명 허무적이다. '그해, 내렸다, 흩날렸다, 떨어졌다, 낭비였다'라는 과거 시제 편향적 시어가 오로지 하향 이미지로만 수렴하고 있다. 이러한 이미지의 하향성은 '한밤중, 어둠, 죽은, 싸늘한, 녹기, 사라짐, 무성, 덧없는, 낭비' 등과 같은 소멸을 연상시키는 부정적 상황 연출의 시어와 결부되면서 그야말로 허무를 지향하고 있음을 볼 수 있다. 시적 화자의 지적처럼 '그해 겨울의 눈'은 '한밤중 바다'에 '희부옇'고도 '어지럽게 흩날'리면서 '싸늘'한 여운을 남기며 '떨어'지고 있을 뿐이다.

현상 세계와 참된 세계를 갈라 현상 세계를 부질없는 것으로 단정 지음으로써 지상의 삶을 비방하고 부정하는, 기존의 관념이 '데카당스적 징후'(고병권, 2001: 286~287)라고 지적한 니체의 언급을 연상시키게 한다. 기존의 형이상학적 관념이 절대 진리로 맹신하던 '하늘'에서 내리는 '눈'은 '언제나 한밤중 바다에 내'릴 뿐, '어둠'을 완전히 '밝히'지도 못한 채 오로지 '희부옇게' '흩날'리는 것으로 제 소임을 다하는 것이 고작이다. 눈'송이'의 '나타남과 사라짐'은 '덧없는 목숨'을 구원할 진리도 가치도 지니지 못한 채 지상의 '어둠'을 '혼신의 힘으로 확인'할 뿐이라는 것으로 읽힌다.

절대적 진리로 맹신되었던 '하늘'이라는 관념적 대상에서 기인(基因)한 '겨울의 눈'은 '사라짐'이라는 그 본래적 속성을 견지하지 못하고 '나타남과 사라짐'의 경계에서 '어지럽게 흩날'리는 부유(浮游)적 허상으로 존재한다. 이는 니체의 표현대로라면 '진리란 없다는 것. 사물의 절대적 성질이란 없다는 것. 물자체란 없다는 것. 이것 자체가 극단적 허무주의'인 것이다. '언제나 한밤중 바다에 내'리기만 할 뿐, 대지를 백색으로 뒤덮지도 그래서 온 세상을 '밝히'지도 못하는 눈. 녹아 사라져 대지와 하나 되어 새로운 생명을 잉태시키는 자양분으로 환생하지 못하는 눈. 오로지 '바다'의 표면을 부유하면서 사라짐과 나타남의 경계에서 머뭇거리는, 즉 실존과 허상의 접점에서 줄타기를 하는 '눈'이야말로 '덧없는 목숨'이자 '낭비'일 뿐이라는 것이다.

진리의 공간인 '하늘'에서 내리는 '눈', 그리고 형이상학적 절대 진리를 상징하는 조물주의 창조물인 '바다'. 그 어디에도 밝음과 희망은 존재하지 않고 '관객 없는 스크린을 가득 채'울 뿐이다. 이는 형이상학적 절대 진리를 부정하는 것이며 사물의 절대적 성질과 물자체의 고유한 속성을 파괴하는 지극히 허무적 발상의 형상화인 것이다. 이처럼 이형기는 「그해 겨울의 눈」을 통해 사물 자체도 형이상학적 관념도 철저히 부정함으로써 허무적 이미지를 양산하고 있다.

하지만 니체의 '영원회귀' 사상에 주목할 경우, 이 작품은 또 다른 의미로 재해석된다. 니체가 '영원회귀' 사상을 통해 허무의 극한을 극복하려 했듯이 '나타남과 사라짐이 함께 돌아가는' '또 다른' 눈'송이'로 인해 시적 의미는 새로운 반전을 감행하게 된다. 자연 대상을 단절적이고 개별적 속성에 주안점을 둘 경우, '여름'의 '반딧불레'는 '겨울'의 시점에서 돌아봤을 때, 이미 '죽은' 물자체에 불과하다. 뿐만 아니라 '겨울' 역시 그 자체로서는 '눈'이 다만 '내렸다', '흩날렸다'를 반복하는 소멸적 허무성을 고집하는 공간일 뿐이다. 하지만 '여름'에서 '겨울'로 전환하는 자연의 순환 논리에 주목하게 되면 돌고 도는 회귀적 속성은 소멸적 허무성에만 국한될 수는 없다.

이는 니체가 피력한 "모든 것은 시간과 공간의 질서 속에서 일어나며 영원한 회귀도 이 질서 속에서만 가능하기 때문이다. 이미 아무것도 정지해 있지 않고 모든 것은 끊임없는 유전(遺傳) 속에 있다."는 인식과 맥이 닿아 있다. 모순적 현실 속성의 영원한 회귀는 극단적

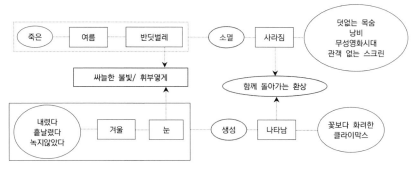

영원회귀적 관점에서 본 인식적 반전

허무를 보여주기는 하지만, 회귀하는 운동성이 소멸의 단선성과 고정성을 극복하게 된다는 것이다. 돈다는 것은 동일한 가치의 지속적 반복이면서도 정지성(停止性)을 부정하는 것이기에 그 자체로서 새로운 생성의 동력이 된다는 것이다. 즉, 니체에 따르면 "존재자의 유한성으로부터 항구적 생성"(박진, 1998: 66)이 초래된다는 것이다.

위 작품에서도 '죽은 여름의 반딧벌레'는 '겨울'이라는 시간과 공간적 순환성 속에서 극단적 허무를 적시(摘示)하면서도 '싸늘한 불빛'으로 '휘부옇게'나마 '어둠'의 '바다'를 '밝히'려는 운동성을 보이고 있음을 확인하게 된다. 이러한 허무 극복으로서의 영원회귀는, 시적 화자의 언급처럼 '사람짐과 나타남'의 반복을 통해 허무라는 소멸과 생성이 '함께 돌아가는' '환상'임을 보이고 있다. '여름'과 '반딧벌레'의 '죽'음과 '겨울' '눈'의 하강 이미지가 끊임없이 반복되는 영원회귀적 속성을 통해 허무의 극단을 보여주면서도, 이를 극복하고 생성으로 나아갈 수 있는 가능성이 되는 '목숨'과 '꽃보다 화려'함, '클라이막스'라는 '환상'을 새롭게 시도하고 있는 것이다. 하지만 화자는 생성의 가능성을 일축해 버린다. '꽃보다도 화려한 낭비'라고. 생성이 생성으로만 머문다면 이는 영원회귀라 볼 수 없기 때문이다. 영원회귀는 틀을 부정하고 끊임없는 운동성을 가질 때 가능한 것이기에, '환상'의 '클라이막스'는 또 다른 허무인 '낭비'를 향해 다시 한 번 전환을 감행하게 된다.

여기는 인적 없는 바닷가
수많은 조개껍질 흩어져 있다
주워 봐라 그 중의 오래된 하나를

파도가 일어서고 부서져 내리고
거기 햇빛과 또 달빛
그리고 어둠의 속살까지 속속들이 비쳐들어
십억 년 또는 이십억 년 까마득한 시간이 쌓인다

하필이면 조개껍질에
까닭을 알 수 없이 아로새겨진
오묘한 빛깔!

반투명의 흰 바탕에
엷은 분홍무늬 가늘게 곁들여져
파르스럼 떠올라 있다

십억 년 또는 이십억 년
덧없는 시간의 되풀이가 아무 뜻 없이
아름답게 녹아들어 하나 된 그것은

없음이 만들어낸 없음의 빛깔

그래 그렇다 허무의 빛깔이다

—이형기, 「허무의 빛깔」 전문

소멸과 생성이 무한 반복하는 순환으로서의 영원회귀가 귀착하고자 하는 도달점은 어디인가. 영원회귀가 극단적 허무를 가시화함으로써 모순적 현실의 부정성을 극대화하고 이를 명시화(明示化)하고자 하며, 아울러 이러한 시도가 소멸성의 극복으로 나아가 생성으로의 전환을 도모하고자 하는 기획이다. 하지만 이러한 허무 극복으로서의 생성은 순환성이라는 영원회귀적 내적 질서에 의해 또 다른 허무를 지향하게 된다. 그렇다면 영원회귀적 사유는 결국 소멸로서의 허무가 귀착점인가. 니체는 '허무주의의 완성'이 아니라 '허무주의의 대립물'이 영원회귀의 본질임을 명확히하고 있다.

니체의 영원회귀는 생성과 반복의 회귀를 일삼는 삶에 대해 수동적이지도 않고, 극단의 염세주의로 떨어지지도 않는다. 들뢰즈 식으로 표현하자면, "영원회귀 속의 동일성이 변함없이 되돌아오는 것이 아니라, 차이나는 것을 위해 되돌아오는 사태"인 것이다. 「허무의 빛깔」을 통해 본 이형기의 시의식 역시 이와 유사한 맥락에 닿아 있음을 알 수 있다. 영원회귀는 단순한 소멸적 허무의 무한 반복도 아니며, 소멸을 극복하기 위한 생성과 그리고 생성 에너지의 허무로의 귀환이라는 '유사성'과 '동일성'의 지속적 순환만을 의미하지는 않는다는 것이다. 결국 이들의 입장에서 보면, 영원회귀는 "역설적 성격을 가지면서 저항과 극복이라는 과정에서 무한히 재생되는 끝없는 분투로서의 생성"(임민정, 2012: 153~154)이 본질임을 규정한다.

이렇게 영원회귀 사상을 해석한다면, 영원회귀는 역설적일 수밖에 없다. 허무의 지속, 그러나 생성으로의 전환, 그리고 또 다른 허무. 이것의 순환을 통해 현재적 모순을 냉철하게 인식할 수 있으나, 이를 넘어 반복되는 순환성의 타율성과 고정성을 이탈해 새로운 시도로 서의 '저항과 극복'을 동시에 감행하고자 함을 알 수 있다. 이를 통해 니체와 이형기가 노리는 것은 형이상학적 관념이 지배적인 현재적 상황의 허무성과 모순성, 그리고 그것이 유도하는 소멸성을 통렬하게 인식하고 이를 전환하기 위한 생성으로서의 영원회귀적 시도를 감행해 나가고자 한 것임을 알 수 있다. 이러한 새로운 생성적 시도를 통해 고정성과 단순 반복성에 갇혀 있기를 거부하며 지속적으로 인식을 허무로 규정하며 새로운 잉태를 위한 영원회귀적 사유를 강조하고자 하는 것이다.

「허무의 빛깔」에서 공허한 부정적 현실을 상징하는 시적 공간인 '인적 없는 바닷가'에 존재하는 물자체인 '조개껍질'은 '오래된 하나' 로서, '파도'가 '일어서고 부서'지며 '햇빛'과 '달빛', 그리고 '어둠'이 스치고 흘러간 '십억 년', '이십억 년' '시간이 쌓인' 흔적이다. '덧없는 시간의 되풀이' 속에서 '아무 뜻 없이' '흩어져 있'는 '수많은 조개

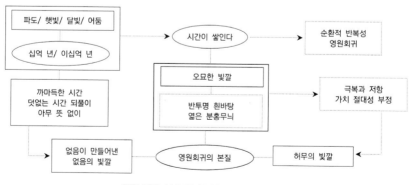

영원회귀 사유의 '극복과 저항' 지향성

껍질'은, 시간의 순환성 속에 명확하게 그 모습을 드러내는 소멸적 허무의 실체라고 할 수 있다. 무한에 가까운 시간의 흐름이 남겨 놓은 결과물로서의 '조개껍질'을 '덧없는 시간'이 만들어낸 '아무 뜻 없'으며 '까닭'을 '알 수 없'는 대상으로 묘사한 것은 분명, 시간의 흐름이 이루어 놓은 가치를 전면 부정함으로써 현재적 상황을 무가치한 허무로 규정하기에 충분해 보인다.

하지만 위 작품은 부정적 공간 속에서의 조개껍질을 끌어들임으로써 시간의 무의미한 단순 반복성을 통해 허무적 실존을 부각시키는 데에만 한정하지 않는다. 시적 화자는 조개껍질을 '주위' 관찰하는 인식적 적극성을 통해 새로운 의미를 발견하기에 이른다. '시간'의 '쌓'임이 '오묘한 빛깔', 즉 '반투명' '흰바탕'의 '엷은 분홍무늬'를 '아름답게 녹아들'게 했음을 깨닫게 된다. 이러한 무늬는 허무적일 수 없다. 허무한 시간의 무한 반복으로 여겼던 상황 속에서 '오묘'한 가치를 읽어내고, 이를 '허무의 빛깔'로 치환시켜 놓음으로써 '없음이 만들어낸 없음의 빛깔'이라는 역설적 인식을 확보하기에 이른다.

즉, 시간의 무한 반복이 만들어내는 현실적 허무를 극복하고 저항함으로써 가치의 절대성 부정을 통해 '무늬'라는 '오묘'함의 극치를 체감하게 되는 것이다. '없음'이라는 허무는 현실적 관점에서는 그 어떤 것도 만들어낼 수 없다. 하지만 그 '없음'이 '없음의 빛깔'인 오묘한 무늬를 '만들어낸' 것이다. 이는 지금까지 우리가 지향했던 가치가 현실적 모순이라는 소멸적 허무를 자초하고 있음을 보여 주고자 하는 시도인 동시에, 현실에 대한 부정과 극복으로서의 허무에 대한 자각이 가치를 맹신하는 편협한 인식에서 벗어나게 함으로써, '허무'는 '빛깔'이라는 새로운 가치로 거듭나게 된다는 역설을 보여 주게 된다. 이처럼 이형기 시의 허무적 경향성은 그대로 니체의 영원회귀적 지향성과 교차점을 형성하고 있기에, 이형기 시를 학생들에게 교육하고자 할 때에는 허무의 부정성을 넘어 긍정적 인식으로의 선회라는 방향성에 주안점을 두어야 함을 숙지해야 하리라 본다.

2) '영원회귀'의 본질 인식을 통한 시 교육 방법

앞의 논의를 통해 이형기의 허무적 경향의 시에는 니체의 영원회귀적 사유가 반영되어 있음을 볼 수 있으며, 영원회귀 인식의 바탕에는 '소멸과 생성', '극복과 부정'이 서려 있음을 단정지을 수 있으리라 본다. 따라서 시 교육의 마당에서도 이형기 시가 갖는 두 측면에 주안점을 두고 진행될 수 있어야 할 것이다. 이형기 시에서 형상화된 허무 지향성은 염세적이거나 퇴폐성을 겨냥하지 않는다. 현실을 허무적으로 그려냄으로써 학생들에게 현실을 부정하고 자신의 처지를 비관하는 수동성에 균열을 일으킬 수 있을 것이다. '허무'에 대한 부정적인 통념을 일축(一蹴)하고 허무에 대한 바람직한 가치관을 갖게 함으로써 현실과 가치관, 그리고 자신에 대해 재고찰할 수 있는 기회를 얻게 해 줄 수 있기 때문이다.

허무의 본질은 비판적 인식을 전제한 기존의 가치 인식에 대한 부정과 소멸을 적극적으로 시도하며, 이러한 저항적 인식이 궁극적으로 행복한 미래 설계를 위한 '극복'으로서의 가치 인식으로 전환되어야 함을 학생 스스로 깨닫는 계기가 될 수 있다. 여기서 중요한 것은, 이렇게 시도된 허무 극복 의지가 또 하나의 고정관념으로 자리잡음으로써 초래될 수 있는 모순적 현실의 허무성을 적극적으로 부정한다는 것이다. 즉, 허무를 극복하기 위해 새롭게 시도된 인식마저 또 한번 부정함으로써, 그야말로 영원회귀적 시공간 속에서 변화의 발전 가능성은 무궁무진할 수밖에 없다는 것을 학생들이 체감할 수 있다고 본다.

그러므로 허무 지향의 시를 교육할 때에는 먼저 '영원회귀'의 본질에 해당하는 '소멸과 생성', '극복과 부정'의 정신적 가치를 명확히 진단하고 이를 학생들이 시 작품 속에서 발견하며, 그 가치를 느낄 수 있게 하는 것이 무엇보다 소중하다고 하겠다. 이를 위해 교사는 학생의 자발적 감상을 허용하되 지속적인 발문과 대답을 유도하고 학생의 반응에 대한 적절한 피드백을 유지해 나가면서, 작품에 대한 학생들의 자발적인 사고와 감상이 동시에 수행될 수 있는 여지를 마련할 필요가 있다. '허무', '영원회귀', '소멸', '생성', '극복' 등의 개념은 추상적이고 철학적이라 학생들이 스스로 사고하고 작품의 맥락을 통해 재해석하지 않으면 온전히 이해하고 공감하기가 어려울 수밖에 없다. 그러므로 교사는 다양한 발문을 일정한 단계에 따라 제시하고 절차와 과정에 따라 발문에 반응하는 과정을 허무 지향 시 교육의 토대로 삼아야 할 필요가 있다.

내 죽거들랑 무덤을 짓지 말라
하물며 돌에 문자를 새긴 묘비일까 보냐
그냥 불에 태운 뼛가루 두어 줌
강가에 뿌리면 그만이다

그러면 나는
원래의 내 자리
실은 누구나 게서 온 그 자리
텅 빈 가이없는 허공으로

깨끗한 잊혀짐의 길 떠나갈 것이다

비오는 날이면
추적대는 빗줄기
휴우휴우 바람 부는 밤이면
불어대는 그 바람으로 날려서

공중에 무수하게 찍혀 있는
새의 발자국 그것이나 주워서
가는 길 하늘에 고수레하고
기꺼이 사라질 것이다

무엇이든 마지막엔 드러나는 바탕
아무것도 없음이여
억조(億兆)의 죽음을 삼키고도 예전 그대로
없음만이 찰랑대는 그곳 허무의 집으로
나는 선선히 돌아갈 것이다

―이형기, 「새 발자국 고수레」 전문

군이 '영원회귀'의 개념적 사실을 작품 감상 이전에 학생들에게
주입할 필요는 없어 보인다. 영원회귀의 본질에 해당하는 '소멸과
생성'이라는 특성을 작품을 통해 발견하고 이에 대해 사고하도록
하기 위해 「새 발자국 고수레」와 같은 작품을 활용하는 것이 도움이
될 듯하다. 위 작품의 제재는 '죽음'이다. 화려한 삶, 영광스러운 삶을
뒷전으로 하고 '무덤'과 '묘비'라는 미련과도 같은 최소한의 격식마

저도 마다하고 오로지 '불에 태운 뼛가루 두어 줌'으로 남은 채, 그것도 '강가에 뿌'려지는 것이 화자가 인식하고 지향하고자 하는 삶인 것이다. 뿌려진 가루는 '텅 빈' '허공으로' '떠나갈' 뿐 그 이상도 그 이하도 아니다. '빗줄기'와 '바람'에 날려 급기야 온전히 '사라'지는, '아무것도 없음'이라는 극단적인 '허무'를 구가하고자 한다.

작품을 이렇게 읽고 그친다면, 너무나도 염세적인 정서에 빠져들게 되며 우리가 발딛고 있는 현실을 비관적으로만 보게 될 것 같다. 허무 지향의 시를 학생들에게 읽히는 이유가 여기에 있는 것은 아니다. 여기에서 그친다면 허무 지향 시는 학생들에게 독이 되고 말 것임은 자명하다. 무엇보다 중요한 것은 소멸로서의 허무가 갖는 본질이 무엇인지에 대해 학생들이 관심을 갖고 그에 대한 인식의 전환을 추구하는 것이 필요하다. '작품에서 느껴지는 느낌이나 분위기는 어떠한가요, 그러한 정서를 유발시키는 구체적인 시어를 찾아보고 자신의 생각과 느낌을 상세하게 논의해 볼까요, 작품은 현실에 대해 혹은 삶에 대해 어떤 태도와 자세를 취하고 있나요, 작품에서 느껴지는 '사라짐', '죽음', '허무'의 이미지에 대한 자신의 입장과 생각을 구체화하고 이에 대해 서로 논의해 볼까요, 작품에서의 '허무적 인식'은 현실에 대한 외면이나 비관적 태도와 유사한가요, 작품에서의 '허무'는 긍정 혹은 부정적 인식 중 어느 쪽과 관련이 있나요, 작품에서 화자가 '허무'를 말하는 이유는 무엇일까요'와 같은 발문을 순차적으로 제시함으로써 이형기의 허무 지향적 시가 갖는 분위기나 정서, 의미에 대해 숙고해 볼 수 있는 시간을 할애할 필요가 있다.

이러한 발문을 통해 학생들은 '죽음'과 '사라짐'이 '아무것도 없'는 '허무'와 관련되기는 하지만, 작품의 전체적 이미지가 결코 부정적인 차원으로 전락하지 않음을 체득하게 된다. 만약 학생들 중에 작품에서 말하는 허무를 퇴폐적이거나 염세적 태도에 한정된 것으로 받아들이는 이가 있다면, 개별 시어와 맥락의 흐름을 고려해 학생 상호 간의 논의를 강화시킴으로써 자신의 견해를 스스로 수정할 수 있도록 할 수 있어야 한다. '짓지 말라, 떠나갈 것이다, 그것이나 주워서, 기꺼이 사라질 것이다, 선선히 돌아갈 것이다'와 같은 구절들을 통해 화자가 '허무의 집'을 고집하는 것이, 자신의 의지적이고도 자발적인 선택에 의한 것임을 강조할 필요가 있으며, 화자의 허무 지향적 태도가 현실 도피적이거나 체념에 한정된 것이 아님을 명확히 제시할 수 있어야 한다.

다만, '무덤, 묘비'와 대비적 상징성을 갖는 '뼛가루 두어 줌, 강가, 빗줄기, 바람, 새의 발자국, 고수레'를 제시한 이유에 대해 주목하게 함으로써, 화자가 직면한 현실에 대해 어떤 태도를 갖는지를 파악하게 할 필요는 있다. 죽어서도 영광과 명성이 존속되기를 바라는, 혹은 죽음의 순간까지도 헛된 세속적 가치를 지속해 나가고자 하는 현실적 인간의 욕망이나 가치를 전면 부정함으로써, 세속적 가치와 상반되는 '아무것도 없음'만이 진정한 가치임을 학생들이 인식할 수 있어야 하겠다. 이러한 화자의 태도는 현실적 가치에 순응하고 이를 맹신하는 우리의 모습을 되돌아보게 하는 설정이며, 기존의 가치 인식으로 이루어낸 모든 것이 극단적 허무임을 자명하게 보이는 것이라고 볼 수 있다.

이렇듯 '소멸'에 대한 집중화를 통해 허무에 대한 인식 태도를 재고찰함으로써, 현실을 철저히 부정하거나 자학적이고도 퇴폐적인 방향으로 편향되었던 허무의 본질을 깨닫는 계기가 되리라 본다. 허무적 인식은 고정관념에 고착화된 현실에 대한 준엄한 비판적 인식의 시도이면서, 현실 도피를 옹호하는 염세주의와 동일시될 수 없는 가치 태도임을 학생들이 자각할 수 있도록 하는 것이 무엇보다 중요하다 하겠다. 시 감상을 통해 이러한 지점에까지 학생들의 사고가 도달할 때, 허무는 냉소적 관념이나 도피적 인식의 차원에서 벗어나 현실을 비판하고 새롭게 현실을 재구성하기 위한 생산적 시도임을 알 수 있게 되는 것이다.

이어서 '생성'에 대한 교육 활동이 진행되는 것이 바람직하다. 위 작품에서 '소멸'은 '생성'의 이미지로 승계된다. '그러면'이라는 구절을 분기점으로 '두어 줌'에 불과한 나의 분신인 '뼛가루'는, '텅 빈 가이없는 허공'에서 완전한 소멸을 이루는 것이 아니라 '마지막'에 '드러나는 바탕', 즉, '억조의 죽음을 삼키고도 예전 그대로' 그 본질을 유지하는 '원래의 내자리, 누구나 게서 온 그 자리'로 환원하게 되는 것이다. 화자의 '사라질 것'이라는 바람은 사실상 '돌아갈 것'을 염두에 둔 강한 열망이라고 볼 수 있다. 소멸을 통해 '억조의 죽음'이라는 영원한 시간적 회귀 속에서도 '예전 그대로' 그 본질과 고유의 속성을 유지하고 있는, 궁극적 도달점으로서의 '바탕'에 도달할 수 있게 된다. 그리고 그 '자리'는 화자의 자리이면서도 '누구나' 그 곳에서 '온 그 자리'인 것이다.

결국, '그 자리'는 인간의 탄생이 비롯되는 생명의 근원이면서, 영원한 시간의 흐름 속에서도 본질을 잃지 않는 곳이라 할만하다. '마지막, 없음, 허무'라는 시어가 환기하는 소멸의 이미지는 생성의 근원인 '그 자리'로 귀착됨으로써 허무는 소멸과 생성을 한몸에 지니면서, 염세적 태도를 철저히 부정하고 있음을 알 수 있다. '화자가 '떠나갈 것이다, 사라질 것이다'라는 행위에 집착함으로써 궁극적으로 지향하고자 하는 것은 무엇일까요, '돌아갈 것이다'라는 구절에 초점을 두고, 화자가 지향하고자 하는 공간이나 상황을 암시하는 시어를 찾아볼까요, '자리'의 속성을 의미하는 시어들을 연결짓고 구체적인 의미에 대해 논의해 볼까요, '원래, 누구나 게서 온, 가이없는, 깨끗한, 바탕, 예전 그대로'라는 시어들이 갖는 공통점에 대해 논의해 볼까요, '사라짐, 없음, 허무'의 상징적 의미와 그에 대한 화자의 인식 태도에 대해 논의해 볼까요'라는 질문을 통해 허무가 유발하는 소멸적 상황이 생성과 맞닿아 있음을 학생들이 발견하는 기회를 마련하는 쪽으로 교육활동의 가닥을 잡아 가는 것이 바람직하다.

　니체의 영원회귀적 사유의 또 다른 측면은 '극복과 저항'이며 이러한 관점은 그대로 이형기의 허무 지향적 시에도 나타나고 있다. 따라서 '영원회귀'와 관련한 허무적 본질을 학생들이 시 작품을 통해 탐색하고자 한다면, '극복과 저항'의 측면도 놓치지 말아야 하리라 본다. 소멸적 상황에서 벗어나기 위한 생성 의지를 뛰어 넘어, 기존의 순환 질서를 거부함은 물론 자기 논리마저도 끊임없이 새롭게 변화시키고자 하는 적극적 시도가 영원회귀의 또 다른 모습인 것이다. 생성도 고정관념에 귀속될 수 있다. 하지만 니체의 영원회귀는 영원한 순환 반복을 말하지만 동일성에 함몰되는 것을 거부한다.

　그는 '영원회귀를 혼돈의 세계와 연관'지어 사유하며, 그에 따르면 '우주의 카오스는 순환의 사상과 동일'하다. 이를 쉽게 다듬어 표현하면, "세계는 무한한 시간 속에서 최종적 목적이나 최종적 상황을 가정할 수 없다."(이상엽, 2003: 79~81)는 것이다. 지속적인 순환과 반복 속에서도 동일성을 거부하고 새로운 시도로서 기존의 관념을 파괴해 나감으로써 극복과 저항을 감행하고자 하는 것이 니체적 영원회귀의 본질인 것이다. 따라서 '비유사성'과 '비동등성'(임건태, 2009: 225)이 작품 속에 어떻게 형상화되어 있으며, 그러한 가치 인식이 어떤 의의를 가지는지를 학생들이 깨닫게 하는 활동이 필요하다고 할 수 있다.

앉은뱅이꽃이 피었다
작년 피었던 그 자리에
또 피었다

진한 보라빛
그러나 주위의 푸르름에 밀려
기를 펴지 못하는 풀꽃

이름은 왜 하필 앉은뱅이냐
그렇게 물어도 아무 말 않고
작게 웅크린 앉은뱅이꽃

사나흘 지나면 져버릴 것이다
그래그래 지고말고
덧없는 소멸
그것이 꿈이다
꿈이란 꿈 다 꾸어버리고
이제는 없는 그 꿈
작년 그대로 또 피었다.

—이형기, 「앉은뱅이꽃」 전문

'앉은뱅이꽃'은 '진한 보랏빛'의 '풀꽃'으로 '아무 말 않고' '작게 웅크린' 자태로 '사나흘' 피었다 '져 버릴' 꽃이다. '주위의 푸르름에 밀려 '왜 하필' 존재하는지 그것조차 인식되지 못할 만큼 나약하고 미천한 존재일 뿐이다. 하지만 '앉은뱅이꽃'은 '작년 피었던 그 자리'에 올해도 '작년 그대로' 피고자 한다. 그럼으로써 '기 펴지 못하는 풀꽃'으로 명명된 기존의 가치 인식을 거부하고 극복하고자 하는 것이다. '사나흘'이라는 순간이 영원한 시간의 회귀 속에서 더 이상 찰나가 아님을 입증하고 있다. '져 버리'고 '또 피'어 나는 반복 속에서 '앉은뱅이꽃'은 새로운 가치를 생성해 내게 된다. '덧없는 소멸'이 '앉은뱅이꽃'에게는 '꿈'과 동일시되기 때문이다.

즉, '앉은뱅이꽃'은 소멸의 극단을 지향하고자 하는 것이다. 이는 기를 펴고 살아가는 모든 '푸르름'에 대한 저항으로 해석될 수 있다. 지기 위해 피어나는 꽃이 앉은뱅이꽃이며, '피었던 그 자리'에 '또 피'어나는 행위적 순환성으로 인해 고집스럽게 소멸하고자 하는 앉은뱅이꽃의 '꿈'은 현재적 가치에 대한 부정이며 극복에 해당하는 몸부림이다. 소멸하고자 하는 '꿈이란 꿈 다꾸어버'림으로써 소멸의 극단을 추구하지만, 결국 '이제는 없는 그 꿈', 즉 소멸하고자 하는 꿈이 사라지는 지점에서 앉은뱅이꽃은 '작년 그대로 또 피'는 존재로 새롭게 탄생하게 된다.

이로써 앉은뱅이꽃의 '아무 말 않고' '작게 웅크린' 자태는 '기를 펴지 못하는 풀꽃'으로 폄하될 수 없는 것이다. 기존의 부정적이고 편협한 가치에 대항해 극단적인 소멸을 지향하는 꿈을 꾸면서, 그 꿈이 종결되는 지점에서 새롭게 태어나지만 또 다시 소멸의 꿈을 꾸면서 지속적인 변화와 발전을 추구해 나가고자 한다. 학생들을 교육할 때도, 기존의 고정관념에 대한 부정과 함께 자신의 한계도 스스로 깨드려 나가고자 하는 '부정과 극복'에 주안점을 두고 발문을 제시할 수 있어야 한다.

'화자가 관찰 대상으로 선정한 앉은뱅이꽃은 어떤 모습인지 살펴볼까요, 앉은뱅이꽃의 특징은 무엇인가요, 그것을 입증할 수 있는 구체적인 시어들을 묶어 볼까요, '진한 보랏빛, 아무 말 않고, 작게 웅크린, 기를 펴지 못하는 풀꽃, 왜 하필 앉은뱅이냐, 사나흘 지나면 져버릴 것' 등의 시어를 통해 규정되는 앉은뱅이꽃의 속성은 자신 스스로 규정한 특징일까요 아니면 어떤 대상에 의해 일방적으로 강요되거나 단정지어진 것일까요, 앉은뱅이꽃이 자신에 대한 부정적인 인식을 '그래 그래 지고말고'라고 함으로써 포용하는 이유는 무엇일지 논의해 볼까요, 앉은뱅이꽃이 '덧없는 소멸'을 '꿈'과 동일시한 이유는 무엇일까요, 꿈이란 꿈은 다 꾸어버림으로써 극단적인 소멸을 추구하는 앉은뱅이꽃의 의도는 무엇일까요, 소멸이라는 꿈이 종결되는 순간 앉은뱅이꽃은 다시금 작년 그대로 피어나고 있음을 볼 수 있는 데 이러한 역설적 인식과 행위의 이유는 무엇일까요, 관찰 대상으로서의 앉은뱅이꽃의 속성과 자기 자신을 동일시하려는 화자의 의도는 무엇일까요'라는 발문들에 답해 나가면서 학생들은 '덧없는 소멸'이 대상에 대해 일방적으로 가해지는 외적 인식에 대한 비판이면서, 잘못된 가치 인식에 대한 전면적 부정과 도전임을 깨닫게 되리라 본다.

　이는 앉은뱅이꽃 자신을 나약한 주체로 규정짓는 기득권 세력이나 기존의 인식 태도에 대한 저항과 극복의 태도를 학생들이 알아가는 과정으로서 의미를 갖는다. 더불어 '사나흘 지나면 져'버리지만 그리고 그러한 '덧없는 소멸'을 '꿈'으로 자청하고 있지만, '작년 피었던 그 자리'에 '작년 그대로' '또 피'어 남으로써, 자신이 오히려 '사나흘 지나면 져 버리'는 소멸적 존재가 아니라 지속적인 자기 생성의 가치를 가지고 영원회귀하는 존재임을 밝히고 있음도 깨닫게 될 것이다. 이를 통해 찰나적이기에 소외적 존재라고 단정지었던 기존 인식을 부정하는 요인이 됨도 학생들이 따져 보게 될 것이다.

달리 보면, 현실적 가치를 철저히 부정하고 그것의 허무를 지적하면서 자기 스스로 소멸하고자 하는 가치 태도를, 다시 피어남으로 전환시키는 모습에서 '소멸'을 부정하고 '생성'이라는 새로운 가치를 시도하려 한다는 점을 발견할 수 있다. 이는 기존의 인식에 함몰되지 않고 자신의 틀을 확장적으로 변혁시켜 가는 존재의 모습을 학생들이 깨닫게 되는 계기가 될 것으로 본다. 결국 영원회귀의 또 다른 차원인 '극복과 저항'을 이형기 시를 통해 학생들이 감상한다는 것은, 현실적 모순을 허무로 규정함으로써 기존의 가치 인식에 대해 '저항'하는 행위 양상을 살피는 일이며 동시에, 기존의 인식을 다른 관점에서 해석하고자 하는 '비동일성'과 자신의 논리 역시 끊임없이 파괴하고 개선시켜 나가는 '비동등성'에 대한 탐색이라 할 수 있다.

3. '위버멘쉬'를 지향하는 교육 방법

1) '위버멘쉬'의 자질과 함의

그간 문학계에서의 허무주의에 대한 연구가 '환멸, 지적 혼돈 상태, 방향 감각의 상실'(박윤우, 1993: 154~159; 이정석, 2002: 242~245; 정홍섭, 2006: 216~218; 조은주, 2006: 21~25) 등과 같이 당대적 가치에 대한 작가의 부정적 의식에 초점을 두고, 문학 영역 내에서의 실체적 모습을 규명하는 데 주안점을 둔 것이 사실이다. 하지만 이러한 문학적 탐색은 허무를 비관적 인식에 초점을 둔 천착이기는 하지만 궁극적으로 이러한 시도를 통해 허무 너머에 존재하는 장밋빛 미래에 대한 열망을 성취하기 위한 의지를 밑바탕에 깔고 있음을 간과할 수 없다. 니체 역시 철저히 현실적 허무를 주장하고 기존 가치를 부정하고자 하지만, 그에 따르면 "세계에 감사하고 그것을 사랑함으로써 세계와의 분열과 대립을 넘어선 상태야말로 진정한 행복"(박찬국, 2015a: 84~88)임을 역설한다.

따라서 허무 지향 시에 대한 교육에 있어서의 본원적 지향점은 부정과 비판에 대한 감행을 토대로 보다 나은 미래를 성취하기 위한 희망의 의지를 북돋우는 데 있다고 할 수 있겠다. '위버멘쉬'에 주목하는 이유도 여기에 있다. 위버멘쉬(Übermensch)는 '무엇인가를 넘어선 사람' 즉, '초인'(이승훈 외, 2014: 18)을 뜻한다. 좀 더 풀어보자면, 특정한 태도나 새로운 가치를 취할 가능성을 가진 사람으로 규정할 수 있다. 니체 역시 위버멘쉬를 정체되어 있는 모습이 아니라 스스로의 힘으로 현실을 극복하려는 인간상으로 보고, 속박으로부터의 자유에서 벗어나 '무엇을 위한 자유'(정동호 외, 2006: 114~133)라는 적극성을 강조한 바 있다.

현재적 상황을 허무로 단정하고 기존의 형이상학적 허상을 부정하되, 우리 스스로 모든 의미와 가치를 새롭게 세우고 실천(고명섭, 2012: 682~693)해야 한다는 사실에 대한 인식이 중요함을 역설하고자 한다. 이형기 허무 지향 시에서 위버멘쉬 개념이 의미가 있는 이유는, 학생들이 허무 시를 대할 때 현실의 모순을 냉철하게 인식하고 이를 비판하되 모순된 현실을 극복하려는 가능성으로서의 '의지'를 함양할 수 있는 계기가 될 수 있기 때문일 것이다. 니체에 따르면 "힘은 방향성이 있는데 이 방향을 결정해 주는 것이 내면적 의지 곧 힘에의 의지"(강영계, 2007: 149~191)라는 것이다. 또한 이러한 힘에의 의지가 곧 위버멘쉬적 인간이 가진 고유한 자질(강수남, 1990: 58~63)이다.

니체가 말하는 위버멘쉬는 절대적이고도 무한한 능력을 가진 초월적 인간을 지향하는 것이 아니라, 추구하는 가치가 전적으로 자신에게 귀속되어 있으며 지속적인 열정으로 내면의 깨달음(이영수, 2009: 345)을 지향하는 인간이라 할 수 있다. 즉, 삶의 목표를 스스로 설정(이진우, 2015: 46~55)하고 이를 성취하고자 하는 적극적이고도 의지적인 인물인 것이다. 스스로 사고하고 자신을 스스로 통제하려는 노력을 기울인다는 점에서 이러한 인물을 '자기 지배'(박홍규, 2008: 119~174)가 가능한 존재라고 규정하기도 한다. 자기 지배가 가능한 위버멘쉬적 자질을 갖춘 인물이라야 타율에서 벗어나 자율적인 길을, 수용이 아닌 선택과 창조의 길이 가능하다고 니체는 강조한다.

따라서 허무 지향 시에서 위버멘쉬적 속성에 주안점을 두고 교육하고자 할 때, 현실적 가치에 대한 허무적 인식이 초래할 수 있는 부정과 염세적 상황에서 벗어나, 희망에 대한 지향성이라는 온전한 이상을 구가할 수 있으리라 본다. 또한 위버멘쉬는 '개인적 의지'와 관련된 개념이기에 작품 속에 이러한 의지가 어떻게 형상화되고 그러한 인식이 작품의 분위기 및 현실 극복과 전환에 어떤 의의가 있는지도 학생들이 체감할 수 있도록 할 필요가 있다. 특히 허무시에서 위베멘쉬적 성향의 화자가 드러내는 의지의 모습은 허무적 상황을 전제로 한 것이기에 아이러니를 바탕으로 하고 있음을 놓치지 말아야 할 것이다.

쬐그만 것이
노랗게 노랗게

전력을 다해 샛노랗게 피어 있다

아무 곳도 넘보지 않는다
다만 혼자
주어진 한계 그 안에서 아슬아슬
한 치의 틈도 없이 끝까지

바위 새를 비집거나 잡초 속이거나
씨 뿌려진 그 자리가 바로 내 자리
터를 잡고

물을 길어올리는 실뿌리
어둠을 힘껏 밀어내는 떡잎
그리고 그것들이 한데 어울려
열심히 열심히 한 댓새

세상에 그밖에는 할 일이 없어서
아주 노랗게 노랗게만 피는 꽃
피어선 질 수밖에 없는 꽃

쬐그만 것이지만 그 크기는
어떤 자로서도 잴 수 없다
아 민들레!
그래봤자
혼자 가는 자의 헛된 꿈

하지만 헛되어도 좋은 꿈 아니냐

한 댓새를 짐짓 영원인 양하고

보라 저기 민들레는 피어 있다

—이형기, 「민들레꽃」 전문

　위 작품에서의 '민들레꽃'은 분명 의지적이다. 그러므로 위버멘쉬적 속성을 가진 대상으로 화자와 동일시된다고 할 수 있다. 하지만 허무시에서 의지를 가진 대상을 위버멘쉬의 성향을 가진 존재의 형상화라고 지적하는 것만으로는 충분해 보이지 않는다. 허무시에서의 위버멘쉬적 의지는 허무적 상황을 기반으로 하는 것이기에, 허무와 의지가 긴장 관계에 있음을 명확히 한다는 것이 특징이다. 위버멘쉬적 인물은 비록 평범한 인간으로서의 능력을 가지고 있으나 '꿈과 현실의 경계를 없애거나 병치시키려는 의지'를 감행함으로써 이상적인 자아개념을 형성하려는 열성적 인간의 모습(백승영, 2006: 159~161)을 보여준다.

　따라서 이러한 점을 유념해 허무적 시 감상 교육을 할 때에는, 현실적 허무를 극복하기 위해 꿈과 현실, 현재와 미래, 그리고 시간과 공간, 관념과 실재가 어떤 양상을 띠는지에 주의할 필요가 있다. 허무주의가 반영된 허무 지향 시는, 상반된 차원의 가치들을 구별하려는 기존의 형이상학적 이원론을 거부하려 하며 위버멘쉬적 인물 역시 이러한 속성을 그대로 보여주게 된다. 즉, 이원론에서 탈피한 해체적 성향으로서의 '옥시모론(oxymoron)'(김지연, 2012: 142~144)의 방법론을 통해 시간과 공간을 해체하거나 현재와 미래가 충돌하는 기법 등을 활용하게 되는 것이다.

　옥시모론은 역설적이면서도 모순적 어법에 해당한다. 허무시에서 작가는 모순적 허무를 재생산하는 현실의 재현을 거부하기 위해 자신이 표출하고자 하는 논지나 의도를 논리적 맥락에서 이탈시킴으로써 더욱더 자신의 능동적 허무에 대한 의지를 강화시키고자 한다. 이렇게 본다면 허무시에서 위버멘쉬를 다루고자 할 때에는 '옥시모론적 의지'에 초점을 맞출 필요가 있다. 위 작품에서의 '민들레'는 '노랗게만 피는' '쬐그만' '꽃'으로 '바위 새'나 '잡초 속'과 같이 '씨 뿌려진 그 자리'만이 허락된 '주어진 한계' '안'에서 '아슬아슬'한 존재감을 지니는 지극히 소외된 현실적 존재에 불과하다.

하지만 그는 '아무 곳도 넘보지 않'고 오로지 '전력을 다해' '한 치의 틈도 없이' '물을 길어올리'고 '어둠을 힘껏 밀어'냄으로써 '열심히 열심히' 그에게 허락된 초라한 생명의 기간에 불과한 '댓새'를 '영원인 양' '노랗게' 꽃을 피워내는 일에 골몰함으로써, '그 크기는 어떤 자로도 잴 수 없'는 존재로 거듭나게 된다. 이러한 노력을 통해 '쬐그만 것'에서 크나큰 존재로의 도약을 감행함으로써 기존의 인식과 가치를 허무로 규정하고 그에 대한 비판적 입장을 보이고 있다. 하지만 이내 '피어선 질 수밖에 없는 꽃'으로의 운명을 자각하고 스스로를 '혼자 가는 자의 헛된 꿈'을 좇는 존재로 폄하시킴으로써 자신의 현실 극복 의지에 대해 옥시모론적 태도를 취하게 된다. 따라서 민들레꽃은 분명 옥시모론적 의지의 주체에 해당한다고 볼 수 있다.

'헛되어도 좋은 꿈'은 기존의 인식과 삶의 규칙들이 허무적임을 적시하고자 하는 민들레꽃의 절규임이 자명하다. '쬐그만 것'이 '바위'나 '잡초'라는 초라한 공간만을 자리한 채 '댓새'라는 짧은 순간 동안 '노랗게만' 피어나는 존재일 뿐이라는 기득권 세력의 평가와, 냉소적이고 소외적 대우에 대해 수용적 태도를 취한다고 하겠다. 이처럼 '헛되'다는 것은 '댓새' 동안의 열정으로 온 힘을 다해 꽃을 피워내지만 '피어선 질 수밖에 없는 꽃'이라는 초라한 자기 '한계'에 대한 인정일 수 있다. 하지만 민들레꽃 자신의 그러한 '헛된' 행위와 태도를 '좋은 꿈'과 연결지음으로써 또 다른 함의의 옥시모론적 의미를 재생하고 있음을 간과해서는 안 될 것이다.

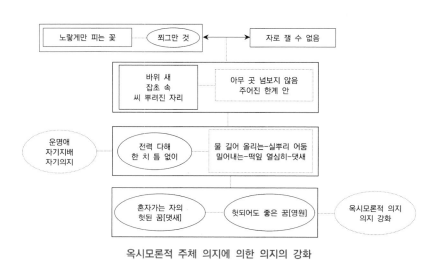

옥시모론적 주체 의지에 의한 의지의 강화

화자에 의해 시적 대상이 보여준 '혼자 가는' '댓새' 간의 '헛'된 행위가 전적으로 기존의 가치 태도에서 기인한 허무적 인식임을 단정짓게 한다. 아울러 화자는 '헛'된 행위가 '꿈'과 동일시됨으로써 허무가 꿈으로 치환되는 역설을 시도하고자 한다. 결국 민들레꽃의 소중한 '댓새'는 '전력을 다해 샛노랗게' 꽃을 피우기 위한 존재의 소중한 몸부림이며, 그러한 열정으로 인해 '크기는 어떤 자로서도 잴 수' 없을뿐더러 '영원'의 가치를 함유(含有)하고 피어 있게 됨을 역설하고 있다. 주체적 의지를 가진 자신의 행위를 '헛'된 '댓새'로 규정하지만 이를 '좋은 꿈'을 지향하는 '영원'의 몸부림으로 치환시킴으로써 옥시모론적 주체의 의지를 보여주고 있는 것이다. 이를 통해 강자와 약자라는 이분법적 인식, 주체와 소외, 그리고 성취와 패배라는 흑백논리는 무의미해지고 새로운 가치 형성의 절실함과 의의가 요청됨으로써 허무는 새로운 꿈으로 거듭날 가능성을 획득하게 된다.

한편 니체는 인간을 선험적으로 완성된 존재로 보지 않고, 자기 스스로 자신을 창조해야 할 존재(최순영, 2012: 97~98)로 인식한다. 니체의 대리인이라 할 수 있는 차라투스트라는 "나를 잃어버리고 너희들을 찾아라."라고 함으로써, 인간에게 근원적인 가치를 부여해 줄 수 있는 것은 오로지 자기 삶(김주휘, 2014: 93)이며 그 속에서 의의를 찾아야 함을 강조하고 있다. 즉, 위버멘쉬적 인간은 자기 삶에 대한 애착을 토대로 그 속에서 가치와 의미를 발견하려는 의지적 인간으로 해석된다고 하겠다. 이에 자기 삶에 창조적 의지를 강화하고 현재적 상황의 병리 현상을 극복하고 치유하기 위해 니체가 제시한 '정신화(Vergeistigung)'에 주목하고자 한다.

니체는 인간이 부정적 삶의 상황에서 겪게 되는 불안과 슬픔, 분노 등의 부정적 감정들을 정동(情動)으로 규정하고 이를 억제하고 스스로 치유하려는 의지의 중요성을 강조한다. 부정적 감정들의 치유를 통해 획득하게 된 능동적 활동의 가능성이 주체의 의지를 강화하는 데 긍정적으로 작용한다고 보는 것이다. 즉, 정동을 승화(김정현, 2013: 209~242)시키거나 자기 조절력을 함양해 나갈 때 능동적 주체인 위버멘쉬가 형성된다고 본다. 이처럼 니체는 부정적 정서의 승화를 정신화라 명명하고 있다. 이러한 입장은 자신의 인지와 감정에 대해 자발적으로 사고하고 통제함으로써 정신과 육체의 통합을 통해 현실적 상황의 허무를 극복하려는 '자기 지배'(강윤철, 2015:

124~127)와 유사하다고 볼 수 있다.

　　너는 언제나 한순간에 전부를 산다.
　　그리고 또
　　일시에 전부가 부서져버린다.
　　부서짐이 곧 삶의 전부인
　　너의 모순의 물보라
　　그 속엔 하늘을 건너는 다리
　　무지개가 서 있다.
　　그러나 너는 꿈에 취하지 않는다.
　　열띠지도 않는다.
　　서늘하게 깨어 있는
　　천개 만개의 눈빛을 반짝이면서
　　다만 허무를 꽃피우는 분수.
　　냉담한 정열!

　　　　　　　　　　　　　　　—이형기, 「분수」 전문

　　위버멘쉬적 인간이 옥시모론적 의지와 아울러 '정동(情動) 승화의 의지'도 아울러 갖추고 있음에 주목한다면, 위 시에서의 '분수'는 분명 위버멘쉬적 존재라 할 수 있겠다. 기존의 형이상학적 가치 지향 중심의 상황을 허무로 규정하고 새로운 가치 생성의 주체로 자처하면서 가치 다변화를 주도해 나가기 위해서는, 부정적 감정인 정동을 인지하고 이를 절제하고 승화해 나가고자 하는 의지 역시 중요하다고 할 수 있다. 이런 점에서 '분수'는 '꿈에 취하지 않'고, '무지개'라는 열망 성취에 과도하게 몰입함으로써 감정이 '열띠'게 과잉되지도 않는다.

'한순간에 전부를' 살 수밖에 없는 분수에게 주어진 운명은 유한성이 그 본질이다. 하지만 그는 '무지개'를 자신의 '꿈'으로 설정함으로써 결코 벗어날 수 없는 실패와 좌절을 멍에라는 이름으로 감수할 수밖에 없다. '일시에 전부가 부서져버'리고 '부서짐이' '삶의 전부인' 분수는 그럼에도 과도한 집착이나 열정에 휩싸이는 '열'띤 감정에 빠지지 않고, '물보라'로 부서지는 그 순간 잠시나마 경험하게 되는 이상의 단맛에 쉽게 길들여지거나 미련을 두지도 않는다. 집착과 좌절이라는 정동에 굴하지 않고 이를 조절하고 승화하고자 하는 위버멘쉬적 의지로 감정의 정신화를 이루어내고 있음을 볼 수 있다.

'서늘하게 깨어 있는' 정동의 승화 의지, 그리고 그러한 감정의 통제력에 의해 '천개 만개의 눈빛'은 '반짝'임을 잃지 않으며 '한순간에 전부를' 살더라도 평정심을 유지한 채 '허무를 꽃피우는 분수'로 자리매김하면서 '냉담한 정열'을 견지함으로써 정동의 승화를 이루어내고 있는 것이다. '무지개'를 '꿈'꾸지만 그것에 대한 지향적 가치에 함몰되지 않고 또한 '무지개'를 성취하고자 하는 자신의 가치와 의지에 대한 집착에서 벗어나 지속적으로 도달하고 무너뜨리는 과정의 무한 반복을 통해 자신의 가치를 새롭게 변화시키고자 하는 창조적 의지를 구현해 내고 있음을 볼 수 있다. 이러한 과정 속에서 '정열'적인 모습과 감정으로 '꽃'을 피우고자 하되, 그에 안주하거나 동요되지 않고 '냉담'한 심리 상태를 고수하고 있는 분수는, 감정의 정화를 통해 정동의 승화로 나아가고 있음을 확인하게 해 준다.

이렇듯 현실적 한계로 인해 유도되는 부정적 감정으로서의 정동에 함몰되지 않고 이를 새로운 긍정적 정서와 심리 태도로 전환시키고자 하는 의지가 위버멘쉬에 해당하는 것이다. 하지만 정동 승화로

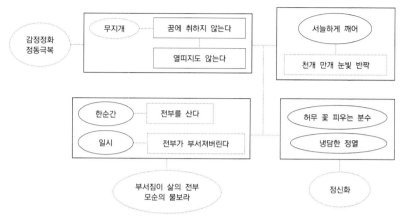

감정정화
정동극복

무지개 → 꿈에 취하지 않는다 / 열띠지도 않는다

서늘하게 깨어 / 천개 만개 눈빛 반짝

한순간 — 전부를 산다 / 일시 — 전부가 부서져버린다

부서짐이 삶의 전부 모순의 물보라

허무 꽃 피우는 분수 / 냉담한 정열

정신화

정동 승화를 통한 정신화 지향의 위버멘쉬

서의 정신화의 가치는 결코 부정적 정서를 긍정적으로 치환시키는 것에만 머물지 않는다. 자기 조절과 지배를 엄격하게 통제해 나감으로써 이상 성취에 대한 기대와 열정을 지향해 나가지만, 긍정적 기대를 통해 야기되는 단꿈에 취해 자기를 망각하지 않는다는 것이다. 열정에 대한 과도한 집착으로 끓어오를 수 있는 정서를 조절함은 물론, 순간적으로나마 이루게 되는 성취의 단맛에 함몰되지도 않는다. 좌절과 성취의 향락에 탐닉하지 않고 철저한 정서의 조절과 승화를 통해 끊임없이 한계에 도달하고 이를 극복하고자 시도할 뿐인 것이다. 기존의 시 교육이 작품 감상을 통해 학생들의 내면화를 추구하며, 소통 능력과 개인적 인격의 함양은 물론 문화 공동체 의식을 고양(정재찬 외, 2017: 17~27; 류수열 외, 2014: 16~43; 윤여탁 외, 2011: 17~23)하는 데 방점을 둔 것이 사실이다. 하지만 인접 학문과의 소통과 창의적 작품 감상의 측면에 대해서는 소원했던 것이 사실이기에, 이형기 시에 내재한 허무적 인식의 양가성에 주목해 이를 니체의

위버멘쉬적 사유와의 교섭을 시도해 보고자 하는 것이다.

2) '위버멘쉬'의 속성 파악을 통한 시 교육 방법

앞의 논의를 통해 위버멘쉬의 본질적 속성은 '의지'에 놓여 있음을
보게 된다. 또한 허무주의적 가치관 속에 위버멘쉬가 위치한다는
점에서, 위버멘쉬의 의지는 역설적이기에 '옥시모론'적임을 부인할
수 없다. 아울러 현대사회의 허무적 상황에서 인간 존재가 느끼게
되는 부정적 인식과 그것의 극복을 위한 의지라는 점에서 위버멘쉬
는 '정동의 승화'일 수밖에 없음을 알게 된다. 따라서 허무 지향의
시를 교육하기 위해 '위버멘쉬'에 주목하고 그 구체적인 하위 속성으
로 '옥시모론'과 '정동의 승화'를 부각시키는 것도, 허무시를 통해
학생들에게 현실을 비판적으로 수용하게 하고 올바른 정서 태도를
함양하게 한다는 점에서 의의가 있으리라 본다.

나는 나의 심장을 바늘로 찌른다.
심장은
살아 있는 그대로 조용히 멎는다.

그 완전무결한 죽음
바늘은 砒素처럼 청결하다.

神의 표본 상자엔 무수한 나비들이
별이 되어 꽂혀 있다.

은하여, 하루살이들의 혼령
공중에 뜬 都城의 불빛이여.

너의 눈동자를 바늘로 찌른다.
그 속에 감춰진 꿈
한 마리 아편벌레를 잡는다.

—이형기, 「바늘」 전문

위 작품은 허무적이며 옥시모론적이다. '나의 심장을 바늘로 찌'르는 행위는 역설적 행위이며, 삶과 생명에 대한 인간의 원초적 본능에 비추어 볼 때 지극히 허무적인 행위에 해당한다. 아울러 화자의 죽음에 대한 적극적인 지향성을 통해, 죽음은 '완전무결'하고 '청결'한 것으로 치환되어 긍정적인 의미를 부여받게 된다. 이러한 행위는 '은하, 하루살이들의 혼령, 도성의 불빛'이라는, 자연과 현대 도시 문명의 인간성 일반의 차원으로 그 대상이 확장되고 있다. 나의 심장을 바늘로 찔러 죽음을 지향했듯이, 자연과 도시적 인간성에 대해서도 일침을 가하고자 하는 것이다.

'바늘로 찌른다 → (심장이) 조용히 멎는다 → 완전무결한 죽음 → 청결하다'는 일련의 진행 과정은 '나'가 자행하는 지극히 모순적인 행위이기에 옥시모론적 의지에 해당한다. 죽음을 완전무결한 것으로 인식하는 것이 그러하며, 죽음에 도달하기 위한 매개에 해당하는 바늘을 청결한 것으로 보는 것이 그러하다. 아울러 심장의 멎음은 나라는 존재의 파멸을 의미하는 것이기에 나를 부정함으로써 나의 존재를 확인하려는 시도가 또한 그러하다. 하지만 이러한 화자의 자기 파멸적 옥시모론적 의지에 의문을 품게 된다. '왜 화자는 자기

파멸을 '완전함'으로 규정하는가. 그리고 그러한 행위를 통해 얻고자 하는 바가 무엇인가.'

그 해답은 세 번째 연의 '신의 표본 상자'를 통해 입증된다. '나'의 자기 파괴적 행위는 '신'의 행위와 동일시되고 있음을 볼 수 있다. 신에 의해 자행된 '나비'의 '표본' 만들기는 '나비'가 지향하고 성취하고자 하는 이상으로서의 '별'을 표본화시키는 데 그치고 있다. 신에 의해 자행된 '바늘로 찌르'는 행위는 나비가 가진 꿈을 빼앗고 결국 나비를 표본으로만 존재하게 하는 모순을 보여주고 있다. 이처럼 화자는 '나'의 행위와 '신'의 '바늘로 찌'르는 행위를 동일시함으로써 절대적 신뢰와 권위를 부여해 왔던 신에 대해 도전을 감행하고 있음을 볼 수 있다. 이는 신과 화자로서의 인간을 동등한 자격으로 보고자 하는 시도이며, 인간과 자연을 신의 창조물로 보고자 하는 기존의 형이상학적 인식에 대한 도전에 해당한다. 여기에 시인이 옥시모론적 의지를 지향하는 이유가 있는 것이다.

이처럼 화자의 행위 이면에 전제된 역설적 의도를 학생들이 파악할 수 있도록 시상의 전개 양상 파악하기, 맥락의 확인과 분석하기, 유사한 속성의 시어 묶기, 발상과 인식의 공통점과 차이점 규명하기 등의 방법을 적극 수행할 수 있도록 조언할 필요가 있다. 이를 좀 더 구체적으로 변용시켜 '제시된 작품에서 화자의 역설적이고도 모순적인 행위가 드러나는 부분을 지적해 볼까요, 나의 행위를 일정한 흐름에 따라 나열하고 그러한 행위의 전개 양상이 갖는 의미에 대해 생각해 볼까요, 나와 유사한 행위를 일삼는 또 다른 대상을 발견할 수 있나요, 신의 행위를 진행 과정에 따라 순서화해서 나타낼 수 있을까요, 나와 신의 행위가 갖는 유사점을 발견할 수 있나요, 화자가 죽음을 통해 생명의 파국을 지향하고 신과 동일시하는 이유가 무엇일까요, 인간이 신과 동등한 자격을 부여받는다는 것의 의미는 무엇일까요' 등의 발문을 제시하고 이러한 질문에 대한 답을 학생들이 찾아가는 과정을 통해 화자가 추구하고자 하는 옥시모론적 의지의 의미와 실체를 파악해 나갈 수 있는 것이다.

허무시를 통해 학생들이 역설적 표현 방법과 그 속에 내재된 의미만을 탐색하는 차원에 그쳐서는 곤란하다. 옥시모론적 의지가 위버멘쉬와 맞닿아 있다는 것을 염두에 둔다면, '의지'에 초점을 둔 교육도 동시에 이루어질 필요가 있기 때문이다. 위 시에서는 '나'와 '신'의 행위가 갖는 동질성을 옥시모론적 태도를 통해 표면화함과 동시에, 신의 행위와 차별화되는 '나'의 '의지'적 행위를 부각시키고 있음을 보게 된다. 화자는 '나'를 바늘로 찌르는 행위에서 나아가 '은하, 하루살이, 도성의 불빛'과 같은 자연과 인간, 그리고 인간이 창조한 모든 문명을 '너'로 통합시킴으로써 또 한 번의 옥시모론적 태도를 취하게 된다. '너'의 눈동자를 바늘로 찌름으로써 다시금 허무를 지향하게 된다. 하지만 이번의 시도는 신의 권위를 부정하기 위한 행위와는 차별화된다. 화자는 '너'를 찌름으로써 존재의 내부에 감추어진 '꿈'과 '아편벌레'를 잡으려 하는 것이다.

'비소'는 죽음을 부르는 치명적인 독극물이지만 생명을 살리는 명약이 될 수도 있다. '아편' 역시 이와 유사하다. 독을 통해 기존에 존재해 왔던 모든 질서를 무화시키고 그러한 기반 위에서 독이 생명 창출을 위한 새로운 영약으로 재탄생하게 되는 것이다. 그리고 기존 질서의 부정과 새로운 질서 창조를 위한 영약에 길들여진 '아편벌레'는 분명, 그 내부에 '꿈'을 보유하고 있을 것이라는 기대와 확신은 부정될 수 없는 것이다. 이러한 맥락이라면 신에 의해 인간과 자연 존재는 희망과 꿈을 잃은 채 표본으로 존재하기만을 강요당할 뿐이다. 반면 인간의 행위는 그와 달리 부정과 창조를 통해 존재의 근원적 꿈을 지향하는 의지적인 것으로 해석될 수 있다.

'너의 존재에 포함될 수 있는 대상들은 무엇인가요, 나가 다시금 너를 찌르려는 의도는 무엇인가요, 비소와 아편벌레의 공통점은 무엇일까요, 허무 지향성이 부정과 창조의 의미를 동시에 지니는 것으로 이해된다면 바늘로 찌르는 행위는 무슨 의미일까요, 신의 행위와 나의 행위가 갖는 근원적 차이점은 무엇인가요'라는 질문을 통해 옥시모론적 표현에 반영된 화자의 의지적 성향을 학생들이 파악할 수 있을 것으로 본다. 이처럼 옥시모론적 의지에 초점을 두고 교육 활동을 진행해 나간다면, 역설을 단지 표현 방법으로만 파악하게 되는 편협성에서 벗어날 수 있으며 역설이 인식과 발상, 그리고 가치관과 맥이 닿아 있음을 학생들이 발견하게 되리라 본다. 아울러 이형기 시에서 역설적 인식이 화자의 '의지'와 결부되면서 현실의 모순에 대한 부정과 새로운 창조를 위한 의도적이고도 의식적인 행위로 발전해 나감도 파악하게 할 수 있다.

  손바닥을 펴놓고 내일을 점친다
  몇 가닥의 길은 고집스레 따로 뻗고
  또 몇 가닥은
  서로 마주쳐 종잡을 수 없는
  보물섬의 지도가 그려진 손바닥
  무성한 잡초 속에 흔적만 남은
  오솔길처럼
  잔손금은 잔손금 나름으로 어지럽다
  그러나 아무리 얽히고 설켜도

모든 길은 한곳으로 통한다
로마가 아니라 로마의 폐허
손바닥을 벗어나는 낭떠러지 저쪽으로
거기서 나를 기다리고 있는 확실한 참사
추락의 一陣風
그때의 바람 한줌 움켜쥔 주먹으로
누군가 힘껏 책상을 내리친다.

암 찾아야지 보물섬의 보물
길이 모두 그곳으로 통하는 낭떠러지
그 너머의 보물섬
해적이 그린 해골 표지의
보물 동굴이나 찾아야지 제기랄!

—이형기, 「보물섬의 지도」 전문

위버멘쉬와 관련된 두 번째 교육 내용 요소는 '정동의 승화'이다. 허무시를 통해 이러한 항목을 학생들에게 교육하기 위해서는 작품을 통해 발견되는 내적 갈등으로서의 정동에 대해 추적하게 함은 물론 심리적 불안이 형성되는 근원적인 원인에 대해서도 탐색하게 할 필요가 있다. 정동의 실체에 대한 인식과 원인에 대한 규명이 이루어진 이후에, 허무시에서 이러한 정동이 어떻게 승화되어 가는지도 면밀하게 따져볼 수 있도록 배려할 필요가 있다. 위 작품에서 화자는 '내일을 점'치기 위한 행위로서 '손바닥'의 '잔손금'에 주목하고 있으나, '보물섬의 지도가 그려'져 있기를 바라는 '손바닥'에서 화자가 발견한 것은 희망과 성취라는 '보물' 대신 '참사'와 '추락'이라는 '폐허'뿐이다.

손바닥의 손금이 '고집스레 따로 뻗고' '종잡을 수 없'음을 읽어 갈 때마다, 화자는 '무성한 잡초 속에 흔적만 남은 오솔길'을 대한 듯 '어지럽'고도 '얽히고 설'켜 드는 정동에 직면하게 되는 것이다. 손금에 한 인간의 미래가 암시되어 있다는 과거의 전통적인 운명론적 인식을 따라 갔을 때 화자가 얻는 것은 심리적 갈등과 불안으로서의 정동 그 이상일 수 없음을 보여주고 있다. 한편 인류가 지금껏 맹목적으로 추구해 왔고 낙관적 미래라고 여겨 왔던 보물, 즉 물질 중심의 지향성이 인간에게 가져다 줄 수 있는 것은 '종잡을 수 없'이 '얽히고 설'킨 '어지러운' 심리 외에는 아무 것도 아니라는 결론에 도달하게 되는 것이다.

'작품에서 화자의 마음 상태는 어떠한가요, 화자는 지금 무엇을 하고 있나요, 화자가 손바닥의 손금을 바라보고 있는 이유는 무엇일까요, 손금을 살핀 후 화자의 마음속에 어떤 정서가 형성되었나요, 그 이유는 무엇인지 구체적인 시어를 통해 토의해 볼까요, 보물과 보물섬이 갖는 상징적 의미는 무엇일까요'라는 질문들은 정동에 대한 확인과 형성의 원인, 그리고 의미까지 탐색할 수 있는 매개가 될 수 있다. 하지만 여기서 무엇보다 중요한 것은 손금을 살피는 행위를 통해 화자가 발견하게 된 '폐허'라는 공간적 인식의 실체에 관한 것이다. '왜 화자는 현재적 상황을 폐허로 규정하고 있나요, 폐허와 연관된 참사와 추락이 갖는 함축적 의미는 무엇일까요, 폐허라는 허무적 인식이 현실에 대한 부정과 회의적 태도에만 한정된 것일까요, 그렇지 않다면 그 이유는 무엇일까요, 주먹을 움켜쥐고 책상을 내리치는 누군가의 행위는 어떤 의미를 갖는 것일까요'라는 질문을 점진적으로 제공하고 이에 대해 답하게 함으로써 정동의 이면에 감추어진 승화에 대한 의지를 가늠할 수 있도록 하는 것은 필수적인 교육 내용에 속한다고 볼 수 있다.

폐허와 참사, 추락의 이미지가 현실적 공간에 대한 부정적이고 염세적인 태도에 한정된 것이 아님을, 누군가의 '움켜쥔 주먹'이나 '힘껏 책상을 내리'치는 행위를 통해 입증할 수 있게 되기 때문이다. 이 주먹과 내리치는 행위는 정확히 '해적'을 겨냥하고 있으며, '보물 동굴'을 '찾'으려는 적극적 승화 의지와 맞닿아 있음을 보게 된다. 이러한 행위는 낭떠러지로 떨어지는 추락과 참사가 존재의 소멸이나 허무적 패배를 자인(自認)하는 단계를 넘어 허무를 허무로 규정함으로써 기존의 질서와 인식에 대해 부정과 거부의 몸짓을 표현하는 것이다. 또한 허무적 현실을 극복하기 위해 허무를 자행한 실체에 대해 규명하고 화자와 '누군가'로 암시된 인간 혹은 민중의 주체적인 이상 성취 행위에 힘을 싣고 이를 정당화하려는 시도로 볼 수 있는 것이다.

허무적 현실로 인해 화자가 겪게 되는 갈등적 심리로서의 정동에 대한 확인은 허무를 허무로 규정함으로써 현실적 부정성을 강하게 폭로하기 위한 시도에 해당한다. 또한 주먹을 움켜쥐고 책상을 내리치는 의지적인 행위를 통해 보물섬의 보물 동굴을 찾고자 하는 승화 의지는, 현실을 허무로 진단한 이후에 시도되는 새로운 이상성 지향을 위한 몸부림으로 읽힌다. 현대 문명 속에 자리하고 있는 '폐허'적 실체는 인식하고 그로 인한 존재의 불안 심리를 명료하게 목격할 때라야 비로소 '참사'적 현실을 극복하고자 하는 승화 의지가 깃들 수 있음은 자명하다.

정동을 확인하며 그 원인을 규명함은 물론 현실 상황과 관련된 근원적 의미를 탐색하고, 이러한 현실을 극복하기 위해 감행되는 승화 의지에 대한 체험을 통해 학생들은 이형기의 허무시가 단순히 퇴폐적 무기력을 양산하는 것이 아님을 깨닫게 되리라 본다. 허무적 현실로 인해 화자가 겪게 되는 불안한 심리로서의 정동에 대한 공감을 통해 현대 문명이 맹목적으로 추구하는 가치에 대해 정의적 측면에서 반응할 수 있는 기회를 가질 수 있게 된다. 아울러 정동을 극복하고 허무적 현실을 타개해 나갈 승화 의지를 살펴봄으로써 인지적 차원에서 허무시가 추구해나가고자 하는 근원적 인식에 대해서도 궁구할 수 있는 기회가 되리라 기대한다.

4. 니체 철학과 시 감상의 융합

이형기의 시론이 우로보로스의 시학에 집중되어 있음을 주목하고 그의 역설적 인식과 맥이 닿아 있는 니체의 니힐리즘, 즉 능동적 허무주의 관점에서 그의 시를 감상하는 방법에 대해 고찰해 보았다. 이형기가 그의 작가적 인생을 통해 기존 순환 질서를 거부하고 비유사성과 비동등성의 미학을 구현하고자 하였듯이, 니체 역시 이데아 중심의 서구 형이상학을 부정하고 이를 적극적으로 극복하고자 한 그의 철학적 사유에 방점을 두고자 하였다. 특히 기존의 허무주의에 대한 인식이 염세적이며 수동적 부정주의에 함몰되어 자칫 학생들의 시 감상 과정에서 심어줄 수 있는 의식의 편향성을 넘어서고자 하였다.

니체의 허무주의적 철학관이 갖는 핵심 사상인 영원회귀와 위버멘쉬 관념에 집중하고 이를 시 감상 과정에 적용함으로써 이형기 시가 함의하고자 했던 능동적 허무주의에 대한 미학을 효과적으로 감상하는 방법을 제시하고자 하였다. 성장과 발전 지향적 이데올로기를 허무로 규정하고 이에 대한 냉철한 비판을 감행함은 물론, 허무 극복으로서의 생성을 시도함으로써 허무를 삶의 동력으로 삼고자 하는 '영원회귀'적 인식을 시 교육 감상의 국면으로 수용하고자 하였다. 영원회귀에 대한 인식을 토대로 새로운 가치를 설정하고 허무적 현실을 극복하려는 이상적 인간상으로서의 위버멘쉬 사상에 대해 고찰함으로써 시 감상의 효율성을 극대화하고자 하였다. 내면의 깨달음을 자생적으로 창출하고 이를 현실 상황에 적용시키고자 하는 의식에 주목해 이형기의 승화적 인식이 함의된 작품을 심도 깊게 감상해 보고자 하였다.

영원회귀적 인식을 시 감상의 국면에 적용해 나가기 위해 '소멸과 생성', '극복과 저항'이라는 측면에서 이형기 시를 감상해 보았으며, 이를 통해 부정과 긍정의 상충적 인식이 이형기 시에 전제된 핵심 미학이며 이에 대한 집중이 그의 시를 밀도 있게 읽어 가는 방법이 될 수 있음을 입증해 보고자 하였다. 아울러 의지적 인간의 전형이 위버멘쉬적 가치관을 이형기 시 감상에 대입하기 위해, '허무와 의지'가 갖는 긴장 관계에 대한 주목과 부정적 감정인 '정동'에 대한 초점화와 이에 대한 '승화 의지'에 천착함으로써 방법적 대안을 모색해 보았다. 결국 이형기 시에 전제된 무기력함과 정서적 갈등은 '의지'라는 새로운 정서적 실체에 의해 지지되고 있으며, 의지적 정서의 변화 과정에 주목하는 것이 그의 시를 온전히 감상하는 방법이 될 수 있음을 확인할 수 있었다.

제3장 인성 함양을 위한 시 감상 교육 방법

1. 실존 철학을 통한 인성 교육의 가능성

'인성(人性)'과 '인성 교육'은 도덕 교육과 가치 교육 이상의 의미를 갖는다. 인간으로서 갖추어야 할 고도의 품성(品性)을 실현하고자 함으로써 인격적 이상을 지향한다는 점에서 도덕적 가치(금교영, 2014)를 우선시하기 때문이다. 이러한 인식을 토대로 도덕성 함양을 인성 교육의 중심 내용으로 삼고, 학생들에게 덕목을 내면화시켜 바람직한 도덕적 인격을 형성(조난심 외, 2001)시키고자 하는 쪽으로 교육활동이 진행되어 온 것이 사실이다. 이로써 물질에 대한 집착과 과도한 맹신으로 이성 중심의 산업사회가 낳은 병폐가 심화되고, 이로 인해 인간 소외가 확산되어 가고 있는 상황에서, 인간 본연의 가치인 인성을 강조하고 이를 적극적으로 교육하고자 하는 움직임이 득세하고 있다. 인성에 대한 개념을 다양한 측면에서 재고찰함은 물론, 인성 교육을 가치 덕목 교육의 범주에서 벗어나 정서와 사회성 차원(우영효, 2005)으로 확대해 나가고자 한다.

인성 교육은 분명 올바른 가치를 도덕적 행동으로 실천하려는 성향(김국현, 2013)을 길러주는 덕목과 밀접한 관련성을 맺고 있다. 이에 따라 학자들은 인성의 구성 요소를 '자기 조절, 책임감, 성실성, 도덕성, 사회성'(김경령 외, 2014) 등과 같이 자신의 견해에 따라 매우 다양하고도 복합적으로 규정하고 있는 실정이다. 인성의 개념이 사람이 타고난 바탕이나 사람됨 정도로 매우 포괄적으로 정의되고 있기에, 인성을 구성하는 하위 구성 요소에 대한 규정도 연구자들의 수만큼 다양할 수밖에 없는 것이다. 인성의 개념과 구성 요소에 대한 다양한 입장에도 불구하고, 인성을 도덕성이라는 제한된 범위를 벗어나 사회성과 정서성(지은림 외, 2014)이라는 차원으로 확대시키고 있다는 점은 눈여겨 볼만하다.

사실상 기존의 인성 교육에서 주안점을 두어 온 덕목만을 놓고 보면, 존중과 배려 그리고 책임(이연숙 외, 2013)이라는 도덕적 가치들 중에서 어느 것이 우선시 되어야 하며 어느 것이 반드시 인성 교육의 항목으로 포섭되어야 하는지는 가치관과 기준에 따라 일관된 합의에 도달하기 어려울 수 있다. 이처럼 덕목의 상대적인 중요성뿐만 아니라, 인간 삶에서 성숙한 인간으로 살아가기 위해 갖추어야 할 덕목은 이루 헤아릴 수 없이 많다고 할 수 있다. 따라서 인성 교육의 장에서는 어떤 도덕적 덕목을 인성 교육의 요소로 정할 것인지보다 인성과 인성 교육을 포괄적이고도 다층적으로 보고자 하는 시도가 선행되어야 하리라 본다.

일차적으로 사람됨을 가르치고자 하는 인성 교육에서 다루어야 할 인성의 구성 요소에는 도덕적 덕목에 해당하는 모든 것들을 아우르는 것이 바람직하다. 가능한 많은, 그리고 올바른 가치 덕목을 함양할 수 있다면 그것은 더욱 훌륭한 인격적 완성을 뜻하는 것이기 때문이다. 하지만 중요한 것은 인성 교육의 하위 영역이 도덕성에만 국한되어서는 곤란하다. 단순히 인성 교육에서 덕목만을 강조할 경우, 인성 교육은 무미건조한 교훈적 문구의 나열이나 전통적인 가치 인식에 대한 편향된 강조에만 머무를 우려가 크기 때문이다. 도덕적 덕목은 인식적 차원과 함께 행동과 태도의 측면이 함께 강조될 수 있어야 실효성을 얻을 수 있게 된다.

아울러 현실적 차원에서 인성 교육의 요소인 덕목은 개인의 차원에 머물거나 지식이나 인식적 차원에 한정되어서는 안 된다. 관계성 속에서 사회의 차원으로 확대되어 가야 할 뿐만 아니라 정서 태도와 행동의 영역으로 발전해 나감으로써 현실 속에서 그 참모습을 생생하게 재현해 낼 때, 인성 교육은 제 기능을 하게 되는 것이다. 따라서 인성의 하위 요소는 인간성에 대한 전인적(全人的)이고 통합적인 발달을 고려한다는 점에서 '가치성, 정서성, 사회성'의 영역으로 상세화하고, 범위와 관련해서는 '개별성, 관계성'을 항목으로 설정하는 것이 바람직하리라 본다.

바람직한 인간의 성품은 전통적으로 그리고 현대 사회에서 필요하다고 합의된 다양한 도덕적 가치를 전제로 하고, 인식적 차원에 그칠 수 있는 도덕성 발현을 위해 정서적 측면과 함께, 바람직한 사회 구성원으로서의 인간적 자질을 함양한다는 점에서 사회성 역시 강조될 필요가 있기 때문이다. 또한 인성의 발달 과정을 고려한다면 자기 발견과 이해, 자기표현 및 조절과 통제, 그리고 자기 정체성의 실현에서부터 출발해, 점차 그 범위가 관계성의 확산을 통해 대인과의 상호작용 속에서 이상적인 인성의 완성으로 발전해 나가는 것이 온당하다. 이러한 견해는 인성 교육의 내용 요소를 개인적 요소와 사회적 요소(김현수, 2005)로 구분하는 입장과 '관계적 태도'(김규훈 외, 2013)를 강조하는 논의, 그리고 인성 교육을 인지·정의·행동적 차원의 통합으로 보고자 한 Lickona의 포괄적 관점(이윤선 외, 2013)을 통해 지지된다.

인성 교육을 도덕성에 제한하지 않고 감성적 영역과 사회적 특성으로 확장시키고자 하는 관점은, 인성의 범위를 넓혀 줌으로써 인성 교육이 도덕적 가치 교육에 편중되지 않고 인간다움(서경혜 외, 2013)을 총체적이고도 다각도로 전개될 수 있는 이론적 기반을 닦은 것으로 이해할 수 있다. 이 지점에서 인성 교육과 시 교육의 접점이 존재한다. 시 문학은 현실적 삶을 대상으로 그 속에 존재하는 다양한 삶의 방식과 가치관을 토대로, 인간이 지향해야 할 이상적인 인간상을 형상화하고자 한다. 시적 대상이 개인에 한정되든 사회나 문화의 차원으로 확대되든 갈등과 조화 속에서 빚어지는 삶의 양태를 통해, 올바른 가치를 인식적 차원의 한계를 넘어 정서적이고도 실천적인 차원에서 포괄적으로 제시해 준다.

시 작품을 경유한 인성 교육은 생명력을 잃은 교훈적 메시지 중심의 인성 교육에서 벗어날 수 있다. 인지적 지식에 과도하게 편향된 덕목 중심의 인성 교육이 아니라, 삶의 자장 속에서 실질적인 체험을 통해 발견할 수 있는 가치 덕목이라는 점에서 의의가 있는 것이다. 구체적 상황 속에서 대상과 화자, 타자와 인물 간의 교섭적 상호작용(서현석, 2013)을 생생하게 경험하게 됨으로써 인간으로서의 덕목은 삶과 결부된 이야기로 독자에게 다가서기에, 인성 덕목은 인지적 차원에만 머무르지 않게 된다. 삶의 공간에서 펼쳐지는 이야기 속에서 도덕적 가치 덕목을 발견하는 인식의 확장뿐만 아니라, 덕목과 관련된 정서적 체험, 그리고 실천적 행동의 필요성과 중요성에 대해서도 성찰하게 되는 계기가 될 수 있다.

이러한 과정을 통해 시 작품 속에 형상화된 개별적이고 특수한 삶에 한정된 교훈적 덕목이라는 제한된 틀에서 벗어나, 독자는 자신은 물론 가족과 사회를 돌아보게 됨(박보경, 2002)으로써 덕목의 영향력이 개별성에서 관계성으로, 문학적 허구성에서 삶의 실질성과 보편성으로 넓혀지게 되는 것이다. 인성 교육이 정서 교육과 밀접한 연관성을 가지며, 인지 교육의 측면보다 정서 교육을 통해 바람직한 인성의 함양이 더욱 극대화(최경희, 2005; 강계화 외, 2006; 김성룡, 2013)될 수 있다는 논의는 이미 많은 연구자들에 의해 지지되고 있다. 그러므로 바람직한 인간성 함양을 목표로 하는 인성 교육에서 가치 덕목이 고답적(高踏的)인 교훈적 경구(警句)에 머물지 않고, 실질적인 삶의 현장과의 관련성 속에서 자발적으로 독자 스스로 인간적 가치를 발견해 나갈 수 있도록 정서적 공감대를 강화시키고 이를 기반으로 실천적 태도로의 전환을 촉진시킨다는 점에서, 시 작품 감상을 통한 인성 교육은 그 교육적 의의가 크다고 할 수 있다.

인성교육은 구체적 과정의 제시와 이에 부합하는 학생의 주도적인 인식적 실천력이 없이는 구현되기 어려울 수밖에 없다. 인성교육을 위해 요구되는 가치 덕목을 일방적으로 제시하고 이를 학생들이 절대적으로 수용하기를 기대해서는 인성교육의 진정한 목표를 이루기 어렵기 때문이다. 따라서 교육현장에서 인성교육을 염두에 둘 때, 교훈적 경구의 단편적 주입에서 벗어나 삶을 구체적으로 형상화하고 그 속에 삶의 진리를 함축한 시 작품을 자발적으로 감상하게 하는 것은 매우 유용한 방법이라 할 수 있다. 이러한 관점을 토대로 자발적으로 시도되는 가치 덕목에 대한 '인식'과 '공감', 그리고 개인적 차원을 넘어 사회적 소통성을 지향하는 학생 주도적인 '가치 판단'의 실천적 태도가 전정한 인성교육의 요소라는 입장에서 논의를 전개해 보고자 한다.

2. '가치 발견과 관계성 확장' 지향의 시 감상

시 감상 교육을 통해 인성 교육이 실현될 때, 도덕성, 사회성, 정서성을 총체적으로 접근하게 됨으로써 인간으로서의 바람직한 성품을 온전히 체화(體化)화해 갈 수 있게 된다. 시 작품을 감상하는 과정 중에 화자나 등장인물의 상황이나 인식, 삶의 모습을 상상하게 되고 그 속에 반영된 도덕적 가치에 주목하고, 작품 속에 전제된 가치 덕목의 영속성과 지속 가능성에 대해 독자가 선택적이고도 비판적으로 수용할 여지를 갖게 되는 것이다. 아울러 도덕적 가치가 반영된 인물의 삶, 가치 인식, 갈등 양상 등에도 주목하게 됨으로써 덕목과 관련된 다양한 정서에도 주목하게 됨으로써, 덕목의 인지적 측면과 정의적 측면을 동시에 살필 수 있게 된다. 인지와 정서가 조응된 덕목에 대한 가치 발견은 독자들로 하여금 실천적 의지를 자극시킴으로써 독자 자신의 삶에 대한 내밀한 성찰을 통해, 개별적 수준의 인성 함양은 물론 사회적 차원으로의 확장을 시도하게 하는 단초로 작용하게 될 수 있다.

따라서 이러한 관점에 따라 시 감상 교육에서 지향해야 할 인성 영역과 범위를 각각 '도덕성, 정서성, 사회성', '개별성, 관계성'으로 규정함으로써 인성의 영역과 범위를 포괄적이고도 총체적인 관점에서 접근해 보고자 한다. 바람직한 인성 함양을 위해서는 도덕적 가치 덕목에 대한 인지적 이해와 수용을 바탕으로 정서적 차원으로의 공감과 내면화를 꾀할 수 있어야 하며, 실천적 태도를 통해 개별적 개인에서 사회적 관계성 차원으로까지 범위가 확산될 수 있어야 하리라 본다. 따라서 인성함양을 위한 시 감상의 구체적인 방안으로 '인식, 공감, 관계성, 실천성'을 설정하고 이를 구체적인 작품에 적용해고 구현해 나가는 실질적인 방법을 제안하고자 한다. '인식'과 '공감'은 개인적 차원에서 학생이 요구하는 인성적 가치에 대해 인지적이고 정의적인 차원에서 판단하고 내면화하는 과정에 해당하는 것이고, '관계성'과 '실천성'은 개인적 차원에서 벗어나 사회적 차원에서 학생이 지향하는 인성 가치가 사회적 합의와 구현의 가능성에 비추어 그 가능성과 실질성을 타진해 보기 위한 요소에 해당하는 것이다.

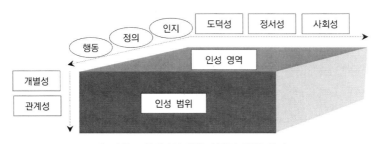

시 감상 교육에서의 인성 영역과 범위 설정

시 감상 교육에서 요청되는 인성과 인성 교육에 대한 총체적 관점을 기반으로, 인성 함양을 위한 시 감상 교육에서 핵심적인 교육요소로 설정해야 할 것으로 '도덕적 가치의 영속성'과 '사회적 관계성'을 제안하고자 한다. 사실상 인성 교육에서 교육 내용이 되는 가치 덕목은 전통적 가치를 중시하느냐 현대 사회에서 요청되는 도덕성을 지향하느냐에 따라 달라질 수 있으며, 통시성과 공시성을 고려한 것일지라도 관점에 따라 특정 덕목에 대해 가치 갈등이 발생할 수도 있다. '효'와 '희생'이라는 덕목은 '자아 탐색' 및 '자아 존중'과 상충할수 있으며, '인내'와 '절제'는 '비판'과 '정의'(남연, 2011; 김미선, 2012; 최숙기, 2013; 이미란, 2014)라는 가치항과 대립될 수도 있는 것이다. 그러므로 시 감상에서의 인성 교육에서는 설정 가능한 가치 덕목을 임의적으로 나열하고 이와 관련된 작품을 제시할 것이 아니라, 덕목에 대해서는 개방적 관점을 견지한 채 예상 가능한 모든 덕목을 교육 내용으로 하되, 가치 덕목에 대해 독자 나름대로의 관점과 안목을 형성해 나갈 수 있는 방법적 모색이 우선시 되어야 하리라 본다.

영속적 가치를 지니는 덕목에 대해 제시하고 작품을 통해 습득하는 소극적인 방식만으로는 수동적이고 일시적인 형태의 인성함양에 그칠 수밖에 없다. 인성의 본질에 대해 사고하고 학생 스스로 바람직한 인성을 형성해 나갈 수 있는 자발성을 기르기 위해서는, 항구적인 영속을 지니는 덕목을 스스로 발견하고 이를 자신의 삶을 통해 구현해 나가고자 하는 적극성이 무엇보다 중요하기 때문이다. 인성 함양

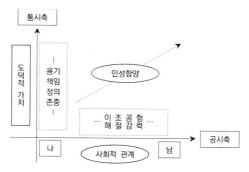

시 감상 교육에서의 인성함양의 핵심 요인

이 인지적 지식 차원에서 벗어나 실천력을 지닌 삶의 일부로 자리매김하기 위해 '가치 발견'을 위한 인성 교육이 우선시되어야 하며, 아울러 '관계 확장'적 방법도 인성 교육을 위한 요소로 주목할 필요가 있다.

　인성은 개인적 차원에 국한된 것이 아니다. 비록 올바른 자아 개념이 형성되고 자신에 대한 이해와 수용, 표현과 조절을 통해 궁극적으로 자아 정체성을 확립했다고 할지라도, 사회적 관계 속에서 자아를 형성하고 소통하고 조절해 나갈 수 없다면 제대로 된 인성 함양이라 할 수 없는 것이다. 개인과 사회의 관계, 자연과 인간의 관계 속에서 제 기능을 할 수 있을 때, 인성 교육이 완성된다고 할 수 있다. 인간의 모든 감정은 사회적인 것이기에, 일체성, 영향력, 배려심과 같은 상호작용으로서의 사회적 능력(장석훈, 2006)이 무엇보다 중요하다고 할 수 있다. 타인의 감정을 헤아리고 적극적인 관심을 표명할 줄 아는 사회적 인식 능력과, 확고한 전망으로 타인을 이끌고 동기를 부여하며 새로운 방향으로 안내하는 관계 관리 능력(장석훈, 2003)의 함양은, '나'에 관한 인성이 '남'으로까지 확산됨으로써 이성과 감성이 조화된 인간성(황태호, 1997)에 한발 다가설 수 있게 되는 것이다.

　인성 교육에서 가장 기본적인 것은 올바른 가치 덕목에 대한 교육일 수밖에 없다. 그것이 전통적 가치이든 현대 사회에 유용한 것이든 역사와 문화적 배경 속에서 자라고 버텨온, 그래서 문화 공동체를 형성하는 구성원들이 지켜나가기를 바라는 인간적 가치는, 우리 삶의 자양분이자 희망적인 미래를 보장해 줄 것이라 믿는 기틀이기 때문이다. 인성 교육을 지향하는 시 감상 교육에서도 도덕성 교육은 필수적이다. 하지만 공동체가 긍정적으로 수용하는 모든 가치 덕목을 교육 내용으로 선정할 수는 없으며, 특정한 가치 덕목을 함축한 시 작품을 제시하고 전제된 주제 의식을 학생들이 수용하게 함으로써 일방적으로 가치를 전달하는 교육도 지양해야 할 것이다. 인성 교육의 본질은 문화 공동체가 지향하는 맥락 속에서 학생 자발적으로 영속적 가치라 믿는 바를 스스로 발견하고, 가치 덕목을 분별할 수 있는 능력을 키워 가치를 자신의 삶 속에서 구현해 나가는 태도를 함양하는 데 있다고 할 수 있다.

따라서 '가치 발견'을 시 감상에서의 인성 교육 방법으로 설정하되, 학생들이 자기 주도적인 관점에서 '도덕적 가치의 영속성'을 발견하도록 하기 위해 '가치 인식'과 '가치 공감'을 강조하고자 하며, 이에 더하여 갈등 해소를 위한 '가치 조절'과 '가치 형성' 과정에 초점을 두고자 한다. 먼저 인식과 공감을 통한 가치 영속성 판단은 인성의 중요성을 학생들이 자각하고, 인간적 성숙을 위해 핵심적 덕목으로 규정하고 이를 함양해야 할 필요성이 있는 자신만의 가치 목록을 작성하는 작업에서부터 시작하는 것이 마땅하다. 이런 작업을 통해 자신의 인성을 되돌아보는 계기가 될 것이며, 자기에게 부족한 인성 덕목이 무엇인지를 객관적으로 파악하고 이를 보완하기 위한 덕목들을 체화하기 위한 동기를 강화시켜 줄 수 있기 때문이다. 이로써 인성 교육을 위해 제시되는 시 작품도 함양해야 할 인성 덕목을 교훈적 주제(박의수, 2007) 형태로 내재화한 단편적 수용의 대상에 불과하다는 인식에서 벗어나게 해 줄 수 있다.

'인성이 무엇인가요, 인성 함양이 왜 중요할까요, 시 작품 감상을 통해 인성을 기를 수 있을까요, 그것이 가능하다면 그 이유는 무엇일까요, 올바른 인간으로 성장하기 위해 나에게 필요한 인성 덕목은 무엇이라고 생각하나요, 그 목록을 작성해 보고 그러한 덕목을 선정한 이유를 기술해 볼까요.'라는 질문을 통해, 인성의 개념과 의의,

그리고 그것의 가치에 대해 학생 스스로 생각할 수 있는 기회를 부여할 필요가 있으며, 개별적 숙고를 통해 또한 학생 상호 간의 소통을 통해 바람직한 인성 목록을 작성하고 이를 발표할 수 있는 기회를 제공하는 것은 인성 교육에서 무엇보다 중요하다. 인성 교육은 사실상 사회성 교육의 일환이며 보편적 윤리 가치를 학생들에게 이해시키고 이를 경험하려는 의도(박진경, 2015)에서 시도되는 것이기에, 기성세대의 관점에서 유용하다고 판단되는 덕목을 제시하고 이를 강화하고자 하는 타율성이 전제되어 있음을 부인할 수는 없다.

하지만 인성 교육은 그 특성상 결국 학생 자신의 자발적인 의사 결정력과 실천력에 의해 그 목표가 성취되는 것이기에, 동기 유발을 통해 인식의 전환과 정의적 태도를 기르는 것이 우선적이라 할 수 있다. 그런 점에서 자기반성을 통해 구성해 나가는 '도덕적 가치 목록 작성'은 그 자체만으로도 중요한 의의를 갖는 것이며, 인성 함양을 위한 시 감상 교육을 위한 전제로서 매우 유의미한 활동에 해당한다.

인성의 의미와 가치를 스스로 체득하고 이를 개별 시 작품과 연결 짓는 '도덕적 가치 목록 작성' 활동은, 인성 교육이 시 감상을 통해 이루어질 수 있음을 암시하는 것이며, 인성은 주어지는 것이 아니라 자기 스스로의 입장과 관점에서 발견해 나가는 것임을 깨닫게 해 주는 단초가 될 수 있다. 인성의 영역을 '도덕성, 정서성, 사회성'으로 파악하고 그 범위를 개별적 차원에서 사회적 관계의 측면으로 확산되어 나가는 것으로 보았기에, 항목은 '도덕성, 자아성, 사회성'으로 설정하는 것이 바람직하다고 보았으며, 영역에 관해서는 '인지(남궁 달화, 2005), 정의, 실천'을 고려한 덕목을 선정하되 그것들의 우선순위를 정해 볼 것을 제안한다. 이는 도덕적 가치가 관점에 따라 상대적일 수 있으며 개성이나 요구에 의해 함양해야 할 덕목이 차별화될 수 있음을 보여주기 위한 것이다. 또한 덕목은 인지적 차원에 그치지 않고 정서는 물론 실천적 영역으로 확산되어야 함을 주지시키기 위한 의도를 담고 있다.

시 감상 교육을 위한 도덕적 가치 목록 작성의 예

영역 \ 항목		도덕성	자아성	사회성
인지 정의 실천	우선 순위	예절	자신감	배려
		생명존중	자기이해	존중
		정직	자기조절	공감
		⋮	⋮	⋮
연계된 작품		한하운, 장승	김수영, 하루살이	김광규, 도다리를 먹으며
		오규원, 개봉동과 장미	윤동주, 무서운 시간	허영자, 씨앗을 받으며
		김명수, 검차원	천상병, 나의 가난은	유하, 죽도 할머니의 오징어
		⋮	⋮	⋮
설정의 근거				
타인의 생각				

개별 학생 입장에서 함양해야 할 혹은 중요하다고 판단되는 덕목에 대해 우선 순위를 정하고 이를 토대로 덕목과 관련된 작품을 떠올려 보는 것도 유의미한 작업이라 판단된다. 가치 덕목과 작품을 연결 짓는 활동은 실제 삶 속에서 덕목이 구현될 수 있으며, 일상생활 속에서 자연스럽게 표면화된 덕목이 진정한 가치가 있다는 인식을 심어 줄 수 있다. 뿐만 아니라 작품 속의 덕목이 그러하듯이 경구(警句)와 같은 도덕적 교훈으로 제시되는 덕목보다, 삶에 녹아 실천되고 있고 삶 속에서 발견해 내는 덕목이 더욱 정서적 감동과 실천적 동기를 강화시켜 줄 수 있음도 알게 되리라 본다.

나아가, 다양한 도덕적 가치 중에서 유독 학생들이 목록(이병기,

2014)에 기록한 덕목을 선정한 근거에 대해 스스로 생각하고 이유를 기록하게 하며, 이에 대해 학생 상호 간에 발표하고 토의하게 함으로써 자신이 중요하게 생각하는 덕목에 대한 이유를 강화해 나갈 수 있을 것이다. 아울러 남들이 중요하게 생각하는 덕목과 그 이유에 대해서도 주목하게 함으로써 가치의 다양성에 대한 인식의 지평을 확장시키는 데도 기여할 것으로 본다. 물론 이러한 목록의 작성과 토의를 통해 가치의 우선 순위와 설정의 근거에 대한 타당성을 점검하고 수정하게 됨으로써 보다 나은 가치, 자신에게 필요한 가치가 무엇인지에 대한 섬세한 성찰을 수행해 나갈 수 있게 되는 것이다.

시 감상 교육에서 구체적인 작품을 통한 인성 교육으로 들어서기 이전에 도덕적 가치 덕목을 목록표로 작성하게 하는 주된 이유는, 인성의 바탕이 되는 도덕적 가치에 대한 학생들의 자발적 이해를 유도하기 위한 것이다. 인성의 가치에 주목하고 자발적으로 덕목을 탐색하고 발견할 수 있는 동기 유발이 되었다면 이제는 본격적으로 작품을 통한 인성 교육으로 옮아 갈 수 있다. 개별 작품을 대상으로 한 인성 교육의 장에서 주목하고자 하는 것이 '가치 발견'이며 이를 위해서는 '인식'과 '공감', 그리고 '가치의 영속성에 대한 판단'이 강조되어야 하리라 본다. 인성 교육에서 무엇보다 중요한 것은, 자료를 기반으로 한 상호작용을 통하여 다른 사람들의 반응을 참고로 자신의 반응에 대해 점검하고, 이를 토대로 인성의 가치에 대해 인식하는 변증법적 과정(이남구, 2002; 김명진, 2007; 황덕기, 2009)이라 할 수 있다. 즉, '자료', '타인의 가치 발견 방식', '자신의 가치 탐구'라는 세 축이 상호작용하면서, 인성의 하위 요소인 덕목을 구체적이고 개별적인 자료를 토대로 발견하고 이를 자신의 내면에 체화하는 것이 무엇보다 중요한 것이다.

3. 자발적 시 감상 중심의 인성 교육 방법

1) '인식'의 차원에 초점을 둔 인성 교육

'인식'은 가치에 대한 인지적 발견의 측면에 해당하는 것이며, '공감'은 덕목에 대한 정서적 동일시에 해당한다. 작품 속에서 특정한 도덕적 가치에 대해 주목하고 이를 자신의 내면 속으로 전이시켜 강한 정서적 유대감을 체험(정기철, 2001; 이미식, 2003; 안관수 외, 2011)해 나가는 것이다. 도덕적 가치에 대한 인지적 차원의 발견과 심리 정서적인 측면에서 시도되는 느낌의 공유는, 우리의 삶 속에서 도덕적 가치가 얼마나 중요하고도 필요한지에 대한 절실함을 느끼게 해 줄 수 있을 것으로 본다. 이에 작품 속에서 발견한 가치 덕목이 현대 사회에서 어떤 의의를 가지며 지속적으로 현실 상황에 구현해 나갈 만한 것인지를 학생 스스로 판단하고 평가하도록 유도해 나가는 것은 더욱 유의미하다.

눈이 많이 와서
산엣새가 벌로 나려 멕이고
눈구덩이에 토끼가 더러 빠지기도 하면
마을에는 그 무슨 반가운 것이 오는가보다
한가한 애동들은 어둡도록 꿩사냥을 하고
가난한 엄매는 밤중에 김치가재미로 가고
마을을 구수한 즐거움에 사서 은근하니 홍성홍성 들뜨게 하며
이것은 오는 것이다.
이것은 어느 양지귀 혹은 능달쪽 외따른 산 옆 은댕이 예데가리 밭에서

하로밤 뽀오얀 흰김 속에 접시귀 소기름불이 뿌우현 부엌에
산멍에 같은 분틀을 타고 오는 것이다.
이것은 아득한 넷날 한가하고 즐겁든 세월로부터
실 같은 봄비 속을 타는 듯한 녀름볕 속을 지나서 들쿠레한 구시월
갈바람 속을 지나서
대대로 나며 죽으며 죽으며 나며 하는 이 마을 사람들의 으젓한 마
음을 지나서 텁텁한 꿈을 지나서
지붕에 마당에 우물둔덩에 함박눈이 푹푹 쌓이는 여늬 하로밤
아베 앞에 그 어린 아들 앞에 아베 앞에는 왕사발에 아들 앞에는
새끼사발에 그득히 사리워 오는 것이다.
이것은 그 곰의 잔등에 업혀서 길여낳다는 먼 넷적 큰 마니가
또 그 집등색이에 서서 자채기를 하면 산넘엣 마을까지 들렸다는
먼 옛적 큰아바지기 오는 것같이 오는 것이다.

아, 이 반가운 것은 무엇인가
이 히수무레하고 부드럽고 수수하고 슴슴한 것은 무엇인가
겨울밤 쩡하니 닉은 동티미국을 좋아하고 얼얼한 댕추가루를 좋아
하고 싱싱한 산꿩의 고기를 좋아하고
그리고 담배 내음새 탄수 내음새 또 수육을 삶는 육수국 내음새 자
욱한 더북한 삿방 쩔쩔 끓는 아르굳을 좋아하는 이것은 무엇인가

이 조용한 마을과 이 마을의 으젓한 사람들과 살틀하니 친한 것은
친한 것은 무엇인가
이 그지없이 고담(枯淡)하고 소박한 것은 무엇인가

—백석, 「국수」 전문

인성 교육을 위한 시 감상에서는 학생들의 자발적이면서도 자기 주도적인 읽기와 감상이 무엇보다 선행되어야 한다. 사례로 제시된 「국수」의 경우, 생경한 시어인 방언의 사용으로 인해 학생들이 감상에 어려움을 느낄 수 있다. 하지만 시에서 방언의 사용은 향토적 정감을 유발시킴은 물론 시어가 유발시키는 독특한 이미지와 말맛으로 인해 시 감상의 묘미를 체감할 수 있게 한다. 낯선 시어는 문맥을 통해 정서나 의미를 추론하게 하거나, 모둠별 과제 부여의 방식으로 다양한 매체나 자료를 활용해 의미를 발견해 나가게 하는 것도 유용하리라 본다.

방언에 대한 의미 파악으로 작품의 전체적인 정서와 분위기가 파악되었다면, 인성 교육의 첫 단계인 '인식'의 차원으로 넘어갈 수 있게 된다. 작품에 전제된 도덕적 가치 덕목에 대한 '인식'을 위해서는 '상황과 장면의 연상'과 '핵심 사건소(事件素)의 이해'가 무엇보다 중요하다. 행과 연을 다시 한 번 찬찬히 읽어 가면서 시상의 전개에 따라 몇 개의 상황과 장면으로 세분화될 수 있는지를 따져보고 개별 상황과 장면의 세세한 국면들을 시어를 토대로 구체적 이미지로 머릿속에 형상화할 수 있어야 한다는 것이다. 그리고 개별적인 상황과 장면 속에서 핵심적으로 부각되고 있는 사건소가 무엇인지에 주목하는 것도 필요한 일이다. 이때의 사건소는 화자가 주목하고 있는 대상의 본질적 속성으로서 다른 대상과 사물과의 관계성 속에서 시상을 전개해 나가는 근본 단위에 해당하는 것으로 규정할 수 있다.

대부분의 시 작품은 장면과 상황으로 구성되며 이를 통해 일정한 주제의식을 표출하기 마련이다. 그러므로 굳이 백석의 「국수」를 예시 작품으로 선정한 것은 논의의 편의를 도모하기 위함이며 일정한 가치 덕목을 갖춘 작품이라면 어떤 시 작품이라도 인성 교육의 대상이 될 수 있다. 아울러 가치 목록을 작성한 이후에 시행되는 인성 교육으로서의 시 감상이기에, 친근감을 고취시킨다는 점에서 학생들이 선정한 작품을 교육의 대상으로 삼을 수 있으며 학생들이 간과한 덕목이 있다면 그러한 가치를 내포한 작품을 교육의 대상으로 선정할 수도 있다.

'상황과 장면 연상하기'를 위해서는 학생들의 관심과 사고를 자극하는 질문을 적절하게 제공하는 것이 바람직하다. '시상의 전개 과정에 따라 작품은 몇 개의 개별 상황이나 장면으로 나눌 수 있을까요, 장면의 상황을 구체적으로 상상해 볼까요, 상황 속의 등장인물과 행위, 주목할 만한 대상에는 어떤 것들이 있나요, 장면을 구성하는 공간적 배경의 세세한 면들을 상상해 볼까요, 장면에서 느껴지는 분위기나 정서는 어떠한가요'라는 질문을 통해 작품 속에 전개되는 상황이나 장면의 세세한 부분을 상상하는 것이 무엇보다 중요하다. 장면을 구성하는 인물, 특정 사물, 인물 상호 간의 소통과 그 속에서 유발되는 정서와 분위기를 머릿속으로 그려보는 작업은 시 감상에서 가장 기초적인 일이면서 시를 시답게 감상하는 핵심 사항이기 때문이다.

'장면 연상하기'를 통해 학생들은 '눈이 내리는 마을과 들판에서 토끼와 꿩 사냥을 하는 아이들의 모습', '헛간과 부엌을 오가며 국수를 빚는 엄마의 모습', '양지귀 혹은 예데가리 밭에서 난 밀로 분틀에서 국수를 뽑고 동치미국과 댓추 가루 그리고 산꿩 고기를 넣어 만든 국수를 아버지와 아들뿐만 아니라 마을 사람들이 함께 나누어 먹는 모습', '국수로 인해 온 마을이 즐거움으로 흥성흥성하니 들뜨는 모습과 그 속에 스며들어 있는 한가로운 모습', '그릇에 담겨 나온 국수의 히수무레하고 부드럽고 수수하고 슴슴함에서 발견할 수 있는,

고담하고 소박한 맛과 멋', '봄, 여름, 가을, 겨울뿐만 아니라 마을 대대로 전해 내려오는 국수를 대하는 마을 사람들의 애정과 친근한 모습' 등을 잡아 낼 수 있어야 할 것이다. 사실상 장면 연상하기는 상황의 빈 공간을 살뜰하게 채워가는 시 감상 방법이다. 미숙한 독자는 작품 속에서 발견하는 장면이 빈약할 수밖에 없으며 특정 장면을 구성하는 이미지 구성이 허술할 수밖에 없는 것이다. 하지만 교사의 적절한 발문을 통해 작품 속에서 다양한 장면들을 발견해 내고, 장면을 구성하는 인물과 대상, 배경 이미지 등을 세세하게 연상해 나갈 수 있도록 하는 것이 사 감상에서 중요하게 고려되어야 할 것이다.

인성 교육을 위한 시 감상에서도 주제 의식으로서의 가치 덕목에 대한 단순한 발견과 이해보다도 시를 시답게 감상하는 것이 우선시되어야 하며, 낯선 방언들과 함축적인 시어와 행간 속에 감추어진 상황과 장면의 세세한 면면들을 상상하고 그에 대한 정서를 온전히 체감하는 것이 시 감상의 핵심 사항임을 간과해서는 안 될 것이다. 장면에 대한 상상과 분위기와 느낌에 대한 이해는 화자가 부각시키고자 하는 가치 덕목에 한 발짝 다가서게 하는 주요한 밑거름으로 작용하게 된다.

장면 상상을 통해 학생들은 국수를 만드는 과정이 결코 개별적 행위로 끝나는 것이 아니며, 아이에서부터 어른은 물론 온 마을을 구성하는 모든 공동체 일원들이 들뜬 마음으로 하나가 되어 축제를 치르는 듯한 결속의 과정과도 흡사함을 느끼게 될 것이다. 아울러 흥겹고도 부산한 분위기 속에서 과거와 현재를 넘나들며 온 마을 공동체가 함께 합심해서 완성한 국수는 결코 화려하지 않고 '히수무레하고 부드럽고 수수하고 슴슴한' 음식으로서, 다만 '그지없이 고담하고 소박'할 뿐이다. 여기에서 우리는 장면 연상을 통해 '핵심 사건소 이해'의 단계로 옮아 갈 수 있게 된다.

국수를 만드는 소박하면서도 분주한 마을 공동체의 움직임이라는 장면은 하나의 '사건소'로 집약된다는 것이다. 언급하는 '사건소'는 구체적이고도 실질적인 차원의 갈등을 유발시키고 이로 인해 이야기가 전개되어 가는 단초로서의 요인을 의미하는 차원 이상의 것으로 사용하고자 한다. 즉, 사건소는 삶과 문화의 핵심 요소이자 모든 행위의 유발 요인으로 보고자 하는 것이다. 사건소는 행위의 핵심 요인이기에 자연스럽게 가치 덕목과 연결된다고 할 수 있다.

상황과 장면에 존재하는 인물이나 사물, 대상, 혹은 배경 등을 유심히 관찰하고 맥락과 정서 속에서 그것들이 어떤 사건소로 작용하는지를 따져 보는 것은, 장면에 대한 상상과 정서에 대한 체험을 좀 더 구체화하고 확장해 나가는 작업에 해당한다. '개별 장면과 상황 속에서 주목할 만한 인물의 행위나 사물의 특징 속에 감추어진 사건소를 찾아볼까요, 장면을 구성하는 인물과 사물, 분위기 등에서 특정한 삶의 방식이나 문화를 형성하는 사건소를 발견할 수 있나요, 발견한 사건소에 나름대로의 의미나 가치를 부여해서 설명해 볼까요, 다른 학생들의 사건소에 대한 설명을 듣고 자신의 생각을 고쳐 재정리해 볼까요'라는 질문은 유용하게 활용할 수 있다.

'눈이 내리는 마을과 들판에서 토끼와 꿩 사냥을 하는 아이들의 모습'에서 발견할 수 있는 사건소는 '눈, 토끼, 꿩 사냥'이 될 수 있다. '눈'은 '지붕에 마당에 우물 둔덩에 함박눈이 푹푹 쌓이는 여늬 하로 밤'이라는 시간적 공간적 배경을 형성하는 사건소이면서 '눈구덩이에 토끼가 더러 빠지'게 되는 원인이면서 동시에 '애동들'이 '꿩 사냥'을 시도하는 계절적 배경으로서, 국수의 재료가 되는 '싱싱한 산꿩의 고기'를 얻을 수 있는, '수육을 삶'아 '육수국'으로 국수를 만들 수 있는 계기가 되는 것이다.

'헛간과 부엌을 오가며 국수를 빚는 엄마의 모습'에서의 사건소는 '헛간, 부엌, 국수, 엄마'로 설정 가능하다. 헛간과 부엌은 모두 국수가 만들어지는 소박한 공간이며 엄마라는 대상은 소박함과 정성, 배려로 가족과 마을 사람들을 위해 국수라는 음식을 만드는 주체적 인물이자 사건소에 해당한다. 뿐만 아니라 '양지귀' 혹은 '예데가리 밭'과 같은 특별히 기름지지 않은 밭에서 난 밀을 재료로 '분틀'에서 국수를 뽑고 '동티미국'과 '댕추 가루', '산꿩 고기'를 재료로 만든 국수를 마을 사람들이 함께 나누는 모습에서의 사건소는, '양지귀, 예데가리 밭, 동티미국, 댕추 가루, 산꿩 고기, 마을 사람들'이 될 수 있다. 이 모든 사건소는 함께 어우러질 때 비로소 의미를 갖는 것들이다. 개별적으로는 소박하고 수수한 것들이지만 함께 어울려

장면 연상과 사건소 이해의 예

상황과 장면 연상	핵심 사건소 이해
①눈이 내리는 마을과 들판에서 토끼와 꿩 사냥을 하는 아이들의 모습	눈, 토끼, 꿩 사냥-국수 재료, 화합, 동참
②헛간과 부엌을 오가며 국수를 빚는 엄마의 모습	헛간, 부엌, 엄마-소박한 삶의 공간, 희생, 배려, 행위의 주체
③양지귀 혹은 예데가리 밭에서 난 밀로 분틀에서 국수를 뽑고 동치미국과 댕추 가루 그리고 산꿩 고기를 넣어 만든 국수를 아버지와 아들뿐만 아니라 마을 사람들이 함께 나누어 먹는 모습	양지귀, 예데가리 밭, 분틀, 동치미국, 댕추 가루, 산꿩 고기-국수의 재료, 제조 과정, 소박한 삶의 공동체
④국수로 인해 온 마을이 즐거움으로 흥성흥성하니 들뜨는 모습과 그 속에 스며들어 있는 한가로운 모습	국수-즐거움과 화합의 한가로운 공동체
⑤그릇에 담겨 나온 국수의 히수무레하고 부드럽고 수수하고 슴슴함에서 발견할 수 있는, 고담하고 소박한 맛과 멋	국수-희고, 부드럽고, 수수하고, 슴슴한 맛과 멋을 지향하는 삶
⑥봄, 여름, 가을, 겨울뿐만 아니라 마을 대대로 전해 내려오는 국수를 대하는 마을 사람들의 애정과 친근한 모습	국수, 마을 사람들-사시사철, 대대로 전해 내려오는 음식 문화에 대한 애정과 계승 의지

국수가 되고, 구성원들이 마을을 이루고 함께 살아 갈 때 제대로 된 맛과 멋을 가질 수 있는 것이다. 그러므로 양지귀, 예데가리 밭, 동티미국 등은 소박함과 나눔, 함께 함의 멋을 이루기 위한 사건소라 할 수 있으며 이것은 그대로 가치 덕목에 해당하는 것들이다.

'국수로 인한 마을 공동체의 즐거운 모습'과 '그릇에 담겨진 국수의 고담하고 소박한 모습', 그리고 '사시사철, 혹은 대대로 전해오는 국수에 대한 마을 사람들의 애정 어린 모습' 등을 통해, '국수, 마을 공동체, 전통, 즐거움, 고담함, 소박함, 애정'이라는 사건소를 발견하게 된다. 이러한 요소들이 가난한 마을의 풍경을 소박하면서도 즐겁고, 그러면서도 고담한 정이 깃든 공동체로 만드는 소통의 장으로 변모시키기 때문이다. 비록 화려하고 깊은 맛을 가지지는 못했지만, 마을을 구성하는 모든 이들이 서로를 배려하고 소통(최애경, 2006; 유수현 외, 2009)하는 애정으로 거친 국수를 국수 이상의 풍미로 전환시키고 있다. 이런 점에서 국수와 마을 공동체, 전통 등은 사건소임에 분명하다고 할 수 있다.

2) '공감'의 차원에 초점을 둔 인성 교육

'인식'의 측면에서 장면을 상상하고 사건소를 파악해 보았다면, 이제는 '공감'(김혜숙 외, 2008; 이주희 외, 2008)의 차원으로 나아갈 수 있다. '공감'은 사건소 파악을 통해 발견한, 삶과 문화 형성의 단초가 되는 행위 요소로소의 가치 덕목에 대한 정서적 공감대 형성을 시도해 보고자 하는 것이다. 공감 유발을 위해서는 우선 작품 속에 등장하는 제반 요소, 즉 인물과 사물이 불러일으키는 정서에 대한 발견이 우선되어야 하며, 나아가 그러한 대상들에 대한 화자의 정서를 자기

화하는 차원으로 발전해 나가는 것이 바람직하다. 「국수」를 통해서
도 이러한 공감 형성이 가능하나 좀 더 다양한 작품을 대상으로 논의
를 전개해 나가기 위해 백석의 또 다른 작품을 예로 들기로 한다.

나는 북관(北關)에 혼자 앓아 누워서

어느 아침 의원(醫員)을 뵈이었다.

의원은 여래(如來) 같은 상을 하고 관공(關公)의 수염을 드리워서

먼 옛적 어느 나라 신선 같은데

새끼손톱 길게 돋은 손을 내어

묵묵하니 한참 맥을 짚더니

문득 물어 고향이 어데냐 한다.

평안도(平安道) 정주(定州)라는 곳이라 한즉

그러면 아무개 씨(氏) 고향이란다.

그러면 아무개 씰 아느냐 한즉

의원은 빙긋이 웃음을 띠고

막역지간(莫逆之間)이라며 수염을 쓴다.

나는 아버지로 섬기는 이라 한즉

의원은 또다시 넌즈시 웃고

말없이 팔을 잡아 맥을 보는데

손길은 따스하고 부드러워

고향도 아버지도 아버지의 친구도 다 있었다.

—백석, 「고향」 전문

위 작품 「고향」에서의 장면은 '나와 의원의 대면과 진맥하는 모습'
그리고 그로 인한 '나와 의원의 고향과 고향의 인물들에 대해 공감하

는 모습'으로 집약된다. 또한 핵심 사건소는 '의원, 평안도 정주, 고향, 아무개, 아버지, 아버지의 친구' 등이 될 수 있다. 나와 의원은 평안도 정주라는 고향을 공유하는 인물들이며, 동시에 의원은 내가 아버지로 섬기는 이와 깊은 정을 나누는 인물이기에 나의 입장에서 보면 아버지로도 그리고 아버지의 친구로도 대체될 수 있는 존재이다. 결국 위 작품은 고향 공동체의 인간적 삶에 대한 향수와 인간적 정이 가져다주는 따사로움, 그리고 혈육의 정이 갖는 깊고 그윽한 온기 등을 핵심적인 사건소로 다루고 있음을 짐작하게 된다. 고향의 인간적 공동체에 대한 향수와 공감대 형성이 시적 정서와 인물의 행위 유발의 요인으로 작용하는 사건소인 것이다.

이러한 사건소를 통해, '고향의 낭만적 가치, 인정, 혈육의 정, 공동체적 삶의 가치, 다정다감한 인간적 소통' 등이 「고향」에 전제된 가치 덕목임을 발견하게 된다. 장면 연상과 사건소를 통한 가치 덕목에 대한 발견은 인지적 차원에 해당하는 것이기에, 학생들의 내면에 좀 더 절실한 깨달음으로 다가서기 위해서는 '공감 형성'의 단계로 발전해 갈 수 있어야 한다. 그러기 위해서는 '인물과 대상의 정서 엿보기'와 '화자의 정서 태도 공유하기'를 시도해 봄직하다. 인물과 대상의 정서를 파악한다는 것은 독자의 정서 유발을 위한 전제 조건을 파악하는 것에 대당한다. 인물이나 대상의 정서가 어떠한지에 대한 정확한 진단이 선행되어야 독자 내면으로의 정서적 전이가 가능해지기 때문이다.

시적 정서는 지극히 주관적인 것이다. 하지만 '인물과 대상의 정서 엿보기' 단계에서는 이러한 주관성을 제거하고 최대한의 객관성을 지향해 보고자 하는 것이다. 독자가 체험하게 되는 시적 정서도 주관적이고 자의적 차원에 머물러서는 곤란하고 엄격한 작품의 내적 요소에 기반한 것이어야 하기 때문이다. 인물과 대상의 정서를 '인물들의 행동과 대사, 그리고 정서어휘'를 통해 파악해 보고자 한다. '행동과 대사'를 통해 어느 정도 인물이나 대상이 지닌 정서를 간접적으로 짐작할 수 있으며, 정서가 직접적으로 반영된 명사나 형용사, 그리고 동사 등을 통해 좀 더 명확하게 정서를 파악해 낼 수 있게 된다.

행동과 대사, 정서어휘를 통한 정서 파악

요소	시어 및 구절	정서 파악
행동	묵묵하니 한참 맥을 짚더니/ 빙긋이 웃음/ 수염을 쓴다/ 또다시 넌지시 웃고/	정성, 침착, 온정적, 자애, 다정다감, 신중함
대사	고향이 어데냐/ 아무개 씨 고향/ 막역지간이라며	다정다감, 친근감, 인간적, 공동체 지향성
정서어휘	혼자/ 여래/ 관공/ 신선/ 따스하고/ 부드러워	자비, 인자, 너그러움, 푸근함

행동과 관련해서는 '묵묵하니 한참 맥을 짚'는 모습과 '빙긋이 웃'는, 그리고 '또다시 넌지시 웃'는 행위, '수염을' 쓸고 거듭해서 '말없이 팔을 잡아 맥을 보는' 것들을 통해 의원의 '정성스러움과 침착함, 온정적인 태도와 자애로움, 그리고 다정다감하면서도 신중'한 정서 태도를 간접적으로 짐작해 낼 수 있게 된다. 인물의 행동을 구체적으로 형상화한 시어나 구절을 주목하게 하고, 형상화된 구절을 학생들의 머릿속에 이미지화 하게 하며 이를 시상의 전개 과정 및 전후 문맥의 흐름을 고려해서 재해석하게 함으로써 인물의 정서 태도를 짐작해 낼 수 있는 것이다. '작품에는 어떤 인물이나 핵심 대상이나 사물이 등장하나요, 인물의 행동에 주목해서 그 인물의 행동을 머릿속으로 상상하고 이미지로 그려 볼까요, 전후 문맥을 고려해 볼 때 인물의 행동을 통해 그 인물의 정서를 짐작해 볼까요, 인물이 그러한

정서 태도를 가졌다고 생각하는 근거를 이야기 해 볼 수 있나요'라는 질문들은 학생들의 사고 활동을 촉진시키는 데 유용함을 줄 수 있을 것으로 본다.

모든 시 작품에서 대사가 나타나는 것은 아니지만 대사가 존재한다면 인물이 주고받는 대사도 관심 있게 살필 필요가 있다. 위 작품의 경우, '고향이 어데냐, 아무개 씨 고향, 아무개 씰 아느냐, 막역지간이라며, 아버지로 섬기는 이' 등의 대사를 통해 나와 의원이 '고향은 물론 고향과 관련된 인물'을 매개로 적극적인 소통과 공감대를 형성하고 있음을 짐작하게 된다. 이러한 대화들은 두 인물이 '다정다감함, 고향 공동체 지향성, 친근감, 인간적 면모'라는 정서를 중심으로 강한 유대감을 형성하고 있으며, 나아가 물질적이며 외현적 가치보다 내면적이며 인간적 가치를 중시하는 인물들임을 짐작하게 한다. '인물들의 정서를 짐작할 수 있는 대사에 주목해 볼까요, 대사를 통해 인물의 정서를 파악할 수 있다면 그 이유는 무엇일까요, 대사를 지적하고 그 대사를 통해 정서를 짐작할 수 있다면 그 이유까지 설명해 볼까요'라는 질문을 통해 대사와 정서의 상관성을 파악하고 그 이유까지 고찰해 나가면서 시적 정서를 세밀하게 탐색하는 방법을 학생들이 체득하게 할 수 있을 것이다.

좀 더 직접적이고 확실한 방법으로 인물이나 대상의 정서를 파악하는 방법이 정서어휘를 탐색하는 것이다. 정서어휘는 말 그대로 인물의 정서를 짐작하게 하는 어휘로서 명사나 형용사, 혹은 동사 등의 술어의 형태로 작품 속에 제시된다. 「고향」에서도 '여래, 관공, 신선' 등의 어휘를 통해 의원이 가진 '자비, 인자함, 너그러움, 푸근함' 등의 정서 태도를 짐작해 낼 수 있으며, '혼자, 따스하고, 부드러워'라는 정서어휘들은 보다 직접적으로 정서를 드러냄을 알 수 있다.

이러한 어휘들은 '나'의 '외로움과 소외된 정서'를 알려 줄 뿐만 아니라, 의원으로 인해 '나'가 느끼게 되는 '따사로움과 온화한 정서'를 직접 알려 주고 있기 때문이다. '정서어휘가 무엇이라고 생각하나요, 정서어휘는 어떤 형태로 제시되고 있나요, 작품에서 정서어휘에 해당하는 시어를 찾아보고, 그를 통해 짐작할 수 있는 인물의 정서 태도에 대해 말해 볼까요, 특정의 정서어휘가 고유한 정서를 드러내는 이유도 함께 말해 봅시다'라는 질문을 통해 인물과 대상의 정서를 명확하게 파악할 수 있는 것이다.

'인물과 대상의 정서 엿보기' 이후에는 '화자의 정서 태도 공유하기'를 적극적으로 시도해 볼 수 있어야 한다. 사실상 작품 속에 적시된 인물의 정서는 다양성을 갖는다기보다 일차적이면서도 고정적이다. 독자에 따른 편차가 거의 없다는 말로도 표현 가능하다. 하지만 화자의 정서 태도에 대한 독자로서의 반응은 다양할 수밖에 없는 것이다. 곧 독자의 경험이나 개성에 따라 공감의 폭은 매우 다층적으로 드러날 수밖에 없는 것이다. 따라서 어느 정도 작품의 정서를 객관적으로 파악했다면, 다소 개방적인 차원에서 독자가 작품의 정서를 어떻게 다양하게 느끼는지에 초점을 둘 필요가 있다. '화자의 정서에 학생 독자는 어떤 느낌을 갖는지, 화자의 정서에 공감할 만한 유사한 체험을 한 적이 있는지, 그때를 떠올리면서 화자와 동류의 정서를 느끼게 되는지, 화자와 유사한 상황에서 다른 정서 경험을 했다면 이에 이야기를 해 본다든지, 화자의 정서 경험에 대해 독자로서 공감의 가능성은 있는지, 있다면 그 이유는 무엇인지' 등에 대해 살피고 따지는 작업을 수행할 수 있어야 하리라 본다.

사실 정서는 일방적으로 강요된다고 하기보다 독자의 자발성에 의해 거부되거나 수용되는 것이다. 정서의 자발적 수용성이 강화될 때 시에 대한 감상과 공감의 깊이는 깊어지는 것이며, 정서적 유대감 (김형숙, 2012; 노경란, 2014)은 독자에게 감동으로 다가설 수 있는 것이다. 인성 교육을 염두에 둔 시 감상의 경우, 특히 독자의 자발적인 정서적 유대감 형성은 이런 점에서 중요하다고 할 수 있는 것이다. 정서적 공감대는 유사한 경험을 매개로 이루어지는 것이기에 학생들로 하여금 작품 속 상황이나 정서적 경험과 유사한 경우들에 대해 상상하고, 이를 토대로 독자의 정서를 환기시키는 것이 무엇보다 중요하다고 할 수 있다.

'작품 속 화자인 나처럼 타지에서 혼자 앓아 누워 본 경험이 있는가, 그때의 마음과 정서는 어떠했는가, 타지에서 아파 병원을 찾아 의사와 대면한 적이 있었는가, 그때 의사에게서 느꼈던 느낌은 어떠했는가, 작품 속 화자와 같이 동일한 고향 출신의 고향의 지인과 관련이 있는 의사를 만나 본 경험이 있는가, 그때의 느낌과 정서는 어떠했는가, 만약 화자와 동일한 경험이 없었다하더라도 이와 같은 경험에서 유발되는 정서에 공감할 수 있겠는가, 그 이유는 무엇인가, 의원과 화자가 중요시하는 정서 태도는 무엇이라고 생각하는가, 그것의 의의는 무엇인가'라는 질문은 작품 속 정서를 단순히 파악하는 수동적 자세에서 벗어나, 독자의 입장에서 독자 나름대로의 정서를 유도하고 이를 표면화하는 데 도움을 줄 수 있을 것이다.

3) '관계성'과 '실천성'에 초점을 둔 '가치 판단' 방법

인식과 공감을 통해 인지적 정의적 측면에서 작품 속에 전제된 가치 덕목을 체험했다면, 이제는 실천적 차원과 관계성(이주행 외, 2005; 이수경, 2010) 확장의 측면에서 가치 영속성에 대한 판단과 평가를 수행할 수 있어야 한다. '인성'은 인지적 측면보다는 정의적 차원이, 정의적 측면보다는 실천적 성향이 더욱 강조되며, 인성의 완성은 나와 관련된 가치 덕목을 구현하는 쪽보다 대인과의 원활한 관계성으로 확장되어 갈 때 이루어지는 것이라 할 수 있다. 따라서 작품 속에 마련된 가치 덕목을 인식하고 공감했다면, 실천성과 사회적 관계성을 염두에 둔 가치 영속성 판단에 대한 교육을 강화시켜 갈 필요가 있는 것이다. 이 부분과 관련해서도 좀 더 다양한 작품을 대상으로 인성 교육을 위한 시 교육 방법을 적용시켜 갈 수 있다는 것을 보이기 위해 「아우시비쯔」라는 작품을 대상으로 논의를 전개하고자 한다.

눈물이 지키는 세상 가까이서 보았습니다.
저문 들녘 끝 꿈꾸어 고단한 나무들 낮게 낮게 갈았고
길은, 저녁 연기로도 살얼음 얇게 펴 드리우는
강을 건너 공장에선 아이들이
한 조각 빵을 움켜쥐고 돌아오고 있었습니다.

어머니, 나는 평화 오는 길목에 드러누워
배고픔도 잊고 흐려 안 보이는
어린 날도 모두 잊어버리고
모르는 것들은 아직도 몰라서 사무칠 적에 더욱 괴로운
흐르는 물소리를 짚어 보다가
한 해를 보내고 또 한 해가 지나가니
영영 만나야 할 당신, 당신은 어느 아우시비쯔에서 죽으셨나요?

그 철조망 가에도 패랭이꽃은 왜 피는지
나는 아버지가 앉았던 자리에 돋은
궁둥짝만한 이 땅을 포개고 앉아
서러운 서른 살에 아이를 낳게 되어서
불다 만 풀피리를 가르칩니다.

평등, 사랑, 자유, 이것들은
흙먼지 속 먼먼 나라 끝끝내 돌아올 수 없어서
지천으로 썩어 가는 가랑잎 밟고
눈으로 오시나요, 춘삼월 눈 여기 내리는데
다시 바람에 불리며 혹은 머리 우로
강을 건너 공장으로 아이들이
열을 지어 천천히 몇 명씩 지나가고 있습니다.

—김명인, 「아우시비쯔」 전문

　책임, 성실, 인내와 같은 도덕적 가치와, 자기 이해, 자기 조절, 정체성 확립과 같은 자기 실현의 가치는 타인과의 관계성 속에서 실질적으로 구현될 수 있을 때, 그 가치가 더욱 돋보이게 되는 것이다. 인성 교육은 이해와 공감을 넘어 실행을 염두에 두어야 하며, 나를 넘어 남으로의 확산을 감행할 수 있어야 한다. 그런 점에서 「아우시비쯔」는 '평등, 사랑, 자유'라는 가치 덕목이 인식적 차원에 국한되지 않고 현실 속에서 실천적으로 구현되어야 함을 강하게 요구하고 있는 것이다. '어머니와 아버지'가 경험했던 '어느 아우시비쯔'가 '서러운 서른 살'의 화자와 화자의 '아이'에게로 확장되고 지속됨으로써, 나치와 히틀러에 의해 자행되었던 폭력적 공간으로서의 폴란트 아우슈비츠 수용소에 국한되지 않고 '배고픔'과 '괴로'움으로 점철된 현실적 삶으로서의 '아우시비쯔'는 아직도 유효하다고 속삭이고 있다. 시대와 공간을 달리하고는 있으나 화자를 중심으로 과거와 현재까지도 이상적인 가치 부재의 현실은 지속되고 있음을 역설하고 있는 것이다.

'평화 오는 길목'에 '드러누워' 있으나 '눈물'로써만 이 '세상'을 지키게 하는 현실은 분명, 화자에게 '아우시비쯔'일 수밖에 없다. 그러하기에 '어느 아우시비쯔'에서 '죽'은 '어머니'와, '궁둥짝만한' '땅'을 '포개고 앉'을 수밖에 없었던 '아버지'의 삶 역시 별반 다르지 않았음을 짐작하게 된다. 화자에게 허락된 삶 역시 '저문 들녘 끝'과 같이 '꿈꾸'다 지쳐 '고단한 나무들'처럼 '낮게' 가라 '앉'는 삶, 화자가 걸었던 '길' 역시 '살얼음 얇게 펴 드리'워진 '배고'프고 '사무'치게 '괴로'운 삶일 뿐이다. 화자의 '아이들'에게 주어진 삶도 아침이면 '공장으로' '열을 지어' 출근하고, 저녁이면 '한 조각 빵을 움켜쥐고 돌아'오는 것이 전부인 삶이기에, 모든 '꿈'은 '잊'혀진 채 '평등, 사랑, 자유'는 '흙먼지 속 먼먼 나라'에 실종되어 '끝끝내 돌아 올 수 없'는 가치가 되었을 뿐이다.

화자의 독백이 지나치게 염세적으로 느껴질 수 있다. 그럼에도 인성 교육을 위한 시 감상 교육에서 제시된 작품은 '실천성'과 '관계성'이라는 점에서 상당한 가치를 가진다고 할 수 있다. 정치적이고 무력적인 폭력이 자행되었던 과거 2차 세계대전 당시의 폴란드 아우슈비츠는 엄연한 사실이었으며, 그와 동등한 잔혹성과 인권의 유린은 가시적으로 드러나지 않을지라도 분명 화자와 화자의 어머니와 아버지, 그리고 아이들에게 허락된 삶은 '평등, 사랑, 자유'가 누락된 비인간적 삶이라는 점에서 별반 달라 보이지 않는다. 긍정적인 관점을 최대한으로 옹호하는 입장에서 지금의 현실을 보더라도 여전히 소외 계층의 삶은 팍팍할 수밖에 없으며, 그들이 느끼는 현실은 '아우시비쯔'와 무엇이 다르겠는가.

이런 점에서 과거 폴란드의 아우시비쯔와 소외된 삶을 강요하는 현실 공간은 '관계성' 속에서 이해 가능하다. 뿐만 아니라 '어머니와 아버지', '나', '아이들'의 연쇄적 관계는, 아우시비쯔와 같은 모순적 현실 공간 속에 화자의 일가족들뿐만이 아니라 작품을 읽고 있는 독자들 역시 예외 없이 포섭될 수 있음을 암묵적으로 긍정하고 있음을 알 수 있다. 시대와 역사적 공간은 다르지만, 작품 속 인물들과 독자의 직접적 관련성은 전무하지만, 이 작품은 시간과 공간, 인물 상호 간의 폐쇄성을 뛰어 넘어, 우리 모두에게 가치 덕목의 '사회적 관계성'을 강조하고 있는 것이다. 어느 시대, 어느 사회, 어떤 사람들에게든 이상적 가치 덕목으로서의 '평등, 사랑, 자유'는 보편적 진리가 되어야 함을 보여주고 있음을 알 수 있다. 이런 점에서 〈아우시비쯔〉는 가치 덕목을 '사회적 관계성' 속에서 다시 한 번 재음미해 보게 하는 작품에 해당한다고 할 만하다.

'제시된 작품에서 화자의 상황은 어떠한가요, 그것을 입증할 수 있는 시어나 구절을 찾고 그 의미를 밝혀 볼까요, 시상의 전개 과정을 고려할 때 화자와 유사한 상황에 처한 인물들을 찾아 볼까요, 그들 사이의 공통점과 차이점은 무엇인가요, 아우시비쯔라는 공간이 갖는 상징성은 어떠한가요, 역사적 맥락을 고려했을 때 작품 속 아우시비쯔와의 유사성과 차이성이 발견되나요, 과거 폴란드의 아우슈비츠와 작품 속 아우시비쯔의 공통점은 무엇이며 그 이유는 무엇인가요, 작품 속 인물들과 독자로서의 여러분이 갖는 공통점은 무엇일까요, 관계성이라는 측면에서 볼 때 아우시비쯔라는 공간과 인물들 사이의 연관성은 어떠한가요'라는 질문들을 통해 특정한 가치 덕목은 시간과 공간에 있어서의 관계성은 물론 인물들 상호 간의 관련성에 있어서도 나와 남으로 확장되는 것임을 학생들이 깨닫게 되리라 본다.

인성 교육에서 가치 덕목에 관한 사회적 관계성을 살피는 이유는, 함양해야 할 이상적인 가치는 개인적 차원을 넘어 타인의 차원으로 확장되는 사회적 관계성을 가지며 모든 사회 구성원이 시간과 공간을 초월해서 추구해야 할 가치가 엄연히 존재함을 깨닫기 위함이다. 사실 가치는 모든 상황과 모든 개인에게 동등한 자격을 갖지는 않는다. 가치 갈등이 있을 수도 있으며, 개인적 입장에서는 바람직한 가치라고 여겨질지라도 사회적 이상 실현에 위배되는 가치가 있을 수도 있는 것이다. 그러므로 보다 나은 가치가 되기 위한 조건은 그것이 개인적 차원의 만족에 머물지 않고 공동체의 이상을 실현하기 위한 사회적 관계성을 지향해야 함을 학생들이 체감할 수 있도록 교육할 필요가 있는 것이다.

관계성과 아울러 중요시되는 것이 '실천성'에 관한 것이다. 위 작품에서도 화자가 겪는 갈등과 고뇌는 '평등, 사랑, 자유'라는 가치가 실질적 차원에서 구현되지 못한 현실 속에서 오는 것이다. 이는 가치의 중요성과 필요성에 대한 이성적 차원의 인식과 그것에 대한 공감이 유발시키는 정서적 유대감 형성만이, 가치 구현을 보장해 줄 수 없음을 확연히 보여주는 사례라 할 수 있다. 실제의 현실 속에서 행동으로 실천되는 '평등, 사랑, 자유'가 없이는 화자의 삶은 여전히 어머니가 경험했던 '아우시비쯔'일 수밖에 없는 것이다. 이런 점에서 학생들에게 실천적 차원에서 가치를 어떻게 행동으로 옮겨 나갈지를 질문하고 이에 대해 진지하게 논의하는 것은 교육적으로 매우 의미 있는 일이라 할 수 있다.

　'화자가 간절히 바라는 가치는 무엇인가요, 평등과 사랑, 그리고 자유라는 가치가 부재했을 때 현실 속 인물들의 상황은 어떠한지 다시 한 번 살펴볼까요, 화자를 비롯해 과거 아우슈비츠의 만행을 저지른 나치나 히틀러와, 화자가 직면한 암울한 현실을 조장한 대상들이 평등, 사랑, 자유의 가치를 인식하지 못했을까요, 화자가 모순적 현실에서 벗어나는 방법은 무엇일까요, 가치에 대한 인식과 정서적 공감, 그리고 실천 중에서 무엇이 가장 중요할까요, 일상생활 속에서 가치를 실천해 나가는 실질적인 방법에는 어떤 것들이 있을까요'라는 질문은 학생들로 하여금 가치 덕목에 대한 실천적 태도가 중요함을 인식하게 해 줄 뿐만 아니라, 실제 학생들이 삶 속에서 그들이 추구하고자 하는 가치를 실행하고자 하는 동기를 강화시켜 줄 것으로 기대한다.

　'관계성'과 '실천성'의 차원에서의 가치 덕목에 대한 살핌 이후에는 '가치의 영속성에 대한 판단'하기 과정을 거칠 필요가 있다. 이는 가치를 '인식'과 '정서', 그리고 '실천'은 물론 '관계성'의 차원에서 재조망하게 함으로써, 학생 자신의 입장에서 필수적이고 본질적이라고 생각되는 덕목을 선정하고 이를 실천해 나가는 의지를 다지는 데 도움을 줄 수 있다. 시 작품 속에 제시된 가치를 일방적이고도 수동적으로 수용하는 차원에서 나아가, 화자가 제시한 가치의 의의와 본질에 대해 다시 한 번 살피고 학생 자신의 삶과 현재적 삶은 물론, 사회적 관계성 속에서 그 가치가 실천 가능한지를 탐색하게 함으로써, 가치를 발견하고 선택하고 비판하는 안목을 키워줄 수 있기 때문이다. '작품에 제시된 가치는 어떤 것인가요, 그것의 의의를 학생 자신의 입장에서 살펴볼까요, 작품에서 제시된 가치를 여러

분은 어떻게 생각하고 평가하나요, 현대 사회에서의 삶 속에서 추구하고 구현할 만한 가치인가요, 그렇다면 그 이유는 무엇인가요, 그렇지 않다고 생각한다면 그 이유는 무엇인가요, 가치를 선정하고 추구할 때의 자신만의 기준과 근거가 있다면 그것을 설명해 볼까요'라는 질문들은 학생들 자신만의 가치를 인식하고 실천하기 위한 안목과 방식들을 터득해 나가는 데 도움을 줄 것으로 판단된다.

4. 인성에 관한 철학적 인식과 시 감상의 융합

학생들의 전인적 성장과 발달을 위해 인성 교육의 중요성을 역설하고 시 감상 교육을 통해 인성 교육을 강화해 나가는 방안에 대해 모색해 보았다. 대전제는 인성 교육을 위해 요구되는 도덕적 가치 덕목이 교사나 기존의 권위적 주체에 의해 일방적으로 주어지고 이를 학생들이 맹목적으로 답습해 나가는 방식이 아니라, 학생 주도적으로 가치를 발견하고 이를 수행해 나가는 실천적 태도를 시 감상력 증진을 통해 길러보고자 하는 데 있다고 하겠다. 교훈적 덕목의 일방적 제시가 인성 교육을 위한 방안으로 주목되었던 기존의 방식에서 탈피해 학생들의 자기 삶에서 유용하고 유의미하다고 판단되는 덕목을 선정하고 그것의 필요성과 당위성을 자인해 나가는 것이 실질적인 인성 함양의 기반이 되어야 한다는 관점에서였다.

이를 위해 시 감상 이전에 학생 자발적으로 수행되는 '도덕적 가치 목록의 작성'이 갖는 중요성을 고찰해 보았다. 학생들의 자기 반성적인 고찰을 통해 자기에게 필요하고 스스로가 갖추어야 한다고 판단되는 덕목을 생각하고 이를 상호 논의의 과정을 거침으로써 근거와 당위성을 따져 묻는 작업이 인성 교육의 시발점이 되어야 함을 역설하였다. 이러한 활동이 학생들로 하여금 스스로 생각하고 발견하게 하며, 자기 인식에서 벗어나 인성 교육에서 필요로 하는 덕목이 개인을 넘어 사회적 소통의 차원으로 확장되어야 함을 자인하는 필수 과정이라 보았다.

'가치 목록 작성' 이후 이를 형상화한 작품을 학생 스스로 찾아 이를 감상하든 덕목과 관련한 작품을 교사가 제시하든 어떤 경우라 하더라도, 인성 교육을 염두에 둔 시 감상은, 학생의 자발성을 토대로 '인식', '공감', '관계적 실천성', 그리고 '가치 판단'의 과정을 꼼꼼히 밟아 나가야 함을 강조하였다. 구체적 삶을 형상화한 작품 속에서 화자와 인물, 사물이나 대상의 관련성을 기반으로 학생들이 가치 덕목을 인식하고 이에 대해 공감함은 물론, 이렇게 발견한 가치를 개인적 차원을 넘어 사회적 관계성의 차원에서 그 가치의 유용함을 깨달아 갈 때, 명실상부한 인성 교육이 완성된다고 본 것이다. 가치를 구현하고 이를 통해 인성을 함양한다고 할 때, 인식이 공감으로 공감이 실천으로 발전하기 위해서는 주체적 판단 과정을 통한 가치 점검이 시 감상 과정의 주요한 몫이 됨을 놓치지 말아야 하리라 본다.

인성적 가치에 대한 학생의 자발적 인식과 판단을 이성적 차원에서 모색하기 위해 '상황과 장면', '사건소'에 주안점을 두면서 인성적 가치를 현장성 있는 삶 속에서 발견하고 의의를 분석하는 기회를 제공하고자 하였다. 뿐만 아니라 인성함양은 인식적 차원을 토대로 가치에 대한 공감과 내면화가 필수적인 사항이기에 '인물과 대상의 정서 파악'과 '정서 태도 공유'를 통해 정의적 차원으로 확대시켜 나가고자 하였다. 이처럼 개인적 차원에서 바람직한 도덕적 가치를 발견하고 공감한 것을 토대로 이를 사회적 차원으로의 확장을 시도해 보았다. '관계성'과 '실천성'이 그에 해당한다. 학생이 주목한 도덕적 가치가 사회적 소통의 장에서 어느 정도의 공감대와 전파의 가능성을 가지며 이러한 덕목의 실질적 구현의 가능성과 필요성이 어떠한지를 가늠해 보는 요소를 설정해 본 것이다.

이러한 활동을 통해 학생들의 도덕적 가치에 대한 유동적이고 자발적인 안목이 확대되어 갈 것으로 기대하며, 인성의 중요성에 대한 자각을 토대로 삶 속에서 가치를 발견하고 실천해 나가고자 하는 의지가 고취될 것으로 기대한다. 다만 제안한 방안들이 실제 교육현장에서 적용되고 그 결과를 통해 교육적 효과와 가능성이 입증되지 못한 것은 아쉬움으로 남는다. 교육 현장의 적용과 그 결과의 도출을 통한 방법적 타당성에 대한 검증은 추후의 논의로 남겨두고자 한다.

제4장 미학적 인식을 적용한 황동규 시 감상 방법

1. 칸트 미학의 교육적 수용 가능성

칸트의 미학적 인식을 집약하고 있는 『판단력 비판』에서 시 예술이 갖는 미학적 자질로 '상상력과 지성의 유희'(Kant, 1908/2009: 358)를 강조하고, 대상의 아름다움에 대한 판단을 위해 필요한 제반 요소와 이들의 속성들에 대해 규정하고 있다. 아름다움의 여부에 대한 판단은 지극히 주관적인 것이되 역설적이게도 주관성을 넘어 보편성을 지향한다는 것이 그의 주된 논지이다. 칸트는 인간의 인식 능력을 설명하면서 논리적이고 정합적 사고 능력에 해당하는 이성과 오성의 작용 양상을 강조한다. 특히 선천적 사고에 해당하는 오성의 활성화에 의해 경험 내용을 종합, 분석, 판단하면서 하나의 개념을 수립(서정욱, 2012: 73)해 나간다고 보았다.

하지만 그는 대상의 인식에 있어 이성이나 오성과 같은 개념 정합적 사고만이 기능을 한다고 보지 않고, 대상의 감각적 지각을 가능하게 하는 감성(Sinnlichkeit)의 비중도 그에 못지않음을 강조한다. '개념 없는 직관'이 무의미하듯 '내용 없는 사고'가 공허함을 지적하면서 오성이 감성(Ludwig, 1998/2004: 70~71)에 기댈 수 있어야 비로소 온전한 대상에 대한 인식이 이루어진다고 보았던 것이다. 그에 따르면 감성과 맞닿아 있는 '감각'은 외부 현실의 자극에 대해 단순히 반응하는 생리적 활동이 아니라, 사물에 대해 반응한 결과 유도되는 '감정의 주관적 규정' 혹은 '대상을 표상하는 요소'(김광명, 2012: 100~101)로 정의된다.

즉 객관적 사물로서의 대상이든 시 작품이든, 인간은 외부 현실을 인식하기 위해서는 개념 인식을 위한 틀인 이성과 오성의 도움은 물론, 감각 체계와 결부된 주관적 정서에 의해 심리적 재현으로서의 표상을 저마다 형성하게 된다는 것이다. 이러한 칸트의 인식은 아름다움에 대한 분별에도 적용되어 심미적(審美的, Geschmack) 판단의 주된 토대가 된다. 심미적 판단에서 칸트가 주목하고자 한 것은 주관적이고도 보편적인 차원에서의 판단이라 할 수 있다. 아름다움의 여부에 대한 판단은 지극히 주관적인 차원에서 이루어지는 개인적 정서와 관련된다는 것이다. 하지만 일정한 의도나 욕망이 근절된 채, 미적 판단의 대상인 사물에 대해 판단 주체가 순수한 심정적 요소만으로 판단하는 것이기에 무관심적이며 목적 없는 합목적적 성향을 갖게 된다. 이로 인해 주관적 심미 판단은 보편성(한자경, 2006: 164)을 갖는다는 것이다.

이렇게 본다면 칸트가 『판단력 비판』에서 언급한 심미적 판단은 보편적 합의를 전제로 이루어지는 개인적 차원의 미적 판단으로 일체의 의도와 목적을 배제한 채 이루어지는 인지적 정서적 차원의 감상력이라고 규정할 수 있게 된다. 하지만 심미적 판단이 한 개인의 주관적 요인에 의해 이루진다고 하더라도 판단을 유발하는 외적 대상과 그로 인해 촉발되는 일련의 심리적 과정에 대한 규명이 필요해 보인다. 칸트는 지각이 단순히 '상상이나 사고의 유희'만으로 형성될 수 없음을 분명히 한다. 그에 따르면 지각의 유발은 '현실적 대상의 표상'이 핵심이라고 단정짓고 있다. 즉 외부의 현실적 요소가 감성 내지는 감각을 자극하고 이로 인해 사물에 대한 심리적 표상을 이루고 이것을 통합하고 조정함으로써 개념과의 관련성(백종현, 2012: 39~47)을 통해 사물에 대한 분명한 인식을 확립해 나간다는 것이다.

칸트의 미학에 관한 논의가 문학교육에 주는 시사점은, 학생들의 시 감상은 일련의 심미적 판단 과정으로 이해되어야 하며, 그것은 지극히 보편성을 염두에 둔 주관적인 미적 판단이어야 함에 있다고 하겠다. 그리고 작품 감상의 과정에서 학생 독자의 상상력과 인지력이 강조될 수밖에 없으며, 이러한 감상의 역량이 합리적으로 이루어지기 위한 일련의 감상 과정은 '감각 자극 확인 → 표상의 형성 → 상상을 통한 재구성 → 인지적 비판'의 흐름에 기인한 것이 바람직하다고 할 수 있겠다.

문학 감상을 위한 구체적인 방안으로 주되게 거론되는, 수용 미학과 구성주의 이론에 기반을 두고 있는 반응 중심 모형이나 대화 중심 모형(류수열·한창훈·정소연·김정우·임경순·한귀은 외, 2014: 146; 윤여탁·최미숙·최지현·유영희, 2011: 184~191; 최지현·서혁·심영택·이도영·최미숙, 2009: 301~317)의 경우, 감상 주체의 자발적이고 적극적인 감상의 유도, 감상의 효율성과 적절성 확보를 위한 방안의 구체적인 마련, 현장에 적용 가능한 절차와 단계의 마련 등의 점에서 긍정적으로 평가된다.

하지만 선행 모형은 감상이 한 개인의 내적 차원에서 어떤 절차와 과정을 거치는지, 감상과 관련된 인식 능력적 요소에는 어떤 것이 있으며 이들 능력이 어떤 상호작용을 거쳐 감상에 이르게 되는지, 심미적 판단 과정으로서의 작품 감상이 어떤 철학적 인식에 기반을 두고 있는지에 대한 설명은 전무한 것이 사실이다. 따라서 시도하고자 하는 심미적 판단으로서의 시 감상 방법은 문학교육이 그간 지향해 왔던 주관적 감상성이 갖는 절차적 모호성을 극복하고, 감상 과정의 심리적 실재설을 허용하되 이에 대한 명징한 과정을 구체적으로 가시화해 보고자 하는 것이다.

철학적 인식을 담고 있는 칸트 미학의 관점에서 시 감상의 과정을 살핌으로써 시 감상의 국면에 전제된 인식 능력의 작용 양상을 규명하고 이를 황동규의 시 읽기에 적용시켜 합리적이고 일반적 차원의 감상 방법으로 확정지을 가능성을 마련해 보고자 한다.

칸트가 『판단력 비판』에서 언급한 "심미적 판단은 대상의 표상을 토대로 인식력의 유희를 통해 내적 원인인 주관적 합목적성을 가지고 활성화"(Kant, 1908/2009: 217)된다는 논의는 문학교육이 귀기울일 만한 함의를 갖는다고 하겠다. 문학 감상이 심미적 정서의 향유 과정이고, 문학 작품의 감상은 즉각적이고 동시다발적인 심리적 현상이기는 하지만, '대상'으로 인한 '상상력의 촉발'과 '표상 형성', 그리고 '인식적 유희'라는 일련의 과정을 거치기 마련이다. 이처럼 문학교육의 효율성 제고를 위해 칸트의 미학적 인식을 수용한다면, 시 감상의 국면에서도 '상상력에 의한 표상의 형상화'와 '인지적 비판을 통한 의미 형성'이 주된 논의의 초점이 되어야 하리라 본다. 칸트의 논의를 기반으로 문학 작품의 감상 과정을 세부화한다면 '감각 자극 확인

→ 표상의 형성 → 상상을 통한 재구성 → 인지적 비판'의 과정이 심미적 판단으로서의 시 감상의 절차로 주목될 수 있을 것이다. 따라서 '감각화를 통한 표상 형성', '상상력에 의한 통합적 표상 형성', '인지적 비판을 통한 의미 형성'을 상세화된 개별 장으로 설정하고 이를 구체화해 나가고자 한다.

황동규의 일련의 시 작품은 규정한 감상의 핵심 요소와 그 과정을 적용해 나가는 실질적인 모습을 드러내기 위해 인용하고자 한다. 특히 칸트 미학의 핵심 키워드는 '감각화, 상상, 인지'로 수렴될 수 있다. 현대시사의 다양한 작가들이 이러한 키워드를 작품으로 승격시켰으나, 특히 황동규는 그의 개인적 시사를 통해 대상의 감각화를 통해 다양한 이미지 창출과 기존의 상상력의 한계를 초극하려는 적극적인 시도, 뿐만 아니라 인식의 확장을 통한 사유와 발상의 전환 (유성호, 2018: 148; 이승규, 2018: 8; 김인옥, 2015: 9; 심재휘, 2011: 441)을 도모하려 한 작가이기에 논의의 대상으로 삼고자 한다.

2. 감각화를 통한 표상 형성

칸트는 심미적 판단을 논하면서 미적 판단의 첫 번째 특징으로 '무관심성'을 거론한다. '취미판단은 일체의 관심과 무관'하다는 것이다. 이는 심미적 대상에 대한 주체의 주관적 판단을 감행함에 있어 그 어떤 욕망이나 의도가 개입될 수 없음을 단정한 것이다. 시 작품에 대한 감상에 있어서도 작품과 관련된 독자의 왜곡된 시선이나 편향된 의도, 혹은 특정한 사회적 도덕적 가치(Wenzel, 2005/2012: 60)나 이념이 전제되지 말아야 한다는 것으로 이해할 수 있다. 작품의 감상은 오로지 대상으로서의 작품과 독자가 순수한 정서와 인식을 통해 소통할 수 있을 때라야 가능하며, 시 감상은 오직 관조적 상태에서 이루어지는 '무관심적 만족'(한자경, 2006: 174~175)만을 지향해야 한다는 것이다.

이어 그가 주되게 강조하는 심미적 판단의 또 다른 특징은 '주관적 합목적성'이다. 대상의 아름다움에 대한 판단은 대상을 통해 유발되는 아름다움을 통한 심적 쾌감의 유발과 향유만을 목적으로 하는 것이지 그 외의 다른 목적이 개입되어서는 안 된다는 것이다. 대상이 갖는 존재의 의도와 목적이 무엇인지에 대한 고정관념이 끼어들지 않고 오로지 '그저 느끼고 마주치'는 것으로서의 목적만이 필요하다. 심미적 감상에서 존재하는 유일한 목적성은 감상 주체의 '인식력에 대한 합목적성'(백종현, 2012: 129)이다.

작품으로 인해 발생하는 감각에 반응하고 이를 통해 형성되는 다양한 내적 이미지인 표상을 추론하고 종합함으로써 하나의 통합된 이미지로 재구성해 내는 상상력과, 상상력을 통해 구성된 통합적 이미지를 인지 능력과 결부시켜 그 의미를 분석해 내는 상호작용 과정이 중요하다. 즉 상상력과 인식 능력의 조화로운 관계(한자경, 2006: 182)만이 대상의 심미적 판단을 위해 유지되어야 할 목적에 해당한다. 결국 작품 이외의 그 어떤 의도된 목적성은 배제된 채 순수한 주관의 심성 능력들의 조화를 통해 이루어지는 미감의 형성이라는 목적만이 남는 것이다. 이는 '목적 없는 목적성'이면서 '주관적 합목적성'(Wenzel, 2005/2012: 133)이라 명명될 수 있다.

이렇게 본다면, 작품을 토대로 상상력을 촉발시키고 이로 인해 심리적 이미지를 구체적으로 떠올리는 '상상력에 의한 표상의 형상화' 단계에서 중요하게 인식해야 할 사항이 '무관심적 만족'과 '주관적 합목적'이라 할 수 있다. 시 감상의 과정에서 작품과 독자의 만남과 소통, 그리고 독자 내면에서 진행되어 가는 인식 과정의 순수한 과정만이 유의미할 뿐, 그 이외의 어떠한 선행 의도나 가치 등이 개입될 수 없는 것이다. 칸트는 『판단력 비판』을 통해 시종일관 강조하는 것이 '감정'과 '주관적 유희'(Kant, 1908/2009: 240~241)에 관한 것이다. 심미적 판단에서 우선시 되어야 할 것은 개인적 차원의 주관적이고도 순수한 감정에 의한 판단이며 이를 통해 대상에 대해 충분히 느끼고 향유하는 과정 자체를 의미심장하게 보았던 것이다. 하지만 아이러니하게도 그는 심미적 판단에서의 이러한 주관적 행위가 개인 편향적 판단이나 작위적 결과로 귀결되지 않고 보편적 합의를 이끌 수 있음을 강조한다.

상상력을 통해 총체적 성격의 표상을 형성하기 위해서는 일차적으로 작품 읽기를 통해 시도되는 '감각의 유발'과 그로 인한 '표상 형성'이 논의될 필요가 있겠다. 여기서 '감각 작용'에 주목하는 이유는 작품을 읽어 가는 과정 중에 감상의 단서가 되는 시어를 대상으로 감각 기관의 활성화를 통해 다양한 이미지를 수용적으로 경험한다는 점 때문이다. 칸트는 "대상을 토대로 형성되는 표상은 감성적 직관에 의해 유도되는 주관적 수용"(Kant, 1800/2015: 140)이라고 봄으로써 감각적 경험이 표상 형성의 단서가 됨을 강조하였다. 따라서 시 작품의 감상에서 무엇보다 강조해야 할 것은 독자의 순수 주관에 의한 감상과 직관에 의해 유도되는 감각의 활성화라 할 수 있는 것이다.

누가 와서 나를 부른다면
내 보여주리라
저 얼은 들판 위에 내리는 달빛을.

얼은 들판을 걸어가는 한 그림자를

지금까지 내 생각해 온 것은 모두 무엇인가.

친구 몇몇 친구 몇몇 그들에게는

이제 내 것 가운데 그중 외로움이 아닌 길을

보여주게 되리.

오랫동안 네 여며온 고의춤에 남은 것은 무엇인가.

두 팔 들고 얼음을 밟으며

갑자기 구름 개인 들판을 걸어갈 때

헐벗은 옷 가득히 받는 달빛 달빛.

—황동규, 「달밤」 전문

    학생 개인의 주관적 판단이 시 작품의 아름다움을 판단하는 유일한 지표이며, 심미적 판단인 작품 감상의 시작은 시 읽기를 통해 촉발되는 감각의 활성화에 있다는 것을 수용한다면, 위 작품의 감상에서도 '감각적 정서'에 주목하는 것이 선행되어야 할 것이다. 그렇기에 황동규 시의 작품 경향이 초기에는 비극적 인생관의 형상화를, 중기에는 객관적 세계 표상을 통한 개인에서 사회로의 확장, 그리고 후기에는 감정과 죽음의 극복(박연희, 2016: 412; 최호영, 2016: 460; 유창민, 2011: 723)이라는 또 다른 지향성을 보여 왔다는 평가를 굳이 대입시킬 필요는 없어 보인다.

    작품을 통해 학생들마다 주목하는 시어, 자극받는 감각의 종류와 정도, 그리고 환기되는 정서가 다양하게 드러난다. 학생들의 삶의 경험이나 개성, 성향과 작품의 향유 방식 등에 따라 자극에 대한 감각 기관의 활성화 정도가 다르기 때문이다. 칸트는 이점에 주목하여 "대상에 의해 표상을 얻게 되는 능력이 감성이며, 감성만이 직관을 가능"(Kant, 1787/ 2013: 61)하게 해 준다고 규정한다. 아울러 "마음은 대상의 진동이 감각 기관에 생기를 불어넣는 데 미친 결과를 지각"할 뿐이며, 나아가 "감각의 질이 일치할 수 없으며 어떤 자극과 감각 지각이 월등하다고도 모든 사람이 동일하게 판단"(Kant, 1908/ 2009: 220~221)하지도 않는다고 확언한다.

이를 통해 작품 감상 과정에서 감각 활성화를 위해 구체적으로 시도할 수 있는 방법적 주안점은 '자발적 직관에 의한 감각 정서의 환기'에 있다고 할 수 있다. 칸트는 감성이 인간에게 선천적으로 주어지는 것이고 이러한 능력에 의해 감각 지각이 가능하며 그 지각의 결과 심리적 표상이 형성된다고 보고 있기에 이러한 논의를 수용한다면, 감각의 활성화를 위해서는 '대상', '자발적 직관', '환기된 정서 확인'이 주요한 감상 요소가 될 수 있다고 하겠다. 학생들 나름대로의 개성과 읽기 방식에 따라 '대상'으로서의 개별 시어나 맥락에 주목하고 '자발적인 직관'에 따라 떠오르는 것들을 느끼고 체험하면서 마음속에 그려지는 다양한 이미지들의 형상과 실체를 '확인'하는 것이 필요해 보인다.

위 시에서 화자는 '보여주리라', '보여주게 되리'라는 유사한 어구를 반복함으로써 의지를 강조하고 있다. '누'구에서 '친구 몇몇'으로, 그리고 '그들'로 변주되어 드러나고 있는 소통의 대상을 설정한 '나'는 확신에 찬 결연한 태도로 자신의 의도를 표명하고자 한다. 이때 학생들이 주목하게 되는 '대상'은 '나'와 '누'구 혹은 '그들'로 표상되는 '친구'일 수도 있으며 좀 더 구체적인 차원으로 들어선다면 화자가 '보여주'고자 하는 '의도 내용'이 될 수 있다. 직관에 의해 학생들이 자발적으로 주목한 대상으로 인해 화자가 표명하려는 내용에 대해 호기심과 의지적 면모를 느낄 수도 있을 것이며, 직관과 연상의 확장을 통해 그들과 나와의 관계에 대한 친밀감 등을 환기할 수도 있으리라 본다.

　나아가 문맥의 전개 과정을 통해 화자가 보여주고자 하는 핵심 사항이 '얼은 들판 위에 내리는 달빛', '얼은 들판을 걸어가는 한 그림자'임을 알 수 있게 된다. 이때 이러한 시 구절은 또 다른 감각적 정서를 함유한 대상으로 부각하게 되며, 학생들은 차갑고도 공허한 이미지를 내적 표상으로 형상화할 수 있게 된다. 하지만 '얼은 들판'과 '그림자'가 환기하는 부정적 감각이 이어지는 '지금까지 내 생각해 온 모두'라는 구절과 '내 것 가운데 그중 외로움이 아닌 길'이라는 새로운 '대상'으로서의 표현을 맞이하는 순간 새로운 정서적 변화를 체험하게 된다. 앞서 화자가 언급한 냉혹하고도 비정한 장면이 '외로움이 아닌 길'로 치환됨으로써, '지금까지 내 생각해 온 것'들, 즉 '얼은 들판'과 '그림자'가 부정적 현실로서의 상황이라는 인식에서 벗어나게 되었음을 '보여'주고자 하는 것임을 느끼게 된다. 화자에게 있어 '지금까지 내 생각해 온 것'은 친구의 입장에서 '오랫동안 네 여며온 고의춤에 남은 것'과 동일한 것이었다. 하지만 화자는 의지적 반전을 통해 '얼은 들판'은 '구름 개인 들판'으로 바뀌게 되며, '두 팔 들고 얼음을 밟'고자 하는 당당한 기개로 변모되어 가게 된다.

　분명 '얼은 들판'과 '그림자'가 유발하는 시련으로서의 현실이 화자는 물론 친구에게 강요되었던 '여며온 고의춤'이었음을 부인할 수 없다. 하지만 이제는 '오'랜 인습과도 같은 '여며온 고의춤'을 '헐벗은 옷'처럼 훌훌 떨쳐버리고, '구름 개인 들판'이 '달빛 달빛'으로 충만하게 됨으로써 '얼은 들판 위에 내리는 달빛'에서 느껴지는 정서와는 사뭇 다른 모습으로 전회됨을 느끼게 된다. 이러한 감상 과정은 분명 '대상'과 '주관으로서의 직관', 그리고 '감각적 정서의 이미지 확인'에 주목한 결과라고 할 수 있다. 시어와 맥락의 변화에 학생들이 초점을 두고 자신들의 직관이 움직여지는 대로 감각을 활성화하며, 그 결과 형성되는 내적 이미지들을 확인하고 풍성하게 이미지의 양산에 집중하는 것이 감상의 핵심이라 할 수 있을 것이다.

2
어두운 겨울날 얼음은
그 얼음장의 두께만큼 나를 사랑하고
그 사랑은 오랫동안 나를 버려두었다.
때로 누웠다가 일어나
겨울저녁 하얀 입김을 날리며 문을 열 때면
갑자기 내 입김 속에 들어오는 조그만 얼굴
얼굴을 가리는 조그만 두 손
나는 알겠다, 언제부터인가
육체의 쓴 맛이 머리칼 곱게 빗고 흙 내음을 맡으며
얼마나 오랜 나날을 닫힌 문 속에 있었는가를.
나는 여기 있다
미친 듯이 혼자 서서 웃으며
나는 여기 있다
너의 조그만 손등에 두 눈을 대고
네 뒤에 내리는 雪景에
외로울 만치 두근대는 손을 내민다.

—황동규, 「겨울날 斷章」 부분

우리는 흔히들 대상을 명확하게 지각할 수 있을 것이라 믿는다.

하지만 칸트는 "감각 기관을 통해 지각되는 것은 대상의 현상일 뿐 대상 그 자체"는 아니라고 규정한다. 이는 곧 감각 기관의 활성화에 정서가 유발되고 이로 인해 형성된 내적 이미지는 "대상에 대한 무질서한 집합"(김수용, 2016: 31)일 뿐이라는 것을 말한다. 심미적 판단의 대상이 문학 작품일 경우에는 더욱 그러하다. 위 작품에서도 '겨울날 얼음'은 일반적인 정서와 의미 반응의 틀에서 벗어나 독자들로 하여금 '대상'에 대한 새로운 '직관적 반응'과 '이미지의 형성'을 요구한다. 오히려 대상에 대한 보편적이고 논리적인 판단의 결과 도출되는 합일된 정서적 의미의 경우보다, 주관적 판단 개입의 여지가 많은 시 작품일수록 내적 표상 형상화의 다양성은 더욱 존중될 수 있는 것이다.

사랑의 주체였고 버림의 주체로 굴림했던 '겨울날 얼음'과 '얼음장'은 '나'를 사랑의 주체라는 영역으로 편입시키지 않았고, 오직 '사랑하'는 '얼음'의 객체로만, 그리고 '버려'지는 대상으로만 머물게 할 뿐인 것이다. 그리고 사랑은 그것이 보편적으로 유발시키는 안온하고 행복한 정서적 반응과는 무관하게 '어'둡고 차가운 이미지로만 형상화되어 있다. 또한 깊이도 넓이도 가늠할 수 없는 고귀한 정신적 향유의 가치인 사랑이 '얼음장의 두께'라는 구체적이고 물리적인 대상으로 고착화되어 있다는 직관적 반응을 학생들이 심적 표상으로 구체화할 필요가 있다. '얼음'과 '나'라는 상호 이질적이고 소통 불가능한 대상의 설정과, 일반적인 사랑의 이미지와는 차별화된 '얼음'이라는 비유적 시어의 도입을 통한 생경한 이미지의 창출을 통해 위 시에서의 '사랑'은 독특한 감성을 유발시키고 있는 것이다.

사랑의 타자로 전락한 화자는 '때로 누'워 있는 행위만을 일삼을 뿐이다. 하지만 화자의 '문을 여'는 행동으로 인해 시상의 반전이 감행되기 시작한다. '문'이라는 동일한 대상이지만 문맥의 흐름을 통해 동일한 시어는 다양한 정서적 의미를 유발하게 된다. '사랑'에 의해 '버려'졌던 '나'는 '누'워 있는 수동적 존재에 불과했었다. 나는 그야말로 오롯이 '닫힌 문 속에 있었'던 존재인 것이다. 하지만 '일어나' '문을' 여는 의도적인 행위를 통해 비로소 '조그만 얼굴'과 '조그만 두 손'의 실체를 '알'게 되는 것이다. '문을 열'어 '입김을 날리'며 '내리는 雪景'을 대면하는 순간, 과거 '나를 버려두었'던 '사랑'은 '조그만 얼굴'과 '두 손'으로 다시금 존재의 모습을 드러내게 된다. 냉혹했던 주체의 모습에서 연약한 타자로 반전을 꾀하게 되는 것이다.

'버려'져 '닫힌 문 속에 있'다고 생각했던 '나'와 문 밖에 있었던 '너'는 '문을' 여는 행위를 통해, '너'는 나를 버렸던 것이 아니라 '오랜 나날을' 그곳에 있었기에 오히려 '닫힌 문 속'에 갇힌 타자임을 '알'게 되는 것이다. 이 국면에서 사랑의 주체와 객체의 구분은 무의미해지며 '나를 사랑하고 버려두었'던 '너'는 '조그만 얼굴'과 '조그만 손등'을 지닌 존재로 치환되어, '나'가 그에게 '두 눈을 대고', '손을 내'미는 행위의 주체로 변모함을 보게 된다. 사랑에 대한 부정적 인식의 극복으로 이미지를 환기하든 사랑의 행위 주체와 타자의 이분법적 인식의 전환으로 표상을 형상화하든, 이 순간 '나'는 '여기 있'다는 명확한 존재감을 깨닫게 되며 당당히 '혼자 서서 웃'을 수 있는 주체인 것이다.

'雪景'에 두려웠던 모습, 그로 인해 '외로'움으로 '누'워 있는 수동적 존재가 과거의 화자였다. 하지만 이제 화자는 '雪景'에 대해 '두근'거리는 마음으로 설경의 다른 모습이었던 '얼음'이 자행했던 '버'림이라는 행위와 상반되게 '손을 내'미는 '사랑'으로 응수하고 있음을 보게 된다. 이처럼 '하얀 입김', '문을 열 때', '내 입김 속에 들어오는 조그만 얼굴', '흙 내음', '네 뒤에 내리는 雪景'이라는 일련의 '대상' 시어에 주목하고 이에 대한 학생들의 직관의 활성화를 통해 '얼음'과 '너', 그리고 '雪景'을 동일시하면서 내적 이미지를 표상할 수도 있다. 반면 '감성이 대상들에 의해 촉발되는 나의 작용'(Ludwig, 1998/2004: 72)이라는 칸트의 언급에 주목함으로써, 감상 주체의 자발적 직관을 존중해 또 다른 표상의 가능성을 제고해 볼 수 있다.

황동규 시가 일관되게 강조하고자 했던 '자아의 실존과 욕망의 흔적'(송기한, 2005: 11)에 초점을 둔다면 '조그만 얼굴'과 '조그만 두 손', 그리고 '너'는 '버'림 받은 사랑을 향해 '외로'움과 '두근'거림으로 '손을 내'밀고자 하는 시적 화자의 내적 자아로 표상 형성이 가능할 것이다. '문을 열 때' '내 입김' 속으로 '들어오는 조그만 얼굴'과 '두 손'이기에 그 '얼굴'은 '나'를 구성하는 또 다른 나임에 분명하다. 아울러 '사랑'으로 인해 '버'림을 받고 '오랜 나날'을 '닫힌 문 속'에 있었던 것은 화자 바로 자신이며, 그로 인해 '육체의 쓴맛'을 온몸으로 감내하며 '머리칼 곱게 빗고 흙 내음을 맡으며' 재회를 기대했었던 것도 나였기 때문이다. 이러한 인고의 세월이 화자로 하여금 '나는 여기 있다'는 실존에 대한 인식과 '나'의 또 다른 모습인 '네' 뒤에 내리는 '雪景'을 '웃으며' '손' '내'밀 수 있는 적극적 욕망의 주체로 변모시킨 것으로 표상을 이미지화 할 수 있게 된다. 물론 학생들의 감상 과정에서 이러한 직관에 의한 다양한 내적 표상으로서의 이미지 형성은 적극적으로 용인되고 지도되어야 마땅할 것이다.

3. 상상력에 의한 통합적 표상 형성

칸트는 심미적 판단에서 결정적 기여를 하는 인식 능력의 하나로 상상력을 상정하면서 상상력의 주된 기능을 '다양한 직관의 합성'(Kant, 1908/2009: 308)으로 규정한다. 그는 또한 상상력의 또 다른 속성으로 '유희로서의 자유'(Kant, 1800/2015: 295)를 강조한다. 그의 논의를 수용한다면 대상으로부터 촉발된 감상 주체의 내적 이미지는 그 자체로서 온전한 심미적 판단의 자료가 될 수 없으며 내적 이미지를 토대로 연상되는 이미지로의 확장과 그러한 확장의 통합적 재구성이라는 과정을 거쳐야 하는 것임을 알 수 있다. 곧 심미적 판단을 위한 시 감상에서는 직관을 통해 내적 표상을 형성한 후에, '유희로서의 이미지 연상'과 '통합적 이미지 재구성'이 필연적으로 수반되어야 한다는 것이다.

> 황홀하더라, 눈비 내려
> 동백꽃 헛 핀 앞 섬도
> 다섯 낮 다섯 밤을 방황한
> 하숙집의 霧笛도.
>
> 하루 종일 밀고 밀어
> 밤마다 조금씩 새는 헛된 꿈
> 장지 하나 사이 하고
> 하숙집 아주머니의 잠꼬대
> 「이젠 정말 아무 뜻도 없십니더,」
> 그네가 조심히 어시장에 가는

새벽녘의 행복도

방파제에 걸린 새벽 달빛

물 위에 오래 뛰어오르는 순색 고기들

소규모의 일출

갯벌 폐선 위에 걸터앉아 보는

수리 안 된 침묵, 사이사이의 愁心歌

「결사적인 행복이 없는 즐거움을,」

저녁이면 혼자 마주 보노니

바다 위에 떠 있는

아름답고 헛된 구름 기둥을.

―황동규, 「겨울 항구에서」 전문

　　직관의 활성화는 '대상'을 매개로한다. 하지만 상상력의 결과로서 형성되는 확장적이고 수렴적인 이미지는 직관으로 형성된 내적 이미지를 대상으로 해서 이루어진다고 할 수 있다. "미는 직관의 다양한 작용의 결과를 토대로 그것의 종합을 시도하는 상상력을 통해 가능하지만, 대상으로부터 연원"(김기수, 2009: 73)하는 것이기에 그러하다. '표상 형성' 단계에서는 최대한 학생들의 직관을 존중하면서 감각의 활성화를 통해 다양한 내적 이미지를 구체화시키는 것이 중요하다. 이러한 작업이 이루어진 후라면 형성된 내적 이미지를 바탕으로 상상력을 발동해 또 다른 이미지로의 변주와 확장을 시도하는 것이 바람직하다고 볼 수 있겠다.

　　위 시에서 학생들은 '겨울 항구'에서 '하숙'을 하며 '다섯 낮 다섯 밤을 방황'하는 화자를 직관으로 이미지화하게 된다. 또한 그의 눈에 비친 '하숙집 아주머니'와 어촌 마을의 '그네'들의 삶을, '장지 하나'를 '사이'에 두고 '결사적'으로 '아름'다운 '행복'을 소망해 보지만 '갯벌 폐선 위에 걸터앉아' '침묵' 속에서 '愁心歌'만을 간간이 읊조려야만 하는 '헛된' 일상을 관조하고 있음을 심적 표상으로 구체화할 수 있다. 이러한 내적 표상을 토대로 이제는 상상력을 활성화함으로써 좀 더 구체적이고 다양한 이미지로 확장해 나갈 필요가 있다.

화자는 '하루'라는 일상적 삶의 무게에 떠밀려 '다섯 낮' '다섯 밤'을 '방황'한 결과, 이곳 '겨울 항구'에 떠'밀'려 오게 되었다. 그러한 화자의 삶은 '동백꽃이 헛 핀' 것과 같이 완전한 아름다움으로 개화하지 못하고 지는 자연물과 별반 다를 게 없으며, 안개와도 같은 화자의 삶에서 그 안개는 도무지 사라질 수 없는 존재로 남는 것이기에 '방황'하는 '霧笛'과 같이 헛된 울림만을 가질 뿐이다. 그렇기에 화자의 '꿈'은 자신도 모르게 '조금씩 새는 헛된 꿈'임에 분명한 것이다. 이러한 처지에서 바라보는 '겨울 항구'의 어촌 마을 역시, 풍어의 기쁨도 바랄 수 없어 '조심'스럽고도 조마조마한 마음으로 '그네'들의 삶의 터전인 '어시장'을 지킬 뿐이다.

완전한 행복으로 환한 대'낮'이 찾아오기를 바라지만 현실은 '새벽녘', '새벽 달빛', 그리고 '저녁'이라는 시간적 흔적을 강요할 뿐이기에, '결사적'으로 '행복'을 염원해 보지만 그것은 '없는 즐거움'이며 '헛된' 꿈으로만 남게 된다. 이제는 더 이상 '아무 뜻'도 없이 '갯벌'에 놓여 있는 '폐선 위'에서 탄식섞인 '愁心歌'만이 울려퍼질 뿐이다. 이처럼 표상 이미지를 상호 결합해 새로운 이미지를 보완하거나, 여백으로 남아 있는 부분을 맥락을 고려해 이미지를 확장시켜 나가는 상상력의 활성화를 통해 좀 더 풍성한 이미지 창출이 가능하게 된다. 상상력은 주관적 판단에 따라 이루어지는 심적 유희에 해당하는 것이기에 하나의 일관된 생각의 줄기를 고집하는 것보다 맥락을 이탈하지 않는 선에서 다채로운 관점으로 확대해 나갈 필요가 있다.

위에서 보인 상상의 정도는 '겨울 항구'라는 상황에 대한 절망적 정조가 지배적이었다. 하지만 '대상' 시어의 보충을 통해 새로운 상상으로의 감행도 가능해 보인다. 분명 화자의 현재적 상황은 '겨울 항구'라는 공간에서 '침묵'과 '愁心'을 강요당하기에 '헛'된 것일 뿐이다. 하지만 '눈비'가 내려 완전한 개화를 이루지 못해 '헛 핀' '동백꽃'을 배경으로 하는 '섬'과 '방황'하는 '하숙집의 霧笛'에 대해 '황홀'함을 느끼는 화자의 정서에 주목한다면 '헛된' '하루'일 수는 없다. '하숙집 아주머니'는 '아무 뜻'도 없이 살 수밖에 없다고 체념적 한풀이를 '잠꼬대'를 통해 내뱉지만 여전히 '새벽녘의 행복'을 염원하면서 '조심'스럽게 '어시장'으로 발길을 옮긴다. 또한 '겨울 항구' 마을을 터전으로 살아가는 '그네'들 역시 어둠을 집요하게 강요하는 '새벽 달빛'이 엄연히 존재하는 상황일지라도, '물 위'를 '뛰어오르는 순색 고기들'에서 '새벽' 너머에 존재하는 '소규모의 일출'을 염원해 보는 것이다.

이러한 상상의 흐름을 확장해 본다면, '개벌 폐선 위에 걸터앉아' '침묵'과 같은 '헛된' 삶을 강요받는 '그네'들이 목놓아 부르고자 하는 '愁心歌'는 어찌 보면 '방황'하는 현실을 '황홀'한 경지로 전회시키고자 하는 열망의 몸짓으로 이미지화할 수 있는 것이다. 이렇게 되면 '다섯 낮 다섯 밤을 방황'하고 '조심히 어시장에 가는' 나와 '그네'들의 '잠꼬대'는 '없는 즐거움' 속에서 '결사적'으로 '행복'을 찾아가는 과정이기에 '헛된 구름'처럼 사라질 것 같지 않고, 버티고 있는 한스러운 현실적 '기둥'을 '아름'다움으로 선회시킬 수 있으리라는 기대로 변화시키게 된다.

따라서 '유희로서의 이미지 연상'은 감각적 표상에 기대어 학생들의 창조적인 상상력을 기반으로 선행 이미지를 적극적으로 유희하게 하는 데 초점을 두어야 바람직할 것이다. 이미 마련된 심적 표상과 작품 전체의 맥락적 틀을 벗어나지 않는 선에서 이루어지는 유희적 이미지 연상은, 심미적 판단이 핵심적으로 강조한 바와 같이 학생 독자의 자발적이고 주관적 차원의 인식 능력의 구현이라는 점에 방점을 두고 지도되어야 하리라 본다. 하지만 심미적 판단 작용으로서의 상상력은 제한성에서 벗어난 채 무한히(송진영·임부연, 2013: 446) 열려 있을 수는 없다. "누구에게나 타당한 것으로 수용되는 잠정적 규칙에 따라 선택하는 감성적 판단능력"(Kant, 1800/2015: 293)이 심미적 판단력이기에 상상력은 맹목적 확산성만을 가질 수 없으며 수렴적 통합을 경유함으로써 일정한 구성적 이미지로 환원되어야 하기 때문이다.

골품의 품계가 사라진 뒤
역 없는 산천의 황혼
이름 없는 밤고개 너머로
가난한 맥박이 도주하듯이
도주하다 도주하다 사라지듯이.

생 시몽, 미열, 금전을
낙엽처럼 뿌린
나무토막처럼 서서
희한한 달빛을 보다
간단히 추위마저 놓치고 사라지듯이.

도주하리라, 빛나는 願이 모두 파괴된 세계 속으로

너희들의 어려움 속으로

너희들의 헛기침, 밤에 깨어 달빛을 보는

외로운 사내들, 잠과 대치되는 모든 모순 속으로

판자에 깊이 박히는 못이 떨며 아프게 사라지듯이.

―황동규, 「도주기」 전문

위 작품은 표상의 형성에서 비롯된 이미지가 상상력의 활성화에 의해 다양한 이미지로 변주되면서 풍성하게 확산되게 마련이다. 신분의 엄격한 차별의 증표였던 '골품의 품계'가 이미 '사라진 뒤'의 세상이기에 '골품'의 '사라'짐은 차이를 넘어선 평등의 구현을 의미하는 것이며 이로 인해 차별로 인한 불평등인 '가난'은 함께 '사라'졌어야 마땅하다. 하지만 현실과 꿈의 구분이 모호해져 버린, 즉 현실 속에서 현실과는 다른 꿈을 꿀 수 없기에 '생 시몽'의 현실을 강요당할 수밖에 없는 '가난한' 민중의 생명인 '맥박'은 '금전'과는 무관하게 '나무토막처럼' '서서' '달빛'을 '희한한' 대상으로만 느끼며 '빛나는 願이 모두 파괴된 세계 속'으로 몸을 '떨며 아프게 사라'질뿐이다.

결국 '가난한 맥박' 즉 소외당한 민중이 '願이 파괴된 세계' 속에서 '도주하듯이' '사라지'기를 바라는 한서린 자기 부정의 몸짓으로 이미지를 상상해 볼 수 있는 것이다. 하지만 위 시는 '골품의 품계'가 '사라진'다는 구절을 제외하면 '사라'짐의 주체는 불명확한 상태로 남는다. '골품의 품계'도 엄격히 말하면 '사라'짐의 대상일 뿐 주체는 될 수 없다. 제목에서 표방되는 '도주'의 이미지는 구체적인 시상의 전개 과정 속에서 '사라'짐으로 변용되어 나타난다. 하지만 도주 혹은 소멸의 상황이나 지향점은 어느 정도 명확하게 표명되어 있으나

'사라'짐의 주체가 무엇인지는 명확하지 않다.

'역 없는 산천의 황혼'과 '이름 없는 밤고개', 그리고 '빛나는 願이 모두 파괴된 세계', '너희들의 어려움', '모순'은 화자가 '사라지'고자 하는 '대상'으로서의 지향점에 해당한다. '가난한 맥박이' '도주하'고 '사라지'고자 하는 궁극적 도달점이 '황혼, 밤고개, 파괴된 세계, 어려움, 모순'이라는 것은 매우 모순적으로 읽힌다. 이렇게 본다면 '사라' 짐의 주체는 화자를 포함한 '가난한' 생명체로서의 민중, 즉 '맥박'이라고 하기보다는, 민중의 고난을 강요하는 모순적 현실인 '황혼, 밤고개, 파괴된 세계, 어려움, 모순'임을 상상하게 된다. 그리고 그 속에서 살아가는 민중 자신의 도주 혹은 사라짐의 의지는, 모순적 현실을 부정함과 동시에 그 속에서 살아가는 자신을 동시에 부정함으로서 새로운 시대와 희망적 이상 속에서의 자기 현존에 대한 강한 욕구를 동반하는 것이라 하겠다.

이처럼 현실에 대한 부정과 비판, 그리고 이상적 상황에 대한 염원은 '생 시몽', 즉 '生始夢', 삶 속에서 꿈으로의 성취를 시작하고자 하는 시도, '生示夢', 모순적 삶을 통해 이상적인 꿈을 보고자 하는 의지, '生是夢', 부정적 현실로서의 삶을 이상적 꿈의 공간과 같이 바르게 하고자 하는 욕망을 통해 구현될 수 있음을 화자는 암시하고 있는 것이다. 그러기에 '미열'은 단순히 '微熱'로 읽히지 않고 모순적 현실을 초래한 아첨하는 자인 '媚悅'과 치환될 수 있다. 그들이 절대적 가치로 옹호했던 '금전'을 '낙엽처럼 뿌'리고 '나무토막처럼 서서' 이전과는 다른 새로운 이념과 가치를 지향하는 '희한한 달빛'을 새롭게 상정하는 의식을 통해 '가난한 맥박'의 '도주'를 '사라지'게 하고자 하는 통합적 이미지의 설정이 필요하다고 하겠다.

이러한 의지적 상황에서는 '추위마저' '간단히' '놓치고'말 여유가 생길 것이며, 기존의 허상과 같은 패러다임을 모두 '낙엽처럼 뿌'려버린 뒤이기에 '가난한 맥박'을 시련에 떨게 하는 '추위'는 이제 더이상 존재할 수 없기에 더욱 그러하다고 할 것이다. '유희로서의 이미지 연상'이 설정 가능한 이미지를 상상을 통해 풍성하게 유도해나가는 것이라면, '통합적 이미지 재구성'은 충분히 유희된 이미지들을 토대로 학생의 감상 의도에 집중해 하나의 일관된 이미지로 수렴해 나가는 과정이고 할 수 있는 것이다. 상상 가능한 다양한 이미지를 상정하고 그 중에서 자신만의 주관적 판단에 따라 우선 순위를 정해 여러 이미지를 결합하고 통합시킴으로써 자신만의 감상 이미지를 완성해 나가는 과정이라고 하겠다. 칸트도 이와 관련해 심미적 판단에서 대상으로 인한 표상의 형성과 다양한 표상 이미지를 종합해 나가는 상상력의 과정을 통해 분석을 위한 인식(Kant, 1787/2013: 106)의 단계로 넘어갈 수 있음을 피력한 바 있다.

4. 인지적 비판을 통한 의미 형성

감각을 통한 심적 표상의 형성과 통합적 상상 이미지로의 재구성이 이루어진 후라면 이제는 '인지'적 능력이 개입할 차례이다. 칸트는 심미적 판단의 마지막 단계로 "지성을 통한 개념적 통일성의 부여"(김수용, 2016: 33)를 역설하였다. 칸트는 분명히 심미적 판단이 논리적 과정의 정합성을 따지는 것이 아니라 주관적 '감정'에서 기인하는 것이라 점에서 '순주관적 판단'이라고 명명하였으나 여기서도 '감정'과 '인지능력'(Copleston, 1960/2013: 294)의 일치를 우선시하고 있다. 특히 이점과 관련해서 칸트는 심미적 판단은 구체적인 사례를 객관적이고 보편적 원리에 대응시키는 '규정적 판단력'이 아니라, 주관의 원리에 입각해 지성을 통제하고 미적 대상을 감상하는 작용인 '반성적 판단력'(Eiji, 2003/2009: 220)으로 규정한다.

이러한 논의에 주목한다면 심미적 판단은 철저히 대상에 대한 감상자 주체의 직관적 감성에 의해 자기 주도적으로 행해지는 지극히 내적인 판단 과정에 속하는 것이지만, 지성과의 소통을 통해 보편적 인식의 합일을 지향하는 것임을 놓쳐서는 안 될 것이다. 결국 칸트는 미에 관한 자기 견해의 최종적인 결론 단계에서, "자유로운 유희적 상상력을 보편적 성질을 지닌 오성과 연결시키고자 하는 반성적 사고가 심미적 판단이기에 사적 판단"(김광명, 2004: 65~69)을 넘어서야 함을 강조한다. 이러한 입장을 토대로 이 장에서는 심미적 판단을 위한 '인지적 비판'에 주목해서 논의하고자 한다. 이를 위해 '반성적 판단', '보편적 사고', '지성적 판단' 등의 요소들이 초점화되어야 할 항목들임도 밝혀 두고자 한다.

칸트는 그의 주저인 『판단력 비판』에서 심미적 판단을 위해 고려해야 할 핵심 쟁점인 상상력과 오성과의 연관성을 명확히 하기 위해 '지성의 준칙'에 관한 몇몇 항목을 제시한 바 있다. '스스로 사고하기, 타자의 위치에서 사고하기, 자기 자신과 일치되게 사고하기'(Kant, 1908/2009: 319)가 그것이다. 보편적 원리 탐색을 위한 인간의 인식 능력으로 칸트가 상정한 오성이 심미적 판단을 위해 작용한다는 것은, '자기 점검으로서의 반성적 사고'와 '보편적 합의를 고려한 사고'임이 명확해 보인다. 표상 형성과 상상력을 통한 이미지 확장, 그리고 이미지 통합이라는 과정을 통해 형성된 내적 이미지에 대해, 자기 반성적으로 사고함은 물론 객관성을 확보하기 위한 타인 전제적 사고가 미적 판단의 근본이 됨을 확인하게 되는 것이다.

상상력과 오성의 연관을 통해 작품의 심미적 특성을 감상하기 위한 방법으로 '자기 점검으로서의 반성적 사고'를 염두에 둔다면, 상상 이미지를 연상하게 된 '근거에 대한 모색'과 '적절성의 판단', 그리고 '점검과 보완'의 과정을 구체화시키는 것이 바람직할 것이다. 칸트가 상상력과 오성의 소통을 강조하는 궁극적 이유도 심미적 판단의 정당성 확보를 위한 근거(Crawford, 1974/1995: 122) 모색에 있기 때문이다. 합리적이고 논리적인 지성으로 상상력의 결과물인 이미지를 살핀다는 것은 이미지 형성의 타당성을 작품 내적 외적 요소와의 관련성을 통해 밝혀내는 작업이다.

'화자의 태도나 입장, 상황과 관련된 사건이나 정서 유발 요인, 시상의 전개 과정에 따른 의미론적 타당성, 시적 분위기와 어조, 이미지의 결합 양상, 상징적 이미지의 맥락 관련성'과 같은 작품 내적 요소에 대한 점검이 일차적으로 진행되어야 할 것이다. 뿐만 아니라 '작품의 상호텍스트성, 작가와 관련된 기존 논의, 독자의 선행 작품 경험과 제반 지식, 작품과 관련된 시대적 상황' 등의 작품 외적 요인에 대한 점검도 동반되어야 할 필요가 있다. 물론 이러한 항목들을 개별 작품마다 모두 점검할 수는 없으나 작품에 따라 독자의 주관적 판단에 따라 선택적으로 취해져야 마땅하다. 이러한 작업을 통해 상상 이미지의 도출 근거가 충분히 해명되었는지 살피며, 독자 스스로의 인지적 처리 과정에 대한 점검과 판단을 거친 후 그 결과에 따라 지속적인 보완 작업이 수행되어야 한다.

> 마을 안에 차 집어넣고
> 이 집, 한 집 건너 저 집, 또 저 집,
> 구름처럼 피고 있는 살구꽃과 만난다.

빈집에는 작지만 분홍빛 더 실린 꽃구름,
때맞춰 깬 벌들이 이리저리 날고
날개맥(脈) 덜 여문 나비들이 저속으로 오간다.
소의 순한 얼굴이 너무 좋아
소 앞세우고 오는 마을 사람과 눈웃음으로 인사한다.
하늘 구름이 온통 동네에 내려와 있으니
말을 걸지 않아도 말이 되는군.
차에 올라 시동 걸고도 한참 동안 밖을 내다본다.
꽃들의 생애가 좀 짧으면 어때?
달포 뒤쯤 이곳을 다시 지날 때
이 꽃구름들 낡은 귀신처럼 그냥 허옇게 매달려
있다면……
꽃도 황홀도 때맞춰 피고 지는 거다.

다리를 건너 가속 페달 밟으려다 말고
천천히 차를 몬다.
몸 돌려 보지 않아도
차 거울들 속에 꽃구름 피고 있고
차 거울로는 잘 잡히지 않으나
하늘의 연분홍을 땅 위 내려받는 검은 둥치들이
군소리 없이 구름을 잔뜩 인 채 서 있겠지.
차를 멈추고 뒤돌아본다.
아 하늘의 기둥들!

　　　　　　　　　　　　　　―황동규, 「살구꽃과 한때」 전문

위 작품을 통해 학생들은 화자가 '차'를 타고 '살구꽃'이 '피고 있는' '순한' 모습의 '마을'에서 '황홀'함을 느끼면서도 그러한 공간과 이별하는 아쉬움과 '때맞춰 피고 지는' 자연의 섭리에 대한 깨달음을 통합적 이미지로 상상하게 된다. 그리고 마을을 떠나는 순간까지도 '검은 둥치'의 살구나무가 '하늘의 기둥'이 되어 하늘과 교감하는 자연합일의 경지를 오롯이 체험하는 화자의 정서에 공감하는 이미지도 함께 그려보게 된다. 상상 이미지의 형성이 순수한 정서적 직관에만 관계된다든지, 상상 이미지의 연상도 지성적 판단과 무관하다든지 하는 견해는 설득력을 갖기 어렵다. 이미지 형성 자체가 정서와 지성적 능력의 상호작용이 있어야 가능하기 때문이다.

하지만 대체적으로 상상력은 정서와 좀 더 깊은 관련성을 가지며 칸트가 언급하는 오성은 지성적 사고력으로서 논리적 판단력과 밀접하다고 보는 것이 일반적이라 하겠다. 그러므로 학생들이 형성한 상상 이미지를 '반성적으로 사고'하는 과정에 있어서는 무엇보다 이미지 형성의 근거가 합당한지를 파악하는 것이 급선무라 할 수 있다. 인지적 분석력을 동원해 위 작품을 좀 더 구체적으로 파악해 보면, 공간의 이동과 그로 인한 화자의 미묘한 심리와 정서 변화가 '단어의 그물망'(Foucault, 2008/2012: 121) 속에 포섭되어 있음을 확인하게 된다. '마을 안' → '(차) 밖' → '다리건너' → '차 거울들 속' → '차 거울로는 잡히지 않는 곳'이 공간의 진행 양상을 보여주는 부분들이다. 물론 구체적인 장소와 무관한 듯 보이는 구절도 있으나 전제된 의미가 공간성을 표상하기에 인용 가능하다고 할 수 있다.

'마을 안'에서 화자는 '이 집, 저 집, 빈집'에 '피고 있는' '꽃구름', 즉 '살구꽃'을 '만'나게 된다. '벌들'과 '나비'와 함께 어우러져 화자의 정서를 자극하는 장면을 통해 '황홀'함을 느끼게 된다. 이는 곧 '순한 얼굴이 너무 좋’은 ‘소’에 대한 교감으로 발전하며 ‘마을 사람과 눈웃음으로 인사’함으로써 ‘말을 걸지 않아도 말이 되는’ 무아지경에 빠져들게 된다. ‘마을 안’에서의 화자의 정서와 심리는 ‘황홀’과 ‘교감’으로 집약될 수 있다고 하겠다. 하지만 ‘마을 안’에서의 정감을 뒤로한 채 ‘차에 올라 시동’을 ‘걸고도 한참 동안 밖을 내다’보는 지경에 이르러서는 이러한 화자의 대상에 대한 미적 감흥이 다소 다르게 발전되어 감을 확인하게 된다.

‘마을 안’에서의 화자의 정서가 아름다운 자연에 대한 감흥에 빠져 있었다면 ‘마을 안’과 일정한 거리를 유지하기 시작하는 ‘차에 올라’ ‘밖을 내다’보는 공간 설정에서는 화자의 심리와 정서 변화의 미묘한 결을 인식하기 위해 반성적 사고력을 활성화시킬 필요가 있는 것이다. ‘시동’을 건 차 안에서 ‘밖’을 보면서 화자가 바라보고 있는 ‘살구꽃’은 ‘마을 안’에서의 ‘살구꽃’과 같이 ‘피고 있는’ 순간의 꽃임에 분명하다. 그러한 모습이 ‘벌들’을 ‘때맞춰’ 깨워냄은 물론 ‘날개맥덜 여문 나비들’까지도 그들 ‘속’으로 ‘오’가게 하기 때문이다.

하지만 화자는 ‘살구꽃’의 지금 모습에서 ‘꽃들의 생애’, 즉 ‘달포 뒤쯤’의 그네들의 모습까지 연상하게 된다. 이는 ‘때맞춰’ 자연 만물이 소생하고 어우러지듯이 ‘때맞춰’ ‘지는’ 것이라는 섭리에 대한 인식으로 발전한 것임은 자명하다. 하지만 이 순간 자연의 진리에 대한 화자의 인식은 ‘꽃들의 생애가 좀 짧으면 어때’라는 구절에서 배어나는 낙화에 대한 아쉬움과 허전함을 뛰어넘기 위한 자기 위안의 방식임을 문맥의 흐름을 통해 진단해 낼 수 있게 된다.

그리고 ‘꽃도’ ‘때맞춰 피고 지’듯이 ‘황홀도’ 그러한 법칙에서 예외일 수 없음을 규정함으로써, ‘마을 안’을 아름답게 수놓고 있는 구체적인 자연 대상물에 대한 인식에 그치지 않고 있다. 화자 자신의 인생 전반에 대한 깨달음으로까지 이어지고 있음을 충분히 유추 가능하다고 하겠다. 그러므로 '마을 안'에서 '차에 올라 시동을 걸고 밖을 보는 공간적 상황'으로 변화함으로써 화자의 심리와 정서는 '황홀'에 수반된 '교감'에서 '아쉬움에 대한 인식', 그리고 '자연의 섭리에 대한 깨달음을 통한 인식의 확장'으로 변화되어 감을 인지적으로 분석해 낼 수 있는 것이다.

이 과정에서 학생들이 이미 떠올린 상상 이미지를 작품 속에 전제된 '시어의 연쇄, 문맥의 흐름, 화자의 대상에 대한 태도, 어조의 변화' 등을 재확인함으로써 자기 점검적 사고를 감행할 수 있도록 배려하는 것이 마땅하다. 또한, 상상 이미지의 근거를 찾고 이를 진단해 나가는 과정에서, 지성적 사고가 근거의 합당함을 명확히 해 줄 수 있음을 스스로 자각할 수 있도록 하는 데 지도의 주안점을 둘 필요가 있어 보인다.

'마을'을 벗어나 '다리를 건너' 새로운 공간으로 이동하게 되는 화자는 이전과는 또 다른 정서에 몰입하게 된다. '천천히 차를' 몰아 '차 거울들 속에 꽃구름'이 '피고 있'는 모습을 보는 순간을 지나 '차 거울로는' '잡히지 않'는 공간에 이르러 화자는 '차를 멈추고 뒤돌아'보게 된다. 이쯤 되면 화자가 위치한 공간은 '마을'과는 사뭇 멀어져 있음을 짐작할 수 있다. '차 거울' '속에' 비치는 '꽃구름'에 시선이 떠나지를 못하고 '차 거울로는' '잡히지 않'는 순간까지 '꽃구름'에 대한 미련을 떨쳐버리지 못하고 있는 것이다.

대상에 대한 절절함과 아쉬움, 혹은 미련과 같은 정서는 '하늘의 연분홍을 땅'에 '내려받'고 있는 '검은 둥치', 즉 살구나무의 둥치가 '구름을 잔뜩' 이고 있는 모습을 연상하게까지 한다. 급기야 '뒤돌아' 우뚝 솟아 있는 '하늘의 기둥'을 확인하면서 외마디 감탄사와 같은 감정을 안으로 토로하고 있음을 직감하게 된다. '미련'과 '감탄', 그리고 '경외감'으로까지 과장할 수 있는 자연 대상에 대한 애틋한 심정이 변주되어 나타나고 있다고 하겠다. 이처럼 상상을 통해 자연 대상에 대한 황홀함과 아쉬움의 정서라는 통합적 이미지를, 작품의 내적 요소에 기반한 반성적 사고 작용을 통해 좀 더 타당하고도 세세한 분석으로 이끌어 갈 수 있음을 볼 수 있다.

> 20년 후 찾아간 내소사 지장암 일지스님은
> 열매로 익고 있었다
> 8월 말의 산딸나무 열매, 싱싱하고 탱탱한.
> 마당엔 그 많은 꽃들 다 입양 보낸 후
> 한구석에 몇 줄기 물옥잠만
> 마삭줄덩굴 속에 남보라로 피워놓고
> 마당 한가운데에는 무식하게 멋들어진 석등 하나
> 하루 내내 벌세워놓고
> 차 냄새 밴 환한 방, 가로세로 등받이 하나같이
> 20센티 될까 한 조그만 나무 의자에
> 몸을 내려놓듯 앉기도 하며
> 열매처럼 익고 있었다.
>
> 전처럼 금빛 우려낸 차를 대접받았다.
> 달라졌다, 큰 꽃밭 사라지고,
> 다듬지 않은 큰 돌 몇이 모여 흥겹게 석등 만들고,
> 미니 의자가 제자리 잡고.
> 스님이 연잎밥 점심 준비하러 나간 사이

의자에 슬쩍 몸을 내려놔본다.

위 아래 옆 척척 맞는군!

나와 함께 사는 것들, 책상 의자 텔레비 오디오 기기 들

하나같이 너무 크고 높지.

'그래 맞다.' 이름 잊었지만 모습 눈에 어른대는 새가

창밖에서 지저귀듯 말했다.

'세월이 이곳을 담백하게 만들었다.

그 속에 희견성(喜見城) 있네.'

—황동규, 「20년 후」 전문

　　독자 자신만의 내적 사고과정을 통해 상상 이미지의 타당성 여부를 인지적으로 판단하는 것도 의미가 있으나, 보편성을 좀 더 확보하기 위해 타인과의 이해 정도에 대한 짐작도 유의미하다고 하겠다. 심미적 판단은 단순한 감각적 판단을 넘어 누구에게나 필연적으로 요구되는 원리를 기초(신정원, 2011: 119)로 할 때 정당화될 수 있기 때문이다. 다른 판단을 하는 사람과의 비교를 통해 직관력과 상상력, 그리고 인지적 역량인 오성(Döring, 1964/2011: 269)을 수정하고 보완해 나갈 수 있는 것이다. 그러므로 제안한 '보편적 합의를 고려한 사고'와 이를 구체화하기 위한 타자와의 상호소통은 매우 바람직한 심미적 판단의 과정이라 하겠다.

　　동일 작품을 감상한 후 대등한 자격에서 학생들이 자신의 감상 경험을 나누되, 작품에서 유발된 정서와 의미, 그리고 다양한 상상 이미지와 이미지에 대한 근거 분석의 과정이었던 반성적 사고의 내용까지도 소통하는 것이 중요하리라 본다. 이러한 과정을 통해 학생들은 타인의 심미적 판단이 나와 어떤 차이점과 유사점을 갖는지

알게 될 것이며, 이로써 실질적 차원에서의 보편적 심미 판단이 가능해질 수 있는 것이다. 모둠을 구성해 집단 토의를 해 보는 활동, 가상의 독자를 설정하고 내적 대화를 수행하는 활동, 심미적 판단에서 이견이 있을 수 있는 내용에 대해 질문하고 대답하는 활동 등을 가정해 볼 수 있다. 타자와의 관계 속에서 지성적 분석력의 합의 정도를 점검하는 활동뿐만 아니라 제시된 작품과 유사한 작품에 대한 추가 분석을 통해서도 보조적으로 수행할 수도 있을 것이다.

위 시에서 화자는 '지장암 일지스님'을 '20년 후' 찾게 되고, 그곳의 '달라'진 모습을 목격하게 된다. 여기에서 '세월'에 부대끼며 '담백'해지려는 '일지스님'의 가치 태도가, '함께' 살아가는 일상 '속에'서 '희견성'이라는 이상향을 구현할 수 있는 묘책임을 깨닫게 되는 것이다. 이러한 통합적 상상 이미지를 인지적으로 분석하기 위한 근거로 '꽃들'의 '입양', '무식'한 '석등 하나', '조그만 나무 의자'를 들 수 있을 것이며, 그 결과 '일지스님'은 '싱싱하고 탱탱'한 '열매로 익고 있'음을 확인하게 된다. 이러한 '일지스님'의 모습은 '새'의 목소리를 통해 '희견성'을 현실 속에서 발견하게 되는 단초가 되며, 화자 역시 '의자에 슬쩍 몸을 내려놔'보는 행동을 통해 '척척 맞'다는 미묘한 합일감을 간접 경험하기에 이르는 것이다.

결국, 무엇보다 '너무 크고 높지' 않은 것을 추구하는 가치 태도, '보'내고 '내려놓'고 '사라지'게 하는 '담백'한 마음이 화자가 발견한 산사(山寺)의 참모습임을 상호 논의를 통해 찾아가는 것이 바람직하다 할 것이다. 학생 상호간의 적극적이고도 개방적인 토의를 전제로, 교사와 학생 간의 질의 응답을 병해해 나간다면 학생들이 심미적 판단력의 보편성을 이루는 데 도움이 될 수 있을 것이다. 이때 해당 작품에 한정해서 논의할 수도 있으나 심미적 판단의 합일 가능성을 높이기 위해서는 학생 스스로 다른 작품을 찾아보든 교사가 참고가 될 작품을 제시하든 상호텍스트성을 충분히 활용하는 것이 의미가 있어 보인다.

"새로 돌 박아 만든 길과 층계를 타고/ 한창 물든 단풍나무 붉나무 당단풍나무를 차례로 지나/ 적멸보궁에 올랐다./ 하늘은 무얼 덧칠하거나 벗길 게 없는 바로 그 쪽빛/ 떡갈나무 누른 잎들은/ 전처럼 얼굴을 접고 있었고"(「사자산 일지」 부분)라는 시편을 통해 '무얼 덧칠하거나 벗길 게 없'는 자연의 순박한 지향성이 화자로 하여금 현실 속에서 '적멸보궁'이라는 이상향에 오르게 하는 계기임을 다시금 확인하게 된다. 또한, "골짜기 가득 눈꽃이 이 세상 것 같지 않게 피어/ 보여줄 게 있다고 아슴아슴 눈짓하고 있는 설경 속으로/ 몸 여기저기서 수정구슬 쟁그랑쟁그랑 소리나는/ 반투명 음악이 되어 들어가 보자."(「겨울을 향하여」 부분)라는 작품도 인간 현실에 대한 비판과 순수한 자연성에 대한 지향성이 인간의 '몸 여기저기서 수정구슬'과 같이 맑은 '쟁그렁' '소리 나'게 하는 '반두명 음악'이 될 수 있음을 확인할 수 있다. 유사한 작품에서 드러나는 심미적 판단을 위 작품과 관련지어 감상해 나간다면 심미적 판단의 보편성은 더욱 확장될 수 있을 것으로 기대한다.

5. 칸트 철학과 시 감상의 융합

칸트의 미학적 인식에 주목하고 이를 토대로 황동규 시를 감상함으로써 그의 시적 형상화 방식을 심도 깊게 이해하고자 하였다. 칸트는 그의 미학과 관련된 논저에서 미학적 인식은 욕망이나 일체의 유목적적 의도가 개입될 수 없는 순수 인식임을 강조하였으며, 아울러 대상의 아름다움을 통해 심적 쾌감의 향유만을 목적으로 함을 역설한 바 있다. 즉 미학적 '무관심성'과 '주관적 합목적성'만을 강조하였다. 이러한 그의 논의에 주목하고자 하는 이유는, 시 감상의 국면에서도 일체의 선입견이나 이데올로기적 간섭이 배제된 채 오로지 감상자 자신만의 주관적 판단과 인식의 과정을 통해 독자가 느끼는 정서적 감흥과 향유만이 의미가 있다고 판단했기 때문이다. 문학 교육은 작품의 자발적 수용을 통해 인지적 정의적 측면에서 독자의 삶에 기여할 수 있는 내면화와 이를 토대로 공동체 인식의 함양, 나아가 문화적 문화를 고양하는 것이 그 목적으로 설정될 수 있기 때문이다.

황동규 시를 감상하는 과정에 있어서도 학생 독자의 '대상'에 대한 집중화와 '자발적 직관'의 활성화, 그리고 '환기된 정서의 확인'이 선행되어야 함을 강조하였다. 물론 기존의 수용미학이나 반응중심 감상법에서도 독자의 자발적 감상력을 강조하고는 있으나, 기존의 이론은 텍스트의 의미와 독자의 감상을 통합함으로써 사실상 텍스트를 전제로 한 감상을 강조하는 것이기에 온전한 독자만의 감상력에 집중하지 못한 한계가 있다고 보았다. 감상의 선결 요건은 대상에서 유발되는 독자의 직관적 정서이기에 선입견이 개입되지 않은 독자의 정서 형성에 주안점을 두고자 하였다.

아울러 기존의 작품 감상 이론은 독자의 내면에서 일어나는 감상과 과정과 개별 감상의 국면이 강조해야 할 요소들에 대해 간과하고 결과로서의 내면화에만 초점을 둔 측면이 있다고 판단해, '감각 자극의 확인', '표상의 형성', '상상을 통해 이미지 재구성', '인지적 비판'이라는 일련을 과정을 내밀하게 설정하고 이를 황동규 작품에 적용해 감상하는 과정을 구체화시키고자 하였다. '맥락에 대한 집중화'를 통해 '감각을 활성화'하고 이를 통해 유발되는 '내적 이미지'에 대한 확인과 추가적으로 형성되는 정서 환기로 인한 '이미지 양산'을 '감각화를 통한 표창 형성'으로 규정하고 실제 작품을 대상으로 구체화해 보고자 하였다.

작품에 기인한 직관적 정서 유발과 이미지의 형성이라는 과정을 거쳐 '상상력에 의한 통합적 표상 형성'에 주목함으로써 내적 표상 형성이 다양한 이미지로 변주되는 과정을 거친 후, 작품 전체를 지배하는 정서와 의미에 주안점을 두고 이를 '통합 이미지'로 재구성해 나가는 감상 과정에도 방점을 두고자 하였다. 이렇게 구성된 통합적 상상 이미지를 '반성적 판단'이라는 논리적 인식의 과정을 거쳐 이미지 형성의 과정을 점검하고 수정함으로써 최종적으로 작품의 지배적 의미에 접근하는 방법에 대해서도 개별 작품을 통해 그 과정을 상세화하였다. 따라서 시도한 '감정'과 '인지적 판단'이라는 이원적 감상의 요소가 순차적으로 작용할 수 있는 기회를 부여함으로써 학생들의 시 감상 능력을 배가시킬 수 있는 가능성을 보였다는 점에 의의를 두고자 한다.

제 **3** 부

언어철학과 시학의 융합교육

제1장 언어철학적 관점에 입각한 이성복 시 읽기 방법

1. 이성복 시학의 언어철학적 관점

Wittgenstein의 언어철학은 '그림 이론'과 '놀이 이론'으로 수렴된다. 시 감상을 논하는 자리에서 철학, 그것도 언어철학을 수용하고자 하는 것은 자칫 시를 논리로 보고자 하는 무지에 기인한 것으로 오인받을 수도 있을 듯하다. 하지만 시의 재료인 시어 역시 일상적 언어와 무관하지 않기에 소통의 근본 방식에 있어서는 공통분모를 가지며, 시를 통해 작가가 형상화하고자 하는 주제 의식 속에 일정한 가치관을 함유하고 있다는 점에서 철학적 사유와 맥이 닿아 있다고 할 수 있다. Wittgenstein은 그의 논저에서 "시인의 말은 우리의 삶에서 가지는 쓰임과 자연스럽게, 인과적으로 연관되어 있다. 그리고 그것은 환경을 이모저모로 생각해 본다는 것과도 연관되어 있다."

(이영철, 2006a)고 피력한 바 있다.

　이러한 그의 견해는 시와 일상 언어가 삶을 대상으로 한 소통의 매개라는 점에서 공통적임을 시사하는 것이기에, 그의 언어철학이 언어 일반을 대상으로 한 논리 철학적 접근에 기울어져 있기는 하지만 문학으로서의 시가 끼어들 수 있는 여지는 충분하다고 할 수 있다. 아울러 그는 "시를 읽을 때에 우리는 즐거움, 인상과 연관되어 있는 그런 것들을 체험한다. 그리고 그 의미를 환경으로부터 얻었다. 시를 읽음으로 인해, 그 언어와 운율과 무수한 연관들에 내가 친밀함으로 인해."(이영철, 2006a)라고 말함으로써, 시 감상이 삶을 기반으로 언어와 소통하는 독자의 반응양상에 기인함을 명확히 하고 있다. 그에 따르면 문학으로서의 시도 일상 언어와 같이 실제적 삶의 상황과 긴밀하게 연관되어 있으며 그 속에서 이루어지는 언어를 매개로 한 인간 상호간의 반응과 양상이라는 것이다.

　"예술작품은 감정의 한 표현, 또는 하나의 느껴진 표현이라고는 할 수 있다. 예술작품은 다른 어떤 것을 전하려는 것이 아니라, 자기 자체를 전하려 한다."(이영철, 2006b)는 언급에서도 시 작품에 대한 일반 언어적 관점의 적용 가능성을 엿볼 수 있다. 시 문학은 감정에만 국한된 감상의 대상이 아니라 시적 양상을 통해 일반인으로서의 독자에게 전달되고, 다양한 반응과 응답을 기대하는 언어양식임을 강조한 것으로 이해할 수 있다. 언어철학에 주목하는 이유도 여기에 있다고 하겠다. 언어일반에 대한 이해에 있어 '삶'과 '소통'을 문제삼는 것처럼, 시 감상의 국면에서도 삶을 바라보는 관점과 이를 독자와 소통하고자 하는 작가의 방식이 중요한 화두이기에, 언어철학의 프리즘을 통해 시 감상을 위한 방법적 시도를 감행해 보고자 하는 것이다.

언어를 철학적 주제로 삼은 초기에 Wittgenstein은 언어는 세계를 비추는 거울과 같다고 생각하고, 언어와 세계의 구성요소를 각각 명제와 사실이라는 낱말로 표현하면서 명제는 사실의 그림이라고 주장했다. 즉 세상을 그림으로 묘사하고 서술한 것이 언어라는 관점을 피력한 것이다. 그는 명제가 구성방식에 따라 고유한 의미를 갖는 것처럼 사실 역시 일정한 배열 방식을 고집한다고 보았다. 따라서 명제가 사실의 그림이 될 수 있는 근거로 공통된 구조적 특성(박병철, 2009)에 집중하고, 언어적 표현은 사실의 그림으로서 기능할 수 있음을 역설하였다.

이는 실제 세계에서 비행기가 날아가는 모습을 보고, '비행기가 난다.'라는 문장을 구성했을 때, 비행기가 바다 속을 유영(遊泳)하지 않고 하늘이라는 공간을 점유해 비행하는 실제적 성질을 논리적 형식 혹은 구조적 특성이라 명명하고, 이를 표현한 문장의 구성적 속성이 그것과 동일하다는 것이다. 사실 이 세상에 존재하는 모든 무형 유형의 존재자들은 나름대로의 존재 이유와 근거를 가진 것이기에 굳이 과학적 사유를 대입하지 않더라도 논리적 법칙과 형식에서 벗어날 수 없다. Wittgenstein은 이 점을 간과하지 않고 세상 만물에 존재하는 구성적 논리를 인정하고 이를 그림으로 재현 혹은 표상(남경희, 2006)한 언어 역시 일정한 법칙과 질서에 의해 구성되는 것으로 보고자 한 것이다.

Wittgenstein이 세계와 언어의 구조적 유사성에 주목하고 언어의 기능을 세상을 형상화하는 그림으로 규정한 것은, 언어의 의미를 세상에서 구하고자 한 기획이며 언어가 세계에 닿아 있는 한 의미는 언어 내에 있고(하영미, 2014), 그러기에 언어는 관습적이면서 논리 체계라는 점을 보인 것으로 해석할 수 있다. 사실상 해체시적 성향을 강하게 갖는 이성복의 시편들을 대하면 언어적 진술이라는 내적 구조만으로 명료한 의미를 읽어내기가 쉽지 않다. 하지만 Wittgenstein의 그림 이론에 기대게 되면 이성복의 난해한 시구도 세상의 그림으로서 기능을 수행하는 것이며, 세상과 대응하는 시어에 일정한 의미역이 존재함을 전제한다면 좀 더 용이하게 감상해 나갈 수 있게 될 것으로 본다.

Wittgenstein은 언어철학의 후기적 관점에서는 자신의 그림 이론을 비판하고 새로운 입장을 고수하게 된다. 언어의 의미는 대상에 대한 관심만으로 드러나지 않고 실제의 사용에 초점을 두어야 한다(김태환, 2012)는 견해를 피력함으로써, 언어는 단일한 구조만을 고집하지 않는 것으로 결론짓게 된다. 그가 그림 이론의 핵심 요체로 강조했던 "명제는 논리적으로 독립적인 의미"(이건표, 1992)를 가지며 "언어의 의미는 그것의 대상이며 확정적"(분석철학연구회, 1984)이라는 견해를 스스로 비판하기에 이른다. 그림 이론에서는 언어와 세상 간의 관련성에 주목해 언어의 절대적이고 고정적 의미를 실재에서 발견하고자 하였으나, 이는 언어의 다양성을 방기(放棄)한 처사라 규정짓고 자성적 수정 이론인 놀이 이론으로 선회하게 된다.

논리를 언어의 본질로 인식하고 언어는 세계를 생생하게 묘사함으로써만이 유의미성을 지니게 된다는 견해를 스스로 부정하고 언어의 도구적 기능에 주의를 기울인 것이다. 언어의 의미는 객관적 세계를 어떻게 생생하게 묘사했는지에 달려 있는 것이 아니라, 어떤 맥락과 상황에서 어떻게 쓰였는지 어떤 다양한 용법(엄정식, 2003)으로 기능을 수행했는지와 관련된 것임을 강조하고자 하였다. 후기 언어철학에서 그에게 중요한 것은 근원적 논리로서의 언어의 본질보다 구체적이고 현실적인 언어의 놀이가 더욱 중요한 화두가 되었던 것이다. 이제 Wittgenstein에게 있어 언어의 의미는 고정적이지도 세상의 구체적 대상이나 사물에 숨겨져 있는 것도 아니다. 다만 실제 상황과 맥락에서 화자와 청자가 주고받는 언술 속에서 다양하게 변주되어 나타남으로써, 언어의 의미는 불확정적이고 가변적인 것으로 단지 놀이의 결과물로 남을 뿐이기 때문이다.

Wittgenstein이 주장하는 언어놀이는 "언어를 말하는 것이 활동, 혹은 삶의 형식의 일부"(이승종 외, 2010)라는 것을 부각시키기 위한 시도이다. 그림 이론에서는 맥락과 상황을 거세한 채 언어 자체의 내부 구조에 관심을 기울이고 그 구조의 의미를 세상의 구조와 연계시키면서 언어의 의미를 파악하고자 했다면, 이제 놀이 이론에서 언어의 의미는 사용과 실용이라는 차원에서 '놀이'적 성격을 지닌 것으로 파악된다고 할 수 있다. 이러한 입장에 서면 언어의 의미는 더 이상 고정적인 것이 아닐뿐더러, 소통의 맥락과 현장의 구체적 모습에 따라 다변화될 수밖에 없으며 주목해야 할 것은 '놀이' 그 자체가 되는 것이다.

Wittgenstein은 낱말의 의미를 습득하고 언어의 구조와 활용에 대한 이해가 원초적으로 언어의 사용에 기인한다고 본다. 그는 "어떤 말들을 발화하고 그것들에 따라 규칙적으로 행동"하는 것이 놀이의 본질이며, "삶의 형태를 공유한 공동체를 기반으로 한 언어 체험과 반응"(이영철, 2006c)을 통해 의미 파악을 위한 언어놀이는 가능해진다고 본다. 이처럼 Wittgenstein은 그림 이론에서 시도했던 언어와 세계와의 관련성에서 나아가 언어 소통에 있어 실천적 방법과 행동의 중요성을 부각시키고자 하였다. 그는 인간들이 행하는 다양한 게임과 언어놀이가 갖는 공통적 속성으로 '규칙 따르기'와 '공동체의 점검', 그리고 '규칙의 근친성'(한국철학회, 2002; 임윤정, 2010)에 주목하고자 한다.

그림 이론의 핵심은 세상과 언어가 유사한 구조와 특성(박병철, 2014)을 갖는 것이기에 이를 전제로 표현된 언어는 세계를 정확하고도 단선적으로 그려낼 수 있다는 데 있다. 이러한 Wittgenstein의 언어철학이 이성복 시 감상에 유의미한 영향력을 행사할 수 있는 이유는, 이성복 역시 시적 언어를 통해 그만의 시선으로 세상을 구조화하고 그 속에서 나름대로의 의미를 천착하고자 하기 때문이다. 적어도 그가 초기 시작(詩作)을 통해 "시적화자와 세계, 주체와 타자의 갈등 자체를 내면화함으로써 이분법적 대립의 무화"(김나영, 2016)를 시도한다거나, "치욕과 고통의 과정을 보여주기도 하며, 그러한 현실로부터 사랑을 발견"(김정신, 2011)하는 과정을 모색하기도 한다는 평(評) 등은 그 근거가 될 수 있다.

언어놀이도 게임이기에 일정한 규칙의 굴레를 벗어날 수 없으며, 그 규칙은 공동체의 함의와 점검을 통해 지속되는 것이다. 하지만 놀이는 상황에 따라 가변적 성향을 지향하는 것이 본질적 속성이기에 규칙을 답습하면서도 규칙의 틀을 깨어나가는 묘미를 자행할 수밖에 없다. 이를 그는 '규칙의 근친성' 내지는 '가족 유사성'이라는 말로 강조하고자 하였다. 즉, 언어놀이는 지속적인 변주를 지향함으로써 소통 행위만 존재할 뿐 절대적 규칙도 고정적 의미도 강요하지 않는다는 것이다. 이러한 놀이 이론이 이성복 시 감상에 유의미한 이유는, 이성복이 언어기호를 유희적 도구로 인식하고 기존의 시 문법을 해체함으로써 새로운 규칙으로의 전회를 시도하는 '놀이정신'을 지향하기 때문이다. 이성복의 시편들은 기본적 시작(詩作) 태도를 답습하지 않고 다양한 상황에서 다양한 방식들을 통해 그의 사상을 피력하고자 한다. 이성복이 "세계 인식이 통일된 구조를 갖지 못하고 파편화된 이미지"(김성숙, 2008)를 주로 제시하거나, "비이성주의, 잠재의식의 해방을 시도하는 알 수 없는 이미지의 배열"(이도연, 2011) 등을 지향하는 시인으로 지목되는 것도 유사한 맥락이다.

이성복 시 읽기의 방법으로 Wittgenstein의 이론을 차용하고자 하는 이유는 이성복 시인이 시적 형상화 방식을 통해 세상을 그려내고자 하였다는 점에서, 세상을 언어의 그림으로 인지한 측면이 있다고 판단하였기 때문이며, 아울러 이성복 시인이 이에 그치지 않고 기존의 질서를 파괴하며 자신만의 언어 질서를 창조하고 이를 향유하고자 한 것이 Wittgenstein의 논지로 일맥상통하는 바가 있기 때문이다. 둘 사이의 유사성을 통해 이성복 시인의 시 작품에서 당대의 시대적 일면을 발견하려는 의도적 감상법이 존중되어야 함과 동시에, 시대적 면모를 작품에 담는 양상이 동시대를 살았던 시인들과 달리 이탈과 변모의 추구라는 자신만의 시적 경향을 고집하고자 하는 유희적 성향을 읽어내는 작업이 필요하다 하겠다.

2. 구조적 동형성에 입각한 시 감상

Wittgenstein의 그림 이론에 따르면 언어는 세계와 조응하며 일정한 의미를 표출하되, 그 전제는 세계와 언어적 구조의 동형성(Verbindung, 同形性) 때문이라는 것이다. 아울러 그는 언어의 의미를 세계 속의 대상에서 발견하려는 시도를 감행하고 이를 위해 언어와 세계의 단위를 분절적으로 인식하고 이들의 논리적 관계를 강조한다. 즉, 언어의 하위 요소를 이름, 요소명제, 복합명제로 구분하고 이에 대응하는 세계적 요소로 각각 대상, 사태, 복합사실로 명명하였다. 언어가 하위의 요소들의 총합으로 구성되듯이 이에 상응하는 세계적 구조 역시 하위 요소들로 변별될 수 있다는 견해를 드러내 보이고 있다. 한편 언어가 요소들의 논리적 구성으로 의미를 형상하는 것처럼 이에 조응하는 세계 역시 대상들 간의 논리적 관계(석기용, 2013)를 가지며 그 배열 방식에 있어 일정한 구조를 갖는다고 보았다.

실제 대상과 언어가 갖는 관계적 유사성이 구조적 동형성에서 기인하며, 이로 인해 언어적 의미는 세상의 구조적 특징과 직간접적으로 관계한다는 견해는 이성복 시의 감상의 국면에도 적용 가능하다. 이성복은 그의 시편들을 통해 1980년대 이후의 변화하는 시대상에 주목하고 근대화와 성장 중심의 논리 속에 감추어진 사회의 구조와 그 속에 전제된 이데올로기의 실체를 응축과 치환, 은유와 환유(이수경, 2014) 등의 다채로운 기법으로 언어화한 작가로 평가받고 있다. 이성복의 작품은 언어로 형상화된 예술이기 이전에 당대의 현실을 극단적이고도 상징적으로 부각시키는 구조적 틀에 초점을 두고, 이러한 프레임을 통해 세상의 의미를 해석한 결과를 언어적 형상물로 재구조화한 것이다.

Wittgenstein은 대상들을 연결하여 배열함으로써 상황을 구성하게 되면 의미론적 단위인 명제(석기용, 2013)가 형성된다고 보았다. 의미의 단위인 명제 구성은 실제 세상을 대상으로 하되 세상의 구조를 작가의 가치관이나 의도에 의해 편집함으로써 이루어진다는 것이다. 사실 작가는 세상의 모든 면면들을 언어화할 수 없다. 작가의 시선과 가치관에 부합되는 사항들을 선택적으로 발췌해서 언어로 재구성해 낼 수밖에 없다. 하지만 이럴 때라도 언어화된 작품 구조는 세상의 구조적 틀에서 벗어난 것일 수는 없다. 오히려 작가는 세상의 구조를 좀 더 명확하고도 단적으로 형상화하기 위해 세상을 재편하는 것이라고 보는 편이 타당할 것이다.

따라서 세상과 세상의 그림인 언어는 동일한 구조를 가진다는 구조적 동형성(同形性) 개념은, 문학작품이 세상의 반영이며 문학 속의 세상은 실제 세상과 동일한 구조적 실체에 해당한다는 의미로 받아들여도 무방할 것이다. Wittgenstein은 구조적 동형성과 관련해, 그림 즉 언어는 "논리적 공간 속의 상황"을 표상하는 것이며, "언어의 요소들이 특정한 방식으로 서로 관계를 맺고 있다는 것은 실물들이 그렇게 관계 맺고 있다는 것의 표상"으로, "언어는 현실과 연결"(이영철, 2006d)된다는 견해를 피력한 바 있다. 이러한 논지에 따르면 이성복의 작품 역시 언어와 긴밀하게 연결되어 있으며, 그의 작품에서 시도되는 문학적 형상화는 그 자체로서 문학적 구조물임과 동시에 현실 세계의 구조를 일정한 공간적 상황을 통해 구현해 낸 결과물이라 할 수 있다.

> 경남 충무나 고성 일대에서는 파리를 '포리'라 한다
> '포리', 그러고 보면 파리도 꽤 이쁜 곤충이다 초겨울
> 아파트 거실에 들어온 파리는 쫓아도 날아가지 않고,
> 날아도 이삼십 센티 앞에 웅크리고 앉아 예의 반수면
> 상태에 빠져든다 '포리', 여든을 바라보는 아버지는
> 한사코 택시를 타지 않으신다 마늘이나 곶감이 가득
> 든 가방을 메고 그보다 더 무거운 사과 궤짝을 들고
> 버스 두 번 갈아타고 고층 아파트 아들 집을 찾으신다
> 때가 꼬지레한 바바리에 허리 굽은 노인은 예전에
> 라면이나 풀빵으로 끼니 때우며 자식 공부를 시켰지만,
> 취미라고는 별것 아닌 일에 벌컥벌컥 화내는 것이다

땅 한 뙈기 없는 집안의 삼대 독자, 백발의 아버지는
이제 할머니 제사 때도 목놓아 통곡하는 일이 없다
헛도는 병마개처럼 꺽꺽거리는 헛기침이 추진 울음을
대신할 뿐, 요즘 아버지는 누가 핀잔해도 말씀이 없다
'포리', 지난번 묘사 때 할머니 산소 찾아가는 길에
아버지는 힘에 부쳐 여러 번 숨을 몰아쉬다가 시동 꺼진
중고차처럼 멈춰 섰다 아내는 등 뒤에서 아버지를 밀어
드렸다 가다가 서고, 가다가 또 쉬고 얼마나 올랐을까
산중턱 바윗돌에 앉아 가쁜 숨 몰아쉬는 아버지의 뺨에,
거기까지 따라온 파리가 조용히 날개를 접었다

—이성복, 「파리도 꽤 이쁜 곤충이다」 전문

위의 시를 '구조적 동형성'의 관점에서 감상해 본다면, 몽타주식의
편집구조와 시간적 서사구조가 부각되고 있음을 주목하게 된다. '파리'
와 '아버지'가 동일시되고 있는 신인동형화(神人同形化, anthropomorphism)
를 도모함으로써 인간을 의도적으로 비인간화하고 인간 아닌 존재자
혹은 물질화(이수경, 2014)하고자 한다. 이는 세상의 그림으로서의
언어화 작업에서 인간이 사물로 전락하는 현실적 구조를 적극 작품
속에 편입시키려는 의도에 해당한다. 불연속적 이미지를 결합시키고
이로써 형성되는 단절성을 통해 대상의 실질적 속성과 가치에 대해
재인식하게 하는 '이접적 종합(離接的 綜合)'을 꾀하고 있는 것이다.
서로 다른 이질적인 것의 결합은 '어트랙션 몽타주' 기법에서 시도되
는 것처럼 단편적 조각들 사이의 비교 혹은 연상(박한라, 2016)을 통해
강한 정서적 반응을 유도함은 물론 대상과 실체에 대한 진지한 고민
과 모색을 펼쳐나가기 위한 시도인 것이다.

위 작품에서 '파리'를 '포리'와 구분하는 것이 무의미하듯이 곤충으로서의 '파리'는 그대로 '아버지'와 유사한 속성을 가진 대상으로 인식되면서, 인간과 사물의 구별이 모호한 세상 구조를 작품으로 구현해 내고자 한다. 현실 세계에서 이질적인 것의 강제적 결합, 그리고 그것이 초래하는 모순과 불합리가 존재하더라도 그러한 현상을 누구도 문제삼지 않고 담담히 받아들이는 구조와 논리가 세상에 전제(前提)되어 있음을 몽타주식 구조를 통해 보여주고 있다. 세상의 사물들은 내적 속성 혹은 논리적 형식에 입각해 일정한 관계적 가능성을 가지고 존재하게 마련이다. 그러하기에 '삼각형은 180°'라는 명제는 성립할 수 있으나, '삼각형은 달콤하다'(남경희, 2006)라는 명제는 존재할 수 없는 것이다. 이것이 세상과 언어 사이에 성립되는 구조적 동형성이며 이러한 논리에 기반해 문장이 구성된다고 보는 것이 Wittgenstein의 입장인 것이다.

아버지와 파리의 몽타주적 동일시는 '병마개', '중고차'로 이어진다. '헛도는 병마개'와 '꺽꺽거리는 헛기침'을 하는 '아버지'와 병치되며, '시동 꺼진 중고차'와 '멈춰' 서는 '아버지'가 다시 한 번 교차되고 있다. 이 모든 비유가 '여든을 바라보는' 아버지의 기력의 쇠잔함이나 노쇠함을 중심에 놓고 강한 결합력을 보이고 있는 것이다. 이런 점에서 사물과 인간의 결합이 낯설어 보이지는 않는다. 아울러 '때가 꼬지레한 바바리', 그리고 '라면이나 풀빵으로 끼니'를 때운 '땅 한 뙈기 없는' 존재는 그대로 '허리 굽은 노인'과 긴밀하게 접목되어 있다. 위 작품에서 지속적으로 시도하는 이질적인 대상으로서의 사물과 인간의 병치는, 결합 자체가 갖는 논리적 모순 혹은 비약을 넘어 인간에 새로운 정서와 의미를 발견하게 하는 것이다.

이질적 대상의 결합을 시도하는 몽타주적 편집이 결합 재료의 이질성에도 불구하고 일정한 정서와 의미적 결집력을 요구하듯이 위 작품에서의 대상과 인물 역시 가변성 속에서도 일정한 불변적 속성을 보여주고 있다. '포리'로도 불리는 '파리' 이름의 다름에도 불구하고 특정 곤충이라는 대상적 영속성을 보유하고 있으며, '쫓아도 날아가지 않고', '날아도' '웅크리고 앉아' '반수면 상태'에 빠져 든다. 즉, 동작과 정지, 움직임과 멈춤이라는 대립적 행동 양상을 보여주면서 파리로서의 본연적 속성을 보유하고 있는 것이다. 아버지 역시 이와 별반 다르지 않다. '별 것 아닌 일에 벌컥벌컥 화내는' 존재가 '꾸짖해도 말씀이 없'을뿐더러 '추진 울음'으로 반응하셨던 아버지는 이제 '통곡하는 일'이 없는 모습을 보일 뿐이다.

이렇듯 이질적 성향을 보이는 존재로서의 아버지도 가난한 '집안의 삼대 독자'의 모습 그대로 '택시를 타지 않으'시는 불변적 성향을 그대로 고집하고 있으며, '자식 공부를 시켰'듯이 지금도 '아들 집을 찾으'시는 정성만큼은 변하지 않는다. 파리와 아버지의 다름이 근원적으로 다르지 않은 본질적 유사성에 기반을 둔 것처럼, 아버지의 가난과 성향도 바뀔 수 없는 것임이 강조되고 있는 것이다. '예전', '라면' '풀빵'으로 '자식 공부를 시'켰던 '땅 한 뙈기 없는 집안의 삼대 독자', '취미'가 '화내는 것'이었던 아버지는, 시간의 흐름이라는 구조 속에 인간적 유한성이라는 최소한의 변화만을 보일 뿐 사실상 변함없이 가난하고 소외된 존재로 '꽤 이쁜 곤충'과 같이 동정과 연민의 대상으로 묘사되고 있다.

작가는 시간구조의 편집을 통해 아버지의 존재를 다시 한 번 부각시키고자 한다. 세상의 구조가 시간의 지배로부터 자유로울 수 없듯이, 작품 속의 아버지 역시 시간의 변화 속에 '가쁜 숨 몰아쉬는' '멈춰' 서는, 기력이 다해 '통곡'할 수도 '화'를 낼 수도 없는 물리적이고 육체적인 한계에 직면한 나약한 존재일 뿐이다. 이러한 시간의 변화 속에서도 변하지 않는 것은 가난과 소외라는 아버지의 존재적 실존의 모습이다. 이는 시간적 구조 속에도 절대 바뀔 수 없는 사회 구조의 불변성이자 모순을 형상화하고자 하는 작가의 시도로 읽을 수 있다. 이는 Wittgenstein이 지적했듯이, 언어적 그림은 대상과 시간과 공간적 측면에서의 '회화적 형태'(김병화, 2007)를 공유한다는 언명을 연상시킨다. 언어표현은 대상세계와 공간 혹은 시간적인 면에서 논리적 차원의 공통점을 갖게 되며 이것이 회화적 형태의 공유라고 일컬어진다는 것이다.

이런 점에서 위 작품에서 보여준 시간적 구조에 따른 인간의 물리적 측면의 변모 양상과 그와 무관하게 지속되는 사회 구조적 현실이 초래하는 극복 불가능한 소외 현상은, 세상의 논리를 그대로 작품이 구조화한 회화적 형태이다. Wittgenstein이 현실적 대상과 이를 형상화한 언어 사이에 공유되는 속성에 주목하고 이를 회화적 형태라는 개념으로 명명한 것은, 언어 구조물을 통해 세상의 논리와 법칙을 짐작할 수 있을 뿐만 아니라 필연적으로 언어는 세상의 논리적 구조에 주안점을 두어야 한다는 의도의 표명으로 볼 수 있는 것이다.

> 벽지가 벗겨진 벽은 찰과상을 입었다고
> 할까 여러 번 세입자가 바뀌면서 군데군데
> 못자국이 나고 신문지에 얻어 맞은 모기의
> 핏자국이 가까스로 눈에 띄는 벽, 벽은 제
> 상처를 보여주지만 제가 가린 것은 완강히
> 보여주지 않는다 그러니까 못자국 핏자국은
> 제가 숨긴 것을 보여주지 않으려는 치열한

알리바이다 입술과 볼때기가 뒤틀리고 눈알이

까뒤벼져도 좀처럼 입을 열지 않는 피의자처럼

벽은 노란 알전구의 강한 빛을 견디면서,

여름 장마에 등창이 난 환자처럼 꺼뭇한 화농을

보여주기도 한다 지금은 싱크대 프라이팬 근처

찌든 간장 냄새와 기름때 머금고 침묵하는 벽,

아무도 철근 콘크리트의 내벽을 기억하지 않는다

—이성복, 「벽지가 벗겨진 벽은」 전문

　　위 작품에서도 구조적 동형성은 확인된다. '현상과 본질의 단절', '본질에 대한 지향성'이라는 구조를 읽어낼 수 있기 때문이다. 이 역시 이접적 종합과 같은 맥락에서 접근 가능하다. '벽'과 '내벽'의 대비를 통해 내벽이 간직한 진실을 스스로 간직하려 애쓰는 내벽의 실존적 모습과 이에 대한 관심은 물론 기억조차도 망각으로 남기려는 '아무'라는 실체에 대한 준엄한 경계와 비판의 목소리를 발견하게 된다. '세입자'와 '알전구'의 '강한 빛', '여름 장마'로 인해 '벽'이 갖게 된 '제 상처'로서의 '못자국', '핏자국', '화농'은 '가린 것'과 '숨긴 것'을 보여주지 않으려는 '알리바이'에 불과하다.

　　벽에게서 확인되는 외적 현상으로서의 상황은 어떠한가. '벗겨진 벽', '찰과상'을 입고 있는 '상처'로서의 모습뿐이다. 그러한 모습은 '피의자'의 '입술'과 '볼때기'가 '뒤틀'리고 '눈알'이 '까뒤벼'지는 것과 동일시되고 있다. '제가 가린 것'과 '숨긴 것'을 '보여주지' 않고 '입을 열지 않'는다는 속성 때문이다. '벽'이 집요하게 은폐하고 하는 '가린 것'과 '숨긴 것'은 벽이라는 존재자가 지키려는 자신의 실존에 해당하는 것으로 해석 가능하다. 비록 현실적 제약 속에서 상처를 안고 있지만 상처 이면에 존재하는 자신의 본질적 속성만은 그 어떤 외부 세력에 의해 훼손되지 않으려는 강한 자기 방어 본능에 해당한다.

그렇기에 벽은 '강한 빛을 견디면서' '환자'처럼 '화농'이라는 상처를 보여주기도 하지만, '침묵'으로 일관하면서 '내벽'이라는 자기 실존의 내재적 본질을 고수하려 하는 것이다. 이는 Jaspers가 지적했듯이, 인간 행동은 자기의식의 중요성을 전제로 이루어지는 인간실존의 독립성(김정한, 1994)을 의미한다는 견해와 유사해 보인다. 사실 위 작품에서 사물 존재자로서의 '벽'도 인간 존재로 명명할 수 있는 '피의자'와 동일시됨으로써, 대상의 고유한 속성을 견지하려는 완강한 몸부림을 구체적으로 보이고 있음을 알 수 있다. '찌든 간장 냄새와 기름때'를 '머금고' 살아 갈 수밖에 없는 현실적 존재인 '벽'은 소외된 존재로서의 '피의지'나 '세입자'와 동일시되면서 외부 세계와의 단절을 강하게 느끼면서도 자신의 실존을 방어하려는 기제를 철저히 활성화하고 있는 것이다.

실존주의에서 강조하는 '실존'이 세계 안에서 스스로 자기 존재에 귀기울이고 독자적인 방법으로 실존적 문제를 해결(이평전, 2012)해 나가는 주체를 의미하듯, '벽'은 '내벽'이라는 실존적 주체를 입증하고 고수(固守)하려는 존재자이다. '못자국'과 '핏자국'이라는 '상처'를 안고 '강한 빛'과 '여름 장마'라는 시련 속에서 삶을 지속할 수밖에 없는 운명적 존재자이기에 실제 현실과 단절되고 고립된 존재자이지만 본질에 대한 지향성만은 놓치지 않고 있음을 보게 된다. Husserl은 이를 "순수의식의 내실적 영역"이라 일컬었다. 이는 가장 근원적이고 내적인 의식(조광제, 2010)을 일컫는 것으로 모든 실존은 이를 견지하고 발현하려는 본성을 내재적으로 가지고 있다는 것이다.

하지만 이러한 존재자로서의 벽이 소망하는 실존적 지향성은 순수한 본질을 지키려는 소박한 바람으로 남을 수 없다. 그 누구도 '벽'의 '내벽'을 '기억하지' 않을뿐더러 기억하지 않으려 하기 때문이다. 벽이 '상처'를 통해 세상과의 단절을 느꼈다면, 벽이 지키려는 실존적 주체로서의 내벽을 기억하지 않는 현실로 인해 다시 한 번 좌절감을 떠안을 수밖에 없는 것이다. 여기서 현상과 본질의 단절은 다시 한 번 감행됨을 알 수 있다. 이처럼 단절과 내적 본질에 대한 지향성이라는 상반된 가치 질서의 형성이 현실 세계에 엄연히 존재하는 사실이라면, 이를 구체적으로 형상화해 놓은 구조물이 위의 작품이라면 여기서도 현실과 작품 사이에 '구조적 동형성'은 엄연히 존재함을 볼 수 있다. 아울러 이성복 시 감상에서 간과하지 말아야 할 것이 '단절과 지향성'이라는 역설적 문법을 내재하고 끊임없이 실제 세계를 화두로 삼는다는 점이다.

3. 의미론적 재구성에 입각한 시 감상

사실 Wittgenstein은 언어와 세계의 동형성을 그림 이론에서 제시하면서 언어의 의미를 명료화하고자 하였다. 세상을 모방한 사실의 그림인 언어는 완전하고도 확정적인 의미(임윤정, 2016)를 가진다고 보았던 것이다. 한편 대상과 대상의 배열을 통해 의미(박정식, 2007)가 발현된다는 것이 그의 이론이다. 일정한 사물의 배열 방식, 즉 대상의 속성은 배열 구조에 의해 결정된다는 입장이다. 여기서 주목할 것은 세상의 모사가 언어이고 그것의 의미는 고정적이지만, 의미를 유발하는 현실적 요소로서의 대상이 갖는 배열 구조는 확정적이지 않고 가변적이라는 점이다. 결국 이성복 시에서 의미론적 일탈을 감행하고 이로써 시적 재구성을 시도하는 것도, 현실 세계의 대상, 사물, 이념, 논리 등의 배열이 '일탈과 전복'의 방식으로 구성되어 있다는 것에 대한 인식과 그의 형상화라 볼 수 있는 것이다.

Wittgenstein은 명제의 요소들은 사태와 대응되어야 함을 강조하면서 명제와 실제가 상호 간 공통적 속성을 공유하고 있음을 부각시키고자 한다. 이는 표현된 언어가 실제 생활의 배치, 구조, 형식(한대석, 2012)에 부합되는 요소로 이루어져야 함을 역설한 것으로 보인다. 이렇게 볼 때 언어 표현에서 중요한 것은 텍스트 자체의 기표와 기의, 그리고 그 둘의 관계에 의해 생성되는 의미가 아니라, 언어적 구성물을 탄생시킨 실제 세계 자체인 것이다.

Wittgenstein이 그림 이론을 통해 언어가 대상을 객관적이고 사실적으로 모사하는 차원 이상의 것일 수 있음을 암시하고 있다. 그는 "언어 표현이 사실의 그림이 되기 위해서는 완전히 같아서도 완전히 달라서도 안 된다."고 언급한다. 언어 진술은 실재의 되풀이가 아니라는 것이다. 하나의 언어 구조물이 되기 위해서는 요소들의 관계와 결합, 그리고 그러한 것들이 일정한 형식적 구조(김보현, 2001)를 갖추어야 한다. 그러기 위해서는 실질적 현상을 작가의 안목에 따라 재해석하고 편집하며 재구성하는 작업이 무엇보다 우선시되어야 한다는 것이다.

언어 표현이 일정한 의도를 가진 명제가 되기 위해서는 대상들의 직접적인 '결합'(이승종, 2002)이 선행되어야 하며, 그러기 위해서 중요한 것은 실세계를 무비판적이고 객관적으로 전달하려는 태도가 아니라 재해석하고 재구성하려는 안목인 것이다. Wittgenstein이 "대상은 그 자체로서 색을 갖지 않지만, 대상들의 배열을 통해 형식으로 색을 갖는다."(임윤정, 2015)는 지적과 상통하는 것이다. 따라서 그림

이론이 단순한 현실 세계의 모방이나 재현이 아니라, 작가의 가치관에 의해 편집되고 조직된 구조물이라는 점에 방점을 두고 논의를 이끌고자 한다.

같은 맥락에서 세상의 제반 대상들은 그 배열이나 구조가 논리적이지 않다는 것이 이성복의 인식이다. 그는 다양한 시편(詩篇)을 통해 관계의 전도를 통해 가학적(加虐的)인 세태를 반영하고자 하며, 이를 통해 비인간화의 양상(이수경, 2015)을 부각시키고자 한다. 이성복의 작품들이 한편의 그림일 수 있는 것은 세상을 자신만의 관점으로 바라보고 그러한 견해를 뒷받침할 수 있는 세상의 요소들을 자신만의 문체로 형상화했다는 데 있다. 실세계의 경험적 사물이나 대상을 선조적이고 논리적 연관성을 지닌 연쇄로 보지 않고, 단절과 일탈적 시선으로 그들의 조합함으로써 세상의 그림을 언어로 형상화하고자 했기 때문이다.

아무도 믿지 않는 허술한 기다림의 세월
순간순간 죄는 색깔을 바꾸었지만
우리는 알아채지 못했다

아무도 믿지 않는 허술한 기다림의 세월
아파트의 기저귀가 壽衣처럼 바람에 날릴 때
때로 우리 머릿속에 흔들리기도 하던 그네,
새들은 이곳에 집을 짓지 않는다

아파트의 기저귀가 壽衣처럼 바람에 날릴 때
길바닥 돌 틈의 풀은 목이 마르고

풀은 草綠의 고향으로 손 흔들며 가고
먼지 바람이 길 위를 휩쓸었다 풀은 몹시 목이 마르고

먼지 바람이 길 위를 휩쓸었다 황황히,
가슴 조이며 아이들은 도시로 가고
지친 사내들은 처진 어깨로 돌아오고
지금 빛이 안 드는 골방에서 창녀들은 손금을 볼지 모른다

아무도 믿지 않는 허술한 기다림의 세월
물 밑 송사리떼는 말이 없고,
새들은 이곳에 집을 짓지 않는다

—이성복, 「새들은 이곳에 집을 짓지 않는다」 전문

위 작품은 이성복이 의미론적 차원에서 재구성한 현실의 그림이다. 그 그림 속에는 어지럽고도 난해한 실제 세계의 대상과 사물들이 불연속적으로 흩어져 있을 뿐이다. 이것이 이성복이 주목한 현실을 구성하는 요소인 것이다. '풀은 목이 마르고' '물 밑 송사리떼'는 '말이 없고' '새들'조차 '이곳'에는 '집을 짓지' 않으려는, '돌틈'보다 비좁고 '먼지바람'만이 '황황히' 지나가는 곳, 희망에 대한 '기다림의 세월'조차 부질없으며 단지 '허술'함, 허망함만 남을 뿐인 공간이 현실의 진정한 모습이라고 역설한다. 자연을 인간 삶의 현실적 공간에 개입시킴으로써 이성복이 전하고자 하는 메시지는 부정적 현실(박옥춘, 2008)의 모습 그것이다.

'우리'라는 소외된 대다수의 민중은 '가슴 조이며' '기다림의 세월'이 이루어질 것이라는 기대를 하면서도 '아무도 믿지' 않으면서 살아

가는 존재일 뿐이다. '우리'가 '알아채지 못'하는 원죄로서의 가난과 소외라는 '죄'를 짊어지고, 때때로 그 죄의 '색깔'이 기득권 세력의 의지에 의해 좌지우지되고 바뀌어 갈 뿐이다. '아이들'은 '도시로 가고', 희망이 있으리라 여기고 발을 디뎠던 그곳 도시에서 '지친 사내들'은 '처진 어깨로 돌'아 올 수밖에 없다. 여자들은 도시의 '빛이 안드는 골방'에서 '손금'을 무료하게 보며 숙명이라는 굴레 속에서 부질없는 희망을 기대해야 하는 '창녀'로 전락할 뿐이다.

이성복이 현실 속에서 주목한 것은 이처럼 모순과 순리에 역행하는 파편과 같은 삶이 흔적들이다. 이러한 도시적 현실 속에서 인간은 '기저귀가 수의처럼 바람에 날'리는 현상을 목격하면서, 이상을 꿈꾸는 '그네'가 현실에 얽매여 근원적 모순을 재생산하듯 살아갈 수밖에 없음을 명확히 하고 있다. 생명의 탄생과 희망의 잉태라 여겨지는 아기의 '기저귀'는 죽음의 허무를 지칭하는 '수의'와 동일시됨으로써 인간의 삶은 죽음과 동의어가 되고 마는 것이다. 더욱 비극적인 것은 그러한 모순적 삶이 긍정으로 전환될 것이라는 '기다림의 세월'이 '그네'의 모순처럼 결코 현실의 끈을 벗어날 수 없을 것이라는 한계를 우리 스스로 '머릿속'으로 인식하면서 살아갈 수밖에 없다는 데 있다.

이성복은 현실을 작품이라는 그림으로 재구성하기 위해 의미론적 재해석을 시도하게 되는데, 그것이 '자연과 인간의 동일시' 그리고 '자연의 차별성'이 그에 해당한다. 현실의 인간이 현실에 대한 좌절과 이상에 대한 욕구로 갈증을 느끼듯 '길바닥 돌틈'이라는 척박한 환경 속에서의 '풀'도 '목이 마르'며, '길 위'라는 자연공간은 허둥대듯 '황황'하게 '먼지바람'으로 채워질 뿐이다. 또한 '송사리떼'의 '말' 없는 침묵과 '새들'이 '이곳'에 '집을 짓지' 않고 거부하는 양상과 행위들도 모두, 자연 대상물을 모자이크처럼 재편집함으로써 자연의 황폐함을 의미론적으로 부각시킨 것에 해당한다.

　이로써 인간의 처절한 현실은 자연의 구체적 모습을 통해 감각적으로 동일시되고 있는 것이다. 하지만 이성복은 자연과 인간의 유사성이라는 그림을 다시 한 번 재해석하고자 한다. 그것이 인간과 자연의 차별성으로 드러나게 된다. 비록 자연은 부정적인 모습으로 구체화되고 있지만, 풀은 '초록의 고향'으로 '손 흔들며' 갈 수 있으며, '말' 없는 '송사리떼'도 그들의 삶의 터전으로서의 '물 밑'을 점유할 수 있는 것이다. 같은 맥락에서 모순이 점철된 인간 현실인 '이곳'에 '집을 짓지 않는' '새들' 역시 '풀'과 '송사리떼'처럼 그들이 안주할 수 있는, 인간의 '그네'가 당도할 수 없는 하늘을 삶의 터전으로 누빌 수가 있음을 충분히 유추할 수 있다. 자연의 일부로서의 존재 가치를 지닌 인간은 자연 속에도 소속될 수 없는 이질적 고립감과 소외감을 자신들의 몫으로 남길 뿐이다.

　자연과 인간의 동일시, 그리고 또 한번의 이질적 재구성을 통해 부각되는 의미론적 참모습은, '기저귀'가 '수의'와 동일시되는 현실, '아이들', '사내', '창녀'가 바라는 '기다림의 세월'이 '빛이 안 드는 골방'으로 고착화된 현실의 그림뿐인 것이다. 현실은 늘 희망을 이야기하지만 민중은, 삶이 죽음과 동일시되고 이상에 대한 소망은 끈에 묶인 그네처럼 머릿속에서만 헛된 꿈으로 남을 뿐, '색깔을 바꾸'면서 옭아매는 '죄'의 늪과 '틈' 속에서 '가슴 조이며' 살 수밖에 없는 모순적 그림의 '허술'하고도 '황황'한 존재인 것이다.

> 높이 치솟은 소나무숲이 불안하였다 밤, 하늘의 구름
> 은 층층이 띠를 이루고 그 사이 하늘은 무늬 넣은 떡처럼
> 쌓였다 층층이, 하늘에 가면 말이 필요할까 이곳은 말이

통하지 않는 곳

이곳은 말이 통하지 않아! 집에 가면 오늘도 아버지 집
에 낯선 사람들이 찾아온다 그들은 모두 피를 본 사람들
이다 의로운 자들, 스스로 의롭게 여기는 자들의 입에 피
가 묻어 있다 의로운 자들의 입에서 피가 웃는다 아버지
는 그들을 몹시 사랑하신다
아, 하고 내 입에서 낮은 한숨이 나온다 오늘밤 그들
은 시끄러운 예언자를 묶어 나무에 매달 것이다 예언자도
그리 믿을 만한 사람은 못 된다 그의 배는 부르고 걱정이
없다 아무도 걱정하는 사람은 없고……
소나무숲은 더욱 불안해진다 달이 소나무숲으로 밀려
가고 물은 움직이지 않는다

—이성복, 「높이 치솟은 소나무숲이」 전문

이성복은 현실의 그림을 그리고자 할 때 세상이 고집하는 일반적
인 그림의 틀을 거부하면서 의미론적 재구성을 시도한다. '대립'과
'모순'이라는 형식을 양산함으로써 현실 세계의 실체를 명확히 그려
내고, 새로운 의미와 가치 인식을 선보이고자 한다. '소나무숲'은
'이곳'과 대응이 되면서, '높이 치솟은' '불안'만이 존재하는 공간으
로 형상화되어 있으며, 이러한 공간 속성은 변함없이 지속되기에
'물'이 '움직이지 않는' 공간으로 부연되고 있다. 갈등과 문제의 해결
가능성이 보이지 않는 '이곳'에 대해 '아무도 걱정하는 사람'은 존재
하지 않고 이로써 현실은 '말이 통하지' 않는 단절로 점철된 공간으
로 남게 된다는 것이 화자의 현실에 대한 인식이다. '불안'이라는
근원적 한계만 존재한 채 그 이유도 해결 가능성도 없이 원죄적 불안

만을 강요하는 현실이기에 '모순적'일 수밖에 없는 것이다.

이성복은 유사한 맥락에서 '「숲」'이라는 작품을 통해 "고통은 언제나/ 새로운 고통이었습니다 (…중략…) 고통이 숲을 묻었습니까/ 숲이 고통을 떠났습니까"(정유화, 2008)라고 묻고 있다. 위 작품의 '소나숲'이 보여주는 '불안'은 현실적 '고통'에서 오는 것으로 짐작할 수 있다. 그리고 그러한 불안 의식은 '밤'이라는 공간으로 재설정되며, '층층'이 쌓여 '떡'처럼 짓이겨져 '띠'를 이루고 있는 것으로 형상화되고 있다. 이상으로서의 공간인 '하늘'을 설정하고 그곳에 닿고 싶은 열망을 잠시나마 품어보지만, 결국 '이곳은 말이 통하지 않는 곳'으로 규정될 뿐, 구원의 가능성은 소멸되고 만다.

이성복은 현실을 의미론적으로 재구성하기 위해 '역설의 미학'을 차용하고 있음을 확인할 수 있다. '높이 치솟은' 소나무숲은 상승의 기운으로 하늘이라는 이상적 공간을 지향하지만 결국 '불안'으로 귀결됨으로써, 상승과 하강이라는 상충된 지향성을 동시에 갖게 된다. 아울러 소통의 매개인 '말'이 그 본래적 기능을 다하지 못하고 '통하지 않는 곳'에 위치함으로써, 소통과 불통이라는 미묘한 이중적 구조를 동시에 보여주고자 한다. 이성복의 관점에서 보면 현실은 '역설과 상충'으로 재구성될 수 있는 의미론적 공간인 것이다.

또 하나 간과해서는 안 될 것이, 이러한 역설의 미학을 대상과 정서라는 이원적 구조 속에 마련해 놓고 있다는 것이다. '높이 치솟은 소나무숲'과 '말'은 객관적으로 존재하는 인식의 대상이다. 그것이 유도하는 '불안'과 '통하지 않는 곳' 즉 '불통'은 정서적 범주에 속하는 실리적 실체들이다. 심리적 갈등을 유발하는 원초적 요인은 현실 속에 존재하는 대상에 있음을 역설한 것으로 해석 가능하다. 이는 라캉의 '주체의 위치는 상징계, 즉 말의 세계 내에 차지하는 위치에 의해 근본적으로 규정'되며, 말의 속성인 기표와 기의의 관계도 "기표의 우위를 강조하여 기의는 기표 아래로 끊임없이 미끄러진다."(김소영, 2016)는 견해에서도 확인된다. 원천적으로 말은 불완전한 주체의 욕망을 확인하고 강화하는 존재자일 뿐이라는 것이다.

역사적으로 언어는 지배의 수단으로 활용되었을 뿐만 아니라, 지배와 피지배를 드러내는 상징으로 기능했던 것이 사실이다. 아울러 법률의 규범성이 언어를 매개로 존재한다는 사실로서 권력작용은 언어를 통해 실현된다고 규정(김풍기, 2015; 윤재왕, 2015)될 수 있다. 이렇게 본다면 '높이 치솟은 소나무숲'과 '말'은 매우 이질적 속성의 결합으로 보이지만, '말'이 갖는 계층 분화와 갈등 양상을 '치솟'는다는 술어를 통해 상징적으로 보여주고자 하는 것이 이성복의 의미론적 의도로 볼 수 있다. 아울러 그는 현실 속에 엄연히 존재하는 상승과 하강이라는 지향성이 권력 구조 속에 전제해 있음을 부각시키고, 존재적 사실이 유발하는 심리적 불균형을 '불안'과 '불통'의 속성으로 재구성해 내고자 했음을 추론할 수 있다.

이성복은 현상적 사실과 감정의 역설을 지속해 나간다. '말이 통하지 않'는 '이곳'을 '집에 가면 오늘도 아버지 집에 낯선 사람들이 찾아'오는 장면으로 구체화시키고 있다. '집', '아버지', '낯선 사람' 등의 이미지 조합을 통해 형상화되는 장면이, 선행하는 불통의 '말'이 함축하는 시상(詩想)과 맞닿아 있음을 보게 된다. '집'의 상황이 왜 '말이 통하지 않'는 모순적 상황인가. 그것은 '스스로 의롭게 여기는 자들'과 '입에' '묻어' 있는 '피'의 결합이 이질적이기에 그러하며, '의로운 자들의 입'과 '피가 웃'는 상충성이 역설적일 수밖에 없다. 또한 '그들'에 대한 아버지의 '사랑'이라는 태도 역시 대상에 대한 역설적 감정으로 읽힌다.

이성복은 여러 시편(詩篇)을 통해 남성의 본질을 '경직된 시대적 횡포'(홍용희, 1999)로 규정하며, 이러한 질곡 극복의 대안으로 어머니 혹은 모성을 제시하고자 한다. 이러한 인식을 토대로 위 작품에 등장하는 '낯선 사람들'의 실체는 「금촌 가는 길」을 통해 입증할 수 있다. "집에 敵이 들어올 것 같았다 (…중략…) 귀를 쫑긋 세우고 아버지는 문틈을 내다 보았다// 밥이 타고 있었다 / 敵은 집이었다" 라는 구절을 통해 '낯선 사람들'은 적과 동의의로 해석되며, 그 적은 다름 아닌 권력 구조를 재생산하고 이를 정당화하는 남성으로서의 '아버지'인 것이다. '집'은 아버지의 욕망에 의해 억눌린 공간(정유화, 2005)이며 적의 실체는 가족 구성의 요체인 아버지임이 분명해진다.

'높이 치솟'고자 하는 지배적 열망과 그것의 매개로 기능하는 '말'의 기능에 주목한다면, '말이 통하지 않'는 '이곳' 집은 사회적 억압과 종속의 구조를 강요하고 양산하는 주체로서의 '아버지'는 '낯선 사람들'의 구성원이며, 그러기에 역설적 상황일 수밖에 없는 것이다. 평화와 행복의 온상이 되어야 할 '집'이라는 '이곳' 공간은 '아버지'의 '낯선 사람들'과의 교유(交遊)로 인해, 갈등과 억압의 잔유물인 '피'를 정당한 것으로 왜곡시킴은 물론, '사랑'과 '의로'움, '웃'음이라는 비정상적인 감정을 공공연한 진실처럼 강요하기까지 하는 것이다.

하지만 화자는 '낮은 한숨'을 내쉴 뿐이다. 그 이유는 현실 상황이 모순적이고, 사실로 인해 유발되는 정서조차 역설적으로 흐르기 때문만은 아니다. 뒤 이어 진술되듯 '예언자'라는 이상의 부재가 상황을 더욱 절박하게 느끼게 하기 때문이다. 진실성 없고 기존의 질서에 안주하고자 하는 '시끄러운 예언자'는 '낯선 사람들'의 매수의 대상일 뿐, 그 역시 '낯선 사람들'처럼 '그의 배는 부르고 걱정이 없'는 지배층의 한 부류인 것이다. 이로써 지배와 피지배의 역설적 상황을 강요하는 '소나무숲'이라는 공간은 '더욱 불안'한 곳으로 남아 '움직이지 않'는 정체성만을 심화시켜 갈 것이 명확해질 뿐이다.

4. 유희적 언어놀이에 입각한 시 감상

Wittgenstein은 그의 후기 이론에서 "기호에 생명을 주는 것은 기호의 사용"(이윤일, 2011)이라고 하면서 그의 초기 그림 이론을 보완하게 된다. 언어의 의미는 지시적으로 결정되는 것이 아니라 실제적 용법에 의해 수정되고 보완됨으로써 가변적 속성을 지닌다는 것이 그의 견해이다. 그림 이론이 언어와 대상 상호간의 동일성을 바탕으로 수립된 것이라면, 후기의 놀이 이론은 일정한 상황에서 언어의 대체 가능성을 역설한 '가족 유사성'(인성기, 2001)을 기반으로 강조된다. 언어 기호의 명시적이고 절대적 의미를 거부하고 특정한 상황과 맥락 속에서 수행되는 언어의 사용이 언어의 본질적 속성이라는 것이다.

Wittgenstein은 언어 사용은 놀이의 규칙으로 언어 사용자가 준수해야 할 일종의 명령으로 볼 수 있으나, 실제 언어 상황에서 이러한 규칙은 연상 작용(이영철, 2006e)으로 대체되는 하나의 도구에 불과함을 강조한다. 중요한 것은 이러한 규칙은 놀이를 위한 보조물일 뿐이며, 관찰자 혹은 언어활동에 참여하는 사람들이 놀이의 실천으로부터 충분히 읽어낼 수 있는 것으로 본다. 그는 언어 규칙의 애매성을 부인하고 언어 놀이는 하나의 관습과 제도(이영철, 2006f)에 속하는 것이지만, 고정적인 활동일 수 없음을 분명히 하고 있다.

극단적으로 문장이 불확정적인 뜻을 가져도 맥락을 통한 실제적 사용의 국면에서는 문장으로서의 기능을 완성한다고 보는 입장이다. 명제들의 연쇄가 긴밀성에서 이탈해 느슨한 구조를 띠고 있더라도 얼마간의 유사성(하상필, 2012)만 보인다면 언어로서의 자격을 갖는다는 것이다. 이렇게 본다면 이성복 시 감상을 위해 Wittgenstein의 후기 이론에서 차용할 수 있는 유효한 초점은, '맥락 의존성'과 '일탈적 유희'에 놓일 수 있다. 거시적인 측면에서는 담화 공동체의 언어 관습을 따르되 표층적 통사구조를 이탈해 심층문법(김영진, 1994)을 지향하는 언어놀이를 맥락을 전제로 감행해 나가고자 하는 것이 이성복의 시적 경향과 무관하지 않기 때문이다.

> 그해 겨울이 지나고 여름이 시작되어도
> 봄은 오지 않았다 복숭아나무는
> 채 꽃 피기 전에 아주 작은 열매를 맺고
> 不姙의 살구나무는 시들어 갔다
> 소년들의 性器에는 까닭없이 고름이 흐르고
> 의사들은 아프리카까지 移民을 떠났다 우리는
> 유학 가는 친구들에게 술 한잔 얻어 먹거나
> 이차 대전때 南洋으로 징용 간 삼촌에게서
> 뜻밖의 편지를 받기도 했다 그러나 어떤
> 놀라움도 우리를 無氣力과 不感症으로부터
> 불러내지 못했고 다만, 그 전해에 비해
> 약간 더 화려하게 절망적인 우리의 습관을
> 修飾했을 뿐 아무 것도 追憶되지 않았다
> 어머니는 살아 있고 여동생은 발랄하지만
> 그들의 기쁨은 소리 없이 내 구둣발에 짓이겨

지거나 이미 파리채 밑에 으깨어져 있었고

春畵를 볼 때마다 부패한 채 떠올라 왔다

그해 겨울이 지나고 여름이 시작되어도

우리는 봄이 아닌 倫理와 사이비 學說과

싸우고 있었다 오지 않는 봄이어야 했기에

우리는 보이지 않는 監獄으로 자진해 갔다

—이성복, 「1959년」 전문

Wittgenstein의 언어놀이 개념이 '사용'과 '참여'를 강조함으로써 언어를 지시적이고 고정적인 의미 산출의 매개로 보는 관점에서 벗어나 '삶'(임윤정, 2011) 자체에 주목하고자 하듯이, 위 작품에서도 개성적 언어사용에 의해 형상화된 작가의 현실적 삶에 대한 참여적 태도를 읽어낼 수 있다. 언어놀이 개념에서 강조되는 규칙 따르기(이영철, 2015)는 언어사용이 가져야 하는 공동체와의 연관성이 부각되는 것이다. 이는 사회적 전유물로서의 언어가 공동체의 삶을 화두로 삼을 때 소통 가능함을 동시에 의미하는 것으로 받아들여진다. 이렇게 본다면 지시적 의미를 강조했던 초기의 그림 이론을 수정하고 사용의 측면을 부각시킨 놀이 이론의 핵심은 '현장성'에 놓여 있음이 분명해진다.

담화 공동체의 향유방식을 벗어나지 않되 맥락에 따라 가변적일 수 있으며, 현실 세계의 다양한 양상들을 구체적으로 담아낼 수 있는 변용 가능한 매개로서의 지위를 언어가 확보할 수 있어야 함을 강조한 것으로 이해할 수 있다. 언어와 현실과의 관계에 초점을 둘 때, 언어놀이가 지향하는 '자기 망각'으로서의 유희성을 간과할 수 없다. Gadamer의 지적처럼 "놀이 속에서 자신을 잊어버릴 때 놀이의 자기

목적"(이기언, 2008)이 달성되는 것이다. 이는 역설적이게도 시대와 사회가 주목하고자 하는 문제에 대해 천착하고 이를 비판하고 풍자함으로써 현실적 한계를 벗어나고자 하는 유희적 정신(곽은희, 2013)과 그 맥이 닿아 있는 것이다.

Huizinga는 인간의 언어 사용을 '유희'로 규정하고 이러한 언어사용을 통해 현실과 다른 상징공간의 구축을 강조한 바 있다. 즉, 언어놀이가 언어유희와 일맥상통하는 측면이 있다면, 규칙 따르기에 근거한 공동체의 언어놀이는 유희적 지향성을 성취하기 위한 반세계(ant-world)의 구축(남혜현, 2014)이라는 점에서 반언어적인 행위인 것이다. 문학적 소통은 최소한의 언어 규칙을 전제로 한 창조적 행위이다. 문학이 사용의 국면에서 작가의 개성적 인식과 다양한 구현 방식이 용인됨으로써 비판과 창조라는 유희적 속성이 부각된다면, Wittgenstein의 언어놀이에는 이를 '가족 유사성' 개념으로 수렴하고자 함을 엿볼 수 있다.

이성복의 「1959년」은 '가족 유사성'에 해당하는 시어의 나열을 통해, 현실을 조롱하는 방식으로 유희적 언어를 구사하고 있다는 점에서 언어놀이적이다. '겨울이 지나고 여름이 시작되어도' '봄'이 '오지 않았다'는 일반적 언어문법에서 벗어난 역설적 표현을 통해 언어규칙을 어긴 것처럼 보이지만, 유사한 시구의 나열을 통한 시상의 전개 과정이 '봄'이 '오지 않'은 현실을 구체적으로 형상화하고 있음을 볼 수 있다. '복숭아나무', '불임의 살구나무', '소년들의 성기', '의사', '친구들', '삼촌' 등의 시적 대상은 '작은 열매를 맺고', '시들어' 가고, '고름이 흐르고', '이민을 떠'나고, '유학' 가고, '뜻밖의 편지를 받'는 등의 술어로 이어지면서, '놀라움'과 '무기력', '불감증, 절망'이라는 현실 상황이나 그로 인해 유발되는 정서로 통합되고 있는 것이다.

'아무 것도 추억'할 수 없는 현실의 절망적인 상황과 그러한 상황이 해를 거듭할수록 심화되어 가는 현실적 모순을 기표들의 변주를 통해 보여주고 있다는 점에서, 일반적인 언어규칙에 입각한 언어의 활용을 보여 주고 있다. 자연과 인간 현실, 그리고 가진 자와 그렇지 못한 자의 견주기를 통해 이루어지는 언어의 변주가 현실에 대한 냉철한 비판을 염두에 두고 시도되고 있다는 점에서 반어적 성향의 언어유희를 실현해 내고 있는 것이다. '습관'처럼 반복되고 심화되는 현실적 '무기력'과 '불감증' 속에서 '우리'로 대변되는 민중은 '화려'한 '절망'을 역설적으로 받아들일 수밖에 없으며, '의사'나 '유학 가는 친구'들과 같은 소위 지배층의 삶과 현실에 대한 대응 방식은 현실을 더욱 절망으로 이끌 뿐이다.

하지만 남겨진 타자로서의 '우리'의 삶은 또 한번 유희의 대상이 될 수밖에 없다. 버려지고 외면당한 현실 속에서 '어머니'와 '여동생'은 '그들의 기쁨'을 '소리없이' '내' '구둣발'에 '짓이겨'지고 '으깨어져'야만 하는 억압적 현실을 강요받아야 하기 때문이다. 기득권과 피지배층, 그리고 남성과 여성이라는 이원화된 지배 종속적 틀은 '윤리'와 '사이비 학설'에 의해 정당화되고 옹호받는 '보이지 않는 감옥'일 뿐이라는 것이 이성복의 언어놀이가 도달하고자 하는 귀착점일 것이다.

남녀의 성교나 봄의 화사한 경치를 상징하는 '춘화'는 생명 잉태의 건강성으로 발전하지 못하고 '부패'할 수밖에 없으며, 이로써 '봄은 오지' 않는 것이 당연한 것이다. 이제 화자는 '절망'만을 강요하는 '사이비' 봄은 '오지 않는 봄이어야' 함을 명확히 함으로써 위선적 '윤리'와 '사이비 학설'에 대항해 '싸'우고자 하는 의지를 명확히 하는 차원으로 나아가게 된다. '보이지 않는 감옥으로 자진해' 가는 모습은 현실에 대한 언어 유희적 비판 이후에 시도되는 화자의 적극적인 현실 변화에 대한 의지적 행위로 볼 수 있는 것이다.

> 불 끄고 자리에 누우면 달은 머리맡에 있다. 깊은 밤
> 하늘 호수에는 물이 없고, 엎드려 자다가 고개 든 아이처
> 럼 달의 이마엔 물결무늬 자국. 노를 저을 수 없는 달은
> 수심 없는 호수를 미끄러져 가고, 불러 세울 수 없는 달
> 의 배를 탈 것도 아닌데 나는 잠들기가 무섭다.
> 유난히 달 밝은 밤이면 내 딸은 나보고 달보기라 한다.
> 내 이름이 성복이니까, 별 성 자 별보기라고 고쳐 부르
> 기도 한다. 그럼 나는 그애 보고 메뚜기라 한다. 기름한
> 얼굴에 뿔테 안경을 걸치면, 영락없이 아파트 12층에 날
> 아든 눈 큰 메뚜기다. 그러면 호호부인은 호호호 입을
> 가리고 웃는다. 벼랑의 붉은 꽃 꺾어 달라던 水路夫人보
> 다 내 아내 못할 것 없지만, 내게는 고삐 놓아줄 암소가
> 없다.
> 우리는 이렇게 산다. 오를 수 없는 벼랑의 붉은 꽃처
> 럼, 절해고도의 섬처럼, 파도 많이 치는 밤에는 섬도 보
> 이지 않는, 절해처럼.
> ─이성복, 「달의 이마에는 물결무늬 자국」 전문

언어놀이는 큰 틀의 언어 사용 규칙을 따르면서도 화자의 개성에 따라 다양한 활용과 변화를 이루어 나간다. 즉 규칙과 자유(김동규, 2003)를 동시적으로 향유하는 것이다. 유사성을 바탕으로 의미 확장을 시도하는 언어유희(전병용, 2006)는, 일상적 언어문법의 틀 내에서

시도되는 개성적 변주를 지향하는 언어놀이의 또 다른 모습인 것이다. 위 작품에서도 '성복이'와 '달보기', '내 딸'과 '메뚜기', '내 아내'와 '호호부인'의 대응 관계를 통해 언어유희의 면모를 발견할 수 있다. 하지만 이성복의 이러한 언어놀이는 음의 유사성, 형태의 근접성, 행동의 인접성에 기반한 단순한 변용에 그치지 않는다.

'나'가 '별보기'라 칭해지는 이유는 '잠들기가 무서'운 밤, '불러 세울 수'도 '달의 배를 탈' 수도 없지만, '자다가 고개 든 아이'와 같은 순수함으로 '노를 저을 수' 없지만 '수심 없는 호수를 미끄러져 가'는 달의 처세에 대한 동경 때문이다. 화자는 일상적 삶 속에서 신화나 설화(이성복, 2007)에 대한 동경을 지향하지만 이는 현실적 상황에서 허락될 수 없는 것이다. '깊은 밤'이라는 시간적 배경과 '물이 없'는 '호수'라는 공간이 연상시키는 이미지는, '오를 수 없는 벼랑'과 '절해고도의 섬', 그리고 '파도 많이 치는 밤'의 '절해'에서 유도되는 상실과 고독의 정서를 환기시키게 한다.

그러므로 '유난히' '밝은' '달'은, 결핍의 현실을 살아가야 하는 나약한 존재로서의 인간에게 주어진 상황, 즉 '고삐 놓아줄 암소가 없'고 '호수에는 물이 없'으며, '오를 수 없는' 한계적 상황을 잠시나마 방기(放棄)하게 하는 매개이기에 주목되는 것이다. '성복이'가 '별보기'로 치환되는 것은 단순한 음운론적 유사성에 기이한 언어놀이가 아니라 반언어적이고 반사회적 관점이 형상화된 적극적인 유희의 결과라 할 수 있다. '잠들기가 무'서운 현실적 상황, 그리고 그러한 상황을 잊을 수 있는 '달'에 대한 동경은, 딸과 아내에 대한 연민으로 확장되어 감을 발견하게 된다.

'아파트 12층'이라는 도시적 공간, 그곳은 '오를 수 없는 벼랑'처럼 인간의 이성이 성취해 놓은 문명의 이기가 아니라, 이미 수많은 대중에게 소외와 고독의 근원이 되어 버렸음을 화자는 명확히 인식하고 있다. 그 곳에 핀 '붉은 꽃'이 애처롭고 고귀한 느낌을 느끼듯, '아파트'에 '날아든 눈 큰 메뚜기'와 같은 '딸'에게서도 화자는 동일한 감정을 느끼고 있음을 보게 된다. 딸이 화자를 '별보기'라고 명명함으로써 음운의 단순 치환을 통해 웃음 유발시키고자 한 의도와는 달리, 화자는 딸의 명명에서 웃음 이면에 담긴 연민을 읽어내고 있는 것이다.

화자가 결핍으로 인한 두려움의 현실 속에서 '달의 이미'에 서려 있는 '물결무늬 자국'을 향수하듯, '아파트'라는 '절해고도'의 공간에서 한 떨기 '붉은 꽃'처럼 고독하게 살아갈 수밖에 없는 '메뚜기'와 같은 '딸'의 처지에 대한 안타까움이 서려 있다. 화자의 아내도 예외는 아니다. 과거 설화 속에 등장하는 고귀한 '水路夫人'과 견주어도 '못할 것 없'는 아내이건만, 화자는 '고삐 놓아줄 암소가 없'는 결핍과 상실의 존재이기에, 아내의 '입을 가리고 웃는' 모습에서 또 한 번의 연민을 느끼게 되는 것이다. 이렇게 보면 아내의 행동에 기반한 '호호부인'이라는 유희적 표현 속에도, 단순한 음차(音借) 차원의 언어놀이를 넘어, 웃음 뒤에 서려 있는 근원적 고독과 현실적 비애를 정확히 겨냥하고 있음을 보게 된다.

화자의 지적처럼 화자, 딸, 아내를 포함한 '우리'는 바다 한 가운데 우뚝솟은 고독한 섬, '절해고도의 섬'이라는 공간 속에서, 감히 그 누구도 '오를 수 없는 벼랑'을 배경으로 '붉은 꽃'으로 피었다 지는 존재일 뿐인 것이다. '벼랑의 붉은 꽃'을 '꺾어' 남과, 그리고 세상과의 소통을 염원하지만, '우리'는 모두 현실 속에서 상실과 소외된 존재로 '고삐 놓아줄 암소가 없'는 존재들이기에, 고독하게 남을 뿐이다. 더욱이 '파도 많이 치는 밤', 시련이 존재하는 현실 속에서는 '섬' 즉, 우리는 '보이지 않는' 존재로서 그 존엄한 가치마저 상실되고 마는 안타까운 삶인 것이다.

　소통이 현실화되고 이상이 성취될 수 있었던 설화적 공간은 더이상 현대적 삶 속에서 구현될 수 없기에 유희적 발상을 통한 거리 좁힘을 시도해 보는 것이다. 깜깜한 밤하늘에 떠 있는 달을 보며 나누는 화자와 그의 가족들이 나누는 언어유희는 정겨움과 웃음이 깃들어 있지만, 웃음이 조롱이 되고 풍자가 되는 유희적 발상을 통해, 세상을 희롱하려는 작가의 적극적인 의도가 감추어져 있음을 볼 수 있다. "언어는 삶의 흐름 속에서 의미를 갖는다."(박만엽, 2015)고 한 Wittgenstein의 언급처럼 언어놀이는 일상언어의 다양성과 차이(박만엽, 2008)에 주목함으로써 세상을 화자의 개성과 방식대로 재해석하고 처리하려는 실천적이고 현실적 언어행위라고 할 수 있을 것이다.

5. 비트겐슈타인 철학과 시 감상의 융합

　Wittgenstein의 언어철학에 기반해 이성복 시를 감상할 수 있는 방법을 선보이고자 하였다. 세상의 구조와 문법을 모사한 것이 언어이듯 이성복 시에서 세상의 그림을 어떻게 읽어내고 이를 어떤 언어들로 형상화시키고 있는지를 탐색해 보았다. 이성복 시에서 발견되는 이질적 언어들의 결합은 삶이 모순이라는 세상의 그림을 그만의 시어와 형상화 방식으로 펼쳐 냄으로써, 세상과 언어의 구조적 동형성을 지향한 결과임을 파악할 수 있었다. 실존의 한계와 모순이 서려 있는 삶의 그림을 이성복은 놓치지 않고 언어로 치환함으로써 Wittgenstein의 그림 이론이 역설하는 이론적 프레임으로 그의 시를 이해하려 할 때 좀 더 적극적인 시 읽기가 이루어질 수 있을 것이라 기대한다.

아울러 세상이 그림이 언어라고 할지라도 '대상의 배열'을 통한 구성적 역량을 강조한 Wittgenstein의 보완된 그림 이론을 이성복 시에 적용한다면, 이성복 작가의 개성적 안목과 문체적 창의성에 조금 더 주목할 수 있다. 그림의 편집과 배열의 차별성을 강조한 Wittgenstein의 견해를 토대로 이성복 시를 감상하게 되면, 그가 시도한 자연과 인간의 이질적 접목, 역설적 미학의 구체화를 통한 시상 전개 방식에 주목하게 된다. 이를 통해 이성복이 시도하는 그만의 '배열' 방식이 혼종적이고 모순적인 세상의 그림을 그의 문법으로 재단한 형상적 구조물임을 발견하게 되는 것이다.

규칙에 기반한 유사성 확장으로서의 유희적 놀이를 강조하는 Wittgenstein의 후기 이론에 기반한다면, 이성복 시에서 또 다른 묘미를 발견하는 감상의 방법을 획득하게 된다. 관습과 제도라는 규칙에 토대를 두지만, 이를 일탈해 비판과 조롱의 유희적 언어놀이를 통해 유사 규칙을 양산하는 것이 Wittgenstein의 언어놀이의 핵심 개념기에, 이를 토대로 이성복 시를 감상하는 방법적 기획은 그의 시에서 표층적 문법성을 벗어나 맥락에 의존하는 심층적 문법 지향성과 일탈적 언어 유희성을 발견할 수 있게 된다. 따라서 Wittgenstein의 언어철학에 입각한 이성복 시 읽기 방법은 그 나름의 의의를 갖는다고 하겠다. 다만 특정한 언어철학 이론이 이성복 시 개인에만 한정될 수는 없기에 이성복 시인과 유사하게, 시대적 상황을 모방하되 작가의 독특한 안목을 토대로 현실을 재구성하면서도 창의적인 형상화 방법을 통해 주제 의식을 표출한 작품으로 확대 일반화할 수 있는지에 대한 후속 논의도 기약해 보고자 한다.

제2장 매체교육 방법

1. 기호학과 매체 언어로서의 국어교육

매체에 대한 관심은 단순한 자료 혹은 보조적인 위치에 머물지 않는다. 국어교육에서 다루어야 할 그리고 함양해야 할 능력으로 '문식성(literacy)'은 주목되어 왔다. 특히, 국가 주도의 교육과정 운영이 시작된 이래 1980년대 이후 '의사소통 능력'을 강조하고 국어를 '문화' 교육의 한 갈래로 인식하게 되면서부터 그 중요성은 부각되어 왔다고 하겠다. 하지만 최근에 이르러 문식성 교육에서 담당했던 음성과 문자 언어 중심의 관점에서 외연을 확장해 문식성 개념에 기호학적 관점을 차용함으로써 '매체'에 대한 또 다른 입장이 대두되기 시작했다. 이른바 '다중 문식성(multi-literacy)' 개념이 이에 해당하는 것으로, 문자 혹은 음성 언어뿐만 아니라 영상, 이미지, 소리, 음성

등 다양한 매체로 의사소통 수단을 확장함으로써 기호학점 관점에서 국어교육의 매체를 다루고자 하는 것이다. 의사소통을 위한 도구로서의 기표는 일정한 기의를 전제하고 소통 주체의 담화 관습을 전제로 생산되고 소비된다는 입장이 기호학적 태도인 것이다.

이처럼 국어교육에서 다루는 매체의 특성과 양상을 기호학에서 다루는 의미 소통의 수단으로서의 다양한 기표에 초점을 두기에 의사소통 능력의 함양을 주된 목표로 지향하는 국어교육에서 매체의 중요성은 확대될 수밖에 없어 보인다. 이러한 태도를 수용해 2007 개정 교육과정에서는 '매체 언어'라는 과목을 설정해 언어에 대한 관점을 문자 혹은 음성 언어에 한정하는 태도를 벗어나 '복합 언어적 관점'에서 '신문, 잡지, 라디오, 사진, 영화, 텔레비전, 인터넷, 광고' 등의 다중 매체를 적극 교육의 장으로 수용하고자 한 것이다. 이에 따라 2007 개정 교육과정에 따라 구성된 '매체 언어'라는 과목에서는 '매체 언어의 성격'에 대한 파악은 물론 '매체 언어와 사회 문화'적 관련성을 고찰함으로써 매체에 대한 사회적 요구에 대한 실질적 측면의 이해도에 주목하고자 하였다. 뿐만 아니라 '매체 언어'를 적극적으로 '수용'하고 '생산'하는 차원으로까지 나아감으로써 다양한 매체를 활용한 의사소통의 국면을 경험하고 능력을 확장시켜 나가고자 설계하였다.

하지만 매체의 수용과 생산은 기존 매체에 전제된 의미 파악 정도의 차원에 그침은 물론 실질적인 차원의 구체적인 교육 방법을 제시하지 못한 한계는 분명해 보인다. 단지 학생들이 일상에서 접하는 매체에 관심을 가지고 이를 이해하는 수준에 머문 점은 한계라 할만하다. 2015 개정 교육과정에서는 이러한 한계를 극복하기 위해 '언어와 매체'라는 과목을 설정하고 매체 생산을 통해 사회적 소통과 문화

형성에 참여하는 적극적인 교육 방법의 마련과 실천을 시도하고자 하였다. 이에 따라 '매체 언어의 활용'과 '매체에 관한 태도'를 강조하면서 실질적인 매체교육의 방법을 모색하고자 한다. 일상생활에서 접하는 매체 자료와의 소통을 강조한다든지, 매체 문화에 대한 비판적 태도를 지향하게 한다든지, 실제적인 국어 능력 함양을 위한 매체의 활용도를 강화하고자 하는 것이다. 하지만 2015 개정 교육과정에서도 매체교육을 위한 실질적인 방안의 마련과 적용에 있어서는 개선점이 분명해 보인다.

매체의 목적은 단순한 정보의 전달에만 있는 것이 아니라 소통 주체 상호 간의 '의미 공유'에 있는 것이다. 이러한 관점에 따라 헤르나디는 매체의 전달 환경을 세계와 텍스트 간의 도전과 반응으로 규정하고 이러한 소통이 이루어지는 매체 상황을 "기호로 재현시킬 수 있는 세계"와 "기호의 축적으로서의 세계"(최성민, 2017)로 나누어 보고자 한다. 이러한 관점에 기대면 현대 사회의 소통은 문자를 매개로 한 소통에만 국한되지 않고 세계의 다양한 국면을 표현하고 수용하고자 하는 기호를 매개로 한 소통으로 확장되는 것이다. 이때 강조되는 것이 언어를 대상으로 말하고 듣고 읽고 쓰는 역량이 강조되듯이 다양한 매체를 의미 전달의 수단으로 삼는 기호 소통의 상황에서는 다중 문식성에 방점이 놓이게 되는 것이다.

사물인터넷, 인공지능, 머신러닝, 가상현실과 증강현실이 강조되고 있는 4차 산업혁명 시대(류태호, 2018)의 상황에서 소통의 매체는 언어에만 국한되지 않고 영상이나 소리, 이미지 등이 정보통신 기술과 접목되어 학생들에게 이를 구현하고 소통할 수 있는 능력을 요구하게 되는 것이다. 현실 속에서 다양한 매체로 소통이 이루어지는 상황에 대한 대응은 물론 온라인상에서 콘텐츠의 생산과 소비 그리고 유통이 이루어지는 디지털 플랫폼 상황에 대한 적응력을 키워나가기 위해서는 다중 매체를 이해하고 감상하는 차원뿐만 아니라 적극적이고 유창한 생산자로서의 자질도 필요하다고 하겠다. 그러므로 이제는 1990년대 도입된 컴퓨터기반학습(CAI)에서 나아가 SW 교육은 물론 IT기술(김진희 외, 2018)의 이해를 토대로 다양한 플랫폼을 기반으로 한 콘텐츠 생산과 수용의 활성화 교육으로 그 가닥을 잡아가야 할 때라고 본다.

2007 개정 교육과정에서 발원하고 2015 개정 교육과정을 통해 매체교육에 대한 의지와 교육 방법이 강조되고 그 구체성이 모색되고 있음에도 '방법'적인 측면에서의 한계가 드러났듯이, 이제는 이러한 점을 보완해 매체의 수용과 생산의 과정에서 실제 상황에 적용 가능하고 실제적 맥락을 공유할 수 있는 다중 문식성 교육이 적극 시도되어야 할 때라고 본다. 그러기에 웹툰이나 대중가요, 드라마와 영화 등 실제 생활에서 접하게 되는 매체 결과물로서의 콘텐츠를 '대중문화'의 일부로만 인식하고 이를 수동적으로 받아들이는 '문화적 문식성'(최미숙 외, 2016)이라는 관점에서 벗어나 교육을 위한 실질적인 방법적 모색과 이를 현장에 적용해 나가는 단계적 절차를 밟아 학생들의 실천력을 함양할 수 있는 다중 문식성 교육이 필요한 시점이라 하겠다.

국어교육에서의 매체교육의 중요성에 대한 인식이 확산되고 이에 대한 준거로서 교육과정에서 그 구체적인 내용과 교수 학습 방안 및 평가에 대한 틀을 제시하며 이를 토대로 여러 출판사에서 교과서를 제작하고 이를 활용한 교육활동이 일선 현장에서 진행되고 있는 것이 사실이다. 하지만 이제는 매체교육이 바람직하고 효율적인 차원에서 이루어지고 있는가에 대한 농도 점검이 필요할 때이다. 현장에서의 매체교육이 다중 문식성을 함양하고 이를 현실에 적극 활용할 수 있는 역량으로 전이될 수 있는 여지와 그 효과가 가시화될 수 있는 것인지, 그리고 구체적인 교육 방안에 대해 점검하고 이를 보완할 수 있는 다양한 학습 방안을 제고해 나가고 있는지에 대한 반성이 필요한 것이다. 하지만 이 점에 대해서는 여전히 소극적인 입장을 취하고 있는 것이 교육현장이며 대안 마련을 위한 노력 역시 전무하다고 할 수 있다.

전국 사범대학 국어교육과에 개설되어 있는 매체 관련 강좌가 극히 일부 학과에 한정되어 있는 실정이며, 교사들의 재교육 기회로 제공되는 중등 국어 1급 정교사 자격 연수 과정에 개설된 매체 관련된 과목의 현황(김대희, 2010) 역시 어느 시도 교육청할 것 없이 지극히 저조한 실적을 보이고 있는 상황이기 때문이다. 학부 과정에서 매체교육의 실질적인 방법과 연습이 충분히 이루어지지 않은 상황에서 일선 현장의 국어교사로서 학생을 대상으로 교육 활동을 전개해 나간다는 것은 그 효과를 기대하기 어려울 수밖에 없다. 뿐만 아니라, 교사 자신의 교수 학습 역량에 대해 반성하고 이를 개선하기 위한 재교육 과정에서조차도 매체교육과 관련된 교육 방법에 대한 점검과 실질적인 활동을 추가로 학습하지 못한 상태에서 학생들을 지도한다는 것은 실질적인 차원의 매체교육 방법의 부재를 의미한다고 하겠다.

이러한 한계를 극복하고 실질적인 방법을 모색하기 위해서는 매체교육과 관련된 인식의 개선은 물론 구체적인 방법의 마련과 적용이 급선무라 할 것이다. 어찌 보면 매체교육이 교사 양성 과정에서 전면적으로 시행되지 않는 이유가 매체가 국어교육에서 부수적인 자료로 활용될 뿐 매체 자체가 실질적인 차원에서 교육되어야 한다는 인식이 결여되어 있기 때문이라 할 수 있을 것이다. 아울러 매체 언어를 음성 및 문자 언어와 동등한 국어교육의 대상으로 인정하고 단순히 매체 언어를 해석하는 수용적 차원에 머물지 않고 적극적으로 생산하는 작업의 시도가 일선 현장에서 이루어지는 의식적 개선이 필요해 보인다. 다양한 매체의 수용과 변용은 물론 이러한 교육 태도를 매체 생산과 상상력(이채연, 2007)의 적극적인 구현으로 진행시켜 나가는 수행 활동에 대한 안내와 방법 제시 및 적용이 필요한 것이다.

이렇게 보면 현장 교육에서 매체교육을 유용한 차원에서 시도하기 위해서는 매체와 관련된 이론적 내용을 제시하고 매체교육의 중요성을 인식적 차원에서 강조하는 단계에서 벗어나 이제는 실질적으로 현장에 적용 가능한 다채로운 교육 방안을 마련해 나가야 할 필요가 있어 보인다. 이를 위해서는 기존의 국어교육에서 다루었던 하위 영역들과 연계지어 매체교육의 방안을 모색해 본다든지, 혹은 실제 상황에서 경험하게 되는 매체 자체의 특성에 집중하고 이를 모방적으로 재구성해 보는 과정부터 매체교육의 실천적으로 접근하는 것도 유용하리라 본다. 문학에서 다루는 서사 개념을 광고 혹은 만화, 포스터와 같은 이미지 매체와 관련지어 매체교육을 시행한다든지, 신문기사를 서사에서의 묘사나 서술(김동환, 2010)과 같은 양식과 접목시켜 가면서 교육하는 것도 하나의 방법으로 채택할 만할 것이다.

엄격하게 말하면 교육과정에서 제시한 매체 관련 내용과 방법은 지극히 원론적 차원의 언급에 해당할 뿐, 교육 현장에서 적용할 만한 실질적 차원의 교수 학습 방법을 제시하지 못하고 있는 것이 분명하다. 교과서 역시 '언어와 매체'라는 과목명에서도 확인되듯이 언어

문법에 대한 이론적 설명과 매체 관련 내용이 묶여 있어 매체교육이 실질적 차원에서 이루어지는 데 근원적 한계를 가지고 있는 것이다. 매체교육 역시 언어 문법 교육과 같이 이론적 차원에 그칠 우려가 있기 때문이며, 다양한 매체에 대한 직접적인 체험과 매체를 생산하는 작업에 대한 명확하고도 단계적인 안내가 빈약하기 때문이다. 그러므로 매체교육은 수용과 감상에 대한 방법적 고찰을 바탕으로 생산과 제작에 초점을 두는 것이 마땅하리라 본다.

시놉스(synopsis)나 스토리보드(이상우 외, 2010)와 같은 개요 작성의 단계에 대한 체험에서부터 시나리오를 직접 작성해 매체 작성을 위한 실질적인 과정을 경험하게 하는 것이 무엇보다 소중하다고 하겠다. 하지만 매체 제작을 위한 초기 단계의 작업에서 그쳐서는 곤란하고 이를 확장시켜 매체 제작의 단계까지 실질적으로 나아가야 매체 교육의 본질에 다가갈 수 있을 것이다. 윈도우 무비 메이커나 곰플레이어 같은 편집 프로그램을 활용하거나 영상 편집 툴인 반티컷과 같은 다양한 저작 도구를 활용해 매체를 제작하는 과정을 적극 수행하는 것이 중요하다고 할 것이다. 이러한 과정을 통해 매체의 구성이나 편집, 프로그램이나 저작 도구의 활용 방안 등에 대해 익숙함을 배워나갈 수 있으리라 기대한다. 이러한 결과를 유튜브나 다양한 SNS 플랫폼 등에 업로드하고 이를 토대로 상호 소통하는 경험을 통해 명실상부한 다중 문식성을 경험하고 역량을 강화해 나갈 수 있게 되는 것이다.

영상 제작과 업로드뿐만 아니라 초급 단계에서는 만화, 기사, 포스터, 광고 콘티 제작 등 단순 이미지에 대한 매체 제작 경험에 초점을 두되 여기에서 나아가 음성이나 영상 등 다양한 매체를 복합적으로 활용해 매체를 제작하는 활동으로 이어갈 필요가 있는 것이다. 이처럼 매체교육은 다양한 매체를 활용해 특정한 주제에 대한 사용자의 정서와 의도를 창의적으로 구현할 수 있는 실질적인 차원의 방법적 교육이 이루어지기 위해 교사와 학생의 프로그램과 저작 도구 및 컴퓨터 기자재를 활용하는 경험을 확충해 나가는 것이 급선무라고 할 것이다. 매체 윤리를 준수하고 저작권을 침해하지 않는 차원에서 가급적 다양한 매체를 차시별로 계획하고 이에 대해 수용하고 생산하는 경험의 다양성을 확충해 나가는 것이 매체교육의 지향점이 되어야 할 것으로 본다.

2. 매체 언어 교육의 실태

국어교육에서 담당해야 할 교육 영역으로 의사소통(박재현, 2016)이 중심에 위치했던 바와 같이 현대 사회의 상황 맥락과 문화의 다변화로 인해 국어교육에서 다루어야 할 매체가 '언어'에 한정된다는 인식에서 벗어나 '다중 매체'로 확장되어야 함은 마땅하다. 언어에 제한되지 않고 영상, 소리, 이미지 등 다양한 매체를 국어교육의 장으로 수용하고 이에 대한 적극적인 교육을 위해 교육과정을 개편하고 이를 토대로 교과서를 개편해 현장에 적용하고 있는 것이 사실이다. 따라서 2015 개정 교육과정에 따라 집필된 '언어와 매체' 과목을 대상으로 매체교육의 실태를 분석하고 바람직한 매체교육의 방안을 제안해 보고자 한다.

10여 종에 해당하는 교과서가 교육과정의 기본 정신과 취지에 따라 집필되었고 대부분의 교과서가 갖는 편성 체제나 내용 및 기술 태도가 유사하기에 '미래엔'에서 편찬한 교과서를 대상으로 내용 분

1 다음 자료를 읽고, 매체 자료를 수용하는 다양한 관점에 대해 알아보자.

2 다음 기사를 읽고, 매체의 파급력에 대해 알아보는 활동을 해 보자.

3 음식을 소재로 한 프로그램을 선정하여, 이를 비판적으로 수용하는 활동을 해 보자.

(1) '음식'을 소재로 한 프로그램을 선정하고, 다음 항목에 따라 내용을 정리해 보자.

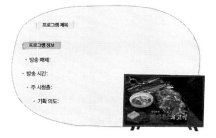

매체 수용 관련 학습활동 사례

석을 진행하고자 한다. '미래엔' 출판사에서 편찬한 '언어와 매체' 교과서는 크게 매체의 성격에 대한 이론적 이해, 매체의 수용, 그리고 매체의 생산으로 편성되어 있다. 이는 교육과정에서 강조했던 핵심 교육 영역에 부합하는 것으로 여타의 교과서에서도 발견되는 특징이라 할 수 있다. 특히 매체의 수용과 생산의 측면에 주안점을 두고 학습활동을 통해 이러한 부분에 대한 교육 활동이 어떻게 진행되고 있는지를 살펴 매체교육의 실태를 간접적으로 파악해 보고자 한다.

교과서에서 인용한 첫 번째 활동은 영화 관련 자료와 이에 대한 온라인상의 댓글을 개괄적으로 제시함으로써 영화 매체를 감상하고 이해하고 있는 매체 수용자들의 관점과 태도에 대해 파악하고자 한다. 영화와 온라인 매체를 교육의 장으로 수용하고 있다는 점에서는 현실 상황에서 구현되고 있는 매체의 실상을 적극적으로 반영하고자 하는 교육적 시도라고 할 수 있다. 뿐만 아니라 영화와 관련된 역사적 사실을 대비적으로 관련지음으로써 영상 매체와 텍스트 매체의 차이, 영화 매체의 구성상 특징에 주목하고자 한다. 아울러 매체에 대한 수용자들의 사실적 이해는 물론 정서적 측면과 감상의 다양성 등에 초점을 둠으로써 매체를 향유하는 자발성과 수용의 다양성 등도 부각시키고자 한다.

하지만 영화라는 매체 자체에 주목해 영화를 읽어내는 방식, 혹은 영화를 통해 개별 수용자의 감상 양상을 실질적으로 교육 현장에서 반영하지 못한 한계를 가지고 있음을 볼 수 있다. 뿐만 아니라 댓글에 나타난 수용자들의 관점과 태도를 파악하는 차원에 그치고 있어 학생 자신이 직접 댓글의 사용자, 혹은 소통자로서의 실질성을 경험하지 못하는 제약이 있음을 알 수 있다. 이러한 매체교육 방식은 영화와 SNS 상에서 이루어지는 다양한 매체가 교육의 대상이며, 그것들의 특징을 이해하는 차원에서는 교육적 의의를 갖는다고 할지라도 실생활에서 이루어지는 매체 현상에 대한 역동적 의사소통에 참여하는 역량을 기르기에는 분명한 한계를 갖는다고 할 수 있다.

영화에 대한 단순 정보의 제시가 영상 매체가 될 수 없으며, 정보를 읽고 이해하는 것이 영화를 감상하고 이해하는 다중 문식성에 대한 학습이 될 수 없기 때문이다. 아울러 온라인상에 댓글을 직접 달고 온라인에서의 소통이 갖는 정서적 효과와 체험 활동이 갖는 의미를, 텍스트화한 댓글의 분석과 동일시할 수는 없기 때문이다. 따라서 첫 번째 활동은 영상 매체 혹은 SNS 매체를 자료로 한 텍스트 이해 교육 정도에 불과하다고 할 수 있다. 직접적인 매체교육은 소멸되고 언어 자료에 의한 읽기 교육의 효과 이상은 기대하기 어렵다고 보는 것이 타당하다고 하겠다. 그러므로 '남한산성'을 직접 감상하고 그에 대한 학생들의 감상 결과를 다양한 매체로 표현하게 하거나, 자신만의 감상 방법 혹은 감상을 위한 주안점 등을 학생 상호 간에 자유롭게 논의하는 쪽으로 교육 활동을 구성하는 것이 바람직해 보인다. 아울러 SNS상에 그러한 자신의 감상과 이해의 결과를 직접 업로드 해 보는 활동이 보다 실질적인 차원에서의 매체교육에 해당한다고 할 수 있다.

두 번째 질문은 '기사'라는 매체를 통한 교육 활동에 해당한다. 기사 내용 자체도 온라인의 영향력과 파급력에 대한 것으로 형식과 내용이 모두 다중 매체 지향적이라 할 수 있다. 이런 점에서 매체의 효과라는 매체의 특성을 다룬다는 점에서 그 가치는 충분하다고 할 수 있다. 그리고 '연합뉴스'에서 게재한 온라인 기사를 발췌한 것이기에 문자 텍스트화된 신문과는 다른 매체 구성에 대한 경험을 통해,

학생들로 하여금 온라인 매체의 형식적 특징에 대해 이해하고 경험할 수 있는 장점을 갖는다 하겠다. 하지만 발문이 '매체의 파급력'에 대한 것이기에 정작 매체를 읽고 학생들이 개별적으로 느끼는 다양한 정서와 의미에 대한 의도적 제약이 구체화되어 있어 실질적 차원의 매체교육과는 거리가 있다고 할 수 있다.

온라인 기사를 통해 학생들이 학습해야 할 주된 사항은 매체 자체의 효과라기보다는 매체를 읽고 그 속에서 개별적으로 느낀 정서와 매체와 관련된 이해, 자신의 삶과의 연관성 그리고 그러한 매체의 형식적 특징에 대한 것들이라고 할 수 있다. 매체교육은 다중 매체를 읽고 쓰고 듣고 향유하는 역량을 강화하는 것이지 매체 자체의 특성을 지식적 차원에서 인지하는 것은 아니기 때문이다. 이런 점에서 위의 두 번째 활동은 문자 기사와 차별화되는 온라인 기사의 특징 이해와 그에 대한 실질적 차원의 정서적 체험, 그리고 온라인 기사의 구성과 형식 등에 대한 이해에 대한 관심도를 불식시킬 여지가 있어 보인다. 오히려 온라인 기사의 형식과 내용에 주목하고 이에 대한 학생 개별적 정서와 이해 여부를 파악한 후, 블로그 등을 통해 온라인 기사를 직접 작성해 업로드하는 활동이 매체 문식성 교육의 본질에 닿을 수 있으리라 본다.

세 번째 활동은 매체의 비판적 수용에 대한 활동이다. 이는 매체를 수동적으로 받아들이는 태도에서 벗어나 적극적으로 매체를 비판하고 개선의 여지를 줄 수 있는 능동적인 수용자적 태도를 함양한다는 점에서 매우 유용한 활동에 해당한다. 매체가 의사소통의 수단임을 인정한다면 영상 매체도 일방향적 전달과 수용이 아니라 건전하고 유용한 의사소통의 맥락을 형성해 간다는 측면에서 매체에 대한 분석과 비판적 태도는 필요하기 때문이다. 말과 글을 통해 의사표명과 그에 대한 비판과 반론이 담론 형성의 건전성과 유용성을 담보하듯이 '매체'에 의한 소통에 있어서도 매체 자체는 일방적 수용의 메시지가 되어서는 안 될 것이다.

하지만 위의 발문은 '프로그램명, 방송 매체, 시간, 시청층, 기획 의도' 등과 같이 매우 제한적 항목에 대한 고찰로 그치고 있음을 볼 수 있다. 텔레비전 매체일 경우 해당 프로그램의 구성과 진행 양상, 등장인물의 행동과 발언, 기획자의 의도 전달의 효과성, 화면 구성 및 편집의 적절성, 특수 효과 및 장치 사용의 유용성, 자막과 촬영 기법의 효과 등과 같이 다소 본질인 차원에 대한 고찰이 필요해 보인다. 이 모든 사항에 주목하는 것이 학생 입장에서 무리가 따른다면 적어도 핵심적이라 여겨지는 항목에 대한 발문과 절차적 접근은 고려되어야 할 것이라 본다. 프로그램을 평가할 때 어떠한 요소에 기대어 판단해야 하는지에 대한 일정한 기준을 제시하고 그에 따른 학생의 의견 제시와 개입을 의도적으로 유도할 필요가 있는 것이다.

매체 생산 관련 학습활동 사례

위의 인용 항목은 매체 생산과 관련된 사항들이다. 사실상 학생들이 다양한 매체를 수단으로 콘텐츠를 제작한다는 것은 일정한 제약이 따를 수밖에 없다. 영화, 뮤지컬, 드라마 등 다수의 장비와 인력이 확보되어야 하며 관련 정보 통신 기술과 프로그램에 대한 이해와 활용 능력도 필수적이기 때문이다. 하지만 전문적인 매체 창작자를 양성하고자 하는 것이 목적이 아니므로 최소한의 범위 내에서 해당 매체를 수단으로 소품을 제작해서 자신의 의사를 전달하고 이를 통해 소통하는 체험을 하는 것만으로도 유의미하다고 본다. 이런 차원에서 위에서 제시한 첫 번째 활동은 매우 의미심장해 보인다. 뉴스를 제작하는 툴인 앱을 활용하거나 관련 편집 프로그램을 활용해 뉴스를 제작해 보게 하는 수행 활동이기에 매체를 직접 다루고자 하는 의도가 매우 명확하다고 할 수 있다. 그리고 제작한 뉴스를 인터넷 플랫폼에 직접 업로드함으로써 그 결과물을 사용자들과 공유하고 이를 통해 매체 기반적 소통이 이루어질 수 있는 기회를 제공할 수 있다는 점에서도 의미 있는 활동이라 할 수 있다.

하지만 이러한 활동이 실질적인 제작과 경험을 통해 향유되는 것이 아니라 단순히 계획 단계의 개요를 작성하는 차원의 언어 매체에 한정된 계획 단계에 머무는 수준에 그치고 있다는 점이 매우 아쉽다. 어떤 내용의 기사를 어떤 플랫폼과 제작 도구를 활용해 제작하고 어떤 경로로 소통할 것인지 계획하는 단계에 거친다면 이는 실질적 차원의 매체 문식성 교육이라 할 수 없을 것이다. 교사의 매체 제작과 소통을 위한 구체적인 방안의 제시 이후 학생들이 직접 기자재와 프로그램 등을 활용해 매체를 작성해 보게 하는 경험이 적극적으로 이루어져야 하리라 본다. 실제로 스마트폰을 활용해 'Card News Maker'나 'Q 카드 뉴스'라는 앱을 설치해 활용한다면 뉴스 매체를 손쉽고도 활기차게 제작하는 경험을 해 볼 수 있기에, 지금의 매체적 상황은 매우 다양하면서도 개방적이라 할 수 있다.

두 번째 활동의 경우는 광고 동영상을 제작하는 것으로, '인권'이라는 사회적 관심사에 대해 학생들이 손쉽게 접할 수 있는 광고라는 형식에 의존해 영상 매체를 만들기 위한 활동이다. 광고 영상은 학생들에게 익숙할뿐더러 영상과 음악, 그리고 이미지와 문자가 복합적으로 결합되는 양식이기에 다중 문식성을 체험하기 위한 교육 활동으로 매우 유용하다고 할 수 있다. 또한 영화나 다큐와 같이 영상 제작 기법에 대한 이해와 활용 능력을 요구하는 갈래와는 달리 부담 없이 제작할 수 있다는 이점도 있다고 하겠다. 또한 광고는 스토리와 문자, 음악과 이미지가 어우러져 객관적 사실을 생생하게 전달하는 방식을 택하지 않고 다소간의 비유와 상징적인 효과도 동시에 노리기에 학생들의 상상력과 미적 감수성을 함양할 수 있다는 이점도 있다고 할 수 있다.

하지만 역시 두 번째 활동도 스토리보드를 작성하는 데 그치고 있어 실질적인 광고 매체 제작과 소통의 경험으로 이어지기 어려워 보인다. 뿐만 아니라 표현할 광고 매체의 주제와 줄거리라는 단순한 내용에만 집중하게 함으로써 광고 매체 제작을 위해 고려해야 할 세부 요소에 대한 교육 내용의 제시 측면에서도 부족함이 있다고 하겠다. 광고 매체는 주제와 줄거리를 토대로 다양한 복합 매체, 즉 영상, 이미지, 음악, 문자 등의 요소들이 효과적인 구성을 통해 효과가 극대화되도록 제작되어야 하기에 편집상의 요소가 무엇보다 중요하다고 할 수 있다. 그럼에도 주제와 줄거리에만 주목하는 것은 광고 영상 매체 제작의 지극히 초보적인 단계에 머무는 것이며, 실질적인 차원의 매체 소통과는 거리가 있는 것이다.

특정 출판사의 교과서만을 대상으로 교육활동을 분석한 것이기에 범박한 차원의 기술이라 문제 제기를 할 수도 있으나, 2015 개정 교육과정의 교육 내용과 방식에 입각해 제작된 여타의 교과서도 이와 유사한 집필 태도와 구성을 견지하고 있기에 논의와 분석이 편협해 보인다는 것은 지나친 견해라 할 것이다. '언어와 매체' 교과서가 교육과정의 기본 정신과 교육 내용을 포함하고자 하기에, 매체의 특질에 대한 이내나 매체의 수용과 생산에 대한 교육활동에 방점을 두고자 한다는 점에서는 그 의의가 있다고 판단된다. 하지만 매체의 수용이든 생산이든 구체적인 방법의 제시에 있어 미흡함이 보이고 실질적인 차원에서의 매체 제작과 소통의 경험이 형식적 차원에 그치고 있다는 것은 무엇보다 개선되어야 할 점이라 본다. 따라서 다음 장에서 이에 대한 대안으로 온라인 상에서 소통되고 있는 영상 매체를 대상으로 매체를 분석하는 구체적인 과정과 방법을 단계적으로 살펴봄으로써 매체교육을 실질적 차원에 수행하는 사례를 제시하고자 한다.

3. 매체 언어 분석 방법

국어교육에서 매체교육을 상정할 경우, 매체에 대한 분석은 이미 지나 영상, 그리고 소리를 기호학적 원리(류수열 외, 2014)에 따라 분석하고 그에 따라 의미를 추정하는 과정을 거칠 수밖에 없다고 하겠다. 활자화된 문학 텍스트로서의 서사물을 분석하는 것은 표현론이나 구조론 혹은 반영론과 수용 미학과 같은 다양한 방식으로 시도되어 왔으며, 이러한 작품 감상의 규준은 그대로 문학교육의 현장에 적극적으로 도입되어 활용되고 있는 실정이라 하겠다. 하지만 국어

교육 혹은 문학교육의 대상으로 '매체'에 방점을 두게 되면, '활자'에서 복합적이고도 다양한 '매체'로 그 범위가 확장된다고 하겠다. 이로써 분석을 위한 방법은 기호학적 관점을 중심으로 영화나 드라마, 웹툰이나 광고 등의 분석 방법론과 공조를 이룸으로써 제 길을 찾아갈 수 있으리라 본다.

'매체 텍스트'는 다양한 구성 요소로 이루어져 있다. 기호학적 관점에서 보면 기표와 기의라는 단순한 구조로 이원화해서 접근할 수 있으나, 기표의 측면에서 기존의 활자화된 인쇄매체에서 그 영역을 확장해 문자, 이미지, 영상, 소리 등 매우 다층적인 유형의 매체들을 복합적이고 통합적으로 포함하고 있다. 개별 기호로서의 이미지, 영상, 소리가 갖는 정서와 의미에 대한 파악은 물론, 다양한 기호적 요소가 결합되어 일정한 구성적 형상을 이루며 발생하는 이차적 의미와 정서에 대한 이해와 해석도 동반되어야 하는 것이다. 즉, 평면적 텍스트로서의 인쇄매체는 '결합'과 '구조'라는 형상적 자질을 구체적으로 갖지 않는 반면, 복합 매체로서의 '매체 텍스트'는 개별적 기호로서의 자질과 아울러 기호 간의 상호 결합과 작용을 통해 구성적 효과를 추가적으로 가지게 됨에 주목할 필요가 있어 보인다.

이러한 점에 착안해 '매체 텍스트 분석'을 위해, 페어클러프가 텍스트 분석을 위한 범주로 설정한 '어휘, 결합, 구조'(김병홍, 2012) 등의 요소 설정을 변용해 활용하고자 한다. 복합 매체 텍스트는 '어휘'에만 한정되지 않고 다양한 매체적 속성, 즉 이미지, 소리, 영상 등을 활용한 형상적 결과물이기에 어휘를 포함한 다중 매체로의 확장을 시도하는 것이 바람직하기 때문이다. 뿐만 아니라 기호학을 기호의 체계로 규정하고 기호의 범주에 이미지와 텍스트, 그리고 소리 등 다양한 매체를 허용하고, 이를 활용해 제작한 영화, 광고, 만화, 잡지,

사진(졸리, 2009) 따위를 기호학적 분석의 대상으로 상정한 바르트의 견해도 매체 분석을 위해 유용한 단서를 제공하고 있다. 그는 기표와 기의의 결합을 통해 구성되는 객관적 차원의 의미를 일차적 의미로, 그리고 개별 정서나 문화적 가치와의 연계를 통해 형성되는 의미를 신화적 의미로 규정한다.

체프먼과 이거는 바르트의 이러한 견해를 발전시켜 사회적 관습이나 개별적 성향에 의해 도출되는 신화적 의미의 추론 방식으로 '이항대립과 공통분모'라는 분석틀(정민경, 2018)을 제시한 바 있다. 퍼스는 기호학이 다루었던 기호의 외연을 확장적으로 분류하고자 하는 연구를 통해, 기호를 현실적 대상으로서의 도상과 물리적 인접성의 속성을 갖는 지표, 그리고 자의적 협약에 의해 구성된 상징으로 체계화하였다. 그레마스는 의미의 구조적 지향성에 초점을 두고 의미소들의 통합을 통해 형성되는 공통적이고 통합적 의미로서의 '동위소'(김기국, 2014) 개념을 제안하기도 하였다. 이러한 기존의 연구 성과를 고찰해 본다면 복합 매체 텍스트(임칠성 외, 2008)를 이해하고 감상하기 위한 분석틀로 '기호의 개별성', '구조적 관계성', '결합적 의미성'을 설정할 수 있겠다.

'기호의 개별성'은 복합 매체 텍스트의 개별 장면에 주목[1]하고자 하는 것이다. 웹툰이나 사진, 회화 등과 같은 정지된 평면적 매체 텍스트든 광고, 뮤직비디오, 영화, 드라마와 같은 입체적 매체 텍스트든, 모든 매체 텍스트는 개별 장면과 장면의 결합으로 이루어지기 때문이다. 학생들이 매체 텍스트를 감상할 때에도 순차적으로 구성

---

[1] 방탄소년단의 '다이너마이트'라는 뮤직비디오를 대상으로 매체 언어 텍스트를 분석해 보고자 한다. https:// www.youtube.com/ watch?v=gdZLi9oWNZg

된 장면을 감각을 통해 지각하고 단위 장면에 대한 집중과 그것의 연속적 재구성을 통해 전체 텍스트를 재현해 내는 것이다. 그러므로 개별 장면에 집중하고 그 장면에 배치된 다양한 이미지들의 독자적 특성에 일차적으로 주목하는 것이 매체 텍스트 분석의 첫걸음이라 할 수 있다. '기호의 개별성' 파악은 단위 장면을 대상으로 그 장면을 구성하고 있는 이미지, 소리, 영상 등의 개별 기호에 집중해서 그 하나하나의 특징을 살펴보는 단계라고 할 수 있다. 물론 복합 매체 텍스트는 다양한 장면의 연속과 결합이라는 방식으로 제시되는 경우가 대부분이고, 학생들이 복합 매체 텍스트를 감상할 때에도 연속성과 시간성이라는 속성에 의존하기 마련이다.

하지만 인간의 지각 과정(김도현 외, 2006)을 고려해 볼 때, 인간의 지각과 인지는 개별적 장면에 대한 초점화와 그에 대한 분석적 처리가 선행되며, 후속 장면들에 대한 분석 작업과 그 결과들의 총합을 통해 전체적인 인식이 가능하다. 따라서 '기호의 개별성'에 대한 강조는 다소 실질적인 감상의 국면을 인위적으로 분절시켜 놓았다는 인상을 줄 수도 있으나 복합 매체 텍스트의 효율적 분석을 위한 방법을 제시한다는 측면에서 하나의 사례가 될 수 있으리라 본다. 랜도우가 주목한 이미지와 서사가 결합된 텍스트 짜기(박유희, 2005)의 개념도 개별 장면의 이미지 분석을 염두에 둔 관점이라 할 수 있다. '기호의 개별성' 단계에서는 '개별 장면 선택, 장면 속 이미지 나열, 개별 이미지 특성 파악, 자발적 질문과 의문 제기, 의미 추론의 과정'을 거치면서 학생들의 자발적이고 주도적인 매체 분석을 시도해 볼 수 있다.

개별 장면은 인물, 사물, 대상, 배경, 소리, 문자 등 다양한 기호적 이미지로 형성된다. 장면을 구성하는 기호는 궁극적으로 구조적으로 결합되어 의미를 표상하지만, 구조적 결합과 의미 형상화 이전에 하나의 개별적 기호로 존재하는 것이 보다 근본적이라 할 수 있다. 그러므로 학생들이 기호 하나하나에 주목해 개별 기호의 특징과 속성을 차근차근 살펴보는 것이 선행되어야 할 것이다. 〈장면1〉은 '인물 이미지와 배경'이라는 기호 이미지로 구성되어 있다. 〈장면1〉을 학생들이 분석 대상 장면으로 선택했다면, 장면 속 이미지를 나열하는 작업이 이

〈장면1〉

어질 필요가 있다. '인물 이미지, 배경 이미지'와 같이 단순한 기술로 장면을 구성하는 이미지 기호(백재훈, 2019)를 기록할 수 있겠다. 이어 '개별 이미지 특성 파악'에서는 '여섯 인물이 장면의 앞에 배치, 인물 의상의 색깔과 유사성, 인물의 손동작과 얼굴의 방향성, 배경이 되는 하늘의 특징, 배경의 색깔이 주는 느낌' 등 기호 이미지의 자질에 대해 분석적으로 접근(김용수, 2019)하는 안목이 필요하다.

이후 진행되는 '자발적 질문과 의문 제기' 과정에서는 뒤이어 제기될 수 있는 '의미 추론 과정'과 연결 가능한 학생들의 개별 기호 이미지에 대한 궁금증을 드러내고 학생 상호 간 논의를 통해 그 답을 찾아가는 것이 초점화될 수 있어야 할 것이다. '인물들의 손동작이 대체로 어깨 아래로 향하는 이유, 얼굴이나 목의 방향이 사선이나 하늘을 향하는 이유, 배경으로 하늘이라는 공간이 부각된 이유, 배경에 서려 있는 붉은색이 유발하는 정서' 등의 질문을 제기하고 이에 대해 소통하는 논의 과정을 통해 '팔동작과 시선 처리를 통해 자기를 부각시키고자 하는 자신감과 열정, 모여 있는 인물들의 모습이 유발하는 젊음의 시너지 효과, 하늘을 채색하고 있는 붉은 기운을 통한

열정과 도전' 등의 의미를 발견하도록 교사의 유도와 피드백이 필요
하다고 할 수 있다.

〈장면2〉의 경우는 소리 이
미지를 문자 기호로 표시한 기
호가 추가로 제시되어 있으며,
〈장면1〉과는 달리 하나의 인
물 이미지만 제시되고 배경 이

〈장면2〉

미지가 강조되어 있음을 보게 된다. 따라서 '인물 이미지, 배경 이미
지, 문자 이미지'가 분석의 대상이 되며, 특히 배경 이미지의 특성
파악에 방점을 두는 것이 바람직해 보인다. '좁은 방, 벽에 걸린 사진
과 장식물, 모자와 옷가지, 오르간' 등 배경을 구성하는 다양한 이미
지에 집중하고 이것이 유발하는 의문점과 의미들에 대해 논의하는
시간을 가질 필요가 있어 보인다. 그리고 '내 안의 불꽃'으로 '이밤을
찬란히 밝히'고자 하는 노랫말 가사 기호와 이러한 가사를 가창하는
인물의 표정과 태도에도 주목하는 것이 마땅하다.

방안의 어지러운 모습들과 천정에 밝혀진 하나의 조명에만 의지
한 어두운 공간이 다소 협소해 보인다. 하지만, 왼쪽 벽면에 붙어
있는 인물 사진들의 이미지를 통해 인물의 스타들에 대한 지향성을
짐작할 수 있으며, 오른쪽 오르간 이미지는 인물의 음악적 취향을
대변하는 듯하다. 화면 중앙의 인물(김동환, 2010)의 얼굴 표정이 천정
의 불빛으로 환하게 빛나고 있으며 청재킷의 푸른빛과 어울려 젊은
이의 당당함이 부각되고 있다. 〈장면2〉에 시각적 기호로 구체화되어
있지는 않지만 장면을 타고 흐르는 경쾌하고도 발랄한 소리 이미지
는 '불꽃'과 같은 인물의 열정이 주목받기를 바라며 그것으로 인해
'이밤을 찬란히 밝히'고자 하는 의지를 느끼기에 충분하다고 하겠다.

〈장면1〉과 〈장면2〉를 대상으로 살펴보았듯이 '기호의 개별성'에 주목한 개별 장면의 매체에 대한 분석이 철저히 개별 이미지 기호에 대한 주목과 그것에 내재된 의미의 추론에 집중해 있음을 알 수 있다. 이러한 개별 기호에 주목한 일차적 의미 파악은 바르트의 언급처럼 기호의 객관적이고 명백한 의미인 '외시의미'(전영돈 외, 2008)를 분석하기 위한 단계라 할 수 있다. 하지만 이를 넘어 사회 관습적 의미 파악의 차원으로 나아가기 위해서는 구조와 의미 결합의 측면을 간과해서는 곤란하다. '구조적 관계성'은 장면 속에서 주목한 개별 이미지 기호의 관련성을 고려해 그 의미를 확장적으로 고찰해 보고자 하는 활동에 해당한다고 할 수 있다. '기호의 관련성 고찰, 의미의 확장과 변주 확인, 질문 확인과 반성적 성찰'의 과정을 통해 장면 속에 마련된 기호들의 통합적 관계와 그것이 유발하는 의미의 확장성을 파악해 낼 수 있겠다.

〈장면1〉에서 인물의 표정과 손동작 그리고 얼굴이 시선과 방향성, 인물의 의상 등에 주목함으로써, 꾸밈없는 소박함과 당당한 의지, 그리고 자신의 개성을 표출하려는 의도 등을 추론할 수 있었다. 이제 '구조적 관계성'에 주목해 개별 기호의 관련성을 고찰함으로써 이러한 의미는 좀 더 발산적 재고될 수 있다. 〈장면1〉에서 배경으로 제시된 이미지는 푸른 하늘의 이미지와 붉은색의 노을 이미지로 드러나고 있다. 인물의 시선과 얼굴의 방향이 푸른 하늘을 향하고 있다는 점에서 젊은이의 당당함이 현실에 대한 자신감과 이상을 지향하고자 하는 의지로 해석될 수 있을 것이다. 그리고 정면을 강하게 응시하는 표정과 비스듬히 고개짓을 하며 사선 방향으로 시선을 처리하고 있는 인물들의 모습이, 노을의 붉은빛과 연계되어 젊은이들 내면에 서려 있는 열정은 물론 좀 더 넓게 해석한다면 강한 반감까지도 짐작하게 한다. 기호와 기호의 관련성에 염두에 두고 의미가 어떻게 확장, 변주되는지를 학생들이 논의하고, 그렇게 파악한 의미를 재고찰하는 반성적 성찰의 과정을 통해 점진적으로 장면의 의미를 다듬어 갈 수 있으리라 본다.

물론 '구조적 관계성'은 개별 장면에만 국한되는 것은 아니다. 장면과 장면을 결합시켜 기호 이미지를 좀 더 확장적으로 탐색할 수도 있는 것이다. 〈장면1〉에서 파악한 구조적 의미를 토대로 〈장면2〉를 연계지어 살핀다면 좀 더 세세한 의미를 추론할 수 있게 된다. 〈장면2〉의 문자 이미지인 '내 안의 불꽃'을 참고한다면 〈장면1〉에서의 붉은 배경은 '불꽃'과 연관지을 수 있기에 젊은이의 내면에 존재하는 열정으로 이해하기에 충분하다고 하겠다. 또한 그러한 열정은 '이밤을 찬란히 밝히'고자 하는 명확한 의도와 행위로 이어진다고 할 수 있다. 〈장면2〉의 벽면에 걸려 있던 사진 이미지도, 〈장면2〉의 배경을 구성하던 오르간과 〈장면3〉을 연계시킨다면 인물이 선호하는 음악가 정도로 추론해 낼 수 있는 것이다. 이처럼 '구조적 관계성'에 대한 고찰은 개

〈장면3〉

별 장면을 구성하는 기호들의 결합 관계에 국한되는 것이 아니라, 장면과 장면의 연결성을 고려해 복합 매체 텍스트의 전체적 구성과도 연계되는 것으로 파악하는 것이 마땅하다.

〈장면4〉와 〈장면5〉는 도넛 가게의 내부와 외부의 장면에 해당한다. 그리고 〈장면6〉은 아이스크림 모형의 장식이 장착되어 있는 자동차의 외관이 전면에 형상화되어 있다. '기호의 개별성'에 주목해서 본다면 건물 위를 누르는 거대한 도넛과 자동차 위의 아이스크림은

단순한 먹을거리로 볼 수도 있
으나, 인스턴트 문명으로서의
현대 문화를 단적으로 상징하
는 것으로 읽을 수 있다. 〈장면
4〉에서 인물은 도넛 가게에 종
속된 존재로 일상을 살아가고,
〈장면5〉의 'OPEN'이라는 이
정표가 건물을 내리누르는 형
상의 거대한 도넛을 지시하듯,
현대인은 인스턴트식의 문명
에 종속될 뿐이다. 아울러 인
간의 일상에서 필요불가결한
자동차 위에 얹혀 있는 아이스
크림 역시 동일한 맥락에서 문

〈장면4〉

〈장면5〉

〈장면6〉

명의 지배를 상징하는 것으로 받아들일 수 있을 것이다.

　'구조적 관계성'을 고려해 장면을 결합시키면 위에서 고찰했듯이
문명에 대한 초점화가 강하게 부각됨을 알 수 있다. 하지만 문자와
소리 이미지(임찬 외, 2010)를 고려한다면 이러한 해석은 다소 확장적
으로 변모될 가능성을 갖는다. 〈장면4〉에서 스스로를 '다이아몬드'
라고 지칭하는 인물의 자신감 있는 몸동작, '내 안의 불꽃들로 이밤
을 찬란히 밝히'고자 하는 〈장면5〉의 모습, '정신 없이 흔들어'라고
주문하는 〈장면6〉의 인물을 통해, 현실을 소극적으로 받아들이지
않으려는 젊은이들의 의지와 개성을 강하게 발산하려는 태도를 짐
작할 수 있다. 이러한 장면들이 결합은 자연스럽게 '결합적 의미성'
에 대한 관심을 유발시키기에 충분하다고 할 수 있다. '결합적 의미

성'은 기호가 지시하는 객관적 의미에서 벗어나 신화적 의미, 상징적 의미, 공시 의미와 같이 사회 문화적 의미의 차원으로 의미역을 확장시키고자 하는 단계에 해당한다고 할 수 있다.

'결합적 의미성'은 '기호의 개별성'과 '구조적 관계성'의 차원에서 파악한 의미를 사회 문화적 범주로 확장해 기호와 장면의 연합을 통해 심층적인 의미를 파악하는 것이 무엇보다 중요하다고 하겠다. 그러므로 '1차 의미 확인, 장면의 구조와 연결성 재고, 심층적 의미 고찰'과 같은 과정을 거치면서 장면 속 기호와 기호들이 연결, 그리고 장면과 장면의 통합을 통해 의미를 사회 문화적 맥락으로 확장시켜 나갈 수 있도록 학생들을 안내하는 것이 필요하다고 하겠다. 이때 무엇보다 중요한 것은 이미 파악한 개별 기호의 의미와 장면의 연결을 통해 파악한 기존 의미를 확인함과 동시에, 장면의 연결성을 재고찰함으로써 의미 변주(박영욱, 2008)와 보완의 가능성을 탐구하는 것이라 할 수 있다.

〈장면7〉

〈장면8〉

〈장면9〉

〈장면7〉과 〈장면8〉을 통해 인물들은 '별' 그리고 '다이너마이트'와 동일시되고 있으며, 그것의 구체화를 위해 〈장면7〉에서는 하늘을 나는 비행기를 상징적 이미지로 배치하고, 〈장면9〉에서는 다이너마이트의 화려한 폭발을 배경으로 설정하고 있음을 보게 된다. '결합적 의미성'의 관점에서 장면을 연결한다면, 이 장에서 고찰하고자 한 복합 매체 텍스트는 '내부 공간'에서 '외부 공간'으로 확장되는 공간 이동을 확인하게 된다. 특히 〈장면2〉는 '내 안'이라는 문자 이미지의 상징성을 담보로 한다면 인물, 즉 젊은이의 내면 의식으로 규정지을 수 있을 것이다. 그리고 〈장면2〉와 〈장면3〉의 연결성은 젊은이의 내면에 자리 잡고 있는 음악적 취향, 유희적 본능, 낭만적 지향성을 상징하게 되며, 이러한 내면적 개성은 〈장면7〉에서 적극적으로 외재화됨으로써 당당한 자기 발산과 현실에 대한 개선의 메시지까지 제기하게 된다고 할 수 있다. 그것이 가능한 전제가 젊은이의 내면에 씨앗처럼 자리하고 있는 '불꽃'이 적극적으로 표출되는 '다이너마이트'로 증폭되고 이로써 현실은 '별'이라는 이상의 성취라는 국면으로 전환되기 때문이다.

'내 안, 불꽃, 다이너마이트, 별' 등의 문자 이미지와 결합된 연쇄적 장면들의 기호가 형상화하는 경쾌하고 발랄한 태도와 당당함의 지향성은, 소비문화(김성재 외, 1998)로 점철된 현실마저도 화려한 부활의 이미지인 '빛'으로 전환시키고 있음을 볼 수 있다. '이밤'과 '오늘밤'으로 표상된 '도넛'과 '아이스크림'이 환기하는 현대의 소비 문명은 단순한 비판과 기피의 대상이 아니라 젊은이가 표출하는 삶에 대한 긍정적 에너지로 인해 새로운 문명 건설의 가능성으로 선회한다고 할 수 있다. 결국 복합 매체 텍스트 분석을 위한 교육에서는 특정 장면을 대상으로 한 개별 이미지의 분석에서부터 시작해, 기호의 관계성과 장면의 구조적 관련성을 지속적으로 고려함으로써 표층적 의미 분석에서 나아가 사회 문화적 의미를 모색하는 방향으로 가닥을 잡아가는 것이 바람직하다고 하겠다.

전술한 매체 분석 방법은 매체 수용을 위한 구체적인 교육의 방안이라 할 수 있다. 영상의 각 장면에 드러난 대상이나 사물의 개별적 특성과 의미를 부각시킨 후, 개별적 이미지의 구조적 결합성을 통해 장면의 통일성을 지향하고 이에서 나아가, 장면과 장면의 연결을 고려한 전체적 구성에 집중해 정서와 의도를 파악하려는 작업이 단계적이면서도 비선조적으로 이루어질 필요가 있는 것이다. 영상 매체의 감상은 개별 영상을 단위로 그 속에 마련된 다양한 매체의 외형적 특성에 대한 초점화가 진행된 이후, 대상의 표면적이고 내재적 의미를 파악하는 단계로 이루어지는 것이 마땅하며, 이러한 작업 이후에는 영상과 영상의 결합 차원에서 정서와 의미를 타진하는 것이 필요하다고 할 수 있다.

　다소 분석적이고 작위적이라는 느낌이 들 수도 있으나 영상 매체에 대한 막연한 차원의 인상비평에 머문다면 다중 문식성을 위한 감상 원리의 파악은 물론 특정한 매체를 통해 학습한 매체 감상의 방법을 여타의 매체로 확장하고 자율적인 감상의 기준을 마련해 나가는 확장적 태도를 기대하기 어려울 것이다. 유튜브 영상이나 영화, 혹은 웹툰이나 시각 이미지 등 다양한 매체는 그 다양성만큼이나 매체를 생산하고 감상하기 위해 소요되는 다양한 자질이 존재하기에, 매체의 특질 파악을 토대로 그것을 구성하고 전달하는 체계에 대한 분석적 이해는 주요한 매체교육의 대상이 되어야 하리라 본다.

　매체 감상 차원에서 학생들이 주목한 개별 영상의 구성과 편집 원리에 대한 파악은 그대로 매체 제작의 단계로 활용될 수 있다. 매체에 대한 감상과 차원을 이원적이고 분리적인 것으로 인식할 것이 아니라, 기존에 학생들이 감상한 영상 매체를 대상으로 매체가 구성된 원리를 파악했다면 그것을 모방함으로써 매체 생산의 토대로 삼을 필요가 있을 것이다. 단순한 모방이 아니라 재구성이나 자발적 창작의 과정까지 나아갈 수 있도록 매체의 특성과 형식적 구성 등은 차용하되 학생들 나름대로의 응용력과 창의력을 발휘해 다양한 주제나 소재를 기반으로 매체 변용을 시도하는 것이 바람직해 보인다. 그러므로 감상 단계에서 매체의 구성과 편집이 어떻게 시도되었으며 내재된 의미를 탐색하는 원리로서의 체험을 기반으로 모방적이고도 창조적으로 활용 가능한 매체 제작의 규칙을 습득하는 것은 매체 감상뿐만 아니라 매체 생산을 위한 주요한 교육 방법의 일환으로 제시될 수 있을 것이다.

4. 기호학과 시 감상의 융합

현행 교육과정에 제시된 매체교육의 인식과 교육 방법에 대해 살피고 이를 반영한 매체 교과서 분석을 통해 현행 교과 상황에서의 매체교육의 장단점에 대해 탐색해 보았다. 이를 토대로 매체교육을 통한 다중 문식성 교육의 바람직한 목표를 이루기 위해서는, 매체교육의 실질적이고 실천적인 방법이 단계적으로 제시될 필요가 있음을 역설하였고, 나아가 그 방안으로 '기호의 개별성', '구조적 관계성', '결합적 의미성'이라는 교육 방법을 실제 영상 매체 분석에 적용해 보았다. 또한 이러한 교육 단계를 매체 감상의 과정뿐만 아니라 매체를 생산하는 국면에서도 활용 가능함을 부연하고 그 교육적 효과에 대한 기대를 전망해 보았다.

교육과정에 기술된 매체교육과 관련된 언급은 매체에 대한 인식과 생산 및 감상의 차원을 강조하는 것으로 분석 가능하다. 매체교육이 사회 현상의 변화에 따라 음성 언어와 문자 언어에 대한 문식성 차원에서 벗어난 새로운 문화 교육의 일환으로 시도되어야 함을 강조하고 있다. 이러한 점에 주목한다면 매체교육은 학생들이 미래 사회의 주역으로 혹은 그들의 사회 활동을 위한 준비 과정으로서 매우 긴요한 교육 내용으로 설정되어야 할 것으로 본다. 이러한 매체 교육의 중요성에 대한 인식 전환을 교육의 내용으로 부각시키고 있음에도 수용과 감상의 차원에서 이루어지는 구체적이고 실질적인 교육 방안이나 내용을 살펴보면 이론적 차원에 그치고 있다는 한계에 직면하게 된다. 매체는 관념적 차원의 대상으로 그쳐서는 안 되며 실제 사용과 소통을 전제로 한 것이기에, 교육 상황에서도 이 점을 고려해 학생들이 다양한 매체를 실질적으로 접하고 이를 적극 제작하고 소통하는 교육 방안의 마련이 시급해 보인다고 하겠다.

교과서의 경우도 언어 문법과 매체교육이 하나의 책으로 묶여 있어 매체를 이론적으로 살피는 우를 또한 범하고 있음을 보게 된다. 매체교육을 위한 활동에 있어서도 매체 제작 단계에서의 계획 차원에서 머물고 있으며 실질적인 제작이나 소통의 상황까지 나아가지 못하고 있다. 정보 통신 매체와 다양한 프로그램 및 통신 기기를 활용해 음성, 이미지, 영상 등 다양한 매체를 창조적이고도 생산적으로 제작할 수 있는 분위기가 마련되고, 이를 구현하기 위한 실질적인 방안의 마련과 적용이 필요하다고 할 수 있다. 따라서 구체적으로 현장에 적용할 수 있는 교육 방법으로 매체교육을 인상비평 정도로 대하고 있는 상황을 타개하고자 '기호의 개별성', '구조적 관계성', '결합적 의미성'이라는 방법을 제안하고 이를 토대로 유튜브의 영상 매체를 분석하고 감상하는 실례를 제시해 보았다.

이를 통해 매체 제작의 원리를 개별 영상에 주목해 분석하고 영상의 결합 방식과 편집 양상 등에 전제된 규칙들을 학생들이 파악함으로써 감상의 질적 수준을 향상할 수 있음을 제안해 보았다. 이론적 차원에 그친다면 이 역시 관념적 이론 학습으로 머물 수 있겠지만, 구체적인 매체를 대상으로 이루어지는 작업이기에 이러한 원리에 대한 이해는 다양한 매체 감상의 국면으로 활용 가능하리라 본다. 뿐만 아니라 영상의 구성과 사물의 제시 방법, 의미를 형상화하는 양상과 장면들의 결합 및 편집적 특징 등을 이해하는 안목은 자연스럽게 학생들의 매체 제작과 생산의 차원으로 이어져 그들의 개성과 정서에 맞는 창의적인 매체 소통으로 발전해 나갈 것으로 기대한다.

제3장 맥락 중심의 시 교육 방법

1. 자율성과 맥락을 고려한 시 교육

시 문학은 서정성과 압축성을 특징으로 한다. 굳이 '세계의 자아화'(조동일, 1992)라는 시 갈래를 이론화하고자 하는 관념적 표현을 차용하지 않더라도, 시 고유의 속성으로 손꼽히는 것은 시적 정서를 형상화하고자 하는 운율에 있음은 분명하다. 시 감상에 필연적으로 수반되는 난이도가 여기에서 비롯된다고 해도 과언은 아니다. 소설이 현실의 구체적인 상황을 배경으로 삼아 인물과 사건의 전개가 갈등이 증폭되고 잦아드는 국면들을 세세하게 서술하는 반면, 시는 '상징'을 통해 개별적인 사건의 전모를 차단하는 방식의 글쓰기를 고집해 나간다. 그러므로 시 감상의 장에서 학생들이 주목해야 할 사항은 시적 정서에 주목하는 읽기를 하되, 압축된 시상의 흐름을 자신의 문학적 경험과 시 해석 방식을 활용해 자신만의 방법으로 펼쳐 나가는 것이다. 교사 일방의 시독법을 개별 작품마다 제시하는 것은 무의미할 뿐만 아니라 시적 정서의 향유와 상징적 의미의 재구성이라는 시 감상의 본질에도 벗어나는 행위가 되는 것이다.

문학 감상의 대안으로 제시되고 있는 반응중심법이나 대화중심법(류수열 외, 2014) 등 다양한 종류의 문학교육 방법들이 지향하고 있는 것은, 감상의 중심에 '학생'을 위치시키고 있다는 것이다. 하지만 최근에 각광받고 있는 수용 이론이나 인지주의 혹은 사회구성주의에 기반한 여러 문학교육 방법론에 있어서도 학생의 자율성과 자발성을 충분히 보장하지만 아울러 텍스트 자체의 맥락(구인환 외, 1998)에 대한 비중도 철저히 고려해야 함을 강조하고 있다. 시 작품이 지니는 함축성과 상징성으로 인해 유발되는 해석의 힘겨움을 극복하기 위해서는 학생들의 적극적인 정서유발과 감상의 자의성을 충분히 인정하는 것이 무엇보다 우선시되어야 한다. 하지만 텍스트의 내적 맥락과 외적 맥락은 물론 작가적 맥락을 충분히 고려하는 것도 필연적으로 동반되어야 할 것으로 본다. 하지만 여기서 중요한 것은 작품과 관련된 맥락이나 작가적 맥락 정보를 교사 일방의 전달 행위로 채워져서는 안 된다는 것이다. '맥락'을 탐색하고 의미를 발견하는 행위는 학생 주도적으로 이루어지는 것이 문학교육에서는 지켜져야 하리라 본다.

시 감상 교육에서 강조되어야 할 '자율성'의 측면은 일차적으로 시 작품에 대한 학생 자신만의 온전한 감상이 선행되어야 한다. 대부분의 학생들은 시 텍스트를 접하게 되면 소설을 읽어 내려가는 것과 동일한 읽기 방식을 택하는 것이 대부분이다. 그리고 시어 속에서 특별한 상징적 의미를 분석해 내어야 한다는 강박관념에 휘둘려 시적 배경이나 분위기, 정서, 시적대상이나 화자의 어조나 갈등, 혹은 시행의 배열이 유발하는 다양한 감수성을 놓치기 쉽다. 그러므로 시 감상의 국면에서 작품을 거듭해서 읽으며 행단위의 시 배열을 해체해 일상적인 통사구조의 배열로 재구조화하고, 상징적 의미를 파악하기 이전에 일상의 의미인 1차적 의미, 즉 사전적 의미에 집중해 시를 것을 당부할 필요가 있다. '반복해서 읽기, 행과 연을 일반 통사구조로 바꾸기, 사전적 의미 찾기'가 시 교육에서 먼저 요구되어야 마땅하다.

　이러한 시도는 학생들로 하여금 시는 특별한 상징적 의미의 배열로 이루어진 난해한 문장의 나열이라는 인식을 잠재울 수 있으며, 시 역시 삶의 일상을 표현하기 위해 언어를 매개로 한 정서적 의미적 차원의 형상물이라는 것을 무의식중에 깨닫게 할 것이기 때문이다. 그리고 거듭해서 읽다보면 시의 운율감에 젖어들어 시 자체의 분위기나 정서를 점진적으로 찾아가게 되며, 이로써 학생 스스로도 반복해서 읽을 때마다 어조 및 분위기의 변화는 물론 정서의 차별화를 깨달을 수 있게 된다. 그러므로 시 감상 교육에서 반복적으로 충분히 시와 대면하고 그 속에서 언어적 감수성을 학생들이 텍스트와 교감할 수 있는 시간을 주는 것이 중요하다고 하겠다. 이를 '독자와 텍스트 맥락의 형성'이라 명명할 수 있다. 텍스트는 이미 작가에 의해 내적인 구조를 통해 일정한 맥락을 형성하고 있지만, 독자가 개별적으로 작품을 감상하는 과정을 통해 텍스트와 독자는 그들만의 창조적인 맥락을 재형성해 나가기에 그러하다.

　'독자와 텍스트 맥락의 형성'에서 일차적으로 '반복적 읽기, 행과 연의 재배열, 사전적 의미 탐색'이 이루어졌다면, 이제는 작품을 독자의 입장에서 느끼고 이해하는 과정으로 옮아갈 필요가 있다. '작품에서 무엇을 느꼈는지, 어떤 구절이 마음에 드는지, 표현 중에서 어떤 부분과 시어의 정서나 의미가 파악되지 않는지, 작품 속 화자나 시적대상의 경험과 유사한 학생들의 경험은 무엇인지, 작품 속 경험과 독자의 경험이 왜 유사하다고 생각하는지' 등을 학생 스스로 묻고 답할 수 있는 충분한 시간이 추가로 주어져야 한다. 물론 텍스트와 독자의 친근한 맥락 형성을 위해 제기되는 질문과 답은 오로지 학생의 몫으로 남겨두는 것이 바람직하다. 가능하면 학생 스스로 질문하고 답하는 방식을 택하되, 이러한 방법에 익숙하지 않은 학생들의 경우라면 교사의 직접적인 발문이나 학습지의 형태로 제공하고 이를 학생들이 선택적 혹은 전면적으로 수행해 나갈 수 있도록 하는 것이 필요해 보인다.

'독자와 텍스트 맥락의 형성'에서 통사구조 재구성을 통한 사전적 의미 발견 이후에 수행되는 '텍스트와 관련된 독자적 경험의 환기'가 충분히 이루어졌다면, 이제는 이러한 내용들을 학생들이 스스로 정리해서 텍스트화하는 과정으로 접어드는 것이 필요하다. 이러한 작업을 통해 학생들은 텍스트를 기반으로 유도되는 정서와 의미 내용에 다시 한번 주목하게 되며 이를 자신의 경험과 관련해 좀 더 확정적인 내용으로 구체화할 수 있기 때문이다. 이렇게 보면 '독자와 텍스트 맥락의 형성' 단계는 학생들이 시 작품에 다가설 수 있는 기회를 마련하는 것이며, 텍스트의 내용과 독자의 경험을 공유하면서 텍스트의 의미를 심화시켜 나갈 수 있는 단초로서 기능하게 되는 것이다. 작품에 대한 허용적 분위기의 조성과 독자의 작품에 대한 관심을 유도하기 위한 '독자와 텍스트 맥락의 형성'이 마무리되고 나면 이제는 '독자 상호 맥락 형성'으로 진행하는 것이 도움이 될 수 있다.

개인적 차원의 감상이 우선시되어야 하지만 이는 감상과 해석의 '자율성'에 갇혀 '텍스트 자체의 맥락'을 간과하거나 왜곡할 우려가 있기 때문에 독자들 상호 간의 논의를 통해 '텍스트 자체'의 맥락에 대한 충분한 토의가 추가될 필요가 있는 것이다. 개별 감상의 결과를 기록한 결과물을 토대로 자신의 생각을 발표하고 그에 대한 질문과 대답의 과정을 거치면서 남과 나의 감상에 대해 거듭 생각할 수 있는 시간을 가질 수 있다. '독자 상호 맥락 형성'의 단계에서는 '자율적 감상'에서 시도되었던 정서적 의미론적 측면의 작품 해석이 얼마만큼의 타당성을 가지고 허용될 수 있는지에 초점이 놓여야 마땅하다. 그러므로 '텍스트 내적 맥락과 외적 맥락', '작가적 맥락'(윤여탁 외, 2011) 등 다양한 차원의 근거를 통해 개인적 차원에서 이루어졌던 독자와의 맥락 형성이 타당성을 확보할 수 있을지를 지속적으로 검증하고 보완하는 과정이 필요하다고 하겠다.

'분위기와 정서, 그리고 어조에 대한 정서 파악(김재홍, 2015)이 작품 내부의 어떤 개별 시어들을 통해 뒷받침될 수 있는지, 시적화자의 정서와 태도를 어떤 근거로 확정지을 수 있는지, 작품의 배경과 시적 대상이 빚어내는 상황이나 갈등의 속성들이 어떤 시적 맥락을 통해 정당화될 수 있는지, 상징적 의미 파악의 어려움을 해소하기 위해 작가의 관련된 어떤 작품의 어떤 부분을 텍스트 외적 맥락(김종훈, 2016)으로 제시할 수 있는지, 작가의 시적 경향과 삶의 경험, 가치관 등을 통해 해당 시어를 어떻게 해석하고 감상할 수 있는지' 등을 세세하게 따져가는 것이 중요하다고 할 것이다. 이러한 사항을 개인적 차원에서 따져보는 것이 선행되어야 하겠지만 혹여나 개별 독자가 놓칠 수 있는 해석과 감상의 타당성을 '독자 상호 맥락의 형성'이라는 논의 과정을 통해 좀 더 거시적이고 입체적으로 접근해 보자는

것이다. 물론 이때 교사의 역할은 '학생들의 논의 과정'보다 우선시
되어서는 안 될 것이다.

질문과 논의는 철저히 학생 중심으로 진행하되 교사는 학생들이
놓치기 쉬운 질문이나 논의의 흐름을 방해하는 부적절한 토의 진행,
타당한 근거라고 많은 학생들에 의해 지지되는 요소이지만 기존의
담화공동체가 지지하고 있는 사항과 거리가 먼 경우에 한 해 개입하
는 것이 바람직하다고 할 것이다. 이때도 직접적인 설명과 정리보다
학생들의 사고 과정을 자극할 수 있도록 학생 스스로 논의와 협업을
통해 답을 찾아 갈 수 있는 분위기를 마련하는 것이 무엇보다 바람직
하다고 하겠다. 교사도 작품 감상 주체 중의 한 사람이라는 사실을
망각하지 말고 독자들의 '감상 자율성'과 '맥락 형성의 근거'가 동시
에 허용될 수 있는 범위 내에서 학생들과 소통하는 것이 바람직하다.
사실 시 해석에 있어 하나의 정답과 관점은 있을 수 없다고 해도
과언은 아니다. 담화공동체의 해석적 합의(양왕용, 1997)를 강조하고
는 있지만 담화공동체의 학문적 성격이나 가치관, 관점에 따라 작품
에 대한 해석적 논의는 다양하게 드러나는 것이 사실이다. 그러므로
교사에게 굳이 강요되는 사항이 있다면 다양한 담화공동체의 다양
한 입장을 학생들에게 제시하고 좀 더 타당한 해석을 학생들의 견해
속에서 탐색하게 하는 조력자로서의 자세일 것이다.

감상의 개별적 '자율성'과 텍스트와 작가의 '맥락'에 기반한 시
감상과 교육을 지향하고자 하며, 이러한 교육방법의 타당성을 보이
기 위해 '텍스트적 맥락'과 '작가적 맥락'을 중심으로 논의를 전개하
고자 한다. '텍스트적 맥락'은 작품 자체의 내적 맥락인 구성 요소를
토대로 작품의 해석과 감상에 접근하는 방법과, 동일 작가의 관련된
작품을 통해 시적 정서와 의미를 확정짓는 텍스트 외적 맥락을 동시

에 규정하는 것으로 보고자 한다. '작가적 맥락'은 작가의 시적 경향이나 가치관 및 태도를 통해 시적 의미를 파악하고자 하는 입장으로 단정짓고 이러한 방법들이 구체적인 개별 작품의 감상에 어떻게 적용될 수 있는지를 펼쳐가고자 한다. 특히 오규원 시의 경우 다양한 해석의 가능성을 갖는 상징성 높은 작품으로 손꼽히고 있기에, 해석의 여지가 많은 작품들을 어떻게 감상할 수 있을지를 '자율성'과 '맥락'을 동시적으로 고려하면서 접근할 수 있는 실질적인 방안을 제시해 보고자 하는 것이다.

2. '텍스트적 맥락'을 고려한 시 교육 방법

오규원의 작품들은 '언어'(김혜원, 2012)에 관심을 둔 결과물로 평가되고 있다. 특히 그는 '환유'적(정유미, 2011) 글쓰기를 중심으로 그의 시심을 형상화함으로써 기존의 비유적 글쓰기에 정면으로 도전하고자 한다. '시작법'(정경은, 2014)을 버리고자 하는 그의 도전적 글쓰기로 인해 오규원 작품의 해석 국면에서는 난해성이라는 꼬리표가 따라 다닐 수밖에 없다고 하겠다. 작품 속에 지속적으로 제기되는 오규원의 '아이러니적 사고'(박선영, 2004)는 시상의 전개 과정과 함께 낯설고 이질적인 이미지로 변모함으로써 난해성을 더욱 부추기는 효과로 작용하고 있는 것이다. 이처럼 작가의 독특하고 기발한 시적 가치인식에서 출발한 난해한 작품도 일차적으로 '독자와 텍스트 맥락의 형성'을 통해 학생들이 개별적으로 충분히 작품과 만나고 감상할 수 있는 자율적 분위기를 허용하는 것이 중요하다. 학생들의 개별적인 배경지식과 문학적 경험을 토대로 감상하고 해석하는 것

자체가 중요하며, 이 단계에서의 해석에 대한 오류와 타당성은 크게 문제삼지 않는 것이 오히려 바람직해 보인다. 그 이유는 감상의 자발성은 '타당성'에 대한 요구와는 상반된 결과로 돌아오기 때문이다.

텍스트의 내적 맥락을 통해 시 해석과 감상의 타당성을 확보하기 위해서는 우선 개별 시어의 유사성과 차별점(이혜원, 2015)에 주목하는 것이 바람직하다. 모든 시 작품이 그렇지는 않지만 대부분의 경우, 난해한 작품이라 하더라도 적어도 유사한 시어의 배열을 통해 상징적 의미를 형상화하는 것이 보통이기 때문이다. 원형적 상징, 관습적 상징의 경우는 이미 그 함의된 정서나 의미가 담화공동체의 의식 속에 전제되어 있기에 어느 정도의 문학에 대한 경험을 가진 독자들이라면 쉽게 그 의미를 도출해 낼 수 있다. 하지만 개인 상징의 경우는 다르다. 말 그대로 개인 상징은 개별 작품에 한정되거나 개별 독자의 수준에서 제시되는 지극히 제한된 의미 정보망을 가지는 것이기에 문학 경험이 적거나 개인 상징의 의미를 파악하는 방법에 익숙하지 않은 학생들의 경우, 그 의미를 파악하기란 여간 어렵지 않은 것이 사실이다.

> 인식의 마을은 회리바람이더라 흔들리는 언어이더라
> 무장한 나무들이더라
> 공장에선 석탄들이 결사적이더라
> 인식의 마을은 겨울이더라 강설이더라
> 바람이 동상에 걸린 가지를 자르더라
> 싸늘한 싸늘한 적설기더라 밤이더라
>
> ─오규원, 「인식의 마을」 전문

위 시를 토대로 '텍스트의 내적 맥락'을 살피는 교육활동을 전개하기 위해서는, 일단 학생들로 하여금 중심제재에 주목하게 하는 것이 선행되어야 할 것이다. '인식' 혹은 '인식의 마을'이 그것이다. 위 작품은 각 행들이 '인식의 마을'과 은유적으로 긴밀하게 연결되어 있다. 화자가 의도하는 '인식의 마을'이 어떤 정서와 의미를 형상화하고 있는지를 직접적으로 제시되지 않지만 유사한 시어들의 연쇄를 통해 이를 짐작할 수 있게 된다. '회리바람, 흔들리는 언어'를 통해 '인식' 혹은 개별적 인식이 통합적으로 일정한 군집을 이루는 '인식의 마을', 즉 인식과 관련된 '일반적 통념'은 회오리바람과 같이 '흔들리'는 속성을 가진 '언어'의 이미지를 가진다는 것이 화자의 견해인 것이다. 여기서 조금의 상상력을 발동하면 '흔들리는 언어'의 정서적 의미를 확인할 수 있다. 언어는 대부분 사고를 확정짓거나 모호하거나 불명확한 사실이나 관념을 구체적이고 확정적으로 표현하는 수단으로 이해된다. '언어'로 고착화되는 순간 일반적 통념상 그 의미는 고정된다고 보기 때문이다.

하지만 화자는 이러한 사회적 통념을 거부하고 있다. '언어'를 '흔들리는' '회리바람'이라고 명명하고 있기 때문이다. 그리고 '인식의 마을' 즉, 대부분의 사람들이 생각하는 인식의 총체인 보편적 사고관념이 언어에 대한 맹목적이고 절대적인 맹신이었다면, 화자는 이를 부정하고 '언어'를 '흔들리는' 것으로 규정함으로써 언어에 대한 절대성을 전면 부정하고 있음을 보게 된다. 또한 '공장에선 석탄들이 결사적'이라는 표현을 '인식의 마을'과 연결지어 이해하면, '인식의 마을'은 현대사회 전체를 상징하는 시어로 이해할 수 있다. 물질중심의 가치, 경제성장 중심의 논리에 편승한 현대사회는 '공장'과 '석탄'이라는 산업의 매개들과 온갖 자원들을 개발 중심의 논리로 몰아가며 그러한 것들을 통해 극단적인 물질적 사고 속으로 편입시키고 있기 때문이다. 현대사회는 그야말로 '공장' 즉, 산업화를 위해 그리고 '석탄'이라는 지하자원 즉 자연을 이익 창출의 수단으로 전유하기 위해 '결사적'으로 사고하고 행동하고 있음은 부인할 수 없다.

따라서 화자의 입장에서 산업화 중심의 개발 중심적 사고와 행태로 점철된 현대사회는 그러한 관습으로 '인식의 마을'을 형성하고 있기에, '겨울'일 수밖에 없으며 '강설'과 같이 차가운 분위기로 '바람이 동상에 걸린 가지를 자르'는 상황만이 연출될 수밖에 없다고 보는 것이다. 텍스트 내적 맥락(오세영, 2013a)을 고려해 시상의 과정을 따라 가면 이러한 감상과 해석은 지극히 타당한 견해로 수용될 수 있는 것이다. 그렇다면 여기서 '동상에 걸린 가지'는 무엇을 상징하는 것일까. 학생들의 자발적 감상 결과를 긍정적으로 수용한다면 다양한 대답이 가능할 것이다. 하지만 해답의 그물망을 비껴갈 수 없는 답 중의 하나는 바로, 화자와 독자를 포함한 '현대인'일 것이다. 우리는 '언어'라는 관념 중심의 사고를 표현하는 수단을 맹신하고 '언어'로 인해 모든 대상이나 구체적 사물들의 개별성을 절대적인 가치로 가시화하고 환원할 수 있다고 생각하고 있다.

뿐만 아니라 화자의 지적처럼 자연을 '석탄'이라는 수단으로만 인식하고 개발 중심의 논리에 편승해 '공장'이라는 산업화에만 길들여져 있는 '인식의 마을'에서 벗어나지 못하고 있는 것이다. 이로써 현대인 모두는 '동상에 걸린 가지'처럼 인간적 감수성과 감각을 상실한 채 '가지'가 잘리는 '싸늘한 적설기', 즉 냉혹하고 차가운 눈만이 쌓여가는 '밤' 속을 헤매는 군상들일 수밖에 없는 것이다. 다시 첫 행으로 돌아가 '인식의 마을'을 '흔들리는' '회리바람'과 같은 '언어'라는 구절을 되뇌어 본다면, 그 속에는 관념적 '인식', 물질 중심의 합리적 '인식'으로 인해 현대사회는 '회리바람'과 같이 흔들리는 '언어'만 난무한 공간임이 명확함을 발견하게 되는 것이다. 이러한 일련의 시적 연결성에 주목하고 점진적으로 그 정서와 의미를 파악해 나가기 위해 학생들은 지속적으로 문제를 제기하고 상호 논의를 함으로써 자신의 견해를 점검하고 조정해 나가는 과정을 거칠 필요가 있다고 하겠다.

> 잠이 오지 않는 밤이 잦다.
> 오늘도 감기지 않는 내 눈을 기다리다
> 잠이 혼자 먼저 잠들고, 잠의 옷도, 잠의 신발도,
> 잠의 문패도 잠들고
> 나는 남아서 혼자 먼저 잠든 잠을
> 내려다본다.
>
> 지친 잠은 내 옆에 쓰러지자마자 몸을 웅크리고
> 가느다랗게 코를 곤다.
> 나의 잠은 어디 있는가.
> 나의 잠은 방문까지는 왔다가 되돌아가는지
> 방 밖에서는 가끔
> 모래알 허물어지는 소리만 보내온다.
>
> 남들이 시를 쓸 때 나도 시를 쓴다는 일은
> 아무래도 민망한 일이라고
> 나의 시는 조그만 충격에도 다른 소리를 내고

잠이 오지 않는다. 오지 않는 나의 잠을

누가 대신 자는가.

남의 잠은 잠의 평화이고

나의 잠은 잠의 죽음이라고

남의 잠은 잠의 꿈이고

나의 잠은 잠의 현실이라고

나의 잠은 나를 위해

꺼이 꺼이 울면서 어디로 갔는가.

—오규원, 「남들이 시를 쓸 때」 전문

위 시는 기존이 시 감상 방법이나 통상적인 인식으로 접근하게
되면 매우 당혹감을 느끼게 된다. '잠이 오지 않는 밤'은 화자의 현재
적 상황을 이야기하는 것이다. 잠이 오지 않는 밤이기에 화자는 '오
늘도 감기지 않는 내 눈을 기다리'는 행위만 할 뿐인 것이다. 하지만
이어지는 구절인 '잠이 혼자 먼저 잠들고, 잠이 옷도, 잠의 신발도,
잠의 문패도 잠'든다는 부분은 모호하기 그지없다. 하지만 텍스트의
내적 맥락을 고려하되, 이미지와 이미지의 연쇄를 토대로 상상의
추론을 시도해 본다면 작가의 의도에 조금은 다가갈 수 있으리라
본다. '혼자 먼저 잠들고' '잠의 옷, 잠의 신발, 잠의 문패'도 잠들었다
고 하는데, 이때의 '잠'은 어떤 잠일까라는 의문을 먼저 제기해 봄직
하다. 이어지는 '나는 남아서 혼자 먼저 잠든 잠을 내려다본다'라고
시상을 전개하고 있기에, '잠이 혼자 먼저 잠들고, 잠의 옷도, 잠의
신발도, 잠의 문패도'에서 기술하고 있는 '잠'은 '나'와는 상반되는
정서적 의미를 지닌 대상으로 이해하는 것이 바람직하다.

'잠이 오지 않는 밤'과 '오늘도 감기지 않는 내 눈'을 고려했을 때 분명 '혼자 먼저 잠든 잠'에서의 '잠'은 '나'와는 대비적 의미를 지닌 존재일 수밖에 없는 것이다. 2연으로 옮아가면서 이미지를 좀 더 확장시켜 나가면 '나'와 '잠'의 대비에 전제된 실체적 정서 의미를 좀 더 파악할 수 있게 된다. '지친 잠'은 '쓰러지자마자 몸을 웅크리고 가느다랗게 코를 곤다'라는 구절과 '나의 잠은 어디 있는가'라는 부분을 통해 지금까지 기술되었던 '잠'과 '나'는, '잠'과 '나의 잠'으로 재구성될 수 있다. 즉 '잠'은 타인의 '잠'을 지칭하는 것으로, '나'의 상징적 의미는 타인과 변별되는 '나의 잠'으로 이해 가능하다. '잠의 옷, 잠의 신발, 잠의 문패'라는 표현을 통해 '잠'을 의인화함으로써 다소 이질적인 이미지를 형상화하고 있으나, 결국은 위의 시는 '타인의 잠'과 '나의 잠'을 대비시킴으로써 시상을 초점화하고 있는 것이다.

이어 4연에서 화자는 '오지 않는 나의 잠을 누가 대신 자는가'라고 반문하고 있다. 답은 이미 1연과 2연을 통해 제시되었다고 할 수 있다. 바로 '타인', 즉 '나의 잠'과 대비되는 '타인들의 잠'인 것이다. '잠'이 의인화되어 있으니 나를 제외한 타인들은 모두 숙면에 젖어들고 있음을 다소 생소한 이미지를 통해 형상화하고 있는 것이다. 다른 사람들은 '혼자 먼저 잠'에 빠져 있기에 화자가 보기에 '잠의 평화'와 '잠의 꿈'을 만끽하고 있음을 짐작할 수 있다. 하지만 화자의 '잠'은 잠들지 못하는 것이기에 '잠의 죽음'이며, 깨어서 현실의 상황을 직시할 수밖에 없는 것이기에 '잠의 현실'인 것이다. 화자는 끝으로 '나를 위'한 '잠'은 '꺼이 울면서 어디로 갔는가'라고 되묻고 있다. 다만 '나의 잠'은 '모래알 허물어지는 소리만 보내'올 뿐인 것이다. 잠들지 못하고 깨어 있는 화자에게, 잠들지 못하는 현실은 '모래알 허물어지는 소리'만 자각하는, 공허하고 적막하며 무미건조한 상황일 뿐이다.

여기에서 의문이 든다. 왜 화자는 잠들지 못하는가. 그 이유는 3연에서 드러나고 있다. '시를' 쓰기 때문이다. 그렇다면 단지 시를 쓰기 위해 깨어 있는 것인가. 그렇지는 않다. '남들이 시를 쓸 때' 동일한 방식과 가치관으로 '나도 시를 쓴다는 일은' '민망한 일'이라고 생각하기에, 화자는 기존의 시 쓰기 방식과는 차별화된 자신만의 시작법을 고집하기에 깨어 있을 수밖에 없는 것이다. 화자가 궁극적으로 도달하고자 하는 시작법은 '조그만 충격에도 다른 소리'를 내는 섬세하면서도 독특한 소리인 것이다. 감각이 무뎌 있는 삶의 방식과 이를 형상화하는 시적 태도가 아니라 예민하고도 감각적으로 삶을 형상화하고, 개별적이고 구체적인 삶의 모습을 생동감 있게 전하고자 하는 것이다. '조그만 충격'에도 '다른 소리'를 낼 수 있는 시는 통념적이고 관념적인 글쓰기가 아니라 구체적이고 감각적인 사물과 대상을 중심에 두고자 하는 시적 태도인 것이다.

이미지 연쇄를 통해 시의 내적 맥락을 충분히 고려하되, 위의 시처럼 맥락은 순차적으로 진행되는 것이 아니라 작가의 의도에 따라 다소 이질적이거나 비순차적일 수 있다. 1연에서 4연까지 순서대로 이미지를 결합시키고 상상적 이미지를 추론하기보다, 상황에 따라서는 1연에서 2연, 2연에서 4연, 그리고 다시 3연으로 그 시상의 전개 과정을 학생 스스로 재구조화 내지는 재형성해서 새롭게 이미지 연쇄를 짜보는 것이 필요하다고 할 수 있다. 그렇게 본다면 텍스트 내적 맥락을 형성하는 작업도 기본적으로는 시어의 연쇄를 통해 이미지를 이어가는 것이기는 하되, 시상의 배열을 적극적으로 재구조화함으로써 학생 자신만의 이미지를 설계하고 이를 토대로 상상력을 확장시켜 나가는 것이라 할 수 있을 것이다. 그리고 그러한 상상력은 또 다시 내적 맥락을 통해 타당성을 확보해 나가는 순환적 과정이 지속되어야 하리라 본다.

　　잠자는 일만큼 쉬운 일도 없는 것을, 그 일도 제대로 할 수 없어 두
　눈을 멀뚱멀뚱 뜨고 있는
　　밤 1시와 2시의 틈 사이로
　　밤 1시와 2시의 공상의 틈 사이로
　　문득 내가 잘못 살고 있다는 느낌, 그 느낌이
　　내 머리에 찬물을 한 바가지 퍼붓는다.

　　할 말 없어 돌아누워 두 눈을 멀뚱하고 있으면,
　　내 젖은 몸을 안고
　　이왕 잘못 살았으면 계속 잘못 하는 방법도 방법이라고
　　악마 같은 밤이 나를 속인다.

　　　　　　　　　　　　　　　　　─오규원, 「문득 잘못 살고 있다는 느낌이」 전문

　위에서 「남들이 시를 쓸 때」라는 작품을 작품의 내적 맥락을 통해 시적 정서와 의미에 접근하는 방법을 살폈다. 이제는 작가의 다른 작품들과의 상호텍스트성, 즉 작품 외적 맥락에 주목함으로써 감상을 확장할 필요가 있다. 「남들이 시를 쓸 때」에서 화자는 '잠이 오지 않는다'라고 언급하지만 그 명확한 이유는 제시되지 않았다. 텍스트 내적 맥락만으로 그 상황을 짐작하기란 쉽지 않다. 이를 위해 텍스트를 확장시켜 작가의 정서와 의도를 구체적으로 파악할 필요가 있는 것이다. 위에서 제시한 「문득 잘못 살고 있다는 느낌이」라는 작품에서 다소 구체적인 이유를 살필 수 있게 된다. 화자는 '잠자는 일만큼

쉬운 일도 없'지만 '그 일도 제대로 할 수 없'는 자신의 처지를 안타깝게 여기고 있다. 이어 '문득 내가 잘못 살고 있다는 느낌'에까지 인식이 확장되면서 화자의 불면의 원인이 '잘못' 산 자신의 삶에 대한 반성임을 알 수 있게 된다.

'잘못 살고 있다는 느낌'은 화자의 '머리에 찬물을 한 바가지' 퍼붓는 자기성찰과 자기 각성의 원인이 되고 있다. 하지만 '이왕 잘못 살았으면 계속 잘못 사는 방법도 방법'이라는 '악마 같은 밤' 즉 나의 반성을 와해시키는 현실적 조건과의 갈등으로 인해 화자는 더욱 번민의 불면에 빠져들게 되는 것이다. 결국 「문득 잘못 살고 있다는 느낌이」라는 외적 텍스트 맥락을 통해 화자가 잠 못 드는 이유는 '악마 같은 밤'과 '잘못 살고 있다는 느낌', 그리고 '계속 잘못' 살게 하는 현실 타협적 인식임을 알게 된다. 「남들이 시를 쓸 때」라는 작품을 통해 명확하게 진단할 수 없었던 화자의 잠 못 드는 원인을 「문득 잘못 살고 있다는 느낌이」라는 작품과의 상호텍스트성을 통해 모순적 현실과 인간적 조건의 한계 속에서 갈등하는 화자의 번민에 있음을 발견할 수 있다.

그렇다면 '악마 같은 밤'은 어떤 상황을 구체적으로 의미하는가. 「문득 잘못 살고 있다는 느낌이」에서는 화자의 불면의 원인에 대한 다소 포괄적이며 일반적인 차원의 암시만을 형상화할 뿐 그 구체적인 정황에 대해서는 언급을 하지 않고 있다. 이 또한 텍스트 외적 맥락의 형성을 통해 보완이 가능하다.

거리에서 가을은 느닷없이 1906년 2월 1일, 일본이 한국통감부를 설치한 일을 아느냐고 묻는다. 술집 뒷골목에서 조금씩 비틀거리는 내 앞을 가로막고 1960년 4월 25일에 대학 교수단 데모가 있었다고 말한다.

1960년 5월 29일에는 이승만 전 대통령이 하와이로 망명하고, 1910
년 6월 24일에는 구한국이 일본에 경찰권을 이양, 1885년 10월 8일에
는 일본인이 민비를 살해, 1905년 11월 4일에는 민영환이 자살, 1947년
12월 22일에는 김구가 남한 군정 반대 성명을 발표했는데,

　　　　　　　　　　　　　　　　　　　　─오규원, 「코스모스를 노래함」 부분

　「코스모스를 노래함」은 '악마 같은 밤'의 실체를 역사적 과정의
교차적 서술을 통해 구체적으로 보여주고 있다. 시적 긴장감이나
운율, 이미지의 압축성 같은 기교가 배제되고 서사적 기술처럼 상황
의 서술에만 집중하고 있어 시로서의 값을 가지는지에 대해 의문을
가질 수도 있을 것이다. 하지만 상황의 세세한 기술이나 서술자의
심리를 직접적으로 제시하는 기법을 활용하는 대신, 묘사에만 초점
을 둠으로써 대상과 화자의 거리를 낯설게 하려는 시도만으로도 충
분히 시적 기법에 해당한다고 하겠다. 또한 역사적 사건의 서술도
시간의 순서에 따라 순차적으로 기술하지 않고 과거와 현재를 넘나
들면서 형상화한 것을 통해 화자의 정서적 의미에 대한 함축적 시도
를 감행한 형상화 방법으로 볼 수 있기에 충분히 시적이라 하겠다.
　「코스모스를 노래함」에서는 4·19혁명을 전후한 시대적 갈등과 구
한말 제국주의에 의해 국권이 침탈당하는 과정을 교차하면서 서술
하고 있다. 즉 화자의 입장에서 이러한 굴곡어린 우리의 역사, 즉
집권 세력의 무능과 반복이 '악마 같은 밤'의 실체임을 보여주고 있
는 것이라 하겠다. '민영환의 자실'이나 '대학 교수단 데모'와 같은
저항의 움직임이 없지 않았으나 지식인의 목소리가 역사의 흐름을
바꾸어 놓기에는 역부족이었으며, '김구의 남한 군정 반대'라는 자주
적이며 민족 통합적 정치적 시도 역시 거대한 역사의 흐름 속에서는

미미한 것에 불과했음을 화자는 주목하고자 하는 것이다. 이렇게 본다면 「남들이 시를 쓸 때」에서 잠 못 드는 화자는 위 시의 '민영환'이나 '대학 교수단', 혹은 '김구'의 고민을 대신하는 주체임에 분명하지만, 역사적 변화의 주체가 되지 못하는 한계로 인해 화자의 밤은 '악마' 같은 공간일 수밖에 없는 것이다.

경복궁이 이 나라의 왕 고종을 궁녀의 교자에 태워 중신과 백성 몰래 밖으로 내보내버린 것은 1896년 2월 11일. 영추문은 경복궁이 시키는 대로 門을 열고 정동 러시아 공사관에 얻어놓은 단칸 전세방으로 가는 길만 눈으로 가리켰다.

이 나라의 겨울을 겨울답게, 겨울답게 맞이하기 위해 왕을 내보내버린 뒤 빈 궁궐로 춥고 긴 겨울을 맞이하던 경복궁. 본 사람이 있는지 모르겠다.

—오규원, 「경복궁 – 아관파천」 부분

위의 시는 좀 더 시대를 거슬러 '악마 같은 밤'의 원인을 규명하고 있다. '아관파천'이라는 치욕의 역사적 사실, 즉 '궁녀의 교자에 태워 중신과 백성 몰래 밖'으로 피신하는 '왕'의 무능과 비굴함이 '이 나라의 겨울을 겨울답게' 만드는 근원적 원인임을 과거에만 한정하지 않고, 화자가 존재하는 지금의 역사적 현장이 '악마 같은 밤'일 수밖에 없는 원인을 과거의 역사적 사건 속에서 다시금 발견하고자 하는 것이다. 이렇게 보면 「남들이 시를 쓸 때」에서 발견되는 화자의 고뇌가 개인적 측면의 일들과 관련된 것이라고 감상을 하더라도 큰 무리가 없었지만, 「코스모스를 노래함」과 「경복궁 – 아관파천」으로 텍스트 외적 맥락을 확장하게 되면 화자의 고뇌는 잘못된 사회구조와 위정자들의 책임의식의 부재라는 역사적이고 정치적 상황과 관련된 것임을 재발견하게 된다.

3. '작가적 맥락'을 고려한 시 교육 방법

작가 맥락을 고려한 시 감상은 작품 텍스트 차원을 넘어 작가의 의도나 가치관 등을 고려해 작품의 내적 정서와 의미(송하춘 외, 2014)를 살피는 작업이라 할 수 있다. 개인 상징성이 강한 현대시의 경우, 작가의 메타 텍스트에 해당하는 관련 시론이나 글들을 살핌으로써 문학 텍스트의 정서적 의미(오세영, 2013b)를 명확히 할 수 있다.

자원 전쟁 시대 유류 전쟁 시대 그러나 걱정 마라, 우회 전쟁시대, 이 글은 패배 전쟁 시대의 시 얘기가 아니니 오해 마라. 시는 언제나 패배이니 승리는 오해 마라.
시인의 나라는 높은 산 골짜기에 있다.
시인의 나라는 잎이 바싹거려도 살이 바싹바싹 부서지는 골짜기에 있다. 골짜기에는
실속 없는 장난
애매모호한 대화
무능한 노랫소리가 구름이 되어 산허리를 졸라맨다. 그때마다 산의 키가 항상 구체적으로 자란다.

산속 골짜기에는 李箱이 병신들과 함께 누워 히히닥거린다. 늙은 여

자 사이에서 릴케가, 동성 연애가 랭보가 낄낄낄 웃으며 보고 있다. 도망가는 여자 앞에 꽃을 뿌리는 병신 素月을 보며 萬海가 이별을 찬미하는(이별이 아름답다는 것은 흉한 거짓말이다!) 염불을 외운다.

시는 추상的이니 구상的은 오해 마라. 시인은 병신이니 안 병신은 오해 마라. 지금 한국은 산문이다. 정치도 산문 사회도 산문 시인도 산문이다. 산문적이기 위한 전쟁 시대, 시인들이 전쟁터로 끌려가는 모습이 보인다. 끌려가는 시인의 빛나는 제복, 끌려가지 못하는 병신들만 남아 제복도 없이 아, 시를 쓴다.

—오규원, 「시인들」 전문

위 작품의 시적 의미는 매우 난해하다. 작품의 내적 텍스트 맥락만으로 정서적 의미를 단정짓기에는 한계가 있다. 좀 더 구체적인 감상을 위해 작가적 맥락을 고려할 필요가 있어 보인다. 일차적으로 위 작품의 의미를 확장해 볼 수 있는 메타 텍스트를 살펴본다면, 「몇 개의 현상－Ⅱ. 환상의 땅」, 「꽃의 패러디」 등을 상정할 수 있겠다. 위 시에서 화자는 '시는 언제나 패배'라고 규정하면서 '시인의 나라'는 '골짜기'에 존재하며 '실속 없는 장난'과 '애매모호한 대화'가 본질임을 강조한다. 그리고 그러한 '산속 골짜기'에 거처하고 있는 '이상, 릴케, 랭보, 소월, 만해'와 같은 시인들을 '병신'으로 규정하고 있다. 시인에 대한 화자의 태도가 부정적임을 엿보게 된다. 이를 그의 메타 텍스트에 해당하는 「몇 개의 현상－Ⅱ. 환상의 땅」을 통해 의미를 심층적으로 따져 본다면, 언어 즉, 시인에 대한 화자의 부정적 태도가 어디에서 기인하고 있는지를 명확히 짐작하게 된다.

고요한 환상의

출장소

뜰, 뜰의

달콤한 구석에서

언어들이

쉬고 있다.

추상의 나뭇가지에

살고 있는

언어들 중의

몇몇은

위험한 나뭇가지 사이를

날아다니다

떨어져 죽고.

나의

고장난 수도꼭지에서도

뚜욱 뚜욱

언어들이 죽는다. (중략)

의식의

고장난 수도꼭지에서

쉰다.

—오규원, 「몇 개의 현상 – Ⅱ. 환상의 땅」 부분

　「몇 개의 현상 – Ⅱ. 환상의 땅」에서 화자는 '언어'의 거처가 '추상'의 공간임을 명확히 하며, 추상의 근원은 '의식'에 근거하고 있음을 볼 수 있다. '의식의 고장난 수도꼭지'에서 발원하는 '언어'는 구체성이 아니라 '추상'성을 지향하기에 삶으로 전환되는 것이 아니라 '죽'

음으로 소멸될 뿐이다. 언어가 자리하는 장소는 '고요한 환상', '달콤한 구석'이라 믿어지지만 이곳에서의 '언어'의 쉼은 찰나적인 착각일 뿐, 현실과 괴리된 채 '나뭇가지 사이를 날아다니다 떨어져 죽'고 마는, 현실 속에서 현실과 함께 호흡할 수 있는 언어로 자리매김하지 못하고 마는 것임을 화자는 주목하고 있다. 「몇 개의 현상－Ⅱ. 환상의 땅」라는 시는 '언어'와 '시', 그리고 그러함 결과물을 창조해 내는 '시인'에 대한 오규원의 메타적 인식을 담은 시라고 할 수 있다. 오규원의 시에 대한 이러한 인식은 아래의 시론(오규원, 1983)에서도 드러나고 있다.

나는 적어도 시란 내가 심은 꽃이 최소한 건물의 색깔이 낡았음을 알 수 있게 하는 존재여야 하고, 지금까지 알고 있던 식구들의 미적 감각이나 도덕 감각이란 일종의 고정 관념이었음을 깨닫게 하는 존재여야 한다고 생각한다. 왜냐하면 문화란 자연에 변화를 주어 온 人爲의 다른 이름이며, 그러므로 조화의 세계가 아니라 적어도 변혁을 꿈꾸는, 늘 인위에 의해 새로운 삶이 추가되는 세계라고 느끼기 때문이다.

위 시론에서 오규원은 인간의 '문화'를 '인위'적 삶이라고 규정한다. 그리고 인간에 의해 시도된 문화적 현상들이 '일종의 고정 관념'이었으며 '미적 감각'이나 '도덕 감각'이라는 것도 '고정 관념'에 종속되는 것들로 비판의 대상이 되어야 함을 역설하고 있다. '시' 역시 이러한 '고정 관념'에 부합했을 뿐, 오규원의 지적처럼 '낡았음'을 명확하게 인식하고 이를 형상화하는 역할을 하지 못했다는 자기반성의 목소리까지 들려주고 있는 것이다. 「몇 개의 현상－Ⅱ. 환상의 땅」라는 메타 텍스트와 시론을 통해 오규원의 작가적 맥락은 '시'와

'언어' 그리고 그들이 쏟아내는 작품들이 현실과 무관하게 난무하는 '환상' 자체임을 깨닫게 된다.

> 내가 그의 이름을 불러주기 전에는
> 그는 다만
> 왜곡될 순간을 기다리는 기다림
> 그것에 지나지 않았다.
>
> 내가 그의 이름을 불렀을 때
> 그는 곧 나에게로 오서
> 내가 부른 이름대로 모습을 바꾸었다.

—오규원, 「꽃의 패러디」 부분

메타 텍스트에 해당하는 위의 시도 '언어'와 '시'에 대한 부정적 인식을 담기는 마찬가지이다. 시인은 대상이나 사물을 시어를 통해 상상적 이미지로 재구조화하는 일을 담당하고 있다. 하지만 오규원에게 시인은 시어를 통해 대상의 본질을 '왜곡'시키는 존재일 뿐이다. 시인이 대상을 시어로 형상화하는 순간 시인이 '부른 이름대로 모습을 바'꿀 뿐이다. 시인은 새로운 정서나 의미를 창조해 내는 미의 전도사가 아니라 시인의 인식과 가치관 속에 대상을 가두어 둠으로써 대상과 사물을 획일화시키고 본질을 훼손시킬 뿐이라는 것이다. 그러므로 「시인들」에서처럼 화자는 '시'를 '추상적'이라고 규정짓고 '구상'이 사라져 가는 시작법에 경계적 태도를 늦추지 않는 것이라 하겠다. 오규원이 보기에 기존 시인의 시작법은 현실 속에 만연한 '자원 전쟁 시대', '유류 전쟁 시대'를 방불케 할 정도로 '우회'적으로 대상을

'추상'화시킴으로써 '우회 전쟁 시대'를 연출한다는 것이다.

　하지만 시인들의 '우회'적 시작법은 그대로 '언제나 패배'라는 결과만을 낳을 뿐, 독자와 세상에 공감대를 얻지 못하고 만다. 그러기에 시인은 늘 '산 골짜기'에서 '실속 없는 장난', '애매모호한 대화'만을 늘어놓는 '병신'인 것이다. 이는 관념을 표현하는 수단이라는 언어 자체의 한계에서 기인한 것이기도 하지만 함축적 상징만을 고집하는 시인들의 시작법도 벗어나야 할 한계임을 오규원은 경고하고 있는 것이다. 「시인들」에서 오규원은 '지금 한국은 산문'이라고 규정한다. 그리고 시인들이 '산문적이기 위한 전쟁 시대'로 '끌려'가고 있음을 강조한다. 이는 오규원이 '세계 속에 존재하는 사람, 사물, 도시, 자연들이 파편적으로 존재함을 보임으로써 세계 자체를 그려내고자 하는 산문 지향적 태도'(송기한, 2007)와 무관하지 않다.

　오규원은 그의 시론에서 언어의 관념성을 부정하고 급기야 '생성의 시간적 언어인 현상을 기록함으로써 살아 있는 언어와 굳어 있지 않은 의미로서의 이미지'(이찬, 2011)를 지향하고자 함을 밝힌 바 있다. 「시인들」을 통해 밝힌 오규원의 시적 경향이 급기야 사물 자체에 주안점을 둠으로써 대상과 세상의 묘사에 초점을 두게 한 것으로 이해 가능하다. 결국 오규원은 시를 통해 과도한 상징을 함축하거나 인간의 관념적이고 추상적인 가치를 옹호하기 위해 작품을 창작하고 향유하는 것이 아니라, 시인의 관점으로 세상을 보되 세상에 존재하는 사물이나 대상의 구체적인 모습을 묘사하고 서술해 냄으로써 생동감 있는 이미지를 전하고자 했던 것이다.

　이처럼 작가적 맥락을 고려한 시 감상 교육에서는 철저히 작가의 가치 인식을 탐색할 수 있는 작품과 텍스트에 토대를 두어야 할 것이다. 이때 교사 주도적으로 시적 의미나 정서를 설명할 것이 아니라 학생들이 자발적으로 감상 의미를 확정지을 수 있는 메타 시를 탐색하거나 관련 자료를 찾게 함으로써 과정 중심의 방법을 강요할 필요가 있겠다. 사실 모든 시적 의미는 나름대로의 근거를 가지고 시도되는 것이다. 교사 일방의 설명은 그러한 근거를 생략한 채 전달될 우려가 있으며, 설혹 근거가 제시된다고 하더라도 그것은 학생의 입장에서 의미를 해석하기 위한 근거 자료가 아니라는 것이 문제가 된다. 감상의 주체는 학생이 되어야 하며 타당한 감상의 결과를 제시하고 담화공동체와 동등한 위치에서 자기 감상 결과를 제시하고 소통하기 위해서는, 감상의 근거를 학생의 눈높이에서 찾고 제시할 필요가 있는 것이다.

물론 교사는 작가적 맥락을 형성할 수 있는 자료를 찾는 방법이나 요령을 충분히 사전에 안내할 필요는 있다. 가능하다면 교사의 시범을 통해 해당 작품을 작가적 맥락과 관련지어 어떻게 해석하고 감상하는지를 보여주는 것이 마땅하다. 또한 작품의 난이도에 따라 개별 활동이나 모둠 활동으로 다변화할 필요도 있으며, 교사의 개입보다는 학생들 상호 논의를 통해 작가적 맥락을 찾고 이를 적용하는 방법을 탐색하고 조절해 나가게 하는 것이 무엇보다 중요하리라 본다. 학생들이 문학 감상 수준이 높을 경우에는 위에서 언급한 것처럼 학생 주도적으로 상호 소통을 통해 활동하는 것이 바람직하지만, 초보 수준의 학생일 경우에는 메타 텍스트와 관련 자료를 교사가 사전에 본보기 시에 함께 제시하면서 학생들이 보조 자료를 활용해서 읽어 나가는 방법에 주목하게 할 수도 있을 것이다. 사실 문학 감상력이 낮은 학생의 경우, 관련 구절의 의미를 보완하거나 확정지을 자료를 찾기란 쉽지 않을 수도 있다. 작품에 대한 감상과 해석이 엉성하거나 오류가 있는 경우에는 학생의 주관적 해석에 기댄 채 자료를 선정함으로써 오히려 해석의 오류를 가중시킬 수도 있기 때문이다.

　　감동할 시간도 주지 않고 한 사내가
　　간다 감동할 시간도 주지 않고
　　뒷머리를 질끈 동여맨 여자의 모가지 하나가
　　여러 사내 어깨 사이에 끼인다
　　급히 여자가 자기의 모가지를 남의 몸에
　　붙인다. 두 발짝 가더니 다시
　　모가지를 남의 어깨 위에 붙여놓는다 나는
　　사람들을 비키며 제자리에 붙인다
　　감동할 시간도 주지 않고 한 여자의
　　핸드백과 한 여자의 아랫도리 사이
　　하얀 성모 마리아의 가슴에
　　주전자가 올라붙는다 마리아의 한쪽 가슴에서
　　물이 줄줄 흐른다 놀란 여자 하나
　　그 자리에 멈춘다 아스팔트가 꿈틀한다
　　꾹꾹 아스팔트를 제압하며 승용차가
　　간다 또 한 대 두 대의 트럭이
　　이런 사내와 저런 여자들을 썩썩 뭉개며
　　간다 사내와 여자들이 뭉개지며 감동할
　　시간을 주지 않고
　　나는 시간을 따로 잘라내어 만든다

　　　　　　　　　　　　　　　　　　—오규원, 「거리의 시간」 전문

위 시는 매우 기괴하게 읽힌다. 몽타주와 그로테스크라는 독특한 시적 기법이 사용되어 상징적 의미는 가중되는 듯하다. 하지만 위 시를 오규원이 강조한 "인간적 관점을 이탈한 전위적 풍경"의 지향성과 "인간이 배제된 자연 자체의 존재성 강조"(장동석, 2011)라는 태도에 주목한다면 해석과 감상의 가능성은 충분하다고 하겠다. 그리고 "정적인 사물 세계를 동적인 존재로 치환"(김문주, 2010)하고자 했던 그의 시론에 따른다면 「거리의 시간」이 사물의 중심의 관점에서 화자의 시선에 비친 현상을 묘사적으로 서술한 작품임을 파악하는 데 무리가 없어 보인다. 위 시는 화자의 '감동'이라는 시적 정서가 철저히 배제되어 있음을 보게 된다. '여자의 모가지 하나가 여러 사내 어깨 사이에 끼'이는 것은 먼 거리에서 화자의 시선이 포착한 대상의 모습을 그대로 서술한 것일 뿐이다. 행인들이 교차하는 모습을 먼발치에서 바라보면 몸과 몸이 교차하는 지점에서 순간적으로 기괴한 모습이 포착되기도 한다.

현실적 관점에서 보면 '여자의 모가지'가 '사내 어깨 사이에 끼'이는 일은 있을 수 없다. 하지만 관찰 대상과의 일정한 거리 유지와 순간적인 영상의 포착에 주목한다면 일상성을 넘어서는 이미지의 구축이 가능하기 때문이다. '여자가 자기의 모가지를 남의 몸에 붙'이는 것, '하얀 성모 마리아의 가슴에 주전자가 올라붙'는 모습, '마리아의 한쪽 가슴에서 물이 줄줄 흐'르는 장면, '아스팔트를 제압하며 승용차가' 가는 형상, '트럭이 이런 사내와 저런 여자들을 썩썩 뭉개며' 가는 영상 등이 일상 속에서 우리가 놓치고 있는 순간적이면서도 원시안적 관점에서는 충분히 구현되고 있는 모습들이라 할 수 있다. 주전자를 들고 가는 사람이 물을 쏟는 모습과 성모 마리아상이 근접해 놓여 있을 경우, 각도의 묘한 접점이 '마리아의 한쪽 가슴에서

물이' 흐르는 장면으로 보이게 하는 것이다. '사내'와 '여자'가 시선에 들어왔다가 그 앞을 '트럭'이 지나간다면 분명 그들은 순간적으로 모습이 사라지기에 '썩썩 뭉개'질 수밖에 없는 것이다.

「거리의 시간」을 통해 오규원은 철저히 인간적 관념을 배제하고 사물이나 대상이 보이는 대로 관찰하고 묘사하는 시작법을 고수하고자 하는 것이다. '언어'가 근원적으로 인간의 관념에 부합해 추상적 인식을 표현하는 수단에 불과한 것이며, 일반적 사고와는 달리 언어가 대상의 구체적 본질을 명확하게 드러내 보일 수 없으며 오히려 언어로 인해 사물의 본성이 왜곡될 수 있다는 것을 적시하고 이로부터 벗어나고자 하는 것이다. 이를 위해 오규원은 위의 시처럼 대상의 사물성에 주목하고 인간의 고정 관념이 배제된 순수한 사물의 세계를 시 속에 마련하고자 하는 것이라 하겠다. 오규원은 극단적으로 '사물 자체'가 '시'임을 역설하기도 한다.

사물이, 모든 사물이 그냥
그대로 한 편의 詩이듯
사람이, 사람들이 또한
모두 詩구나
詩가 그릇이라면 모든
사물도 그릇이며
詩가 밥이라면 모든
존재 또한 지상의 밥이니
대리석과 벽돌과 유리문
유리문의 손잡이
접혀오는 계절인 층계

명식이, 종만, 훈이며

—오규원, 「詩人 久甫氏의 一日4」 부분

위 시는 '사물이 그냥 그대로 한 편의 시'임을 강조하고 있다. 여기에서 '시'는 언어를 매개로 형상화된 것이기는 하지만, 기존의 언어와는 차별적이다. '시가 그릇이라면 모든 사물도 그릇'이고, '시가 밥이라면 모든 존재 또한 지상의 밥'이라고 함으로써 '시와 그릇, 사물과 그릇'을 동일한 위상으로 처리하고 있으며, '사와 밥, 존재와 지상의 밥' 또한 동등한 자격으로 등가성을 이루고 있다. 여기에는 사물로서의 그릇과 존재로서의 지상의 밥을 추상화하거나 관념화하고자 하는 시도가 배제된 채 오로지 시는 사물이나 존재의 실제성과 구체성을 드러내는 데에만 종사하고 있을 뿐이다. 오규원의 입장에서 시적 언어는 이처럼 추상성과 관념성이 배제되어야만 그 가치를 부여받게 되는 것이라 하겠다. 이러한 언어로 형상화된 시에서는 '대리석, 벽돌, 유리문, 손잡이, 계절, 명식이, 종만이, 훈'이라는 대상들이 등가적 가치로 자리하게 되며 그 자체로서 시적인 의의를 갖는다는 것이다.

물론 오규원의 시적 태도와 그의 창작물이 시 보편적 특성을 갖는 것이냐는 반문은 충분히 가능하다. 아울러 그의 시가 시적 미학을 충분히 함유하고 있는지에 대해서도 논란의 여지는 충분하다. 하지만 예술과 예술에 대한 인식이 미적 가치를 실현하고자 하는 작가 나름대로의 가치 태도이며, 형식의 파괴를 통해 새로운 미학적 인식을 구현하고자 하는 다양한 시도가 예술로 인정받아 왔기에 그의 창작물도 충분히 예술적이라 할 수 있을 것이라 본다. 이런 점에서 작가적 맥락을 형성하고 있는 작가의 미적 인식에 대해 학생들의 의견을 수렴하고 그들 사이에 논의되는 다양한 의견을 경청하는 것도 매우 유의미한 교육 방법 중 하나라 할 것이다.

4. 맥락 기반 인식과 시 감상

'맥락'에 주안점을 두어 시 감상 방법과 교육 방법을 모색해 보았다. 특히 오규원 시와 같이 난해한 작품을 대상으로 학생들이 자발적이고도 주체적으로 감상할 수 있는 방법으로 '텍스트적 맥락'과 '작가적 맥락'의 형성이 될 수 있음을 이론적으로 검토하고 구체적인 작품을 들어 이를 적용하는 방법을 논의하였다. 학생들의 경우 기존의 교육 방법에 익숙해 난해한 상징성이 배설된 작품의 경우 자발적으로 시적 정서와 의미를 탐색하고 그 근거를 스스로 마련해 감상 결과를 확정짓기보다, 교사의 설명에 일방적으로 의존하려는 경향을 강하게 보이곤 한다. 이를 극복하기 위해 텍스트의 맥락을 형성하는 개별 시어의 흐름, 시상의 전개 방식, 이미지 연쇄 등에 주목하고 이들의 관계를 따져 물으면서 점진적으로 상징적 의미에 접근하는 방법을 택함으로써 감상의 효율성이 증대되리라 기대한다.

뿐만 아니라 내적 텍스트 맥락만으로 그 의미를 확정짓기 어려운 경우, 동일 작가의 상호 텍스트성을 활용함으로써 텍스트 외적 맥락을 학생 스스로 찾아내고 이를 통해 시어의 의미를 규정할 수 있는 방법적 타당성에 대해서도 고찰해 보았다. 주제나 소재의 유사성, 화자의 정서나 시적 분위기의 근친성, 작가의 가치 인식이나 태도의 유사성을 입증할 수 있는 관련 텍스트를 물색하고 텍스트와 텍스트의 관련성에 최대한 집중함으로써 제시된 작품의 시적 의미를 좀 더 명확히 파악할 수 있는 것이다. 이럴 때 제시된 시 작품의 상징성이 해석의 모호성과 난해성을 유발해 확정적인 정서나 의미를 도출할 수 없는 경우이기에, 텍스트 외적 맥락을 형성하기 위해 도입되는 관련 텍스트는 추론과 상상의 가능성을 충족할 수 있는 것으로 마련할 필요가 있다.

작가적 맥락을 고려한 감상법은 작가의 직접적인 목소리를 텍스트에 교차시키는 것으로, 학생들로 하여금 작가의 인식을 명확히 할 수 있는 메타 텍스트와 시론, 관련 자료를 찾고 이를 적용시켜 가면서 의미를 명확히 하는 방법이다. 학생들 스스로 자료를 탐색하든 교사가 적절한 자료를 추가적으로 제시하든, 학생들은 제시된 작품과 관련된 자료에 주목하고 의미의 상징성을 해소하기 위해 적극적으로 재해석하는 과정으로 유도할 필요가 있다.

참고문헌

강계화 외(2006), 「문학텍스트를 통한 인성교육」, 『교육발전논총』 27(1), 충남
　　대학교 교육연구소, 31~50쪽.

강대석(2014), 『니체의 고독』, 중원문화.

강연호(2004), 「김수영 시에 나타난 내면 의식 연구」, 『현대문학이론연구』 22,
　　현대문학이론학회, 34~61쪽.

강영계(2007), 『니체와 문명 비판』, 철학과현실사.

강영기(2000), 「유하 시의 현실인식」, 『영주어문』 2, 영주어문학회, 161~189쪽.

강웅섭(2009), 「라깡의 불안 변증법과 탈경계」, 『현대정신분석』 11(2), 한국라
　　깡과현대정신분석학회, 7~27쪽.

강인애·정준환·정득년(2016), 『PBL의 실천적 이해』, 문음사.

강정구 외(2011), 「민중 개념의 다양성과 그 변천 과정」, 『현대문학의 연구』
　　43, 한국문학연구학회, 293~323쪽.

강정구 외(2016), 「1990년 전후 문학 속의 탈근대성 고찰」, 『세계문학비교연구』
　　57, 세계문학비교학회, 45~64쪽.

강정구(2014), 「유하 시에 나타난 욕망의 문제」, 『국제한인문학연구』 13, 국제
　　한인문학회, 5~26쪽.

강정구(2016), 「1980~90년대 황지우 시의 초월지향성 한 고찰」, 『한국문예비평
　　연구』 51, 한국현대문예비평학회, 133~154쪽.

강학순(2011), 『존재와 공간』, 한길사.

고명섭(2012), 『니체극장』, 김영사.

고병권(2001), 『니체, 천 개의 눈, 천 개의 길』, 소명출판.

고봉준(2017), 「미셸 푸코의 근대문학을 어떻게 읽을 것인가」, 『동남어문논집』 44, 동남어문학회, 5~25쪽.

고원(2017), 「미셸 푸코와 인문교정학」, 『교정담론』 11(1), 아시아교정포럼, 93~119쪽.

고지현 외(2012), 『포스토모던의 테제들』, 사월의책.

곽은희(2013), 「언어놀이 문화로서 수수께끼 의미연구」, 『언어사실과관점』 31, 연세대학교 언어정보연구원, 221~243쪽.

곽정연(2008), 「죽음충동이론에 입각한 영화분석」, 『독일문학』 105, 한국독어독문학회, 214~234쪽.

구연상(2011), 『하이데거의 존재물음에 대한 강의』, 채륜.

구인환 외(1998), 『문학교육론』, 삼지원.

구자광(2007), 「미-형식-기표」, 『현대정신분석』 9(1), 한국현대정신분석학회, 313~333쪽.

국가 교육과정 정보센터 http://www.ncic.go.kr/mobile.index2.do

권지현(2012), 「김수영 시에 나타난 죽음의 문제 연구」, 『인문과학연구』 32, 강원대학교 인문과학연구소, 59~84쪽.

권택영(2011), 『자크 라캉의 자연과 인간』, 한국문화사.

금교영(2014), 「인격전형과 인성교육 연구」, 『동서철학연구』 72, 한국동서철학회, 439~461쪽.

김경령 외(2014), 「예비교사의 교직인성 자기점검도구 개발 연구」, 『한국교원교육연구』 31(1), 한국교원교육학회, 117~139쪽.

김경복(1991), 「유하론」, 『오늘의문예비평』, 오늘의문예비평, 45~55쪽.

김경윤(2014), 「자유와 해방의 시인 김남주」, 『실천문학』 113, 실천문학사, 166~174쪽.

김광명(2012), 『칸트의 판단력비판 읽기』, 세창미디어.

김국현(2013), 「인성교육을 위한 교사의 역할 변화와 교사교육의 개선」, 『교원교육』 29(1), 한국교원대학교 교육연구원, 133~150쪽.

김규훈 외(2013), 「국어과 창의 인성 교육의 실행 원리 탐색」, 『국어교육』 140, 한국어교육학회, 409~448쪽.

김기국(2014), 「이미지 텍스트의 읽기교육 방법론」, 『언어와 문화』 10(2), 한국언어문화교육학회, 1~27쪽.

김기수(2009), 「칸트의 미적 세계관은 비판적인가 탈비판적인가」, 『칸트연구』 24, 한국칸트학회, 45~82쪽.

김나영(2016), 「이성복 초기시의 타자 연구」, 『우리어문연구』 55, 우리어문학회, 137~145쪽.

김난희(2013), 「황지우 해체시 텍스트의 의미생성과정 고찰」, 『국제어문』 59, 국제어문학회, 373~397쪽.

김대희(2010), 「중등 국어 교사 교육에서의 매체 언어 교육」, 『국어교육학연구』 37, 국어교육학회, 105~135쪽.

김도현 외(2006), 「인간 시각의 선택적 지각 능력에 기반한 패턴 분류」, 『한국정보통신학회논문지』 10(2), 한국정보통신학회, 398~405쪽.

김동규(2003), 「하이데거의 시적 언어론」, 『연세학술논집』 38, 연세대학교 대학원 총학생회, 64~82쪽.

김동환(2010), 「소설과 매체 서사 교육의 상호작용적 방법의 모색」, 『국어교육학연구』 37, 국어교육학회, 75~104쪽.

김명인 외(2005), 『살아있는 김수영』, 창비.

김명인(2002), 『김수영, 근대를 향한 모험』, 소명출판.

김명진(2007), 「학교교육을 통한 인성교육의 방법 연구」, 『윤리교육연구』 13, 한국윤리교육학회, 291~312쪽.

김문주(2010), 「오규원 후기시의 자연 형상 연구」, 『한국근대문학연구』 22, 한국근대문학회, 145~168쪽.

김미선(2012), 「문교육을 통한 인성교육의 일방향」, 『한국의청소년문화』 20,

한국청소년효문화학회, 251~276쪽.

김미정(2004), 「김수영 시의 실존 의식 연구」, 『국어국문학』 23, 국제어문학회, 21~31쪽.

김미정(2005), 「김수영 시의 차이와 동일성 연구」, 『한국근대문학연구』 6(2), 한국근대문학회, 290~328쪽.

김민지(2018), 「장정일 시에 나타난 도시성 연구」, 『비평문학』 69, 한국비평문학회, 67~90쪽.

김민지(2019), 「김남주 시의 가족 민중 공동체」, 『어문논총』 35, 전남대학교 한국어문학연구소, 71~102쪽.

김병홍(2012), 「대중매체 언어 분석 방법론」, 『우리말연구』 30, 우리말학회, 5~39쪽.

김병환(2012), 「대중문화세계에서 회화·영화 속 이미지에 대한 융합·통일·차이의 철학적 분석」, 『철학논총』 69, 새한철학회, 3~42쪽.

김상환(1998), 『해체론 시대의 철학』, 문학과지성사.

김상환 외(2002), 『니체가 뒤흔든 철학 100년』, 민음사.

김석(2010), 『무의식에로의 초대』, 김영사.

김석·김정한·이성민·정혁현(2014), 『라캉과 지젝』, 글항아리.

김성규(2014), 「황지우 시의 신화비평적 연구」, 『어문연구』 80, 어문연구학회, 325~347쪽.

김성룡(2013), 「인성 교육을 위한 문학 교육」, 『청람어문교육』 47, 청람어문교육학회, 289~317쪽.

김성숙(2008), 「이성복의 초기 시에 나타난 공간의 상징성」, 『현대문학의연구』 36, 한국문학연구학회, 282~295쪽.

김성재 외(1998), 『매체미학』, 나남출판.

김소영(2016), 「상상계 상징계 실재계를 넘나드는 욕망의 양상」, 『인문콘텐츠』 41, 인문콘텐츠학회, 265~278쪽.

김수영(2015), 『김수영 전집2 산문』, 민음사.

김수용(2016), 『아름다움과 인간의 조건』, 한국문화사.

김승철(2007), 「라깡의 무의식과 언어」, 『현대정신분석』 9(1), 한국라깡과현대정신분석학회, 287~312쪽.

김신정(2012), 「강은교와 최승자 시에 나타난 유기 모티프」, 『비평문학』 46, 한국비평문학회, 167~198쪽.

김영민(2006), 「하이데거/ 라깡」, 『현대정신분석』 8(2), 한국현대정신분석학회, 67~94쪽.

김영옥(1997), 「김남주론」, 『문예시학』 8(1), 충남시문학회, 119~131쪽.

김영진(1994), 「비트겐슈타인의 언어놀이와 오스틴의 화행」, 『철학연구』 34(1), 철학연구회, 267~279쪽.

김용규(2006), 「시뮬라크르의 물질성과 탈재현의 정치학」, 『영어영문학』 52(2), 한국영어영문학회, 307~337쪽.

김용수(2019), 『드라마 분석 방법론』, 집문당.

김용희(2005), 「대중문화 1세대의 문화적 기억과 망각」, 『현대문학의연구』 27, 한국문학연구학회, 31~63쪽.

김유중(2009), 「하이데거 시 이해의 관점에서 본 김수영 문학의 근본 목표」, 『현대유럽철학연구』 19, 한국하이데거학회, 35~62쪽.

김유중(2010), 『김수영과 하이데거』, 민음사.

김윤배(2014), 『김수영 시학』, 국학자료원.

김인옥(2014), 「최승자 시에 나타난 존재인식의 표현 양상 연구」, 『한국문예비평연구』 43, 한국현대문예비평학회, 5~28쪽.

김인옥(2015), 「황동규 시에 나타난 제의성」, 『한국문예비평연구』 47, 한국현대문예비평학회, 5~26쪽.

김재홍(2015), 『생명 사랑 평등의 시학 탐구』, 서정시학.

김정석(2009), 「김수영의 아비투스에 관한 연구」, 숭실대학교 박사논문.

김정신(2011), 「이성복 시에 나타난 소외 극복 과정 고찰」, 『현대문학이론연구』 44, 현대문학이론학회, 181~195쪽.

김정신(2014), 「최승자 시에 나타난 부정의 정신」, 『현대문학이론연구』 58, 현대문학이론학회, 183~207쪽.

김정신(2015), 「최승자의 번역 텍스트와 초기시에 나타난 고통의 시학」, 『한국문학이론과비평』 19(4), 한국문학이론과비평학회, 34~61쪽.

김정신(2017), 「최승자 시에 나타난 사랑의 의미」, 『한국시학연구』 49, 한국시학회, 11~38쪽.

김정한(1994), 「인간본성 및 인간관에 대한 기본 가정 분석」, 『학생연구』 22, 동아대학교 학생생활연구소, 109~120쪽.

김정현(2006), 『니체, 생명과 치유의 철학』, 책세상.

김정현(2013), 『철학과마음의 치유』, 책세상.

김정현(2018), 「70년대 텍스트에 나타난 민중의 형성과 그 결절지점」, 『한국현대문학연구』 56, 한국현대문학회, 91~129쪽.

김종훈(2009), 「김수영 시의 부정어 연구」, 『정신문화연구』 32(3), 한국학중앙연구원, 333~357쪽.

김종훈(2016), 『정밀한 시 읽기』, 서정시학.

김주휘(2014), 「니체에게서 삶의 긍정 및 구원과 위버멘쉬」, 『철학연구』 131, 대한철학회, 77~103쪽.

김지녀(2011), 「김수영 시에 나타나는 타자의 시선과 자유의 의미」, 『한국문예비평연구』 34, 한국현대문예비평학회, 121~150쪽.

김지연(2008), 「이형기 시에 나타난 허무의 판타지」, 『한국문학논총』 50, 한국문학회, 351~378쪽.

김지연(2011), 「이형기 시의 허무의식 연구」, 『시학과 언어학』 20, 시학과언어학회, 55~79쪽.

김지연(2012), 「이형기의 문학에 미친 보르헤스의 영향 연구」, 『시학과 언어학』 22, 시학과언어학회, 125~151쪽.

김지연(2014), 「보르헤스와 이형기 시의 비교 연구」, 『비교문학』 62, 한국비교문학회, 53~84쪽.

김진희 외(2018), 『미래교육이 시작되다』, 테크빌교육(즐거운학교).

김창환(2014), 『1950년대 모더니즘 시의 알레고리적 미의식 연구』, 소명출판.

김풍기(2015), 「언어의 위계화와 새로운 언어권력의 탄생」, 『용봉인문논총』 46, 전남대학교 인문학연구소, 59~73쪽.

김현수(2005), 「학생 인성평가 도구 개발을 위한 탐색적 연구」, 『도덕윤리과교육연구』 21, 한국도덕윤리과교육학회, 283~306쪽.

김현주(2005), 「라깡의 실재계적 관점에서 파우스투스의 욕망읽기」, 『고전르네상스영문학』 14(2), 한국중세근세영문학회, 35~54쪽.

김형수(2019), 「저항적 운명을 노래했던 시인」, 『문학들』 55, 심미안, 112~120쪽.

김형숙(2012), 「예술교육을 통한 창의 인성 교육」, 『미술교육연구논총』 32, 한국교육대미술교육학회, 1~29쪽.

김형효(2002), 『하이데거와 마음의 철학』, 청계.

김혜숙(2014), 「이형기 시의 서정성 연구」, 『한국문화기술』 17, 단국대학교 한국문화기술연구소, 39~69쪽.

김혜숙 외(2008), 『인간관계론』, 양서원.

김혜원(2012), 「오규원의 '날이미지시'에 나타난 사진적 특성」, 『한국언어문학』 83, 한국언어문학회, 305~330쪽.

김홍진(2008), 「도시 산책자의 미적 체험과 의미범주」, 『새국어교육』 80, 한국국어교육학회, 587~610쪽.

남경아(2014), 「라깡의 죽음충동과 주체의 자유」, 『범한철학』 73, 범한철학회, 85~105쪽.

남경아(2015), 「한국사회의 자살 충동과 저널치료」, 『철학논총』 79, 새한철학회, 12~28쪽.

남경희(2006), 『비트겐슈타인과 현대철학의 언어적 전회』, 이화여자대학교 출판부.

남궁달화(2005), 『인성교육론』, 문음사.

남연(2011), 「인성 함양 및 창의적 사고력 신장을 위한 한국 문학 교육 연구」,

『문학교육학』 35, 한국문학교육학회, 255~290쪽.

남혜현(2014), 「언어유희와 규범의 변화」, 『노어노문학』 26(3), 한국노어노문학회, 4~24쪽.

노경란(2014), 「현직 중등교사의 관점에서 본 교직 적·인성 요소 간 중요도 분석」, 『교원교육』 13(4), 한국교원대학교 교육연구원, 59~76쪽.

라깡과 현대정신분석학회(1999), 『우리 시대의 욕망 읽기』, 문예출판사.

류수열 외(2014), 『문학교육개론Ⅱ』, 역락.

류순태(2015), 「1950년대 김수영 시의 위대성 추구에서 드러난 관점 변화 연구」, 『우리문학문학』 46, 우리문학회, 229~266쪽.

류지성(2016), 「권력에 관한 이론적 담론」, 『한국행정사학지』 39, 한국행정사학회, 27~59쪽.

류찬열(2004), 「혁명의 시, 혹은 시의 혁명」, 『우리문학연구』 17, 우리문학회, 415~433쪽.

류태호(2018), 『4차 선업혁명 교육이 희망이다』, 경희대학교 출판문화원.

문동규(2003), 「하이데거의 양심해석」, 『범한철학』 29, 범한철학회, 253~276쪽.

문선영(2014), 「타자 지향의 시교육 방향 연구」, 『한국언어문화』 55, 한국언어문화학회, 35~60쪽.

문성훈(2010), 『미셸 푸코의 비판적 존재론』, 길.

문혜원(2003), 「이형기 시의 창작 방식에 대한 연구」, 『우리말글』 27, 우리말글학회, 237~254쪽.

문혜원(2010), 「이형기 초기 비평의 인상 비평적 성격에 관한 연구」, 『한중인문학연구』 30, 한중인문학회, 75~96쪽.

박남희(2003), 「탈주와 회귀 욕망의 두 거점」, 『문학과경계』 3(1), 문학과경계사, 254~273쪽.

박대현(2014), 「4월 혁명과 죽음충동」, 『한국문학이론과 비평』 63, 한국문학이론과비평학회, 438~451쪽.

박덕규 외(2013), 『김수영의 온몸시학』, 푸른사상.

박만엽(2008), 「텍스트, 수사학, 언어놀이」, 『수사학』 8, 한국수사학회, 92~121쪽.

박만엽(2015), 「침묵과 언어놀이의 수사학」, 『수사학』 22, 한국수사학회, 81~103쪽.

박병철(2009), 『쉽게 읽는 언어철학』, 서광사.

박병철(2014), 『비트겐슈타인 철학으로의 초대』, 필로소빅.

박보경(2002), 「토론식 문학 수업을 통한 학생 인성 교육」, 『이화교육논총』 12, 이화여자대학교 교과교육연구소, 190~210쪽.

박봉규(1998), 「권력이론의 비판적 성찰」, 『사회과학연구』 14(2), 충북대학교 사회과학연구소, 229~244쪽.

박서현(2011), 「하이데거에 있어서 죽음의 의의」, 『철학』 109, 한국철학회, 177~202쪽.

박선영(2004), 「오규원 시의 아이러니와 실존성의 상관관계 연구」, 『국제어문』 32, 국제어문학회, 143~174쪽.

박선영(2012), 「라깡과 버틀러, 위반과 전복의 담론」, 『현대정신분석』 14(1), 한국라깡과현대정신분석학회, 7~43쪽.

박선영(2014), 「라깡의 철학적 토대로서의 칸트」, 『윤리연구』 99, 한국윤리학회, 31~64쪽.

박연희(2016), 「신경림과 황동규, 1970년대 민중시의 시차」, 『현대문학의연구』 60, 한국문학연구학회, 403~437쪽.

박영욱(2008), 『매체, 매체예술 그리고 철학』, 향연.

박옥춘(2008), 「이성복 시의 환상 연구」, 명지대학교 박사논문.

박유희(2005), 『디지털 시대의 서사와 매체』, 동인.

박윤우(1993), 「전후 한국 시에 나타난 현실 인식의 정신사적 연구」, 『문학한글』 7, 한글학회, 143~164쪽.

박의수(2007), 「유가적 전통에서의 인성교육」, 『교육문제연구』 28, 고려대학교 교육문제연구소, 1~22쪽.

박재현(2016), 『국어 교육을 위한 의사소통 이론』, 사회평론.

박정근(2011), 「한국 실존주의 시에 대한 박영근의 수용과 변용」, 『한민족문화연구』 38, 한민족문학회, 79~112쪽.

박정근(2015), 「김수영 시에 나타난 실존주의적 전망의 긍정성」, 『한민족문화연구』 51, 한민족문화학회, 331~366쪽.

박정식(2007), 「비트겐슈타인의 논리철학논고에서의 대상 개념」, 『동서사상』 2, 경북대학교, 109~123쪽.

박종혁(2000), 「데리다와 보르헤스의 글쓰기」, 『중남미연구』 19, 한국외국어대학교 중남미연구소, 141~154쪽.

박주영(2012), 「실비아 플라스와 최승자 시에 나타난 여성분노의 미학적 승화」, 『비교한국학』 20(1), 국제비교한국학회, 249~288쪽.

박주형(2019), 「타자 이해에 대한 시교육적 고찰」, 『국어교육학연구』 54(2), 국어교육학회, 41~80쪽.

박진(1998), 「니체의 영원회귀 사상」, 『인문과학』 4, 광주대학교 인문과학연구소, 61~69쪽.

박진경(2015), 「고등학생 인성함양을 위한 문학 독서교육」, 『수사학』 22, 한국수사학회, 99~139쪽.

박찬국(2007), 『해체와 창조의 철학자, 니체』, 동녘.

박찬국(2008), 『니체, 인간에 대해서 말하다』, 책세상.

박찬국(2012), 『그대 자신이 되라』, 부북스.

박찬국(2013), 『들길의 사상가, 하이데거』, 그린비.

박찬국(2015a), 『초인수업』, 21세기북스.

박찬국(2015b), 『하이데거의 존재와 시간 강독』 그린비.

박찬부(2006), 『라캉: 재현과 그 불만』, 문학과지성사.

박찬부·서용순·박선영·민승기(2010), 『라캉, 사유의 모험』, 마티.

박치완(2008), 「보드리야르의 시뮬라크르, 시뮬라시옹 개념에 대한 일 반역」, 『해석학연구』 21, 한국해석학회, 139~180쪽.

박한라(2016), 「현대시에 나타난 영상적 표현 연구」, 고려대학교 박사논문.

박한라(2018), 「이상화 시에 나타난 트라우마와 죽음충동」, 『현대문학이론연구』 73, 현대문학이론학회, 127~146쪽.

박홍규(2008), 『반민주적인, 너무나 반민주적인』, 필맥.

방인석(2010), 「김수영 시의 자유와 설움의 상관성 연구」, 『한민족문화연구』 34, 한민족문화학회, 87~106쪽.

배영달(1998), 「보드리야르: 탈현대의 문화 이론」, 『프랑스문화연구』 2, 한국프랑스문화학회, 131~153쪽.

배영달(2004), 「보드리야르: 테러리즘과 폭력」, 『한국프랑스학논집』 45, 한국프랑스학회, 339~356쪽.

배영달(2005a), 「보드리야르: 이미지와 이미지 폭력」, 『한국프랑스문화회학술발표논문집』 2005(3), 한국프랑스문화학회, 23~31쪽.

배영달(2005b), 『보드리야르와 시뮬라시옹』, 살림출판사.

배영달(2005c), 『예술의 음모』, 백의.

배영달(2006), 「보드리야르: 현대사회와 이미지」, 『프랑스문화예술연구』 16, 프랑스문화예술학회, 81~100쪽.

배영달(2009), 『보드리야르의 아이러니』, 동문선.

배영달(2010), 「보드리야르의 초기 저서에 관한 연구」, 『프랑스문화연구』 21, 한국프랑스문화학회, 181~206쪽.

배영달(2012), 「보드리야르: 사물이란 무엇인가」, 『프랑스문화연구』 24, 한국프랑스문화학회, 41~68쪽.

배영달(2015), 「보드리야르의 현대예술론에 관한 연구」, 『프랑스문화연구』 30, 한국프랑스문화학회, 219~245쪽.

배우순(2006), 「실존과 죽음의 문제」, 『철학논총』 44, 새한철학회, 127~146쪽.

백승영(2006), 『니체, 디오니소스적 긍정의 철학』, 책세상.

백승영(2011), 『니체, 건강한 삶을 위한 긍정의 철학을 기획하다』, 한길사.

백재훈(2019), 「국내 뮤직비디오의 크리에이티브 분석 연구」, 『조형미디어학』 22(4), 한국일러스아트학회, 112~119쪽.

백종현(2012), 『칸트 이성철학』, 아카넷.

분석철학연구회(1984), 『비트겐슈타인의 이해』, 서광사.

서경혜 외(2013), 「예비교사 교직 인성 평가도구 개발 및 타당화」, 『교육과학연구』 44(1), 이화여대교육과학연구소, 147~176쪽.

서동욱(2007), 「흔적과 존재」, 『철학과현상학연구』 33, 한국현상학회, 69~90쪽.

서영조 외(2009), 「니클라스 루만의 권력이론」, 『21세기정치학회보』 19(2), 21세기정치학회, 1~27쪽.

서정욱(2012), 『칸트의 순수이성비판 읽기』, 세창미디어.

서현석(2013), 「인성교육을 위한 초등국어교육의 방향」, 『한국초등국어교육』 51, 한국초등국어교육학회, 132~159쪽.

성제환(2012), 「보드리야르의 소비사회론과 문화경제학」, 『문화경제연구』 15(2), 한국문화경제학회, 57~78쪽.

손예희(2014), 『상상력과 현대시 교육』, 역락.

손예희(2018), 「시교육에서 타자의 문제에 대한 고찰」, 『교육연구』 73, 성신여자대학교 교육문제연구소, 9~22쪽.

송기한(2005), 「황동규 시의 실존적 양상과 사회의 관계망 연구」, 『지역학연구』 4(1), 대전대학교 지역협력연구원, 7~27쪽.

송기한(2007), 「오규원 시에서의 언어의 현실응전 방식 연구」, 『한민족어문학』 50, 한민족어문학회, 409~432쪽.

송지선(2014), 「신경림 시에 나타난 장소 재현의 로컬리티 연구」, 『한국문학이론과비평』 64, 한국문학이론과비평학회, 161~184쪽.

송진영·임부연(2013), 「판단력 비판에 대한 해석을 중심으로 살펴본 칸트 미학이론의 유아교육적 의미탐구」, 『미래유아교육학회지』 20(4), 미래유아교육학회, 439~455쪽.

송하춘 외(2014), 『문학에 이르는 길』(개정판), 서정시학.

신명아(2007), 「라깡의 정신분석이론과 성차개념 연구」, 『현대정신분석』 9(1), 한국현대정신분석학회, 7~39쪽.

신정원(2011), 「임마누엘 칸트의 판단력비판을 통해 본 예술교육의 철학적 기초」, 『한국예술연구』 3, 한국예술종합학교 한국예술연구소, 111~142쪽.

심재휘(2011), 「황동규 초기 시에 나타난 공간과 장소」, 『우리어문연구』 39, 우리어문학회, 437~462쪽.

안관수 외(2011), 「마음공부 프로그램을 통한 인성교육이 청소년의 사회성 발달에 미치는 영향」, 『홀리스틱교육연구』 15(2), 한국홀리스틱융합교육학회, 29~55쪽.

안지영(2018), 「최승자 시에 나타난 근원적 공포와 시간인식」, 『어문연구』 46, 한국어문교육연구회, 319~332쪽.

야무차, 노경아 옮김(2017), 『시대를 매혹한 철학』, 삼호미디어.

양왕용(1997), 『현대시교육론』, 삼지원.

양해림(2015), 「니체의 권력이론」, 『동서철학연구』 76, 한국동서철학회, 345~368쪽.

엄경희(2016), 「장정일 시에 나타난 추의 미학과 윤리의 상관성」, 『국어국문학』 176, 국어국문학회, 627~662쪽.

엄정식(2003), 『비트겐슈타인의 사상』, 서강대학교 출판부.

여태천(2004), 「김수영 시의 장소적 특성 연구」, 『민족문화연구』 41, 고려대학교 민족문화연구원, 347~388쪽.

여태천(2005), 『김수영의 시와 언어』, 월인.

오규원(1983), 『언어와 삶』, 문학과지성사.

오덕애(2017), 「최승자 시의 전복성 연구」, 『한국문학논총』 77, 한국문학회, 167~196쪽.

오문석(2000), 「김수영의 시론과 실존주의 철학」, 『국제어문』 21, 국제어문학회, 75~92쪽.

오문석(2002), 「김수영의 시론 연구」, 연세대학교 박사논문.

오민석(2007), 「주체의 죽음 위에서, 기호를 위하여」, 『안과밖』 23, 영미문학연구회, 135~153쪽.

오세영(2013a), 『시론』, 서정시학.

오세영(2013b), 『문학이란 무엇인가』, 서정시학.

오희천(2012), 『하이데거 존재의 의미』, 종문화사.

우영효(2005), 「동화를 통한 유아 인성교육방법 연구」, 『아동교육』 14(1), 한국아동교육학회, 37~48쪽.

유성호(2018), 「황동규 시에 나타난 실존적 고독과 신성한 것의 지향」, 『현대문학이론연구』 73, 현대문학이론학회, 147~166쪽.

유수현 외(2009), 『인간관계론』, 양서원.

유준(2013), 「최승자 초기시 연구」, 『비평문학』 47, 한국비평문학회, 199~224쪽.

유창민(2010), 「김수영 시에 나타난 여성에 대한 시선 연구」, 『겨레어문학』 45, 겨레어문학회, 153~181쪽.

유창민(2011), 「황동규 초기시에 나타난 방황하는 청년 표상」, 『새국어교육』 89, 한국국어교육학회, 719~740쪽.

유현주(2010), 「아도르노의 미적 유명론과 포스트모던 예술이론의 상관관계 연구」, 『미학예술학연구』 32, 한국미학예술학회, 251~276쪽.

윤여탁(2008), 「한국 정치시의 논리와 문학교육학」, 『문학교육학』 25, 한국문학교육학회, 357~376쪽.

윤여탁·최미숙·최지현·유영희(2011), 『현대시 교육론』, 사회평론.

윤일환(2007), 「데리다의 은유론」, 『비평과이론』 12(2), 한국비평이론학회, 65~81쪽.

윤재왕(2015), 「권력분립과 언어」, 『강원법학』 44, 강원대학교 비교법학연구소, 425~442쪽.

윤종범(2000), 「보드리야르와 포스트모더니즘」, 『어문학연구』 10, 상명대학교 어문학연구소, 1~12쪽.

윤지선(2015), 「들뢰즈와 가따리의 천개의 고원 용어 분석론」, 『철학논집』 43, 서강대학교 철학연구소, 259~284쪽.

윤지영(2015), 「데리다의 문자와 여성 진리」, 『현대유럽철학연구』 39, 한국하이데거학회, 161~213쪽.

이건표(1992), 『비트겐슈타인의 철학과 마음』, 자유사상사.

이경수(2018), 「1980년대 여성시의 주체와 정동」, 『여성문학연구』 43, 한국여성문학학회, 37~78쪽.

이광호(2016), 「최승자 시의 애도 주체와 젠더 정치학」, 『한국시학연구』 45, 한국시학회, 193~215쪽.

이근화(2009), 「김수영 시에 나타난 조어 연구」, 『국어국문학』 153, 국어국문학회, 225~251쪽.

이근화(2016), 「김수영의 한자어 사용 양상 연구」, 『한민족문화연구』 53, 한민족문화학회, 267~292쪽.

이기상(2010), 『하이데거의 생애와 사상 그리고 그 영향』, 누멘.

이기상 외(1998), 『존재와 시간 용어해설』, 까치글방.

이기언(2008), 「언어존재에 대한 해석학적 성찰」, 『프랑스어문교육』 27, 한국프랑스어문교육학회, 417~438쪽.

이남구(2002), 「시민교육의 인성개발과제」, 『시민교육연구』 34(2), 한국사회과교육학회, 177~198쪽.

이단비(2018), 「최승자 시의 시간성과 구원의 방법론」, 『한국시학연구』 53, 한국시학회, 211~241쪽.

이도연(2011), 「이성복 시에 나타난 시적 언어의 가능성과 구원의 문제」, 『한국문예창작』 10(2), 한국문예창작학회, 195~217쪽.

이도희(2010), 「사라짐의 미학 관점으로 본 현대 건축 공간 연구」, 『기초조형학연구』 11, 한국기초조형학회, 327~337쪽.

이미란(2014), 「전통교육서를 활용한 누리과정 인성교육의 실제와 적용방안」, 『미래유아교육학회지』 21(4), 미래유아교육학회, 291~311쪽.

이미식(2003), 「배려의 윤리의 활용방안에 관한 연구」, 『열린교육연구』 11(2), 한국열린교육학회, 109~129쪽.

이병기(2014), 「독서를 통한 인성교육의 프레임워크 개발에 관한 연구」, 『한국도서관정보학회지』 45(4), 한국도서관정보학회, 95~117쪽.

이상엽(2003), 「니체의 동일한 것의 영원회귀에 대한 연구」, 『니체연구』 5, 한국니체학회, 71~96쪽.

이상우 외(2010), 「매체교육을 위한 동영상UCC 제작 전략」, 『새국어교육』 86, 한국국어교육학회, 257~278쪽.

이성복(2007), 『달의 이마에는 물결무늬 자국』, 열림원.

이성원(2002), 『데리다 읽기』, 문학과지성사.

이송희(2018), 「신경림 시에 타나난 민중의 서사」, 『감성연구』 11, 전남대학교 호남학연구원, 125~152쪽.

이수경(2014), 「이성복 시에 나타난 의물화와 실체화 양상 연구」, 『인문연구』, 70, 영남대학교 인문과학연구소, 267~287쪽.

이수경(2015), 「이성복과 황지우 시에 나타난 의인화 양상 연구」, 서강대학교 박사논문.

이수영(2009), 『미래를 창조하는 나 차라투스트라는 이렇게 말했다』, 아이세움.

이수정(2010), 『하이데거』, 생각의나무.

이승규(2018), 「황동규 시에서의 여행 연구」, 『돈암어문학』 33, 돈암어문학회, 5~33쪽.

이승종(2002), 『비트겐슈타인이 살아 있다면』, 문학과지성사.

이승종(2010), 『크로스오버 하이데거』, 생각의나무.

이승훈(2011), 『선과 하이데거』, 황금알.

이승훈 외(2014), 「니체의 위버멘쉬 개념과 무도적 인간상」, 『대한무도학회지』 16(1), 대한무도학회, 15~24쪽.

이연숙 외(2013), 「인성교육 실현을 위한 교수학습 과정안 및 학습자료 개발」, 『한국가정과교육학회지』 25(3), 한국가정과교육학회, 39~60쪽.

이연승(2007), 「장정일과 황지우 시에 나타난 유희적 해체의 양식에 대한 연구」, 『비평문학』 25, 한국비평문학회, 289~313쪽.

이영남(2007), 『푸코에게 역사의 문법을 배우다』, 푸른역사.

이영수(2009), 「니체의 위버멘쉬에 대한 원형 탐색」, 『철학논총』 58, 새한철학
회, 329~351쪽.

이영철(2015), 「규칙 따르기와 사적 언어」, 『철학사상』 57, 서울대학교 철학사
상연구소, 71~92쪽.

이유섭(2010), 「라깡의 욕망의 기호학」, 『현대정신분석』 12(1), 한국라깡과현
대정신분석학회, 109~126쪽.

이유섭(2011), 「라깡 정신분석의 오이디푸스와 거세」, 『현대정신분석』 13,
한국라깡과현대정신분석학회, 107~124쪽.

이유섭(2012), 「정신분석적 가족치료 일고찰」, 『현대정신분석』 14(1), 한국라
깡과정신분석학회, 45~66쪽.

이유택(2003), 「하이데거의 실존론적 양심 개념」, 『철학연구』 62, 철학연구회,
113~128쪽.

이윤선 외(2013), 「대학생 인성 검사도구 타당화 연구」, 『윤리교육연구』 31,
한국윤리교육학회, 261~282쪽.

이은봉(1999), 「김남주 시의 정서적 특질에 관한 일고찰」, 『현대문학이론연구』
11, 현대문학이론학회, 269~299쪽.

이은정(2017), 「최승자 시의 실재 지향과 욕망의 윤리학」, 『한국문예창작』
16(1), 한국문예창작학회, 37~67쪽.

이은주(2007), 「하이데거에게서 불안과 죽음의 의미」, 『현대유럽철학연구』
15, 한국하이데거학회, 157~186쪽.

이정석(2002), 「전후문학에 나타난 허무주의 연구」, 『어문연구』 30(2), 한국
어문교육연구회, 233~255쪽.

이조원(2009), 「자크 데리다의 해체주의 인식론과 선」, 『한국선학』 23, 한국선
학회, 321~374쪽.

이주언(2015), 「최승자 시의 아이러니 연구」, 『한민족어문학』 69, 한민족어문
학회, 679~708쪽.

이주희 외(2008), 『인간관계론』, 공동체.

이진우(2009), 『니체, 실험적 사유와 극단의 사상』, 책세상.

이진우(2010), 『니체의 차라투스트라를 찾아서』, 책세상.

이진우(2015), 『니체의 인생 강의』, 휴머니스트.

이찬(2011), 「오규원 시론과 변모 과정 연구」, 『한국민족문화』 41, 부산대학교
    한국민족문화연구소, 67~101쪽.

이채연(2007), 「매체언어교육의 교수학습 방법」, 『국어교육학연구』 28, 국어
    교육학회, 103~141쪽.

이평전(2012), 「1950년대 실존주의 비평과 신인간론 연구」, 『인문연구』 65,
    영남대학교 인문과학연구소, 305~320쪽.

이형기(1987), 『시와 언어』, 창제문화사.

이혜원(2014), 「김수영 시의 동시대성과 중단의 미학」, 『현대문학의연구』 53,
    한국문학연구학회, 137~171쪽.

이혜원(2015), 『현대시 운율과 형식의 미학』, 서정시학.

이혜원(2016), 「최승자 시에 나타나는 사랑의 정신분석적 연구」, 『비평문학』
    59, 한국비평문학회, 221~247쪽.

이혜진 외(2006), 「보드리야르와 시뮬라크르, 그리고 이미지」, 『인문학연구』
    11, 한국외국어대학교 철학과문화연구소, 132~150쪽.

이화영(2019), 「최승자 시에 나타난 광기와 분노 사이의 시 읽기」, 『동아시아문
    화연구』 77, 한양대학교 동아시아문화연구소, 155~180쪽.

인성기(2001), 「비트겐슈타인의 언어철학과 네스트로이의 언어희극」, 『독일
    문학』 79, 한국독어독문학회, 86~104쪽.

임건태(2012), 「니체의 영원회귀 사상」, 『니체연구』 15, 한국니체학회, 213~
    249쪽.

임동확(2014), 「궁색한 시대, 김수영과 하이데거」, 『국제어문』 63, 국제어문학
    회, 43~72쪽.

임민정(2012), 「웨이킹 라이프의 존재탐색」, 『용봉인문논총』 41, 전남대학교
    인문학연구소, 149~181쪽.

임윤정(2010), 「비트겐슈타인의 지시적 정의와 언어놀이」, 『대동철학』 50, 대동철학회, 222~237쪽.

임윤정(2011), 「비트겐슈타인의 언어학습 문제」, 『대동철학』 54, 대동철학회, 104~120쪽.

임윤정(2015), 「비트겐슈타인의 대상」, 『동서철학연구』 77, 한국동서철학회, 390~409쪽.

임윤정(2016), 「그림 이론과 지시론의 관련 가능성」, 『동서철학연구』 79, 한국동서철학회, 284~298쪽.

임찬 외(2010), 「영상 매체에서 사운드와 연계된 영상 스토리텔링의 기호학적 분석」, 『디자인학연구』 23(3), 한국디자인학회, 69~78쪽.

임칠성 외(2008), 「매체텍스트 읽기를 위한 웹페이지 분석 방법 연구」, 『한국언어문학』 67, 한국언어문학회, 129~157쪽.

장동석(2011), 「오규원 시의 사물 제시 방법 연구」, 『한국현대문학연구』 35, 한국현대문학회, 317~344쪽.

전동진(2008), 『생성의 철학』, 서광사.

전병용(2006), 「조선시대 언어유희와 통신언어 언어유희의 비교분석」, 『동양고전연구』 24, 동영고전학회, 172~195쪽.

전병준(2011), 「김수영 초기 시의 설움에 나타나는 주체와 타자의 관계 연구」, 『비평문학』 39, 한국비평문학회, 377~400쪽.

전영돈 외(2008), 「기호학적 분석을 통한 뉴미디어 애니메이션의 유머에 관한 연구」, 『애니메이션연구』 4(1), 한국애니메이션학회, 65~88쪽.

전재형(2008), 「장정일 시에서 반영되고 있는 소비사회」, 『한남어문학』 32, 한남어문학회, 159~180쪽.

전재형(2018), 「최승자 시에 반영된 부정적 언술과 실존의식」, 『한국문학논총』 79, 한국문학회, 255~280쪽.

정경은(2014), 「버리기와 더하기의 변증법」, 『한국문예창작』 13(1), 한국문예창작학회, 97~124쪽.

정기철(2001), 『인성교육과 국어교육』, 역락.

정동호 외(2006), 『오늘 우리는 왜 니체를 읽는가』, 책세상.

정명호(1998), 「김수영의 시와 시론에 관한 연구」, 『인문과학연구논총』 18, 한국현대문예비평학회, 75~93쪽.

정민경(2018), 「TV 광고를 활용한 비평적 읽기 미술학습 방안연구」, 『미술교육연구논총』 53, 한국초등미술교육학회, 91~122쪽.

정순진(2003), 「인식의 사각지대, 여성문제」, 『여성문학연구』 9, 한국여성문학학회, 21~38쪽.

정유미(2011), 「오규원 시에 나타난 날이미지의 환유 체계 연구」, 『한국언어문학』 79, 한국언어문학회, 237~253쪽.

정유화(2005), 『한국 현대시의 구조미학』, 한국문화사.

정유화(2008), 『타자성의 시론』, 제이엔씨.

정재찬(1995), 「90년대 시의 한 표정」, 『선청어문』 23, 서울대학교 국어교육과, 341~358쪽.

정재찬 외(2017), 『현대시 교육론』, 역락.

정한아(2008), 「시적인 것의 실재론이라는 스캔들」, 『사이』 5, 국제한국문학문화학회, 241~264쪽.

정홍섭(2006), 「1930년대 후반 한국소설에 나타난 허무주의 연구」, 『민족문학사연구』 32, 민족문학사학회, 214~251쪽.

조광제(2010), 「하이데거의 실존을 벗어난 사르트르의 현존」, 『철학논집』 23, 서강대철학연구소, 135~150쪽.

조광제(2013), 『존재의 충만, 간극의 현존2』, 그린비.

조난심 외(2001), 「학교 인성교육 프로그램 평가 방안 연구」, 『도덕윤리과교육연구』 13, 한국도덕윤리과교육학회, 18~40쪽.

조동일(1992), 『한국문학의 갈래 이론』, 집문당.

조별(2011), 「이형기 시에 나타난 허무의식과 주체의 쇄신」, 『한국문예비평연구』 36, 한국현대문예비평학회, 225~255쪽.

조수경(2014), 「미셸 푸코와 교육평가에 대한 고찰」, 『윤리교육연구』 33, 한국 윤리교육학회, 129~148쪽.

조은주(2006), 「1920년대 문학에 나타난 허무주의와 폐허의 수사학」, 『한국현 대문학연구』 25, 한국현대문학회, 3~16쪽.

조재룡(2014), 「김남주 번역의 양상과 특성에 대한 연구」, 『현대문학의 연구』 53, 한국문학연구학회, 247~290쪽.

조형국(2008), 「삶과 현존재 그리고 본래성」, 『가톨릭신학과사상』 62, 신학과 사상학회, 115~142쪽.

조혜진(2017), 「고정희, 최승자, 김승희 시에 나타난 여성성의 타자성 연구」, 『한국문예비평연구』 53, 한국현대문예비평학회, 73~101쪽.

조효주(2014), 「이형기 시에 나타나는 순환성 연구」, 『어문논집』 57, 중앙어문 학회, 357~384쪽.

조효주(2016), 「집단적 주체로서의 우리와 폭력적 세계」, 『한민족어문학』 72, 한민족어문학회, 527~561쪽.

졸리 마르틴, 김웅권 역(2009), 『이미지와 해석』, 동문선.

주영중(2012), 「김수영 시의 숭고 특성 연구」, 『한국민족문화』 42, 부산대한국 민족문화연구소, 2~36쪽.

지은림 외(2014), 「인성측정도구 개발 및 타당화」, 『윤리교육연구』 35, 한국윤 리교육학회, 151~174쪽.

철학아카데미(2007), 『현대철학의 모험』, 길.

최경희(2005), 「문학독서를 통한 인성지도」, 『새국어교육』 70, 한국국어교육 학회, 147~175쪽.

최동호 외(2005), 『다시 읽는 김수영 시』, 작가.

최문규(2012), 「죽음, 자유인가 우연인가」, 『뷔히너와현대문학』 38, 한국뷔히 너학회, 119~152쪽.

최미숙(2002), 「쟈크 라깡의 거울단계와 가상현실과의 연관성에 관한 연구」, 『커뮤니케이션 디자인학연구』 9(1), 커뮤니케이션디자인협회시각디

자인학회, 17~27쪽.

최미숙 외(2016),『국어 교육의 이해』, 사회평론아카데미.

최상욱(2003),「레비나스와 하이데거에 있어서 죽음의 의미」,『현대유럽철학연구』8, 한국하이데거학회, 92~116쪽.

최성민(2017),『다매체 시대의 문학이론과 비평』, 박이정.

최숙기(2013),「인성교육을 위한 독서 지도 방안」,『청람어문교육』47, 청람어문교육학회, 205~232쪽.

최순영(2012),「니체의 인간관과 교육철학」,『니체연구』21, 한국니체학회, 85~112쪽.

최애경(2009),『인간관계의 이해와 실천』, 청람.

최영주(2007),「보드리야르의 가상현실론에 대한 비판적 고찰」,『프랑스학연구』42, 프랑스학회, 529~554쪽.

최재정(2006),「보드리야르의 시뮬라시옹 이론이 주는 교육학적 시사점의 탐색」,『교육철학』37, 교육철학회, 91~110쪽.

최지현(2014),『문학교육심리학』, 역락.

최지현·서혁·심영택·이도영·최미숙(2009),『국어과 교수 학습 방법』, 역락.

최현식(2012),「시적인 것으로서의 노동과 성, 그리고 스타일」,『민족문학사연구』50, 민족문학사연구소, 194~230쪽.

최호영(2016),「황동규의 중기 시 연구」,『한민족어문학』72, 한민족어문학회, 457~487쪽.

최효찬(2016),『장 보드리야르』, 커뮤니케이션북스.

하상복(2009),『푸코 & 하버마스』, 김영사.

하상필(2012),「후기 비트겐슈타인의 그림개념」,『철학논총』69, 새한철학회, 317~331쪽.

하영미(2014),『비트겐슈타인의 종교관과 철학』, 서광사.

한국문화예술위원회(2008),『100년의 문학용어 사전』, 아시아.

한국철학회(2002),『현대철학과 언어』, 철학과현실사.

한국프랑스철학회(2015), 『현대 프랑스 철학사』, 창비.

한국해석학회(1999), 『현대 프랑스철학과 해석학』, 철학과현실사.

한대석(2012), 「비트겐슈타인 그림 이론에 대한 또 하나의 연구」, 『철학』 113, 한국철학회, 128~135쪽.

한상철(2001), 『데리다의 해체주의에 대한 비판적 이해』, 철학과현실사.

한용국(2011), 「김수영 시의 생활인식과 시적 대응」, 『비평문학』 40, 한국비평문학회, 383~410쪽.

한자경(2006), 『칸트 철학에의 초대』, 서광사.

허경(2007), 「푸코의 에피스테메 개념」, 『에피스테메』 1, 고려대학교 응용문화연구소, 209~232쪽.

허경(2012), 「미셸 푸코의 담론 개념」, 『개념과 소통』 9, 한림과학원, 5~32쪽.

허혜정(2005), 「이형기 시론 연구」, 『어문논총』 42, 한국문학언어학회, 377~402쪽.

홍경실(2006), 「목소리와 현상에 나타난 데리다의 후설 현상학 독해」, 『철학과 현상학연구』 31, 한국현상학회, 57~84쪽.

홍용희(1999), 『꽃과 어둠의 산조』, 문학과지성사.

홍준기(2009), 「욕망과 충동, 안티고네와 시뉴에 관한 라깡의 견해」, 『시대와 철학』 20(2), 한국철학사상연구회, 43~67쪽.

홍준기(2010), 『라깡, 사유의 모험』, 마티.

홍준기·김상환·맹정현·최용호(2002), 『라깡의 재탄생』, 창작과비평사.

홍준기·박찬부(2007), 「라깡의 임상철학과 정신분석의 정치성」, 『라깡과현대정신분석』 9(1), 한국라깡과현대정신분석학회, 41~71쪽.

황덕기(2009), 「시 독서교육의 인성교정 효과에 관한 실험적 연구」, 『한국범죄학』 3(2), 대한범죄학회, 145~172쪽.

황지우(1993), 『사람과 사람 사이의 신호』, 한마당.

Aronson, R.(2005), *Camus and Sartre: the story of a friendship and the quarrel that ended it*; 변광배 외 역(2011), 『사르트르와 카뮈: 우정과 투쟁』,

연암서가.

Baudrillard, Jean(1970), *La Société de consommation*, Paris: Gallimard.

Baudrillard, Jean, 배영달 옮김(1994), 『생산의 거울』, 백의.

Baudrillard, Jean, 배영달 옮김(1996), 『유혹에 대하여』, 백의.

Baudrillard, Jean, 배영달 옮김(1999), 『사물의 체계』, 백의.

Baudrillard, Jean, 배영달 옮김(2002), 『토탈 스크린』, 동문선.

Baudrillard, Jean, 배영달 옮김(2006), 『암호』, 동문선.

Baudrillard, Jean, 이규현 옮김(2007), 『기호의 정치경제학 비판』, 문학과지성사.

Baudrillard, Jean, 이상률 옮김(2013), 『소비의 사회』, 문예출판사.

Baudrillard, Jean, 이은민 옮김(2001), 『무관심의 절정』, 동문선.

Baudrillard, Jean, 주은우 옮김(1994), 『아메리카』, 문예마당.

Baudrillard, Jean, 하태환 옮김(2012), 『사라짐에 대하여』, 민음사.

Behler, Ernst, *Derrida-Nietzsche, Nietzsche-Derrida*;

　　　박민수 옮김(2003), 『데리다-니체 니체-데리다』, 책세상.

Bernasconi, R.(2006), *How to read Sartre*;

　　　변광배 역(2008), 『HOW TO READ 사르트르』, 웅진지식하우스.

Billouet, Pierre(1999), *Foucault*; 나길래 역(2002), 『푸코 읽기』, 동문선.

Burton, G., & Dimbleby, R.(1988), *Between Ourselves*;

　　　이주행 외 역(2005), 『인간관계와 의사소통』, 한국문화사.

Copleston, F. C.(1960); 임재진 역(2013), 『칸트』, 중원문화.

Crawford, D. W.(1974); 김문환 역(1995), 『칸트 미학 이론』, 서광사.

Daniel, G.(1997), *Emotional Intelligence*;

　　　황태호 역(1997), 『감성지능』, 비전코리아.

Daniel, G.(2003), *The Primal Leadership*;

　　　장석훈 역(2003), 『감성의 리더십』, 청림출판.

Daniel, G.(2006), *Social Intelligence*; 장석훈 역(2006), 『사회지능』, 웅진.

Daniel, G.(2010), *Ecological Intelligence*; 이수경 역(2010), 『에코지능』, 웅진.

Deleuze, Gilles(1995), *Foucault*; 권영숙 외 역(2010), 『푸코』, 중원문화.

Derrida, Jacques(1983), *Dissemination*, translated by Barbara Johnson, University of Chicago Press.

Derrida, Jacques, *De la Grammatologie*;
　김웅권 옮김(2004), 『그라마톨로지에 대하여』, 동문선.

Derrida, Jacques, *Foi et Savoir*; 신정아 외 옮김(2016), 『신앙과 지식』, 아카넷.

Derrida, Jacques, *L'écriture et la Différence*;
　남수인 옮김(2001), 『글쓰기와 차이』, 동문선.

Derrida, Jacques, *Signéponge*; 허정아 옮김(1998), 『시네퐁주』, 민음사.

Derrida, Jacques, *Voyous*; 이경신 옮김(2003), 『불량배들』, 휴머니스트.

Derrida, Jacques, 김보현 편역(1996), 『해체』, 문예출판사.

Deutscher, Penelope, *How to read Derrida*;
　변성찬 옮김(2007), 『HOW TO READ 데리다』, 웅진지식하우스.

Döring, W. O.(1964); 김용정 옮김(2011), 『칸트철학 입문』, 중원문화.

Dummett, M.(1993), *Philosophy of Language*;
　이윤일 역(2011), 『마이클 더밋의 언어철학』, 북코리아.

During, Siomon(1992), *Foucault and literature*;
　오경심 외 역(2003), 『푸코와 문학』, 동문선.

Edmonds, D., & Eidinow, J.(2001), *Wie Ludwig Wittgenstein Karl Popper mit dem Feuerhaken drohte*; 김태환 역(2012), 『비트겐슈타인과 포퍼의 기막힌 10분』, 옥당.

Eiji, Makino(2003); 세키네 히데유키 외 역(2009), 『칸트 읽기』, 울력.

Eribon, Didier(1991), *Michel Foucault*;
　박정자 역(2012), 『미셸 푸코』, 그린비.

Fink, Bruce(1997a), *A Clinical Introduction To Lacanian Psychoanalysis*;
　맹정현 역(2004), 『라캉과 정신의학』, 민음사.

Fink, Bruce(1997b), *The Lacanian Subject*;

이성민 역(2012), 『라캉의 주체』, 도서출판b.

Fink, Bruce(2004), *Lacan to the Letter*;

　　김서영 역(2007), 『에크리 읽기』, 도서출판b.

Foucault, Michel(1971), *Ordre du discours*;

　　이정우 역(1998), 『담론의 질서』, 서강대학교 출판부.

Foucault, Michel(1975), *Surveiller et punir*;

　　오생근 역(2009), 『감시와 처벌』, 나남.

Foucault, Michel(1983), *Naissance de la clinique*;

　　홍성민 역(2006), 『임상의학의 탄생』, 이매진.

Foucault, Michel(1992), *Histoire de la folie a lage classique*;

　　이규현 역(2003), 『광기의 역사』, 나남.

Foucault, Michel(1997), *Faut defendre la societe*;

　　박정자 역(1998), 『사회를 보호해야 한다』, 동문선.

Foucault, Michel(1999), *Les anormaux*;

　　박정자 역(2001), 『비정상인들』, 동문선.

Foucault, Michel(2004), *Hermeneutique du sujet*;

　　심세광 역(2007), 『주체의 해석학』, 동문선.

Foucault, Michel(2009), *Les mots et les choses*;

　　이규현 역(2012), 『말과 사물』, 민음사.

Foucault, M.(2008); 김광철 역(2012), 『칸트의 인간학에 관하여』, 문학과지성사.

Garver, N., & 이승종(1994), *Derrida and Wittgenstein*;

　　이승종 외 역(2010), 『데리다와 비트겐슈타인』, 동연.

Grigg, Russell(2008), *Lacan, Language and Philosophy*;

　　김종주·김아영 역(2010), 『라캉과 언어와 철학』, 인간사랑.

Grossmann, R.(1984), *Phenomenology and existentialism: an introduction*;

　　이인건 역(1998), 『현상학과 실존주의』, 이문출판사.

Heidegger, M.(1924), *Der Begriff der Zeit*; 김재철 역(2013), 『시간개념』, 길.

Heidegger, M.(1959), *Identität und differenz Aus der Erfahrung des Denkens Gelassenheit Was ist das-die Philosophie*; 신상희 역(2006), 『동일성과 차이』, 민음사.

Heidegger, M.(1979), *Sein und Zeit*; 이기상 역(1998), 『존재와 시간』, 까치글방.

Heidegger, M.(1983), *Die Grundbegriffe der metaphysik*; 이기상 외 역(2001), 『형이상학의 근본개념들』, 까치글방.

Heidegger, M.(2000), *Zur Sache des Denkens*; 문동규 외 역(2008), 『사유의 사태로』, 길.

Irvine William, B.(2006), *On Desire*; 윤희기 역(2008), 『욕망의 발견』, 까치글방.

Janik, A., & Toulmin, S.(1996), *Wittgenstein's Vienna*; 석기용 역(2013), 『비트겐슈타인과 세기말 빈』, 필로소픽.

Kant, I.(1787); 이명성 역(2013), 『순수이성 비판』, 홍신문화사.

Kant, I.(1800); 백종현 역(2015), 『실용적 관점에서의 인간학』, 아카넷.

Kant, I.(1908); 백종현 역(2009), 『판단력 비판』, 아카넷.

Kenny, A.(1994), *Wittgenstein*; 김보현 역(2001), 『비트겐슈타인』, 철학과현실사.

Kumar, Krishan, 이성백 외 옮김(2012), 『탈산업사회에서 포스트모던사회로』, 라움.

Lane Richard, J., 곽상순 옮김(2008), 『소비하기』, 앨피.

Ludwig, R.(1998); 박중목 역(2004), 『순수이성비판』, 이학사.

Mills, Sara(2003), *Michel Foucault*; 임경규 역(2010), 『현재의 역사가 미셸 푸코』, 앨피.

Monk, R.(2005), *How to Read*; 김병화 역(2007), 『비트겐슈타인』, 웅진지식하우스.

Nietzsche, F. & Heidegger, M.(2013), *Nietzsche's God is dead*; 강윤철 역(2015), 『니체의 신은 죽었다』, 스마트북.

Nietzsche, F.(1889), *Genealogie der Moral*; 김태현 역(2001), 『도덕의 계보』, 청하.

Nietzsche, F.(1906), *Der Wille Zur Macht*;

　　강수남 역(1988), 『권력에의 의지』, 청하.

Nietzsche, F.(1996), *Nietzsche Werke, Kritische Gesamtausgabe*;

　　백승영 역(2006), 『니체전집21, 유고』, 책세상.

Nietzsche, F.(1996), *Nietzsche Werke, Kritische Gesamtausgabe*;

　　이진우 역(2005), 『니체전집19, 유고』, 책세상.

Oksala, Johanna(2007), *How to read Foucault*;

　　홍은영 역(2011), 『HOW TO READ 푸코』, 웅진.

Powell, Jason, *Jacques Derrida*;

　　박현정 옮김(2011), 『데리다 평전』, 인간사랑.

Royle, Nicholas, *Jacques Derrida*;

　　오문석 옮김(2010), 『자크 데리다의 유령들』, 앨피.

Ryklin, Mikhail, *Dekonstruktion und Destruktion*;

　　최진석 옮김(1996), 『해체와 파괴』, 그린비.

Veyne, Paul(2008), *Foucault*;

　　이상길 역(2010), 『푸코, 사유와 인간』, 서강대학교 출판부.

Wenzel, C. H.(2005); 박배형 역(2012), 『칸트 미학』, 그린비.

Wittgenstein, L.(1970), *Zettel*; 이영철 역(2006a), 『쪽지』, 책세상.

Wittgenstein, L.(1980), *The Blue and Brown Books*;

　　이영철 역(2006f), 『청색책 갈색책』, 책세상.

Wittgenstein, L.(1993), *Philosophical Occasionss*;

　　이영철 역(2006b), 『소품집』, 책세상.

Wittgenstein, L.(1994), *Vermischte Bemerkungen*;

　　이영철 역(2006c), 『문화와 가치』, 책세상.

Wittgenstein, L.(2001), *Tractatus Logico Philosophicus*;

　　이영철 역(2006d), 『논리철학논고』, 책세상.

Wittgenstein, L.(2004); *Philosophische Untersuchungen*;

이영철 역(2006e), 『철학적 탐구』, 책세상.

Wrathall, M. A.(2005), *How to read Heidegger*;

　　권순홍 역(2008), 『HOW TO READ 하이데거』, 웅진지식하우스.

Zimmermann, F.(1977), *Einführung in die Existenz-philosophie*;

　　이기상 역(1990), 『실존철학』, 서광사.

Žižek, Slavoj(2005), *How To Read Lacan*;

　　박정수 역(2007), 『HOW TO READ 라캉』, 웅진.

지은이 오정훈

경상남도 마산 출생으로 중등학교 교사를 거쳐 지금은 경상국립대학교 국어교육과 교수로 재직하고 있으며, 국어교과교육 및 문학교육 분야에 대한 연구를 진행하고 있다. 저서로는 『한국현대시교육론』(2015), 『문학교육방법론』(2017) 등이 있다.

시와 철학의 융합교육론

©오정훈, 2022

1판 1쇄 발행__2022년 12월 15일
1판 1쇄 발행__2022년 12월 25일

지은이__오정훈
펴낸이__양정섭

펴낸곳__경진출판
　　　　등록__제2010-000004호
　　　　이메일__mykyungjin@daum.net
　　　　사업장주소__서울특별시 금천구 시흥대로 57길(시흥동) 영광빌딩 203호
　　　　전화__070-7550-7776 팩스__02-806-7282

값 25,000원
ISBN 979-11-92542-17-1 93370